弥生並行期の土器:沖縄・奄美

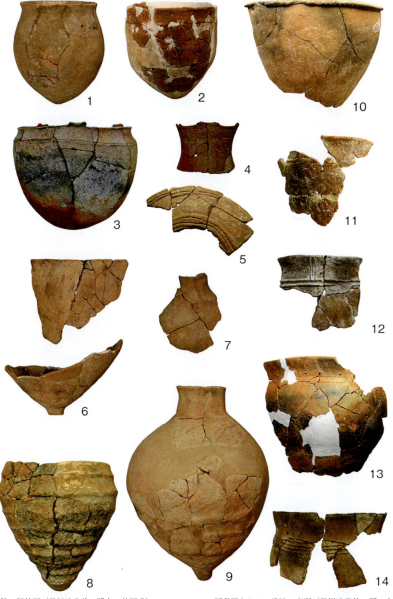

1. 仲原遺跡:深鉢形(貝塚時代前5期末・仲原式)
2. 仲原遺跡:深鉢形(貝塚時代前5期末・仲原式)
3. 阿波連浦貝塚:深鉢形(貝塚時代後1期・阿波連浦下層式)
4. 阿波連浦貝塚:壺形(貝塚時代後1期・阿波連浦下層式)
5. 手広遺跡:皿形(貝塚時代後1期・阿波連浦下層式)
6. 大原第2貝塚:深鉢形(貝塚時代後1期・浜屋原式)
7. 大原第2貝塚:壺形(貝塚時代後1期・浜屋原式)
8. 大当原貝塚:深鉢形(貝塚時代後1期・大当原式)
9. 平敷屋トゥバル遺跡:壺形(貝塚時代後1期・大当原式)
10. サウチ遺跡:甕形(貝塚時代後1期・サウチ段階)
11. イヤンヤ洞穴遺跡:甕形(貝塚時代後1期・イヤンヤ洞穴段階)
12. 長浜金久第Ⅳ遺跡:甕形(貝塚時代後1期・長浜金久第Ⅳ段階)
13. 屋鈍遺跡:甕形(貝塚時代後1期・宇宿港段階)
14. 長浜金久第Ⅳ遺跡:甕形(貝塚時代後1期・宇宿港段階)

(1~14はすべて1:8)

I

■ 弥生土器：九州

1

2

北部九州地域の土器

1, 石崎曲り田遺跡：早期土器集合〈中央の丹塗磨研壺の高さ21.7 cm〉　〔写真提供：九州歴史資料館〕

2, 板付遺跡：前期土器集合〈前期前半〉〈後列中央の壺の高さ30 cm〉
〔写真提供：福岡市埋蔵文化財センター〕

3, 九州大学筑紫地区遺跡：中期土器集合〈中期中頃〉〈左端の壺の高さ26.8 cm〉
〔写真提供：九州大学埋蔵文化財調査室〕

3

■ 弥生土器：中国・四国

岡山平野の土器

1, 津島遺跡　弥生前期土器集合〈前期前葉〉〈右端の甕形の高さ 31 cm〉
2, 津島遺跡　弥生中期土器集合〈中期中葉〉〈左端手前の水差し形の高さ 16.2 cm〉
3, 津島遺跡　弥生後期・終末期土器集合〈後期後葉～終末期〉〈左端中央の鉢形の高さ 26.6 cm〉
〔写真提供：岡山県古代吉備文化財センター〕

弥生土器：近畿

1, 大開遺跡出土前期土器（後列右の壺　高さ 28.5 cm）〔写真提供：神戸市教育委員会〕
2, 玉津田中遺跡出土中期後半土器（後列中央壺　高 77.4 cm）〔写真提供：兵庫県立考古博物館〕
3, 唐古・鍵遺跡出土中期後半土器（前列右広口壺　高 26.4 cm）〔写真提供：田原本町教育委員会〕
4, 唐古・鍵遺跡出土中期絵画土器（高 67.5 cm）〔写真提供：田原本町教育委員会〕
5, 芝谷遺跡 12 号住居跡出土後期土器（後列左広口壺　高 51.6 cm）〔写真提供：高槻市教育委員会〕
6, 唐古・鍵遺跡出土後期記号文土器（後列右　高 32.3 cm）〔写真提供：田原本町教育委員会〕

弥生土器：中部

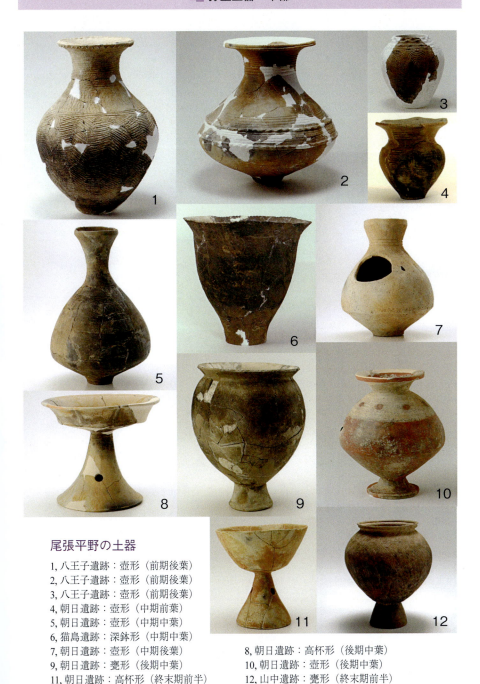

尾張平野の土器

1, 八王子遺跡：壺形（前期後葉）
2, 八王子遺跡：壺形（前期後葉）
3, 八王子遺跡：壺形（前期後葉）
4, 朝日遺跡：壺形（中期前葉）
5, 朝日遺跡：壺形（中期中葉）
6, 猫島遺跡：深鉢形（中期中葉）
7, 朝日遺跡：壺形（中期後葉）
8, 朝日遺跡：高杯形（後期中葉）
9, 朝日遺跡：甕形（後期中葉）
10, 朝日遺跡：壺形（後期中葉）
11, 朝日遺跡：高杯形（終末期前半）
12, 山中遺跡：甕形（終末期前半）
（1,2 は約 1：10，他は約 1：8／写真提供：愛知県埋蔵文化財センター）

弥生土器：関東

1, 荒海貝塚, 鉢形, 縄文晩期末（荒海2式）〔写真提供：早稲田大学會津八一記念博物館〕
2, 及川西ノ前遺跡, 深鉢形, 前期後葉（境木式）〔写真提供：厚木市教育委員会〕
3, 横間栗遺跡, 壺形, 中期前葉（岩櫃山式）〔写真提供：熊谷市教育委員会〕
4, 平沢北開戸遺跡, 壺形, 中期前葉（平沢式）〔写真提供：國學院大學博物館〕
5, 志摩城跡, 壺形, 中期中葉（野沢Ⅱ式）〔写真提供：多古町教育委員会〕
6, 山王遺跡, 壺形, 中期後葉（宮ノ台式）〔写真提供：大田区立郷土博物館〕
7, 鶯谷遺跡, 壺形, 後期後葉（久ヶ原Ⅲ式）〔写真提供：渋谷区教育委員会〕
8, 王子ノ台遺跡, 壺形, 後期後葉（相模湾岸菊川式系統）〔写真提供：東海大学校地内遺跡調査団〕
9, 十王台南遺跡, 広口壺形, 後期後葉（十王台1式）〔写真提供：かすみがうら市郷土資料館／所蔵：日立市郷土博物館〕

（1〜9はすべて1：8）

■ 弥生土器：東北

1, 福島県郡山市御代田遺跡：弥生前期土器集合 (左端の壺の高さ：18.4 cm)
2, 山形県南陽市百刈田遺跡：弥生中期後半土器集合 (右端の壺の高さ：47.7 cm)〔写真提供：山形県埋蔵文化財センター〕
3, 福島県白河市天王山遺跡：弥生後期土器集合 (左端の壺の高さ：19.8 cm)〔写真提供：福島県白河市〕

■弥生並行期の土器：北海道

1，北海道北斗市茂別遺跡出土の恵山Ⅰb2式土器（右奥の壺　高さ29.6cm）
〔写真提供：北海道埋蔵文化財センター〕

2，北海道森町鷲ノ木遺跡出土土器群（Ⅵ群土器）（左奥の壺　高さ38cm）　〔写真提供：森町教育委員会〕

考古調査ハンドブック 12
弥 生 土 器

佐藤由紀男
(岩手大学教育学部)

編 集

ニューサイエンス社

はじめに

　ニューサイエンス社編集部から本書にかかわる依頼があったのは，2013年7月のことであった。恩師坂詰秀一先生のご推薦による依頼であり，弥生土器の手引き・インデックス的な本を刊行したいということであった。
　ありがたくお引き受けすることとし，共著をお願いしたい全国各地の9名の研究者の方々に連絡させていただき，全員からご承諾をいただいた。
　その後，私を含む10名の執筆者で執筆内容・方針などにかんする協議を開始した。編集担当の佐藤が〔案〕を作成して，執筆者全員にメールで配信し，各執筆者は「全員へ返信」で自分の意見を述べて議論をした。ある程度議論が進んだ段階で，佐藤が修正した執筆内容・方針案などを示し，再度全員に配信し，議論するという方法で協議を重ねた。いわゆる「メール会議」である。最終的に本書の構成や執筆内容・方針，そして原稿の締切日が確定したのは9月下旬であった。遠隔地の方々とこうした議論が簡単に行えるのは，ネット社会の賜物である。なお「メール会議」で決めさせていただいたのは凡その方針であり，各執筆者の担当項目内の構成などはお任せすることにした。各地域の弥生土器研究を扱う場合，地域ごとの特色もあるために統一化は難しいと判断した所以である。
　さて，こうした経緯で刊行された『弥生土器』であるが，弥生土器を扱う類似した刊行物との違いは，この本一冊で弥生土器のライフヒストリー的な研究から系統研究・編年研究，そして研究方法そのものまで，現状と課題が把握できることである。特に編年研究は，沖縄から北海道にいたる日本列島全域の弥生土器及び並行期の土器群を取り上げ，俯瞰できる構成とした。『考古調査ハンドブック』のシリーズ名称どおり，弥生土器が出土する遺跡の調査や報告書作成の折などにご利用いただき，引用や参考として挙げた文献まで繙いて研究を深めていただければ幸甚である。また，いわゆる一般の方でも分かりやすい執筆に努めたため，考古学や土器に興味のある多くの方々にお読みいただければ，大変ありがたいと思っている。

2015年4月

佐藤由紀男

目　次

《口絵》沖縄・奄美／九州／中国・四国／近畿／中部／関東／東北／北海道……………… Ⅰ～Ⅷ

はじめに（佐藤由紀男）……………………………………………………………… *1*
目　次 ……………………………………………………………………………… *2～4*
執筆者 ……………………………………………………………………………… *4*

Ⅰ，本書の目的と方針・構成（佐藤由紀男）………………………………… *5～9*
　　コラム1　弥生土器と弥生式土器（安藤広道）……………………………… *10～11*
　　コラム2　様式と型式 —型式を使用する立場から—（安藤広道）………… *12～13*
　　コラム3　様式と型式 —違いを際立たせたくない立場から—（若林邦彦）… *14～16*

Ⅱ，弥生土器の生産（長友朋子）……………………………………………… *17～52*
　　① 野焼き土器生産を探る視点 ……………………………………………… *18*
　　② 弥生土器生産に関するこれまでの研究 ………………………………… *19*
　　③ 土器製作技術と生産に関する民族学的検討 …………………………… *21*
　　　1, 民族事例にみる製作技法と製作時間の関係　*21* ／ 2, 焼成方法　*24* ／
　　　3, 土器の規格度　*24*
　　④ 弥生土器生産への多角的アプローチ …………………………………… *26*
　　　1, 弥生土器の製作技法と製作時間　*26* ／ 2, 焼成方法の変化　*31* ／ 3, 弥生
　　　土器の規格度の変化　*33* ／ 4, 搬出状況からみた土器の生産量　*36*
　　⑤ 弥生土器生産の変遷と地域性 …………………………………………… *39*
　　　1, 弥生土器生産の変遷　*39* ／ 2, 弥生土器生産の特質　*40* ／ 3, 弥生土器生
　　　産における地域性　*42*
　　⑥ 朝鮮半島土器生産との比較からみた弥生土器生産の特質 …………… *48*
　　　コラム4　民族学的研究と弥生土器研究（長友朋子）…………………… *53～54*
　　　コラム5　弥生土器の象徴性（長友朋子）………………………………… *54～56*
　　　コラム6　弥生土器の流通 —生駒西麓型土器の例—（若林邦彦）……… *56～59*

Ⅲ，弥生土器の器種（形）と用途（佐藤由紀男）…………………………… *61～87*
　　① 検討の対象と前提・方法 ………………………………………………… *62*
　　② 各地の具体例 ……………………………………………………………… *69*
　　③ まとめ ……………………………………………………………………… *85*
　　　コラム7　土器から人間活動を読みとる —学際研究の最前線—（石田智子）
　　　　　　　　　　　　　　　　　　　　　　　　　　　　　　　　88～90

コラム8 弥生土器の年代観（石田智子）……………………………………… 90〜93

Ⅳ．各地の弥生土器及び並行期土器群の研究……………………………… 95〜473
　　　　　　　※第Ⅳ部掲載の土器実測図・写真は特に記載のない限り，
　　　　　　　　8分の1の縮尺に統一している。

　1 沖縄・奄美（新里貴之）………………………………………………… 96
　　1, 貝塚時代後期　96／2, 沖縄諸島研究略史　96／3, 無文尖底系土器　98／
　　4, 奄美諸島研究略史　107／5, 沈線文脚台系　109／6, 土器からみた社会
　　の動態　111

　2 九州（石田智子）………………………………………………………… 120
　　1, 土器の地域性と地理的環境　120／2, 弥生土器の編年　121／3, 大形甕
　　棺の変遷　143／4, 土器の動きからみた併行関係と地域間交流　146

　3 中国・四国（河合　忍）………………………………………………… 160
　　1, 地域の設定と概要　160／2, 研究史　161／3, 土器編年の概要　162／
　　4, 地域色　183

　4 近畿（若林邦彦）………………………………………………………… 209
　　第1節　研究の推移　209
　　第2節　土器変化の実態　217
　　1, 縄文時代晩期末〜弥生時代前期の土器変遷　218／2, 弥生中期土器の
　　変遷　228／3, 弥生後期の土器の変化　247／4, 近畿地方土器様式変化の特
　　質　261

　5 中部（永井宏幸）………………………………………………………… 269
　　1, 伊勢湾沿岸　269／2, 太平洋沿岸（静岡県）　299／3, 北陸西部　302／
　　4, 北陸東部　312／5, 中部高地　319／6, 飛騨　323

　6 関東（安藤広道）………………………………………………………… 344
　　1, 安行Ⅲd式　344／2, 前浦式　344／3, 千網式　346／4, 荒海式　347／
　　5, 沖Ⅱ式，堂山式（古），殿内式　349／6, 岩櫃山式，堂山式（新）　349
　　／7, 女方式　352／8, 平沢式ほか　352／9, 遊ヶ崎式，中里式，神保富士
　　塚式，出流原式　355／10, 池上式，子ノ神式，長根安坪式　355／11, 天
　　神前式，狢式，野沢Ⅱ式ほか　358／12, 足洗式　360／13, 宮ノ台式　360
　　／14, 御新田式　363／15, 北島式，前中西式　364／16, 大塚式ほか　366
　　／17, 竜見町式，用土・平式　366／18, 下ッ原式，馬場式，受地だいやま
　　式ほか　368／19, 東中根式ほか　370／20, 十王台式　371／21, 大崎台式，
　　臼井南式ほか　373／22, 上稲吉式（下大津式）とその前後　373／23, 二
　　軒屋式　376／24, 樽式　377／25, 岩鼻式，吉ヶ谷式　377／26, 朝光寺
　　原式　380／27, 久ヶ原式，山田橋式，中台式ほか　381／28, 弥生町式，
　　前野町式　383／29, 相模湾岸の菊川式系統の型式　385／30, 寄道式，伊
　　場式系統の型式　388

7 東北（佐藤祐輔）…………………………………………………… 397
  第1節　弥生早・前期並行の縄文土器　397
    1, 弥生早期並行の縄文土器　398 ／ 2, 弥生前期並行の縄文土器　398
  第2節　弥生土器の編年　403
    1, 前期　403 ／ 2, 中期　408 ／ 3, 後期　425 ／ 4, 終末期　431
  第3節　広域編年と地域間関係　433

8 北海道（南部・中央部）（大坂　拓）………………………………… 447
  第1節　北海道南部の土器　448
    1, 弥生早期並行の縄文土器　448 ／ 2, 弥生前期並行の縄文土器　448 ／
    3, 続縄文文化前半期（弥生前期・中期・後期並行）　450 ／ 4, 続縄文文化
    後半期（弥生後期・終末期並行）　457
  第2節　北海道中央部の土器　458
    1, 弥生早・前期並行の縄文土器　458 ／ 2, 続縄文文化前半期（弥生前期・
    中期・後期並行）　458
  第3節　地域間の関係をめぐって　463
    1, 恵山式土器は弥生系か　463 ／ 2, 後北式土器の「南下」はなんであった
    か　464

V．広域編年（佐藤由紀男）……………………………………… 474〜475

おわりに（佐藤由紀男）…………………………………………… 476〜477

執筆者

安藤広道〔慶應義塾大学文学部〕
石田智子〔鹿児島大学法文学部〕
大坂　拓〔北海道博物館〕
河合　忍〔岡山県古代吉備文化財センター〕
佐藤祐輔〔仙台市縄文の森広場〕
佐藤由紀男〔岩手大学教育学部〕
新里貴之〔鹿児島大学埋蔵文化財調査センター〕
永井宏幸〔愛知県埋蔵文化財センター〕
長友朋子〔大阪大谷大学文学部〕
若林邦彦〔同志社大学歴史資料館〕

（五十音順）

I，本書の目的と方針・構成

I. 本書の目的と方針・構成

 弥生土器に限らず土器を研究する目的は様々である。本書は限られた紙幅でもあるため,以下の研究項目を中心に構成して,弥生土器研究の現状や課題を整理し,今後の研究の基礎とするとともにインデックス的役割を果たすことを刊行目的としている。

 まずは土器の編年研究である。土器は普遍的な考古資料であるため,時間の物差しである編年を構築する研究素材として最も適している。発掘調査によって検出された遺構の時期は,出土した土器によって決定される。土器以外の遺物の時期も,それと共伴した土器によって決定される。集落研究も墓制研究も,様々な遺物研究もその年代的位置づけは土器編年によるのであり,考古学研究の基礎を成しているのが,土器の編年研究である。本書では「Ⅳ,各地の弥生土器及び並行期土器群の研究」の中で取り上げた。

 第Ⅳ部では弥生土器・弥生時代というカテゴリーの及ぶ外側に位置付けられる沖縄・奄美や北海道についても取り上げている。弥生土器を理解するためには,同時期の隣接地の土器群との比較・検討は不可欠のことである。また弥生土器研究のための基礎知識としても,隣接地の様相を理解する必要がある。そうした意味では,朝鮮半島の土器群も取り上げなくてはならないが,これは紙幅の都合で断念せざるを得なかった。

 縄文土器から弥生土器への変遷の中で,どの段階から弥生土器とするのかは様々な考え方がある。しかし九州北部の刻目突帯紋(突帯文・凸帯文)土器と呼ばれる土器群の時期に,朝鮮半島から灌漑水田技術が波及して,食生活や生活様式に変化が生じたために,土器の組合せ(組成)や大きさ(容量)などに大きな変化が現れたことは間違いない(第Ⅲ部参照)。ここではこれを重視し,この時期及びそれと並行する土器群から取り上げることにした。したがって,例えば東北では縄文時代晩期とされることの多い大洞C_2式から扱うことになる。なお,こうした時期の呼称も研究者によって様々である。九州北部でさえも,この時期を弥生時代早期とする方もいれば,縄文時代晩期と呼ぶ方もいる。こうした点は,それぞれの執筆者の考え方に任せたため,本書での呼称は統一されていない。

 弥生土器と土師器の境界,及び弥生時代と古墳時代の境界についても様々な考え方がある。概括的には,地域色が顕在化していた弥生土器と,広い範囲の土器の相互の影響関係によって地域色が希薄になった土師器という区分

は可能であろうが，具体的に線引きをするとなると難しい。古墳の出現時期についても，古墳そのものの定義が研究者によって異なり，複雑である。特に研究者間で位置づけが異なるのは，近畿の庄内式及びその並行期である。そこで，この時期の扱いはそれぞれの執筆者の考え方に任せ，第Ⅳ部ではその直前段階までを後期として，ここまではすべての地域で共通して扱うことにした。なお，庄内式及びその並行期を扱う場合は，終末期という呼称を用いることにした。

　早期と終末期のことを述べたが，それ以外の時期の区分は前期・中期・後期という呼称を用いた。もともとは便宜的な呼称である。しかし，かつて濃尾平野の高蔵式を在地の研究者は後期前葉と呼称していたが，それは他の地域では中期後葉と呼ばれる時期であった。また東北の一部の研究者は，他の地域では中期に位置付けられる時期の土器群を，今でも前期と呼称している。こうしたことは混乱を招く要因である。年代的に同時期の土器群の呼称は統一することが望ましい。現在では，西日本で広域に分布する遠賀川系（式）土器及びそれと並行する弥生土器を前期，近畿での櫛描き紋から凹線紋の時期及びそれと並行する弥生土器を中期，そして西日本では無紋化が進行し，櫛描き紋や凹線紋が主要な紋様として用いられなくなった時期及びそれと並行する弥生土器を後期と呼ぶことが普及している。ここでもそれに倣って時期区分の呼称を用いている。なお地域間の年代的位置づけの詳細は，広域編年表を参照していただきたい。

　なお，ここまで述べてきたことはあくまで土器群の年代的な新古の関係と地域間の同時期の関係を示す相対年代についてであり，暦で示すことの多い絶対年代は第Ⅳ部では不問とした。絶対年代（暦年代）については，中国鏡などとの共伴によって，考古学的にほぼ年代が確定しているのは紀元前1世紀代以降のことであり，それ以前については研究者間での相違も大きい。なお最近では，炭素などを素材とした理化学的方法による研究も盛んに行われている。しかしこの炭素年代についても，主に弥生土器に付着した炭化物を素材とした国立歴史民俗博物館の研究者を中心としたグループの分析結果（西本編2009ほか）と，より厳密に分析資料を限定した九州大学の研究者を中心としたグループの分析結果（高倉・田中編2011）では齟齬がある。こうした年代については，石田智子さんにコラムとして執筆していただいた。

I．本書の目的と方針・構成

　弥生土器を編年するに当たっては，まずは一定の分布を示す同時期の類似した土器群を一つの単位として把握することから始めるが，こうした方法には主に近畿を中心に行われている「様式」と，主に関東を中心に行われている「型式」の二つがある。それぞれの地域の研究法の，戦前からの伝統性に基づく部分もある。様式については第Ⅳ部の「近畿」を担当していただいた若林邦彦さんに，型式については「関東」を担当していただいた安藤広道さんにコラムを執筆していただいた。

　次は土器の系統研究である。弥生土器はその地域の伝統的な要素，他地域からの影響を受けた要素，そして新たに創出された要素で構成されることが通例である。こうした系統，特に他地域の系統を読み取ることから，地域間の関係，すなわち人間集団の動きを把握し，当時の社会の実像の一端に迫ろうとする研究である。先に述べたように土器は普遍的な遺物であり，かつ様々な情報を読み取ることができるので，こうした研究にも適している。ただし，ここで読み取れる隣接地や遠隔地などとの関係性は，あくまで土器からみたものであり，対象とする考古資料が異なれば，また違ったものがみえてくる。社会の実像とはそうしたものである点には留意しなければいけない。こうした研究についても第Ⅳ部で触れていただいたが，紙幅の関係で省略せざるを得ない地域もある。

　弥生土器は「生産」「流通」「消費」の過程を経て，現在考古資料として存在している。それらの各段階を担った人々の行為を読み取ることからも，当時の社会の実像の一端に迫ることが可能である。かつて弥生土器は各集落で製作され，使用された「自給自足品」と考える研究者が大半であった。しかし，近畿の生駒西麓産土器や瀬戸内東部の下川津B類土器など，広域に流通し，かつ集中的生産の可能性のある事例が明らかになり，そうした認識は再考が迫られている。ただし，これらの土器は特徴的な胎土であるが故にその様相が明らかになったという側面があり，普遍的な事象として認識できるのか，否かの判断は難しい。なお，最近では弥生土器の野焼き方法も，明らかになりつつある。こうした弥生土器の「生産」に関しては，第Ⅱ部で長友朋子さんに論じていただいた。長友さんには流通面にも触れていただいているが，「流通」については生駒西麓産土器例を中心に，若林さんにコラムとしても執筆していただいた。また先に述べたように，土器の流通を検討する上

では胎土の特徴の把握が肝要であるため，蛍光X線分析装置や誘導結合プラズマ質量分析計を用いた弥生土器の胎土の元素分析を積極的に進めている石田さんに，その分析方法や成果についてのコラムを執筆していただいた。「消費」は土器を使用することであり，用途の研究がかかわる。これは佐藤が第Ⅲ部として執筆した。こうした土器の「生産」「流通」「消費」の研究，特に生産と消費では民族考古学の成果が参考となる。第Ⅱ部の本文中でも触れていただいたが，長友さんにはこうした民族考古学の方法や弥生土器研究への応用についてのコラムも執筆していただいた。

　なお，弥生土器とヒトの心や意識にかかわる研究も盛んであるが，本書では長友さんにコラムの一つで取り上げていただいたに過ぎない。

　さて，本書のタイトルは『弥生土器』である。しかし，こうした名称が普及したのは1970年代の後半以降のことであり，それまでは「弥生式土器」と呼ぶのが通例であった。弥生式土器の時代が弥生時代であり，農耕や金属器の使用の開始などが弥生時代の特色とされていた。それに対し佐原眞が「日本で食糧生産を基礎とする生活が開始された時代」を弥生時代とする定義を提唱し，「弥生時代の土器を弥生土器」とした（佐原1975）。この名称が普及したために弥生式土器が使われなくなったのであろうが，実際には何気無く「弥生土器」を用いる方も多いようにも見受けられる。また弥生時代・弥生文化の捉え方には，様々な考えがあるのも実情である。さらに弥生土器の研究が進展するにつれて，縄文土器や土師器との土器としての違いも明らかになりつつある。この点については安藤さんにコラムで取り上げていただいた。

〔引用文献〕
　佐原眞「農業の開始と階級社会の形成」『岩波講座日本歴史1』岩波書店，
　　1975
　高倉洋彰・田中良之編『AMS年代と考古学』学生社，2011
　西本豊弘編『弥生農耕の起源と東アジア』国立歴史民俗博物館，2009

（佐藤由紀男）

コラム ❶

弥生土器と弥生式土器

　本書もそうであるが，現在，「弥生土器」という名称が一般化し，「弥生式土器」を使用する研究者は少なくなっている。ただ，私は，「弥生土器」が普及した背景には大きな問題が含まれていると考え，注意を呼び掛けている。
　「弥生式土器」という名称は，それが最初に活字化された 1896 年以降（蒔田 1896），長い間，安定して用いられてきた。「弥生式土器」研究を牽引した森本六爾や小林行雄はもちろん，「縄紋式土器」と「縄紋土器」を併用していた山内清男も，弥生に関しては一貫して「弥生式土器」を用いていた。
　「弥生土器」という名称が一般化するきっかけとなったのは，1975 年の佐原眞の提言である（佐原 1975）。佐原は，土器の特徴では弥生式土器を定義することはできないと断言し，本来「弥生式土器の時代」を意味していた弥生時代の定義を清算しなければならないとの問題提起を行った。そして，弥生時代を，「日本で食糧生産を基礎とする生活が開始された時代」，「前方後円墳の出現をもって古墳時代へと移行した」と定義し直したうえで，「弥生時代の土器」を「弥生土器」と呼ぶべきと主張したのである。
　この佐原の主張は，1978 年に福岡県板付遺跡から，それまで縄文土器とされていた土器を伴う水田址が発見され，結果的にその時期を弥生時代に組み込む意見が大勢を占めるようになったことも手伝い，一気に定着することになった。以後，あまり疑問視されることもなく，現在に至っている。
　しかし，この佐原の議論には，看過できない問題点が含まれている。それは，弥生時代という先史時代の定義において，「日本」という地域区分が先行してなされていることに集約される。言うまでもなく，先史時代の地域の認識は，考古学資料の編年体系が整備されることではじめて可能となるのであり，いかなる地域の設定も，型式や型式群の空間的範囲に基づかなければ不可能である。だからこそ，縄文時代も弥生時代も，当初，時間・空間を区分できる唯一の考古学資料であった土器によって，その範囲が設定されていたわけである。
　現在，豊富な考古学資料やその研究が蓄積されてきたことで，土器以外の型式まで視野を広げて，時代や文化の時空間的範囲を検討することが可能になってきた。例えば，青銅器や石器などの遺物や，集落形態や墓制などの遺構の編年体系を組み込んだ弥生時代・文化の定義も充分に可能であるし，事実，型式による区分という意識は弱いものの，こうした要素を重視して弥生時代の範囲を見直そうとする意見も多くなっている（藤尾 2011 など）。

コラム1 弥生土器と弥生式土器

　しかし，仮に土器以外の遺物や遺構の型式を重視した時代・文化の区分を目指すとしても，それらだけで細かな時空間の枠組みを設定することは難しい。また，縄文土器や弥生式土器の場合，その形態や装飾が生活の諸相と深く絡んでいるが故に，文化の変化を鋭敏に反映していると考えられる。時代・文化の具体的な時空間の範囲は，普遍的に出土し，文化の変化を反映しやすく，時空間を細かく区分できる土器編年によって示すのが，依然最も有効なのである。
　縄文土器や弥生式土器のような広い時空間に及ぶ枠組みは，山内清男の「縄紋（式）土器」の理解のように（山内1932），型式の時間・空間の網の目（編年体系）を系統上の画期や型式間の関係の粗密などに着目して区分する，本来的に多配列的な分類単位となる。そこでは，分類内の全ての土器に共有される固有の特徴など存在しないし，その設定に我々の歴史観（時代や文化の評価）が深く絡むが故に，意見の相違が大きくなることも避けられない。しかし，そうであっても，それは土器の特徴で区分された型式のまとまりなのである。
　つまり，佐原の主張とは異なり，時代や文化の範囲は，型式に基づいて示されるものなのであり，「縄紋時代・文化」は，あくまでも土器の特徴によって区分された「縄紋土器」の時代・文化ということになるし（山内1932），同じく，編年体系上の「弥生式土器」の時代・文化が，弥生時代・弥生文化なのである。
　私は，佐原の「弥生土器」の問題点を明らかにし，弥生時代・弥生文化の範囲を示すのは，あくまで型式のまとまりであることを強調するために，敢えて「弥生式土器」にこだわることにした。ただ，一方で，「式」の有無をめぐっては，山内清男が「縄紋」に関して「式」無しの名称を併用していたように，多配列的な型式のまとまりを示す場合において，単配列的な型式と区別するために「式」を取るという考えがあってもいい（とはいえ，私自身は，山内の意図を充分理解できているとは思えないため，「縄紋土器」「縄紋式土器」の使用を控えているが）。そうした意味であれば「弥生土器」の使用も充分あり得ると考えている。

〔引用文献〕
佐原眞「農業の開始と階級社会の形成」『岩波講座日本歴史1』岩波書店，1975
藤尾慎一郎『〈新〉弥生時代』吉川弘文館，2011
蒔田鎗次郎「弥生式土器（貝塚土器ニ似テ薄手ノモノ）発見ニ付テ」『東京人類学会雑誌』11-122，1896
山内清男「日本遠古之文化一～四」『ドルメン』1-4～7，1932

（安藤広道）

> ② コラム

様式と型式 ―型式を使用する立場から―

　私は，日本における先史時代編年研究の学史の評価に基づき，弥生式土器の編年においても，「様式」ではなく「型式」を使用すべきだと考えている。
　日本考古学において，先史時代の編年研究の方法を確立したのは，言うまでもなく山内清男である。山内は，遅くとも1920年代後半には，縄文土器（縄紋土器，縄紋式土器）の総体と動態を理解する手段としての編年研究の方法をほぼ確立しており（山内1929・1930b），1937年，つまり弥生式土器研究の画期となった奈良県唐古遺跡の発掘と同じ年には，全国的な縄文土器の編年体系を発表するまでの成果を上げていた（山内1937）。これら山内の研究成果は，現在に至るまでほとんど修正の必要のない完成度の高いものであり，山内自身が自らの方法について必ずしも詳述しなかったとはいえ，1930年代には，その有効性を理解するに充分な成果が公表されていたことになる。
　山内は，同時代の弥生式土器研究者が「様式」を使用し始めたのを横目に見つつも，自身の年代学上の分類単位に対しては一貫して「型式」を使用していた。「型式」は，遺構，遺物の諸特徴に基づく分類の単位全てに及ぶ広い意味をもつが，編年体系を構築する際の「型式」は，時間軸で系統を構成する諸「型式」と，同時期の空間軸に展開する諸「型式」との連関のなかで確定される，離散的，固定的な単位と理解することができる。そして，その設定にあたっては，対象となる考古学資料群を構造的に理解し，比較の可能な相同の関係にある要素や器種等を的確に捉えることが重要になる（「細胞は細胞から，土器は土器から，紋様帯は紋様帯から」山内1979）。
　相同の関係は，資料の一部の要素から資料群全体の構造まで，考古学資料の多様な位相において想定できるため，「型式」はさまざまなレベルで設定できることになる。どのレベルで「型式」を設定するかは，研究の目的に依存することになるが，山内は，縄文文化の総体と動態の解明という枠組みのもとで，普遍的かつ多量に出土する土器を対象に，「同じ型態及び装飾をふくみ，全く同一の組成をもって居る」「短時日に残された土器の一群」（山内1930a）を単位とする編年体系の構築を目指したわけである。
　ひとつ付け加えておくと，山内「型式」と小林「様式」の異同を，器種構成の違いと絡めて論じる意見もみられるが，そこには大きな誤解がある。そもそも山内が編年に心血を注いだ亀ヶ岡式は，多様な器種からなる複雑な組成をもっている。山内は，そうした土器群に対し，多様な器種の精製・粗製の違いをはじめ，

コラム2 様式と型式 —型式を使用する立場から—

　器形，調整，装飾等の諸属性を構造的に整理したうえで，自身が「型式」設定の最上位の審級に位置付けていた文様と文様帯の分析結果を主軸とする編年の構築を進めている（山内 1930b）。
　さて，以上のような山内の方法を踏まえ，弥生式土器の「様式」研究を眺めると，その方法上の問題点がどうしても目についてしまう。例えば，器種の機能を取り上げると，機能は，本来ひとつの系統（相同関係にある器種）でも一定とは限らず，他の器種を含めた全体的連関の分析を通じてはじめて理解可能となるものであるのに，「様式」研究では，安易に「形式」と機能が一対一の関係にあるものとして論じられることが多い。また，「様式」には「壺という形式のA型式と甕という形式のB型式の同時性をX様式という」（小林 1959）との著名な解説があるが，こうした器種組成や装飾などの諸属性の構造的理解を前提としない単純な組み合わせ論では，意味ある年代学上の単位の設定など不可能である。さらに，先史考古学における地域は，編年体系の構築によってはじめて認識可能になるはずであるのに，多くの「様式」の設定が，まず地域を区切ったうえでなされている点も不思議でならない。
　実は，山内は当初より，今では当たり前となった縄文土器と弥生式土器の連続性に着目し，弥生式土器を射程に収めた議論を展開していた。研究の先行性と方法の先進性からみて，後発の弥生式土器研究の年代学上の単位を「様式」としなければならない理由など全くなかったというのが，学史からみた評価である。弥生式土器研究は，縄文土器研究の成果を充分に評価することなく，アプリオリに両者を異なるものとしたうえで進められてきたのであり，その影響は，「様式」問題だけでなく，相同・相似の関係に対する意識の低さ，地域優先の単位設定，さらには縄文文化と弥生文化の対立的な捉え方に至るまで，現在も色濃く残っていることを，我々はもっと認識すべきだと考えている。

〔引用文献〕
小林行雄「けいしき　形式・型式」『図解考古学辞典』東京創元新社，1959
山内清男「關東北に於ける繊維土器」『史前學雜誌』1-2，1929
山内清男「繊維土器に就て 追加第三」『史前學雜誌』2-3，1930a
山内清男「所謂龜ヶ岡式土器の分布と縄紋式土器の終末」『考古學』1-3，1930b
山内清男「縄紋土器型式の細別と大別」『先史考古學』1-1，1937
山内清男『日本先史土器の縄紋』先史考古学会，1979

（安藤広道）

I，本書の目的と方針・構成

③ コラム

様式と型式 —違いを際立たせたくない立場から—

　弥生土器の研究は様式論と表裏一体だといわれる。特に編年を行う時に○○式という名称である土器群を呼ぶ時に，そのグルーピングの原則が様式論に基づいているといわれる。もちろん，これは研究者によって異なり地域による違いも大きい。西日本の研究者は様式論の立場をとることが多いが，東日本の研究者はあまりその傾向が顕著ではない，というより否定的に様式論をとらえ，縄文土器研究で用いられる型式論の立場をとる研究者が多い。これはどういうことなのか。東西日本で弥生土器の様相が異なるからなのか，それとも研究者の在り方が違うからなのか。

　まずは，様式論と型式論の違いをはっきりさせないとこの違いが説明できない。とはいえ，筆者はあまり二者の違いは強調したくない。結論から言えば，実際には個々の研究者は資料に応じて，あるいは研究により表現したい事項に応じて2つの方法を使い分けたり，ミックスしたりしていることが多いからだ。はっきり言って，二者択一的な視点でこの問題を論じることは本意ではない。

　誤解を承知で単純化すれば，様式論は共伴する土器群の状況から出発して同時に存在し使用される諸タイプ土器の組み合わせのパターンを認定していくのに対して，型式論は土器属性の共通性によって諸タイプの組み合わせのパターンを認定していく方法をとる。前者は森本六爾・小林行雄によって提唱・強調され，後者は山内清男によって確立された方法である。森本は「弥生土器における二者」（森本1931）で壺と甕の組み合わせが弥生文化の本質を示すと指摘し，小林（1930・1933）は当初櫛描文様の共通性を様式要素として説明しはじめた（型式論に近い？）が，唐古遺跡での土器編年においては，「竪穴」から共伴出土する土器群を同時存在する一つの様式として認定していきながら唐古第Ⅰ～Ⅴ様式を提示した（末永ほか1943）。一方，山内清男（山内1938）は主に縄文土器において文様帯系統論という手法で，器形や施文部位の原理で共通する部分を持つ土器群のありかたをもって一つの型式を提示した。もちろん共伴関係を度外視しているわけではない。ただ，一緒に出土しているだけでは山内の論理では型式認定はできない。器形に連動した文様構成・属性の共通性をもって一つの型式を認定する立場である。また，弥生土器における型式論には杉原荘介による立場もある。杉原は属性の共通性にも配慮しながらいわば「直観」によって認められる共通性を持った土器群を型式と呼んだ。曖昧なようにもみえるが，土器群の背景に集団を読み取ることを重視した考え方であった。しかし，これは何をもとに時間・空間の単位となる土器群を設定するかはわからない。やはり一般的にいって型式論とは山内型式論をさすといってよいだろう。

　さて，このような立場の違いは，研究の傾向にどのような差となって表れるのだろう。様式論の立場をとればどのような言説が可能となるか。たとえば同じ文様構

コラム3 様式と型式 —違いを際立たせたくない立場から—

成の櫛描文土器をもつ在地の土器群に，数点だけ隣接地域でしかみられない文様構成の土器があったらどうするか。これらが搬入品でない場合には，おそらく様式論の立場ではその異種の土器も含みこむ形でセットを認定し，在地系譜の土器の中に少量隣接地系統文様の土器が含まれる状況を一つの様式として評価する。型式論の場合は，異なる文様構成の土器を別型式と認定し，2つの型式が同時存在するという評価を下すだろう。

隣接地系統の土器が出土地域の在地の胎土で作られていた場合，様式論の立場では隣接地とコミュニケーションを持つ集団構成者が製作・使用していた土器が少数存在していたと考え，型式論の場合は異系統の隣接地集団の人間がやってきて製作・使用したと考えるのかもしれない。前者はコミュニケーションを軸に後者は，人的移動に重点が置かれる傾向がある。

こういった議論は頻繁に起こり，解釈は様式論者の間でも微妙に異なり振れ幅をもつ。型式論者も同じだろう。またその振れ幅の中には，重複する部分もあり，様式・型式どちらの立場から○○式という定義をしようとも，解釈・推論の帰結は同じという場合もある。このように，立場が異なるからと言って常に結論が異なるとは限らない。ようは，研究の入り口の問題である。

しかし，小さな問題とばかり言っていられない要素もある。○○式の空間的な広がりは時間とともに変化し，他の型式に変化した時には拡大し，次の段階には縮小する場合がある。型式論でアプローチするとこの問題には対応しやすい。○○式の範囲は共通属性によって定義されるので，空間的にいかようにでも変化する。様式の場合も，土器諸タイプの組成パターンの空間的展開をつぶさにおえば，理論上それは可能であるが，現実には難しい。実際には，地域を設定して共伴資料の様相から先後関係を決め，空間的な問題はその組成にどういった地域に多く見られる属性が増えてくるか，様式内容がどのように他の空間と類似・相反するかを見極め叙述していくスタイルをとりがちである。小林行雄により「地域的様式差」という言葉は設けられ，その背景について都出比呂志（都出 1983）などが論及してきたが，実際には（畿内）第Ⅰ～Ⅴ様式という名称が，その内容の変化にもかかわらず同じ地域に対して連続して用いられてきている。土器の組み合わせの評価を解釈レベルで行うことさえすれば，考古学的「地域」は常に一定にしておけばよいというものではないだろう。1990年代以後顕著になっていく，固定された小地域の土器相変化に様式名をつける手法による大和第Ⅲ様式，河内Ⅳ-1様式などという名称（寺沢・森岡編 1989・1990）は，こういった姿勢の帰結である。決して褒められたものではない。本当に諸タイプの組成として様式評価をしているのかといった姿勢が問われる。ようは良好な一括資料の先後関係を適当な区分名称でグルーピングしているだけではないかという批判が型式論者から飛んできそうである。

では，型式論のほうが土器群単位の把握方法として優れているのか。型式圏が拡

I. 本書の目的と方針・構成

③ コラム

　大した時に型式論者は何々式が「来た」「拡大した」とよくいう。また，墓制や青銅器など一定の考古資料の動態がその型式の動態と重なる時に「〇〇式文化」などという。たとえば，西日本系の青銅器と階層化した方形周溝墓が中部地域の一端で見つかればこれを「栗林式文化」と呼ぶなどの傾向である。同じ青銅器と墓の組み合わせをもつ近畿地方では間違っても「第Ⅳ様式文化」とは呼ばない。これは，型式論では同一属性でくくられる土器群を製作・使用する集団を有機的な人間集団もしくは共通の文化圏とみなすことにより強調されがちな論である。土器に見られる共通性を媒介として型式設定するからこういう議論が起こる。しかし，青銅器や墓制の動態は汎列島的な動向として起こることも多いし，同じ現象が隣接地では土器型式圏と連動せずに発生していることもある。〇〇式の背後に「集団」を仮定しすぎる，もしくはそのために土器型式設定をはじめ共通属性認定の基準を操作するということになると，これは問題であろう。

　話は戻る。どちらかのやり方が絶対ではない。また，実際の優れた研究の中では，様式論・型式論は方法的統合を行いながら結果を出している。それがいかに様式・型式というどちらかの立場を標榜していようとも。ちなみに筆者は，本書で〇〇式という言葉を用いない。編年を説明することを主目的とした場合，しかも近畿地方の弥生土器について論じるという限定がある場合，どちらの概念も適当ではない。その地域で土器がどのように変化したかという記述は，弥生前期・中期前半…などといった，時間概念の提示だけで十分である。その意味では，近年各地域で行われてきている様式設定に近い。しかし，型式論者によるそれに対する批判は十分に認識している，だからそれらは〇〇式とは表現しない。どの時期の土器かという表現だけである。それは空間的な人間集団を意味しないことは明示しておきたい。筆者は，この問題に関して様式論・型式論の二項対立を避けたいと感じている。ようは，土器における諸対応の組み合わせの動態からどういった文化・社会が描けるかが課題である。「逃げ」の姿勢にみえるか，生産的かは，読者に委ねたい。

〔引用文献〕
小林行雄「弥生式土器における櫛目式文様の研究」『考古学』第1巻5・6号，1930
小林行雄「先史考古学に於ける様式問題」『考古学』第4巻8号，1933
末永雅雄・小林行雄・藤岡謙二郎『大和唐古弥生式遺跡の研究』京都大学，1943
寺沢薫・森岡秀人編『弥生土器の様式と編年近畿編Ⅰ』木耳社，1989
寺沢薫・森岡秀人編『弥生土器の様式と編年近畿編Ⅱ』木耳社，1990
都出比呂志「弥生土器における地域色の性格」『信濃』第35巻第4号　信濃史学会，1983
森本六爾「弥生土器に於ける二者」『考古学』第5巻1号，1931
山内清男「縄紋土器型式の大別と細別」『先史考古学』第1巻第1号　先史考古学会，1938

（若林邦彦）

II，弥生土器の生産

1 野焼き土器生産を探る視点

　土器生産は「採土」,「素地作り」,「製作」,「焼成」という一連の工程によって行われる。採土遺構は須恵器や土師器の生産に関するものがしばしば確認されているほか,縄文土器でも神奈川県多摩ニュータウン No. 248 遺跡のような事例が確認されているものの,一般的といえるほど多い事例ではない。また,土器焼成遺構は弥生時代以降の例が報告されているが,縄文土器や弥生土器は恒常的な焼成施設を持たないので残存しない場合の方が多い。そのため,製作の場から土器生産の実態を明らかにすることは難しく,土器研究は,製作技術や文様の系譜,搬入関係の検討が中心とならざるをえなかった。
　しかし,1990 年代以降,小林正史（小林 1993 ほか）や石橋新次（石橋 1996 ほか）の研究にみられるように,民族事例の詳細な検討や,実験考古学による土器焼成が推定されるようになり,弥生土器生産に関して,考古学のみでは明らかにできない部分の補強が進展している。また,土器生産量の推定も行われ（長友 2009),弥生時代の土器生産と社会の複雑化の関係がとりあげられるようになってきた（長友 2013)。弥生土器は,日本列島で同一ではないので,本来ならば,各地の土器生産の変遷について検討すべきであるが,紙面の関係上,そこまでは行えない。そこで,今回は,近畿地域を中心に西日本の土器生産の変遷について考えてみたい。近畿地域は弥生時代終末期から古墳時代初頭にかけて広域に拡散した庄内型甕を生み出し,古墳時代になると西日本の広域に在地化して作られるようになる布留型甕を最初に製作し始めた地域であるという点で,土器生産の在り方を検討する意義は小さくないからである。その後,同様の視点から東日本の土器生産についても見通しを述べたい。

② 弥生土器生産に関するこれまでの研究

　都出比呂志（1982a・1989）は，「集団の表象となりうる」土器として縄文土器と弥生土器を「原始土器」と呼称し，これらの原始土器を含み，かつ専業生産でない一部の土師器を包括する概念として「ドメスティックな土器」という表現を使用した。そして，弥生土器は大きな集落単位を超えない生産規模であるとした。しかし，その後，弥生時代中期においては生駒西麓産土器，弥生時代後期においてはいわゆる下川津Ｂ類土器，弥生時代終末期では庄内式土器など，広域流通及び専業的生産の可能性をもつ土器の研究が進み，ドメスティックな土器という弥生土器のイメージに揺らぎが生じている[注1]。ただし，これらの研究は，地域的時期的に限定されており，特に特徴的な胎土で製作される土器群に対する研究が中心である。そのため，特徴的な胎土を持たない土器を含めた土器生産について整合的かつ通時的な理解がなされていない点に課題がある。このような研究状況において，土器の焼成失敗品から土器生産の場を復元し生産体制を追求した田崎博之の研究は，このような課題を克服し，通時的に検討できる視点を示した点で，先駆的な研究と評価されよう（田崎2004）。ただし，土器失敗品以外の分析視点が少なく，失敗品と判断する客観的な判定基準の設定が難しいという課題もかかえている。そこで，筆者は製作技術，焼成方法，規格度，生産量など多角的な視点から土器を検討することで，土器生産を解明しようと考えた（長友2013）。

　一方，自然科学的方法の援用からも土器生産に関する研究が進められつつある。鐘ヶ江賢二は蛍光Ｘ線分析を行い，土器の胎土をどのように採取しているかという観点から土器生産へのアプローチを行った。その結果，大型の集落が複数の集団単位から構成されるという近年の集落研究の動向をふまえつつ，同一集落で居住するそれぞれの集団が，異なる場所から粘土を採集して土器製作を行うというモデルを提示している（鐘ヶ江2007）。近年，石田智子も多元素を測定し，特に希土類元素に着目するという方法で胎土分析から土器生産について積極的に論じようとしている（石田ほか2013ほか）。研究途上であるが，窯焼成する須恵器（三辻2013）だけでなく，野焼き土器についても素地の違いを明確にできれば，土器生産研究の解明に果たす役割

II. 弥生土器の生産

は大きい。今後の研究成果が期待される。

　以上のように、土器の生産に関わる研究が進展し、野焼き土器である弥生土器の生産が「自給自足的生産」だけでは説明ができないことがより明確になってきたといえる。そこで、次章から弥生時代の土器生産の実態を明らかにし、その特性を知るため、多角的な視点から土器を分析してみたい。野焼き土器製作の民族学的研究をふまえつつ、新たな観点も盛り込んで成形・整形技術、焼成、規格、生産量に着目し、それぞれの研究方法、および土器生産に関連する成果について述べる。さらに、これらを総合して弥生土器生産の変化を示し、弥生土器生産の特質と地域性をみていきたい。

回転台上の土器を叩く（雲南省西双版納曼斗村）

土器を持って叩く（雲南省西双版納曼扎村）

藁と泥で覆って焼成する（同上）

藁のみで覆って焼成する（同上）

図1　民族事例にみる土器製作技法の例

③ 土器製作技術と生産に関する民族学的検討

　土器製作は，素地製作から始まり，成形・整形工程をへて形になった土器を乾燥させ，焼成して完成する。民族事例を参照すると，急激に最高温度に達する方法で焼成する東北タイの土器の野焼きでは，素地粘土と熱膨張率の近い混和剤を用いることで，破損を防いでいる（小林ほか2007）。混和剤は粘土と籾を混ぜて焼成したものを砕いて作られる。また，粘土紐を積み上げる基本成形の場合，素地粘土内の組織の方向が自然にバラバラになるので，叩き締める必要性が弱まり，叩く工程が少ないなど，成形・整形工程の中でも工程間の関係の強いことが民族事例から観察される（長友2010）。工程間は相互に密接に関連しているのである。本章ではこの点を念頭におきながら，焼成までの製作技法，焼成方法，完成した土器の規格のばらつき度合いについての民族学的研究成果を述べる。

1，民族事例にみる製作技法と製作時間の関係

　考古資料の土器をみるとき，まず形や大きさから種類を特定した後，その土器がどのように作られているのかを観察する。つまり，ハケ目がつけられてから指でなでられ，さらに文様が施されたなどといったように，製作のプロセスを土器の痕跡から読み解くのである。このような土器の製作技法へのアプローチは最も普遍的で多くの研究者によって行われてきた。では，その土器の製作にはどの程度の時間がかかるのだろうか。製作時間は，1日に土器を製作する数と直接関わるので，土器生産を考える上で重要である。しかし，残念ながら考古学的分析だけではこの問いに答えることは困難である。そこで，野焼き土器の製作過程を直接観察することができる民族事例の検討が有効になる（図1）。

　弥生土器の成形方法と共通する，紐積み成形の野焼き土器民族事例を集め，製作者の性，1年間に占める製作期間，販売の有無，1回の焼成個数，焼成方法と時間という項目をたて比較した。この比較により，専業度合いの低い事例から高い事例へと並べたのが表1である。これをふまえ，製作技法を比較すると（図2），タタキ技法を用いない場合，タタキ技法を用いるが変形

Ⅱ，弥生土器の生産

表1　粘土紐積み上げを行う民族事例

	国	所在地	製作者の性	製作月	販売の有無	焼成個数／回	素地	焼成方法	焼成時間	参考文献
①	ニューギニア	ゴノア村	男性		自給用	1個	混和材なし（小石混じり粘土）	開放型	不明	角林1978
②	カメルーン	北西部バメッシングムベガン	男：儀礼用 女：炊飯用		定期的(8日に1日)に市で土器を販売	8個（屋内の場合）	砂＋2種の粘土	覆い型（生草）	1～2時間	森1980
③	中国	欄興	男性	9・10月のみ	不明	7個	混和材なし	開放型	不明	宇野1974
④	中国	海南島福報郷	女性	—	開放以前：甕と同容量の米と交換	4～30個	混和材なし	開放型（点火後藁をかぶせる）	10分	西谷大1991
⑤	タイ	北部ライ・クァイ村	女性	通年，乾季のみの2択	仲買人が土器を買い，小売店などへおろす	8～100個	砂＋粘土	覆い型（藁＋灰）	5時間程度	調査データより（2005年）
⑥	中国	雲南省西双版納タイ族自治州曼斗村	女性	通年	注文を受けたら製作（仲買人いない）	600個	混和材なし	覆い型（藁＋泥）	一晩	聞き取り調査より（2006年）周1979，『考古』1977，徳澤他2006

する役割までは果たしていない場合，タタキ技法を駆使する場合があり，専業度が高くなるほどタタキ技法を多用することがわかる．

　タタキ技法とは，片手に持った板状工具で叩きながら形を整える方法である．この技法では，粘土紐を密着させる，器壁を締める，変形するという3つの役割を同時に果たすことができる．タタキ技法を用いない場合には，粘土紐の積み上げの段階で大まかな形を作り，時間をかけて入念に粘土紐間を密着させる必要がある．さらに，器壁を締め，水漏れなどを防ぐため，器表面の穴をつぶすミガキ調整などが必要になる．この調整は，隙間なく施さなければ十分な効果が期待できないため，施すのに時間がかかる．逆に，しっかりと叩くほど，粘土紐の接合や器壁を締める役割をもタタキ技法によって補われるため，粘土紐の積み上げや器面の仕上げ調整に時間をかける必要がなくなる．この点を念頭に置き，土器1個の製作に費やされた時間をみてみると，乾燥時間を差し引き，タタキ技法を用いない事例（①）では約半日，変形の役割まで果たさないタタキ技法を用いる事例（③）で約1時間20分（最後の底部成形を除く），変形をともなう発達したタタキ技法を行う事例（⑤）で10分ほど（仕上げの赤塗りを除く）であり，土器1個の製作にかかる時

③ 土器製作技術と生産に関する民族学的検討

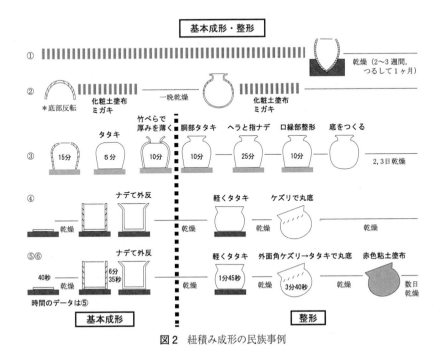

図2 紐積み成形の民族事例

間の差が顕著であることがわかる。一つの製作工程にかかる時間が短くなると，乾燥時間を利用して2個目，3個目と製作することができるようになり，より効率的に生産量を増やすことができる（図3）。したがって一つの製作工程にかかる時間の長短は，土器の生産量と生産システムの違いをももたらしうる。

このような視点からみると，タタキ技法以外にも大量生産に多く用いられる型成形やロクロ水引き成形などもまた，基本成形や整形の時間の短縮を可能にする技法といえる。つまり，短時間で形をつくることのできる技法の導入や発達が，生産の効率化にとって

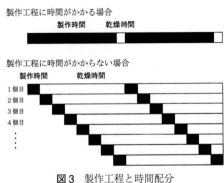

図3 製作工程と時間配分

重要なポイントになることが改めて理解されよう。

2, 焼成方法

　土器の野焼きは東南アジアを中心に現在も行われており，その方法は多様性に富んでいる。土器を燃料で覆い焼成する方法においても，藁のみで覆う場合，藁の上に灰を被せる場合，藁の上から泥を塗る場合などがある。燃料で覆う野焼きは，燃料で覆わない野焼きに比べて，焼成温度の上昇する速さが遅く土器が破損しにくい。また，熱が均等に伝わりやすいので焼きむらがでにくい。燃料で覆う場合，密閉度が高くなるほどゆっくりと最高温度に達するので，土器の受ける熱総量が多くなり堅く焼きしめることができる。さらに，灰や泥を被せると炎をださずに焼成できるので，家屋に隣接した場所での土器焼成がしやすくなる。また，屋根をかけた状態で焼成できるので，多雨な季節にも行えるという点で，季節や天候に左右されにくくなるという利点がある。

　一方，窯焼成に比べると，焼成温度が低く焼成時間が短い場合が多いので，一般的に窯焼成土器より野焼き土器の方が焼きが甘い[註2]。ただし，野焼きは小規模にも大規模にも焼成することができるので，必要な数の土器をすぐに焼きたい場合に柔軟に対応できるという特性がある。雲南省西双版納の窯焼成土器の製作工房では，そのような場合には野焼きを行っていた。

3, 土器の規格度

　ロングエーカーや小林正史らは（Longacare et al. 1998）フィリピンの土器製作村の調査を行い，土器製作村同士の生産のあり方と土器の規格のばらつき度合いを比較する興味深い研究を行った。これは，口径，器高，胴部最大径の変動係数（標準偏差／平均値× 100）から土器の規格のばらつき度合いを計測し，生産との関係について検討したものである。変動係数で規格度を比較する利点は，大きさの異なる資料群間でも比較可能な点にある。ロングエーカーらが分析したフィリピンのカリンガ村とパラディホン村の検討成果に，小林青樹（小林1998）が東北タイのムアンノイ村の成果を加えた結果，より効率的な製作技術で1日に製作する土器数が多く，専業度の高いパラディホン村とムアンノイ村で作られた土器の規格度は高く，時間をかけた製

③ 土器製作技術と生産に関する民族学的検討

表2 ライ・クァイ村の土器規格度

*2005年調査時

器種別の規格度順位		製作者	土器製作月/12月	年齢*	土器売り頻度	主要な製作器種	備考
モーケン	モーカオ						
	1	J	12	47	5回/月	非伝統器種	並行して複数個体製作
	2	P	12	49	4回/月	伝統器種	
	3	S	12	69	3回/月	伝統器種	目が悪い・モーカオ1種のみ製作
1		U	12	50	4回/月	非伝統器種	回転台使用
	4	B	10	54	4回/月	伝統器種	
2		P	10	54	7回/月	伝統器種	
3	5	Bu	10	55	3回/月	伝統器種	
	6・8	D	12	48	2回/月(村人・隣人が直接買いにくる)	伝統器種	目が悪い・夫が仲買人、隣人が直接土器を買いにくる
	7	W	10	53	不明	伝統器種	
	9	C	10	47	5回/月	非伝統器種	
	10	A	10	48	6回/月	伝統器種	モーカオとモーケンを同一工程内で製作
	11・12	Bo	10	53	4回/月	伝統器種	

作技術で1日の製作土器数の少なく，専業度の低いカリンガ村で作られた土器の規格度は低いという差が認められた。

次に，筆者は同じ技術で土器製作を行う一つの土器製作村（北タイ，ライ・クァイ村）内において，製作者間の土器規格度に差があるかどうかを調べた。その結果，土器の規格のばらつきに個人差が顕著に認められた。そこで，ばらつき度合の違いの生じた背景を探るため，土器の規格度と，「一年間に土器を製作する月」「一月に土器を売る回数」「製作する器種」との関係を表したのが表2である。比較すると次のような一定の相関性がみえてきた。まず，①1年を通して土器製作をする人のほうが，乾季のみ土器製作をする人よりも規格度の高い土器を作る傾向が顕著である。②同一器種のみを作りつづける人の製作した土器も規格は高い。③12ヶ月作り続ける製作者の方が回転台の導入などの効率化に努力を払い，大量生産をする条件を整えようとしている。一方，1年のうち農閑期の10ヶ月のみ土器を製作する製作者の土器規格度は相対的に低く，また同一工程のなかで複数器種を作る方法で製作された土器も規格が低い。

以上のように，民族学的調査成果によると，「量産化を可能とする技術の獲得」「製作個体数の多さ」および「1年における製作期間の長さ」と土器の規格度は強く相関するといえる。そして，これらは土器の量産化に帰結する要素であり，専業度の発達に深く関連していると理解される。

4 弥生土器生産への多角的アプローチ

　民族調査成果から得られる製作技法と時間との関係の法則性を考慮すると、弥生土器はどの程度の時間をかけて製作されたと考えられるであろうか。ここでは、前章の民族調査の成果をふまえてこの問題を考えてみよう。

1, 弥生土器の製作技法と製作時間

　タタキ技法に着目してみると、北部九州では他の地域よりも早い、弥生時代前期段階でタタキ技法が在地化した可能性が考慮されるが、北部九州を除いた西日本ではタタキ技法の導入の程度や時期は概ね共通していると考えられる(註3)。ここでは、近畿地域の土器（図4）に焦点をあてて、製作工程の変遷を追ってみたい。なお、調理具としての使用が明らかなため、通時的に比較しやすい甕を主に扱う。図5は、その製作方法の変遷を示したものである。

　タタキ技法の導入以前　弥生時代前期〜中期前葉には、基本的にタタキ技法が用いられていない。この時期の底部は2通りの作り方が存在したと考えられる。円盤状の底部に粘土紐を積み上げる場合と、粘土紐を積み上げ底部に粘土を充填する場合である（図6-1）。前期の土器の粘土紐の積み上げは、粘土紐の外面が下に内側が上に傾斜した面をなすようなはがれ方をするので、外傾接合で積み上げられたと考えられる（家根1984）。基本成形では、半乾燥した状態でハケ調整やナデ調整を行って、粘土紐間を密着させる。中期になると土器の地域差が顕著になる。いわゆる河内型甕（図4-2）や紀

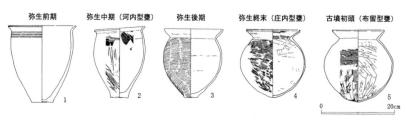

図4 近畿地域における甕
（1 亀井その1SK 3157, 2 亀井その2SD 1801, 3 下田SD 1305, 4 久宝寺南SD 206下層・最下層, 5 久宝寺南K3号墳周溝内下層）

④ 弥生土器生産への多角的アプローチ

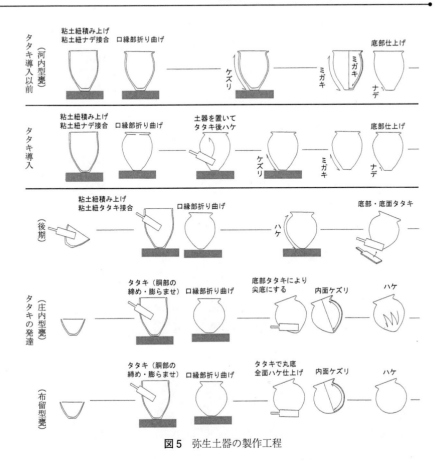

図5 弥生土器の製作工程

伊型甕では，整形段階で器表面を削って器面の厚さを均等にし，河内型甕ではさらに半乾燥させた後，ミガキ調整が内外面に施される。大和型甕や摂津型甕ではハケ工具により何度も調整が施される。このような製作方法では，基本成形の段階で時間をかけて入念に粘土紐同士を密着させる。その代わりに，整形段階では器壁を締めて水漏れを防ぐため，ナデ調整やハケ調整，ミガキ調整という作業を隙間なく丁寧に行う必要がある。そのため，一つ一つの工程に時間がかかったと考えられる。

タタキ技法の導入 弥生時代中期中葉になるとタタキ技法が用いられるようになり，製作工程が変化する。まず，円盤状の底部に粘土紐を指などで密着させながら積み上げる。口縁部相当までおおよその形を作りながら積み上げ

27

II. 弥生土器の生産

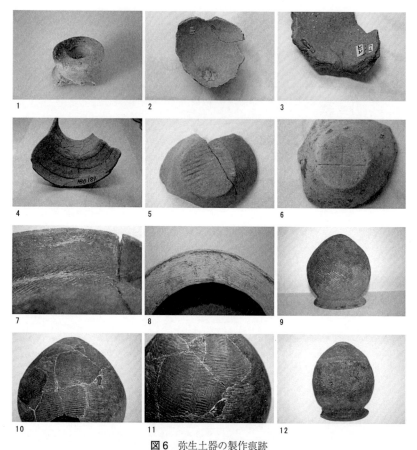

図6 弥生土器の製作痕跡
（1 兵庫県辻井土壙 1，2〜4・6 兵庫県周世入相土壙 22，5 同住居 5，7 大阪府成法寺 SE02，8〜12 奈良県纒向東田地区南溝南部中層）〔所蔵：1 姫路市埋蔵文化財センター，2〜6 兵庫県立考古博物館，7 大阪府文化財センター，8〜12 奈良県立橿原考古学研究所附属博物館〕

た後，口縁部を外反させてなでて仕上げる。そして，いったん乾燥させた後，叩きを行うのである。このタタキ技法は，深澤芳樹によって指摘されているように，肘を中心に円弧をえがくように叩くので（深澤 1998），台の上に土器を載せて行われていることがわかる。タタキ技法を施した後，ハケ調整でタタキ目を消す。粘土の重みで厚くなる胴下部は外面を削って薄くし，さらにケズリ調整で荒れた外表面をミガキ調整する。甕の胴部は，口径を陵駕するものの球形に近いほど膨らんだ形ではない。したがって，この段階のタタ

キ技法は，まだ変形や器壁のタタキ締めにおいて，それほど徹底した効力を発揮していなかったと推測される。それでも，粘土紐の積み上げ時間はタタキ技法の出現によって短縮されたであろうし，ケズリ調整やミガキ調整も胴下半部だけですむようになった。

タタキ技法の発達 弥生時代後期になると，粘土紐を積み上げる基本成形の工程にタタキ技法が導入され，製作工程全体が大きく変化する。後期になると粘土紐がそのまま土器の内面に観察される場合の多くなることから（図6–4），粘土紐接合が指や板状工具によって入念に行われなくなったことがよくわかる。外面のタタキ目は胴部下位で右上がり，中位で水平，上位で右上がりの方向であるから，下位の底部付近を叩くときには，土器を台にのせていれば肘が台より下にさがってしまう。また，胴下部下端までタタキ痕跡が残ることからも，底部は台の上に載せずに叩いて製作されていることがわかる。また，底部が中期のものよりも厚くなり，底面を充填して作る土器（図6–2・3）が観察されることから，粘土紐を積み上げてから底部に粘土を充填したと考えられる（都出 1974，1982b）。鉢状の形を作る段階で叩き，乾燥時間をおいた後に，粘土紐を積み上げて再び叩き，さらに最上部を外反させて口縁部を成形する。

弥生時代終末期になると，器壁が 5 mm 以下と薄く，外面がハケ調整で仕上げられる庄内型甕が出現する（図4–4）。胴部は球状に膨らみ，底部は小さい平底または尖り底である（図6–9・12）。この甕は，生駒山西麓と奈良盆地東南部で生産されたことが明らかにされている。庄内型甕を詳細に観察すると，口縁部の外面にタタキ目の痕跡が認められ（図6–7），タタキ技法を施した後に，ナデ調整で口縁部の仕上げられることがわかる。底部付近には，胴部から口縁部にみられるタタキ目の上から，別のタタキ目が観察され，口縁部形態を完成させた後に，底部を叩いて形を仕上げたことがわかる。その後，ハケ調整で仕上げられる。早い時期の庄内型甕を観察すると，ハケ調整は鉢状の底部と胴部との境にあたる部分に上下に反復しながら施されているので（図6–11・12），底部を丸く変形するためではなく，底部と胴部の接合部分の密着を意識して施されたと考えられる。

以上の土器観察から，庄内型甕の製作工程を復元すると次のようになる。基本成形では，後期の甕と同様に，まず鉢形に粘土紐を積み上げ，一度乾燥

II. 弥生土器の生産

時間をおいてから、口縁部相当までの粘土紐の積み上げを行う。この段階では、底部から胴部までは鉢形に広がり、その上は円筒形という原形が想定される。そして、台の上に載せた土器を底部から口縁部まで螺旋状に叩き、粘土紐間を密着させ器壁を締める。この時、奈良盆地東南部で製作された庄内型甕は左上がり、生駒山西麓で製作された庄内型甕は右上がりのタタキ目がつく傾向があるので、土器または人間の回転方向が産地によって異なると考えられる。次に、上端部を屈曲させて口縁部を作り、ナデ調整によって「く」の字形の口縁部を整形する。口縁部内面には板状工具の痕跡が認められるので、外反させるときに板状の工具で形を整える行為の行われていたことがわかる。そして、土器を台からはずし、胴下部をタタキ調整し、尖り底に仕上げる。この時、奈良盆地東南部産土器ではタタキ目が左上がりの、生駒西麓産土器では右上がりのタタキ目痕跡が底部付近に残る。したがって、右利きの人が作ったならば、土器を膝の上にのせ、当て具をもった左手を土器の中に差し込み、奈良盆地東南部では土器を体より外側に回しながらタタキ技法を行ったと考えられる。逆に、生駒山西麓では、土器を体の方へ引き寄せるように回しながらタタキ技法を行ったと考えられる。胴部内面はケズリ調整を施し、器壁を薄く仕上げる。さらに肩部を叩いて胴部の形を整える。最後に、鉢形とその上との接合部分を入念にハケ調整する。

　古墳時代前期になると、庄内型甕の系譜を引く、布留型甕が製作されるようになる。布留型甕は製作痕跡の大部分がハケ調整の仕上げによって消されているため、その復元は容易ではない。しかし、ハケ調整に切られたタタキ目を観察できる場合のあることから、タタキ技法によって胴部を膨らませたことは間違いない。丸底にする方法については、型成形が示唆されることもある（田中1967、井上1983）。確かに、小型品の鉢などの器面を観察すると調整痕跡のないままで仕上げられているものがあり、これは型を使用したと考えるのが妥当であろう（長友2008）。しかし、これらに比べて容量が飛躍的に大きい布留型甕まで、同様に型で製作されたと考えられるであろうか。型成形が導入されたのであれば、平底から丸底へ連続的に変化しないと推測されるが、実際には弥生時代後期から古墳時代初頭まで時間をかけて小さな平底から尖り底、さらに丸底へと漸進的な形態変化をみせる。また、庄内型甕と布留型甕の技法の連続性（初期布留型甕）を考慮すると、少なくとも布

留型甕の初現期には，庄内型甕と同様にタタキ技法によって底部が作り出されていたと考えた方が妥当だろう。

弥生土器の製作時間の変化　以上のように，タタキ技法導入以前，タタキ技法の導入，タタキ効果の拡大という変遷が近畿地域の弥生土器において認められた。タタキ技法の発達による製作時間の短縮化という民族誌事例に認められた法則をふまえると，弥生時代中期中葉，後期という画期をへながら，段階的に一つの工程にかかる時間が短くなり，その結果，工程間の乾燥時間が長くなるという，時間配分の変化が生じたと推定される。弥生時代前期から中期前葉の土器製作では，ひとつの製作工程にかかる時間が長く，1日にそれほど多くの土器は作れなかったと考えられる。弥生時代中期中葉以降になると，器壁を締める効果をともなうタタキ技法の導入によって，ケズリ調整やミガキ調整を施す部位が狭くなり，整形時間の短縮が促されたと考えられるが，まだその効果は大きくない。弥生時代後期や終末期に，基本成形にまでタタキ技法が導入されることによって，粘土紐積み上げの時間が大きく短縮され，ひとつの工程を繰り返すことにより，ある程度の数量の土器をまとめて製作することができるようになったと考えられる。後期初頭の兵庫県鍛冶屋下川遺跡では，焼失住居から製作途中の高杯の脚部が出土しており（中町教育委員会 1994），高杯の脚部をつくる工程から杯部を作り足す工程までに，ある程度の乾燥時間が挟まれていたことがわかる。脚部から杯部までを連続的に成形する，弥生時代中期とは製作工程が大きく変化したことがわかり，乾燥時間を挟んで行う，いわゆる分割成形技法は甕のみならず多様な器種にわたり取り入れられたと考えられるだろう。

2，焼成方法の変化

　弥生土器の焼成方法について，田辺昭三は「野天に置いて，それを覆うのに燃料をかぶせて焼成したものと想像される」（田辺 1978）と推測したが，1970年代以降，具体的な検討がなされるようになった。焼成遺構が検出され（藤原・森岡 1977，宇垣 1994，湯浅 1996 ほか），草木の痕跡がついた粘土塊の存在から，草木燃料と泥で覆う焼成方法が想定されるようになった（石橋 1996・1997・1998）。さらに，実験と土器観察から，焼成時に土器表面に付く黒斑の形成過程が詳細に検討され，燃料で覆う野焼き方法の導入と普及

Ⅱ．弥生土器の生産

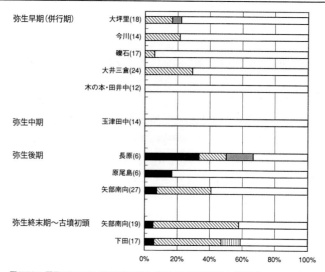

図7　外面の黒斑の有無（全器種）

過程が追究された（寺田1979，萩原1983，久世ほか1997，岡安1999ほか）。現在では，弥生時代早期に燃料で覆う野焼き方法が，朝鮮半島からの影響を受けて北部九州で始まることが判明している。遠賀川系土器の定着する伊勢地域南部や尾張地域では，西日本と同様に前期から覆い型野焼きがはじまる。北陸，越後地域など日本海側へは，櫛描文の用いられる中期前半に伝わるが，関東地域へ伝わるのはハケ調整が本格的に普及し櫛描文の発達する中期後葉になってからだとみられている（岡安1999）。東海地域東部，中部へも中期後葉段階で伝わるとされる。東北地域南部へ覆い型野焼きが伝わるのは古墳時代前期以降である（北野2007）。

　以上のように，水田の稲藁をうまく利用した可能性の高い，イネ科草燃料による覆い型野焼きは各地に広まったが，土器生産を考える上で注目されるのは，より多くの土器を一度に焼成することができる，積み重ね焼きの開始である。黒斑は燃料と接することによって炭素が付着して形成される。積み重ねて焼くと，土器と土器の間に挟まれた土器は燃料に接しない可能性が高く，その場合黒斑が形成されない。なお，黒斑を付着させない方法はそれだけではない。土器の上に，大きめの土器片などを載せて燃料に接しないように工夫すれば黒斑の無い状態で焼き上がる。ただし，この方法で黒斑の付着

④ 弥生土器生産への多角的アプローチ

図8 黒斑の付着しない甕（亀井その1, SD3104出土）

しない土器を焼こうとすると，土器焼成のときに念入りに土器を設置する必要があり，大変手間がかかる。この方法は，見た目を重視する土器には採用されることもあっただろう。

　それらの点をふまえて，この黒斑の無い土器の出現頻度を調べたのが図7である。まず，弥生時代後期以降に黒斑のない土器が多く認められるようになることに気付く。また，黒斑の付着していない器種をみると，精製土器ばかりでなく調理具である甕の場合も少なくない（図8）。したがって，土器に黒斑を付着させないように意図的に土器を設置し焼成した場合も考慮されるが，多くの場合は土器を積み重ねて焼成したために，黒斑のない土器ができたと考えられる。つまり，弥生時代後期になると，より多くの土器を焼成しようという方向へ変化したのである。

3, 弥生土器の規格度の変化

　考古資料の場合，遺跡から出土し短期間に廃棄されたと考えられる土器群の規格度は，当時その集落で消費されていた土器の規格度と言い換えることができる。つまり，この土器群には複数の製作者により作られた土器が含まれていることになる。このような土器群の規格度が高くなるのは，それぞれの土器製作者の作る土器の規格がそろっている場合，および一つの集落に供給される土器が少数の土器製作者による場合と推測される。後者の状況は，一人の土器製作者がより多くの土器を製作することによって達成されると想定される。したがって，民族学的研究成果と総合して考えると，考古資料の土器群の規格度は，「量産化を可能とする技術の獲得」，「製作個体数の多さ」および「1年における製作期間の長さ」と強く相関すると考えられる。

　規格度の分析の手順としては，まず器種の選定を行わなければならないが，デザインの変化の激しい器種を避け，通時的に共通した用途で使用される甕を対象とした。また，一つの土器群として扱う甕は，同一型式のものである。

Ⅱ．弥生土器の生産

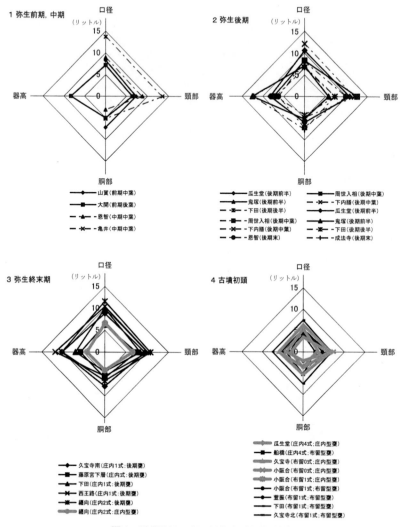

図9　近畿地域の甕の規格度（変動係数）

　次に，土器のサイズを区分する。統一的な尺度のまだ確立されていない弥生時代において，容量クラスの大小が作り分けられていたとしても，隣り合うと認識された容量クラス同士で，実際には同じ容量のものも含むような状況であったことは想像に難くない[註4]。そのため，容量分布からまとまりの密

と粗の部分をみつけだし，時期と地域の近い遺跡同士で比較しながら，仮の容量クラスを設定するという方法をとるのが最も妥当といえる（小林 1995 ほか）。ただし，このような容量のクラス分けはあくまでも推定なので，1リットルごとに容量クラスを設定した絶対値によるクラス分けも行い，2通りの方法で規格度を検討した（長友 2009）。測定したのは，口径，頸部径，胴部最大径，器高の4つである。

分析の結果，2通りのクラス分けによる規格度（変動係数）は，同様の傾向を示した。ここでは，紙面の都合上，仮の容量クラスを設定して分析した規格度のグラフを掲載する（図9）。このグラフは数値が小さく図形の面積が小さいほど，ばらつきが小さく規格度が高いことを示している。弥生時代前期の規格度は 8.0 前後を中心としておりやや規格度が高いが，中期になると規格度が低くなる。後期になってもばらつきが大きい場合が多い。ところが，終末期になると，後期系譜の甕は規格度が低くばらつきが大きいが，庄内型甕は飛躍的に規格度が高くなり，ばらつきが小さくなっていることがわかる（図9–3，灰色線）。さらに，古墳時代初頭から前期の庄内型甕や布留型甕は，終末期の庄内型甕以来の規格度の高さを維持している。

この規格度の変化は製作技法などを考慮すると，どのように理解できるだろうか。弥生時代前期に規格度がやや高かった背景には，全器種を通して同一の基本形から成形するシステム的な製作工程（深澤 1985）であったことが考慮される。庄内式土器では製作器種を限定している点が注意される。つまり，発達したタタキ技法で素早く製作する技術に加え，少ない種類の土器を製作することにより，一人の製作者が同じ形の土器を多く作ることができ，より多くの土器を生産する体制が実現したのではないだろうか。

次に，近畿地域の土器規格度と比較するために，北部九州の土器についても検討した。北部九州では弥生時代中期の一括資料のなかに完形に復元できる個体が少なく，通時的には検討できなかったが，弥生時代前期と後期，古墳時代初頭の甕について分析したのが図10である。

弥生時代前期の甕の規格度はやや高い。次に，後期以降になるとタタキ技法で仕上げる甕が製作されるが，上清水遺跡と吉塚遺跡ではやや数値が高く，ばらつきが大きい。一方，北部九州では庄内型甕や布留型甕が搬入され，さらに模倣して製作されるようになる。こうした外来系土器においては，上

Ⅱ. 弥生土器の生産

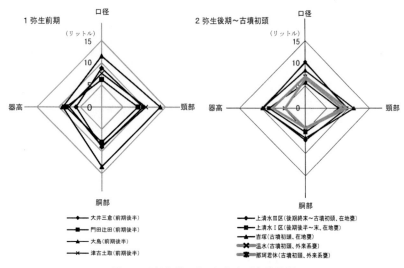

図10　北部九州の甕の規格度（変動係数）

清水遺跡，温水遺跡，那珂遺跡ともに数値が小さく，規格度が高くなる（図10–2，灰色線）。このように北部九州においても，前期の遠賀川式土器で規格度がやや高く，発達したタタキ技法で製作する布留型甕になると規格性が高くなる。土器の規格度の変化において近畿地域と共通性が認められる点は，西日本の東西で同様の動きを示しており重要である。

4, 搬出状況からみた土器の生産量

　では，実際に土器はどの程度生産されたのだろうか。生産量は消費量に応じて増加すると考えられる。自家消費以上に生産量が増加し，他地域へ土器を持ち運ぶことを考慮して生産されたと仮定した場合，移動状況と量の変化から生産された土器の全体量を類推することは可能であろう。

　近畿地域において，角閃石を含むきめ細かい土が，奈良盆地と河内平野の間に位置する生駒山の西麓付近で採取され，この土を用いて製作された土器は生産地がほぼ限定できる。この生駒西麓産土器は特徴的な茶褐色の色調で，時期により特徴的な文様や形態をもつので，容易に他の土器と区別できる。そのため，遺跡での生駒西麓産土器の出土率をはじめとした研究成果が蓄積されており（広瀬1986，若林1997，田中2005ほか），おおよそ搬出状況を把握することができる。そこで，生駒西麓産土器の搬出状況に関する研究成

4 弥生土器生産への多角的アプローチ

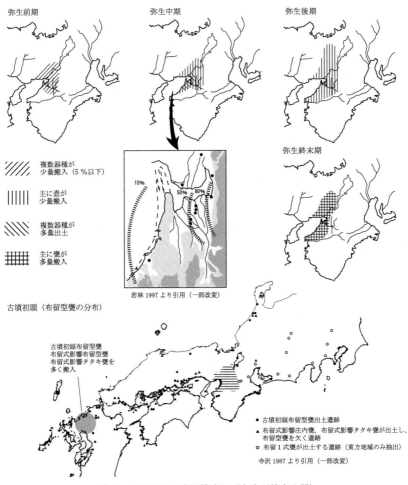

図11 土器移動の変遷模式図（生駒西麓産土器）

果を通時的に整理し，これによって弥生時代における土器生産量の変化の見通しを示したい（図11）。

　河内のような生駒山西麓と接する地域では，弥生時代中期に50％程度と生駒西麓産土器の占める割合のピークがあるものの，弥生時代前期から後期まで搬入量は相対的に多い。一方，山や河川で隔てられたやや離れた地域になると，生駒西麓産土器の占める割合は常に低く，5％程度以下である。より微視的にみると，京都府南部の山城地域には弥生時代前期から分布し，後

II，弥生土器の生産

期になると南丹波，丹後地域へ北に分布がやや拡大する傾向を読み取ることはできるが，基本的に近畿（畿内）程度の範囲以上には土器は移動しない。

しかし，弥生時代終末期になると，摂津や山城地域で20～30％と淀川流域を含め近畿の範囲で生駒西麓産庄内型甕の甕全体に占める割合が飛躍的に高まり，さらに，古墳時代初頭になると北部九州にまでその分布範囲は急激に拡大され，土器移動の距離と量が大きく変化する。また，弥生時代終末期に持ち運ばれたのは主に甕のみであったが，古墳時代初頭になると甕以外の器種もみられるようになる。特に，布留型甕の分布は，畿内地域と北部九州に多い。それ以前の土器の移動の様相と異なって特徴的なのは，庄内型甕や布留型甕の出土量が単純に近畿地域からの距離に比例しない点であり，近畿地域と各地域との直接的なやりとりが想定できる。北部九州の布留型甕は，拠点的集落で量的に多く，甕以外の器種も出土する（田崎1995，次山1997）。また，海岸部と内陸部の集落には差異があるという（田崎1983）。

生産地周辺では，弥生時代前期から古墳時代前期にかけて，生駒山西麓（河内東岸部）と河内湖南岸部の各集落が互いに土器を運び，補完し合って使用していることが明らかにされている（秋山2006）。一方で，前述したように，弥生時代終末期以降は，隣接地域を超えた遠方に多くの庄内型甕や布留型甕が持ち運ばれる状況へと変化する。これは一方向的な土器の移動ととらえられ，土器流通の質的変化を示すものとして重要である。

以上のように，生駒西麓産土器に着目してみてきたが，これは生駒西麓産土器にのみ認められる動向であろうか。弥生時代中期の近畿地域では近江型甕，紀伊型甕，弥生時代後期になるといわゆる下川津B類土器，終末期から古墳時代初頭になると吉備型甕，山陰系土器など，頻繁に持ち運ばれる土器が存在する。これらの土器は，弥生時代中期においては，近隣地域に限定され面的に搬出されるのに対して，後期になると河内と讃岐間，讃岐と北部九州間にみられるようなやや長い距離を持ち運ばれるようになり，終末期から古墳時代初頭になると，飛躍的に移動距離が長くなり，かつ量が多くなるという変化が認められる。したがって，搬出量からみた生産量の変化は生駒西麓産土器に限られたものではなく，同様の動向が西日本に広く認められる可能性が高い。

5 弥生土器生産の変遷と地域性

これまで述べてきた、製作技法、焼成方法、規格度、生産量についての検討を総合すると次のような変遷が追える。

1. 弥生土器生産の変遷

最初の弥生土器である遠賀川式土器は、朝鮮半島の技法を在地化させて成立するが、その際、製作技法だけでなく新たな野焼き方法をも受容する。そして、貯蔵具としての壺も器種組成に加わり、複数器種を同じ系統の技法で作るシステム的な技法を確立する。この時期の土器は規格度がやや高い。

弥生時代中期になると、形態、装飾の仕方や調整方法の組み合わせが多様になり、地域色が顕在化する。多様な調整方法の組み合わせにおいて、各地で共通するのがタタキ技法の導入である。タタキ技法は粘土紐の密着や器壁締め、変形を一度に行うことができるため、素早い成形を可能にする技法であるが、この段階では変形という役割はほとんど果たされておらず、タタキ技法の効力は十分に発揮されていない。しかし、中期中葉以降の甕をみると、ミガキ調整やケズリ調整が胴部下半のみに施されるようになったことからも、タタキ技法の導入によって調整の省略が可能になったことがわかる。ただし、規格度をみると、中期は前期よりもむしろ低くなっている。これは、前期のシステム的な技法が崩れ、土器の種類によって異なる仕上げ方で多器種の作りわけを行うようになったことがその要因のひとつと推測される。このように、中期にはまだ多くの土器を一度に製作する技術は発達していない。一方で、隣接する集落と相互補完的な関係で一定量供給し合う行為が盛んに行われるようになる。

弥生時代後期になると、土器の種類が整理統合され（鈴木2002）、装飾が施されなくなっていく。中期まで手間をかけて施されていた装飾が急激に衰退していった背景には、土器に対する意味の変質があったと想定される。後期後半になると、精製品と粗製品が作り分けられるようになるが、中期のようなあり方ではない。異なる種類の土器の製作技法が再び類似し始め、効率化がすすむとともに、タタキ技法の発達によって量産可能な技術体系が確立

され，積み重ねてより多くの土器を一度に焼成する傾向が強まる。この段階で量産化への志向がはじまったとみられるが，規格度はそれほどの高まりをみせないことから，大量生産の本格的な実現にはいたらなかったと推測される。

　終末期になると，変形をともなうタタキ技法が発達し，庄内式土器が製作されるようになる。日常土器の組成全体を網羅しない，甕を中心とした数少ない種類の土器を集中的に生産する体制が実現する。遠い拠点集落へ多くの甕が持ち運ばれ，一方向の受容供給関係がみられるようになり，生産量が増加したとみられる。土器の規格度が飛躍的に高まることからも，より多くの土器を生産する体制が本格的に始まったと考えられる。

　古墳時代前期になると，丸底化する技法が一部の地域や集団だけではなく広域に定着し，土器の規格度は非常に高くなり，各地で一人の土器製作者あたりの製作個数が増加したと推測される。つまり，近畿地域では弥生時代後期に量産化への志向がみられはじめ，弥生時代終末期には生駒山西麓や奈良盆地東南部といった一部の地域で量産化が成功する。古墳時代初頭にその生産体制の拡大が実現し，各地の動向にも影響を及ぼしたと推定される。

2，弥生土器生産の特質

　以上のように，弥生時代を通してみると，弥生時代後期を転換期として，土器生産はタタキ技法という在来の技術を駆使して量産化を志向する方向へと変化したといえる。では，全く外的な影響を受けていないのだろうか。

　土器は貯蔵具や調理具，食器から構成されているという本質に立ち返ると，食器は土製品だけでなく木製品と組み合わされていることがわかる。そこで木製の食器である容器類をみてみると，弥生時代中期から後期へと，木製容器にも樹種と木取りの変化がみられることがわかる。中期には，広葉樹を横木取りで刳り貫いて製作する合子が多く製作されたが，後期になると針葉樹で縦木取りして，別作りした底板を組み合わせる桶の製作が増加する。まっすぐに成長する針葉樹を用い，底部を残さずに木目に沿って直線的に胴部を削り落とす後期の製作技法は，一木を刳りぬく中期の製作技法よりも，素早く効率的に製作できたと考えられる。また，蓋付容器が木製（合子）と土製（蓋付無頸壺）の両方の素材で作られていた中期から，後期になると木製品

5 弥生土器生産の変遷と地域性

のみになるなど，素材による作り分けが明瞭になった。後期になると，木製品と土製品で相互に模倣し合う，写しの関係（図12）も精製品を除くと減少する。これは，弥生時代後期における土器の種類の整理統合や，製作技法の効率化と同じ変化とみることができ，土器だけでなく木製品も含めた食事関連容器全体における変化ととらえることができる。これも，在来の技術の範疇で変化しうる部分と理解できる。

一方，弥生時代後期になると，鉢や高杯などの食器類が多くなることが早くより指摘されている（都出1984）。そこで，脚付台（図13）を検討すると，後期以降に外来の技法で製作された台が出現し，増加したことがわかっ

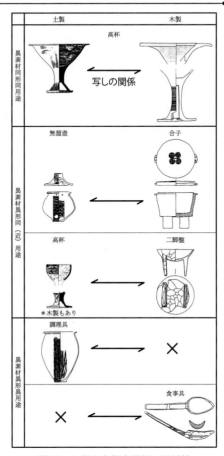

図12 土器と木製容器類の関係性

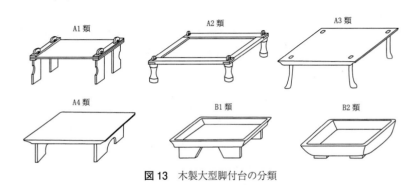

図13 木製大型脚付台の分類

た(長友 2005)。この一部は,食器を置く案(持ち運び可能な食事用台)として使用されたと考えられる。漢代には,俎板で食材を切り調理された料理が杯に盛り付けられ案にのせられた後,調理場から食事の場へと持ち運ばれ,食事をする人の前に置かれるという食事方法がみられる。弥生時代後期になると日本列島では,この最も洗練され最新の食事様式が取り入れられるのである。この新たな食事様式に伴い出現する脚付台(案)が,拠点集落や津的役割をになう集落で多く出土することから,盛んに交易する上位階層の人々の間で使用されたと推測される。このように食事方法からみると,外的な影響を垣間見ることができるのである。

　交易や交渉を頻繁に行う人々は,階層化が促進されるなかで次第に力をもつようになったと推測される。急激に上位階層者の台頭する弥生時代終末期に,交易網の要となる河内湖東岸の生駒山西麓や,古墳時代前期前半に大型前方後円墳が築造され中心地となる奈良盆地東南部で,土器の集約的な生産が始まるのは決して偶然ではないだろう。

3,弥生土器生産における地域性

　ここまで,近畿地域を中心に土器生産の変化と特質をみてきたが,弥生時代の他地域においてはどうであろうか。すべての項目を検討することは容易ではないが,タタキ技法の導入と発達度合いを目安として,どの程度素早く土器を製作し,効率的な生産が行われているかを推し量ることはできるであろう。そこで,甕を中心にタタキ技法を中心とした製作技法についてみてみたい。

西日本　北部九州で弥生時代前期段階からタタキ技法が存在する可能性があるものの,西日本でタタキ技法が定着するのは,弥生時代中期段階以降である。瀬戸内や山陰地域の甕は,中期後半になると,内面の胴部下半のみを削り調整し,胴下部外面をミガキ調整するようになる[註5](図 14-1)。これは,ケズリ調整が内面であるか外面であるかという点で近畿の甕と異なるものの,調整方法と部位は共通しており,製作時間は同程度とみることができる。北部九州では,全面にミガキあるいはナデによって調整され,丹塗りが施される場合にはさらに手間がかかる。この段階では,胴部の膨らみは弱く,タタキ技法は粘土紐間の密着と器壁締めに限定されていることがわかる。

⑤ 弥生土器生産の変遷と地域性

　弥生時代中期には，北部九州では丹塗り，それ以東の地域では櫛描きにより，各地で地域色豊かに装飾された土器が作られるようになる。また，器種を細分化し作り分ける傾向が強まる。しかし，弥生時代後期になると，下川津B類土器など一部の土器群を除き，西日本各地で装飾的要素が衰退し，土器の器壁が厚くなり，器種が整理統合され減少する。製作技法をみると，北部九州ではハケ調整で仕上げられるが，仕上げのハケ調整が粗い個体では，ハケ目に切られたタタキ目がみえる。こうした資料をみると胴部から口縁部まで連続してタタキ技法の施されていることがわかる。また，螺旋状に叩き目がみられ，肘を軸として円弧に叩く中期の叩き方から変化していることがわかる。一方，近畿地域とは異なり，形態は長胴化していく。形態における変化の方向は，むしろ朝鮮半島東南部地域の甕の変化と同じである。瀬戸内や山陰地域では，形態的にはやや長胴ではあるが，近畿と同じく胴部が球胴化の方向へ変化するので，タタキ技法で胴部を膨らましたと考えられる。このタタキ技法は，変形する役割が強くなったものと考えられる。調整方法は中期から後期への連続性が強い。中期段階では胴下部に限定されていた内面ケズリが，後期になると頸部まで施されるようになり，外面はハケ調整が全面に施される（図14–2）。器壁は厚くなる。

　弥生時代終末期になると，西日本では共通して底部が小さくなり丸底化へ向かう（図14–3）。中期のような，胴下部下端のナデ仕上げを行ったり，いったん立ち上がって胴部が膨らむ形態から変化し，胴下部下端から胴部へとそのまま膨らむ形態になるので，近畿地域同様タタキ技法により尖り底や小さな底部に変形する工程が最後に行われたと考えられる。

　西日本では地域色をもちつつも，タタキ技法をはじめとした製作技法の変化，装飾の盛衰，粗雑化，器種の増減，底部形態の変化など，多くの項目で共通性を指摘できる。地域差はあるものの，基層的な部分では近畿地方と同じ方向で変化しており，生産のあり方も近畿と同様の動向であったと理解するのが妥当だろう。

東日本　遠賀川式土器を受容し，在地で製作するのは北陸，東海地域までである。それ以降，再び近畿以東の地域で西からの影響が見られるようになるのは，回転台を利用した装飾方法である凹線文の波及する時期である。近畿地域では，凹線文出現前の中期中葉からタタキ技法が確認されるが，タタキ

Ⅱ．弥生土器の生産

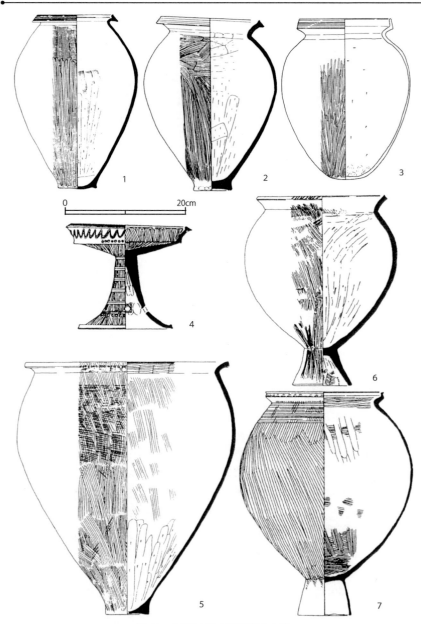

図14 吉備地域と尾張地域の土器
（吉備：1 雄町3住居5，2 百間川原尾島井戸6，3 加茂政所竪穴住居66／尾張：4 朝日Ⅵ SZ339，5 一色青海 SB66，6 見晴台 P6，7 西上免 SZ01H 地点）

技法は中期後葉に凹線文とともに北陸や東海地域へ広がる（図14-5）。凹線文は三河地域までは波及しているので、タタキ技法もこの地域までの範囲で受容された可能性が高い。森岡秀人は、凹線文が近畿東部から伊勢地域へ伝播するルートを示し（森岡1992）、深澤芳樹は、北部経由で伊勢湾沿岸地域へ伝わるタタキ技法のルートを明らかにした（深澤1998）。これらの地域では、変形をともなわない、器壁締めと粘土紐密着の役割の強いタタキ技法が開始される。

弥生時代後期になると、タタキ仕上げの甕がなくなり、タタキ目が土器表面に見えなくなる。しかし、東海西部や北陸地域では、胴部が球胴化していく点（図14-6）、脚部に半乾燥をおいて杯部を製作する高杯のような分割成形を基本とする作り方になっていく点（図14-4）など、変形の役割が加わってタタキ技法が発達し分割成形を開始する、西日本の中期から後期への変化と同じ傾向が読み取れる。

弥生時代終末期になると、東海西部でS字甕（図14-7）、北陸では月影式の有段口縁甕といった器壁の薄い甕が製作される。これも、近畿地域の庄内型甕、吉備地域の吉備型甕、山陰地域の山陰系甕など、西日本の薄型甕の成立と軌を一にしており、遠方へ持ち運ばれる点も共通している。S字甕は、胎土分析から伊勢南部の特定の砂礫を混和剤として用いたとの指摘（S字甕胎土研究会1998）があり、終末期段階においては、伊勢地域以外では、尾張平野部で客体的に出土する程度で分布も限定されるという（原田2002）。限定された地域の集団が製作した土器であるならば、庄内型甕などの状況と類似している可能性もある。このように、遠賀川式土器を在地化させ、凹線文とタタキ技法を受容した北陸や東海地域西部において、土器製作における方向性が近畿地域や西日本と通時的に共通している点は重要であろう。

関東地域では、弥生時代中期中葉の中里式からハケ調整での仕上げが開始され、次の宮ノ台式になると、これが急速に普及する（石川2003）。この時期には、少数であるが、数遺跡にわたり東部瀬戸内地域の土器が搬入される。宮ノ台式では、在地的様相に加えて西遠江の白岩式、濃尾、三河地域の高蔵、長床式の影響を受けて櫛描文が発達し、駿河から下総、南武蔵地域までの広域にそれがみられるという（石川2003）。甕をみると、内面をナデ調整、外面を縦方向のハケ調整し、口縁部は板状のハケ工具で内面から横方向に押し

II．弥生土器の生産

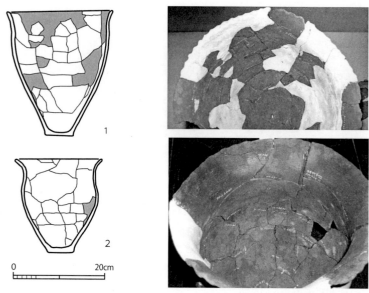

図15 千葉県大厩遺跡出土甕の割れ部分（千葉県都市公社文化財調査事務所 1974，1．報告書番号42-3　2，62-3）

出しながら外反させる。この段階では粘土紐間はナデ調整でなめらかに整えられる。水平に割れる場合が多く，その最小幅から2 cm程度の粘土紐を積み上げていると推測される（図15）。タタキ技法は導入されていない可能性が高い。凹線文出現よりも前の中期中葉に板状工具でなでるという仕上げ方を受容し，中期後葉に凹線文系土器の影響を受けタタキ技法を受容した濃尾や三河地域からの影響を受けるが（石川2003），受容したのは櫛状工具で装飾するという方法であった。回転運動を利用した凹線文という装飾方法や，タタキ技法といった基層的な調整方法までは影響を受けなかったものと理解される。

弥生時代後期中葉の久ヶ原式になると，平底で胴部が膨らみをもち，胴上半部に輪積みを残す甕が主体になる。外面に輪積みを見せる方法は，装飾的な効果と同時に調整の省略化とも理解される。甕の外面は板状工具によるナデ調整が施される。胴部から頸部へとすぼまる部分から積み上げた粘土組接合部が明瞭に見られるが，その積み上げ前に一旦乾燥時間をおいたものと考えられる。底部から口縁部まで一気に粘土紐を積み上げず，胴部上位で乾燥させるのは，粘土紐を積み上げながら胴部の膨らんだ形態を作った後に，半

5 弥生土器生産の変遷と地域性

乾燥させて形を安定させ、さらに口縁部分の粘土紐を積み上げる手順をとったためであると推定される。この段階にも明らかなタタキ技法は確認されていない。胴上部外面に残された粘土紐幅は約1cm前後（図16）であり、なで消された全体の粘土紐も同様である

図16 後期の甕外面の粘土組接合部分
（神奈川県間口洞窟遺跡）

とすると、粘土紐は中期よりもむしろ細くなっている可能性が高い。したがって、タタキ技法で変形と器壁の締めを行うかわりに、細い粘土紐を多く積み上げることにより、胎土内の組織の方向をばらつかせて割れにくくし、形を成形しながら積み上げていると考えられる。中期よりも水平に割れにくくなっていると思われ、後期以降の方が粘土紐間の密着は強い可能性がある。

弥生時代終末期を経て、古墳時代初頭になると、壺や甕の形態変化および新たな器種の出現により再び大きく変化する。甕は口縁部が「く」の字に屈曲するようになる。畿内系譜の小型器台、吉備や畿内系譜の小型高杯、伊勢湾系譜の元屋敷系高杯が新たに出現する（比田井2002）。北陸、畿内、近江、伊勢、三河、尾張など、西の遠方の地域からの土器が持ち運ばれ交流が頻繁になる。分割成形やタタキ技法が本格的に伝わるのは、この段階以降である。

東海、北陸地域までは、製作技術において近畿地域に類似した動向がみられた。これらの地域では、タタキ技法を導入し、変形をともなうタタキ技法の使用へと変化し、素早く作る土器製作へ移行したと理解される。一方、東海東部、中部、関東、東北地域では、弥生時代にタタキ技法は伝わらなかったと推測される。関東地域では中期中・後葉、後期と数次にわたり東海地域からの影響を受けるものの、タタキ技法前段階の調整方法や、東海地域へタタキ技法が伝わった後には櫛描文といった装飾を積極的に取り入れたが、タタキ技法は伝わらなかったか、本格的に受容されなかった可能性が高い。一方で、細い粘土紐を積み上げるという在来の技法を発達させることによって耐久性を保持した。粘土紐を積み上げながら成形し球胴化させる方法は、1個の土器を完成させるのに時間がかかるため、多くの土器を製作しようという志向は強くなかったものと推測される。

47

6 朝鮮半島土器生産との比較からみた弥生土器生産の特質

　本稿では近畿地域の土器を中心に検討し，日本列島の東西についても比較したが，最後に弥生土器の特徴を明確にするため，朝鮮半島の動向に触れておこう。青銅器時代後期には変形を伴わないタタキ技法が導入されており，原三国時代になって，素早く成形する発達したタタキ技法が開始された。この段階に，窯焼成が本格的に導入され，丸底短頸壺にみられるように底部をタタキ技法によって丸底にするようになる。朝鮮半島においてもこれらの技術によって，より多くの土器を生産できるようになったと考えられるが，この変化は，中国東北部及び楽浪土器といった，外来の技術の影響を受けた変化であった。さらに，三国時代になると，再び外来土器の影響を受け，百済では三足器などの新たな食器が組成に加わる。朝鮮半島では外部の技術的な影響を受けて製作技法が変わり，生産体制が変化する点で，弥生時代後期以降に生じた日本列島における変化とは大きく異なっている。弥生土器生産の変化は，あくまでもタタキ技法を発達させ，製作する土器の種類を限定するなどして，在来の技術を応用して達成されており，この点こそが重要な特質であると理解される。

　写真の掲載においては，大阪府文化財センター，神奈川県立博物館，千葉県教育振興財団文化財センター，奈良県立橿原考古学研究所，兵庫県立考古博物館諸機関に格別のご配慮を賜りました。また，図15の図面原図は小林正史氏よりご提供いただきました。記して感謝いたします。

〔註〕
1) これらの研究の詳細については長友（2013）を参考とされたい。
2) 民族事例をみると，焼成時間が短く，1000度以上に達する時間の短い簡易な窯焼成の場合，野焼き土器よりも焼きの甘い仕上がりになる場合がある。また，朝鮮半島原三国時代の瓦質土器など，窯焼成土器の初期のものには相対的に焼きの甘いものが含まれる。
3) 青銅器時代後期には，タタキ技法が行われており（中村2003，深澤・李2004），九州では弥生時代前期段階でタタキ痕跡が確認されている。しかし，近畿ではタタキ痕跡の確認された例があるものの，中

期中葉に出現するタタキ技法に連続するかは不明である。現段階では，一時的単発的なものと考えられる。
4) 人々が土器の容量をどのように認識していたかを知る手がかりとして，フィリピンのカリンガ族における民族学的調査成果は非常に興味深い（小林 1993，1994）。カリンガ族は，「チュウパ」という単位で，350〜370cc 程度の容量を表現するという。「3 チュウパの土器」は「生米 3 チュウパを入れて炊く土器」という意味で，胴部最大径部位までの容量が 3 チュウパの土器を示す。しかし，計測すると「チュウパ」であらわされる土器容量は実際には幅をもち，1 チュウパと 2 チュウパ，2 チュウパと 3 チュウパなど隣り合ったクラスの間では，一部重なりを持ち，必ずしも完全に分離できないのが実態であるという。
5) ただし，西部瀬戸内地域など，ケズリ調整を行わない地域がある。

〔引用文献〕

秋山浩三「弥生拠点集落における土器搬入の実態」『研究調査報告』第 4 集　大阪府文化財センター，2006

石川比出志「関東・東北地方の土器」『考古資料大観』第 1 巻　小学館，2003

石田智子・中野伸彦・足立達朗・小山内康人・田中義之「XRF および LA-ICP-MS を用いた地球学的高精度分析による弥生土器の産地同定」『日本文化財科学会第 30 回大会研究発表要旨集』日本文化財科学会，2013

石橋新次「土器の製作と焼成について」『栖』28 号　鳥栖郷土研究会，1996

石橋新次「土器焼成に関する二・三の予察（前編）」『みずほ』23 号　大和弥生文化の会，1997

石橋新次「土器焼成に関する二・三の予察（後編）」『みずほ』24 号　大和弥生文化の会，1998

井上和人「『布留式』土器の再検討」『文化財論集—奈良国立文化財研究所創設 30 周年記念論文集—』同朋舎出版，1983

宇垣匡雅「弥生土器の焼土壙—百間川原尾島遺跡検出例について—」『古代の土師器生産と焼成遺構』窯跡研究会編　新陽社，1994

宇野文男「バシー文化圏における土器づくり」『季刊人類学』5-1　京都大学人類学研究会，1974

S 字甕胎土研究会「S 字甕の混和材を考える」『考古学フォーラム 9』考古学フォーラム，1998

II，弥生土器の生産

岡安雅彦「野焼きから覆い野焼きへ　その技術と東日本への波及」『弥生の技術革新　野焼きから覆い焼きへ』安城市歴史博物館，1999
角林文雄「ニューギニア・マダン周辺の土器作りとその経済的機能の研究」『民族学研究』第43巻2号　日本民族学会，1978
鐘ヶ江賢二『胎土分析からみた九州弥生土器文化の研究』九州大学出版会，2007
北野博司「東北地方における覆い型野焼きの受容」『土器研究の新視点』六一書房，2007
久世健二・北野博司・小林正史「黒斑からみた弥生土器の野焼き技術」『日本考古学』第4号　日本考古学協会，1997
小林正史「カリンガ土器の製作技法」『北陸古代土器研究』第5号　北陸古代土器研究会，1993
小林正史「稲作農耕民とトウモロコシ農耕民の煮沸用土器―民族考古学による通文化比較」『北陸古代土器研究』第4号　北陸古代土器研究会，1994
小林正史「縄文から弥生への煮沸土器の大きさの変化」『北陸古代土器研究』第6号　北陸古代土器研究会，1995
小林正史・徳澤啓一・長友朋子・北野博司「稲作農耕民の伝統的土器作りにおける技術と生産様式の結びつき」『北陸学院短期大学紀要』第39号　北陸学院短期大学，2007
小林青樹「土器作りの専業製作と規格性に関する民族考古学的研究」『民族考古学序説』民族考古学研究会編，同成社，1998
周達生「中国タイ族の土器つくり　雲南省西双版納タイ族自治州」『季刊民族学』第3巻第2号　国立民族学博物館，1979
鈴木香織「用途からみる弥生土器の変遷―河内第Ⅳ～Ⅴ様式を中心に―」『史林』第85巻第2号　史学研究会，2002
田崎博之「古墳時代初頭前後の筑前地方」『史淵』第122号　九州大学文学部，1983
田崎博之「瀬戸内における弥生時代社会と交流―土器を中心として―」『瀬戸内海地域における交流の展開　古代王権と交流6』名著出版，1995
田崎博之『土器焼成・石器製作残滓からみた弥生時代の分業と集団間交流システムの実証的研究』平成13～15年度科学研究費補助金（基盤C研究成果報告書　田崎博之代表），2004
田中琢「畿内と東国―古代土器生産の観点から―」『日本史研究』第90号　日本史研究会，1967
田中元浩「畿内地域における古墳時代初頭土器群の成立と展開」『日本

考古学』第20号　日本考古学協会，2005
田辺昭三『弥生土器　須恵器』日本美術体系2　講談社，1978
千葉県都市公社文化財調査事務所『市原市大厩遺跡』，1974
次山淳「初期布留式土器群の西方展開―中四国地方の事例から―」『古代』第103号　早稲田大学考古学会，1997
都出比呂志「古墳出現前夜の集団関係」『考古学研究』第20巻4号　考古学研究会，1974
都出比呂志「原始土器と女性―弥生時代の性別分業と婚姻居住規定」『日本女性史1』女性史総合研究会編　東京大学出版会，1982a
都出比呂志「畿内第五様式における土器の変革」『考古学論考　小林行雄博士古稀記念論集』平凡社，1982b
都出比呂志「畿内の社会・生活―籩豆手食の俗」『季刊考古学』第6号　雄山閣，1984
都出比呂志『日本農耕社会の成立過程』岩波書店，1989
寺田千津子「考察　F-4―N地区方形周溝墓の供献土器」『東奈良遺跡発掘調査概要I』東奈良遺跡調査会，1979
寺沢薫「布留0式土器拡散論」『考古学と地域文化』同志社大学考古学シリーズⅢ　同志社大学考古学シリーズ刊行会，1987
德澤啓一・小林正史・長友朋子「西南中国における伝統的土器づくりの変容―中華人民共和国雲南省西双版納タイ族自治州の伝統的土器づくり村―」『岡山理科大学紀要』第42号　岡山理科大学，2006
長友朋子「弥生時代から古墳時代への食事様式の変化とその歴史的意義」『待兼山考古学論集』大阪大学考古学研究室，2005
長友朋子「弥生時代終末期における丸底土器の成立とその歴史的意義」『立命館大学考古学論集Ⅳ』立命館大学考古学論集刊行会，2008
長友朋子「土器の規格度―弥生時代の土器生産体制の復元にむけて―」『日本考古学』第27号　日本考古学協会，2009
長友朋子「朝鮮半島における土器の技術革新と生産体制―民族事例との比較研究―」『待兼山論叢』第44号史学篇　大阪大学文学部，2010
長友朋子『弥生時代土器生産の展開』六一書房，2013
中町教育委員会『鍛冶屋・下川遺跡』中町文化財報告6，1994
中村大介「弥生文化早期における壺形土器の受容と展開」『立命館大学考古学論集Ⅲ-1』立命館大学考古学論集刊行会，2003
西谷大「海南島における土器つくり」『国立歴史民俗博物館研究報告』第31集　国立歴史民俗博物館，1991
萩原裕房「黒斑について」『東部土器区画整理事業関係埋蔵文化財調査

報告書2』久留米市教育委員会,1983
原田幹「中部地方の土器」『考古資料大観』第2巻　小学館,2002
比田井克仁「関東・東北地方南部の土器」『考古資料大観』第2巻　小学館,2002
広瀬和雄「弥生土器の編年と二,三の問題」『亀井（その2）』大阪文化財センター,1986
深澤芳樹「土器のかたち―畿内Ⅰ様式古・中段階について―」『東大阪市文化財協会紀要Ⅰ』東大阪市文化財協会,1985
深澤芳樹「東洋海上の初期タタキ技術」『一色青海遺跡』愛知県埋蔵文化財センター,1998
深澤芳樹・李弘鐘「松菊里式土器におけるタタキ技法の検討」『大阪府文化財センター,日本民家集落博物館,大阪府立弥生文化博物館,大阪府立近つ飛鳥博物館2002年度共同研究成果報告書』大阪府文化財センター,2004
藤原学・森岡秀人「弥生遺跡に伴う焼土壙について」『大師山』関西大学考古学研究第5冊,1977
三辻利一『新しい土器の考古学』同成社,2013
森淳「土器を焼く部落　カメルーン北西部・バメッシング」『季刊民族学』第4巻第1号　国立民族学博物館,1980
森岡秀人「弥生土器畿内様式の東宝波及―正当凹線文系土器文化の伊賀・伊勢への伝播と定着について―」『紀伊半島の文化的研究―考古学編―』関西大学文学部考古学研究室,1992
家根祥多「縄文土器から弥生土器へ」『縄文から弥生へ』帝塚山考古学研究所,1984
湯浅満暢「大久保遺跡の土器焼成遺構」『栖』28号　鳥栖郷土研究会,1996
若林邦彦「中河内弥生中期土器にみる様相―「生駒西麓型土器」のもつ意味」『考古学研究』第43巻第4号　考古学研究会,1997
Longacare, William A., Kvamme, Ksnnsth L. and Kobayashi, Masashi. Southwestern Pottery Standardization: An Ethnoarchaeology view from the Philippines. The KIIVA53, No2, 1988

(長友朋子)

民族学的研究と弥生土器研究

民族学的類推と考古資料　遺跡からは様々な遺物が出土する。例えば，板状の木製品に棒が組み合わされた形の木製品が出土すると，私達はそれを「鋤」だと判断するだろう。そう判断するのは，民具として残されている鋤の存在を知っているからであり，このとき，私たちは無意識に民俗学的方法あるいは民族誌的類推を用いているのである。そして，現代でも伝統的な生活をしている人々の営みには，過去の資料を解釈する多くのヒントが隠されている。これを体系化したのがエスノ・アーケオロジー（民族考古学）なのである。

民族考古学の成立　ダーウィニズムの影響を受け，19世紀後半になると，人類学では，非西洋社会の文化が狩猟採集社会からの進化過程としてとらえられると理解されるようになり，進化主義人類学が生まれた。考古学においてもこの影響を受け，考古資料の表す文化と，非西洋社会の同じ程度の進化過程とみなされる社会とを対比するようになった。民族誌にみられる要素と考古資料とを比較する民族誌的対比を強く批判したのがフランツ・ボアズである。ボアズは，歴史主義を重視し，19世紀末～20世紀の初めにアメリカ考古学で強い影響力を持っていた。彼は，全ての社会，文化集団にも個性があるので，社会組織がいかに単純でも，その集団を「化石化した過去」ととらえることはできないと批判した。また，現在と過去の物質的類似性を根拠に，非物質的類似性を主張する点にも疑問を呈した。

　このような批判のもとで，考古学者による民族学的研究はしばらく低調であった。人類学において，人類学者自らが調査地に赴き，観察や調査を重ねるようになると，社会における様々な要素の多様性と組織性が理解されるようになり，それぞれの要素が関連してひとつのシステムを形成するという理解が深まるとともに，再度，根底に流れる共通性に着目した新進化主義が出現する。1960年代以降，新進化主義の影響を受けてプロセス考古学が確立すると，遺跡や遺物と解釈とを結ぶ中位理論として再び民族学的研究成果が注目されるようになる。

　プロセス考古学の基盤となる，文化生態学的な視点では，人間行動を環境への対応としてとらえる。ルイス・ビンフォードは，民族学的調査成果から狩猟採集民をコレクターとフォレジャーの2つの類型に分けることができるとした。そして，旧石器時代に出土した石器出土状況や遺構の分析結果を，民族学的成果を援用して解釈し，当時の人々の人間行動を明らかにしようとした。ひとつの民族誌事例を考古資料にあてはめるのではなく，民族誌事例から諸要素の関連性や法則性を導き出し，それを考古資料と照らし合わせるという方法論がここで確立され

II．弥生土器の生産

④ コラム

たのである。その後，プロセス考古学の研究者を中心として，民族学的研究が盛んに行われるようになる。

　しかし，ポスト・プロセス考古学が主流になると，文化的脈絡の異なる文化において，同じ物質的事象を同じように解釈できるのか，という批判が再びだされた。確かに，同じ物質的現象の背景にある抽象的な意味を解釈しようとすると，脈絡の異なる文化において異なる場合もあるだろう。しかし，粘土を押すとへこみ，木を削ると薄くなるという現象は，今も昔も変わらない物理的現象である。技術や生産といった，抽象度の低い具体的な事象であれば，民族学的研究の援用は可能であろうと考えられる。その際に，民族事例と考古資料を一対一で対応させ結論づけるのではなく，複数の民族事例から法則性を導きだし，それを考古資料の分析に活用するという，研究の手続きが大切になる。

弥生土器研究と民族学的研究　弥生土器研究のなかで民族学的研究はどのような役割を果たしているのだろうか。弥生土器は野焼きの土器である。現在も東南アジアでは，野焼き土器が製作され使用されている。近年，考古学者による土器製作村の調査が多くみられるようになった。ただし，発掘調査に調査方法があるように，民族学的調査にも一定の方法がある。日本の大学で考古学を専攻し，文化人類学の博士号をアメリカの大学で取得した，後藤明氏や小林正史氏の調査方法をみると，インタビューの仕方，データの取り方には，できるだけ正確な情報を得るための様々な工夫がなされ，細心の注意が払われていることがわかる。また，考古資料で観察できる事象だけでなく，それをとりまく状況を幅広くとらえる視点で調査が行われている。民族考古学は，考古資料から当時の人々の行動を復元する際に，私たちの視野を広げ多角的な視点をもたらしてくれる。その際，都合の良い部分を引用するのではなく，学術的に確固とした方法で調査を行い，検討をした上で，考古学へ援用するということが重要である。

（長友朋子）

⑤ コラム

弥生土器の象徴性

弥生土器にみる象徴性　弥生文化以前の日本列島では，「器」という用途に直結しない，装飾の発達した縄文土器が，東日本を中心に多く作られていた。これらの土器は，立体的に文様が施され，口縁部に突起がつくなど，手間をかけて製作される。そして，複雑に装飾された土器には，外面に煤が付着したものも多く含まれており，当時の人々が実際に調理具として使用していたことがわかる。韓国

コラム4 民族学的研究と弥生土器研究／コラム5 弥生土器の象徴性

コラム⑤

の大学の授業でこの話をすると，これほどまでに装飾された土器を調理具として使用するのは理解し難かったようであり，多くの学生から質問が出た。同時代の朝鮮半島の新石器時代の土器をみると，文様は平面的で縄文土器とは大きく違う。土偶や石棒のような呪術的な遺物も多くない。弥生時代になると，朝鮮半島の無文土器の影響を受けて弥生土器が作られるようになるが，無文土器そのままの土器を作り始めるのではない。まず，無文土器に比べると弥生土器の作りは丁寧で歪みが少ない。また，新しい器種である壺に文様を付けるなど，無文土器にはなかった装飾が早い段階で取り入れられた。その後，各地で地域性の強い土器が製作されるようになるが，縄文土器ほどの立体性はないものの，地域独自の方法で土器が装飾されるようになる。では，この装飾にはどのような意味があるのだろうか。これを考える上で興味深い議論がかつて欧米を中心としてなされた。

欧米考古学にみるスタイル理論　ウォープストはスタイルがメッセージの伝達という象徴的機能をもつと主張し，装飾性の高いものほど公共性の高いメッセージの伝達に適すると述べ（Wobst 1977），ウィスナーはこれを踏まえつつ，アフリカのカラハリ砂漠のサン族の調査を行い，スタイルには集団の帰属を示すような意識的な紋章的スタイルと個人を主張する主張的スタイルがあることを示した（Wiessner 1983）。サケットは石器の形態のような装飾性の少ない属性にも，無意識に文化伝統が反映されているとして，スタイルをより幅広く解釈しようとした（Sackett 1982）。また，ケニア・バリンゴ湖周辺の部族を調査したイアン・ホダーは，物質文化が表すのは必ずしも現実の社会関係ではないと考え（Hodder 1982），後藤明は技術的制約や集団，個人のアイデンティティー，運動習慣といった様々な要因が複合的に絡み合い，それが表出したものとしてスタイルを理解する（後藤2001）。「器」という用途に直接結びつかない装飾は，まさにスタイルである。スタイルには少なからず象徴性が含まれている。そこで，弥生土器の装飾に着目するとその象徴性はどのように読み取れるのであろうか。ここでは，ひとつの事例を取り上げてみたい。

凹線文の伝達にみる土器の象徴性　「凹線文」は，弥生時代中期後葉に瀬戸内から東海，北陸までの広い範囲で流行する。これは，回転台を利用し，横ナデ調整によって連続的な凹凸をつけて装飾する文様である。この文様がどのように伝わるのかを分析した結果，平野部では比較的スムーズに情報が伝わるのに対し，山間部では独自に変化させて受容される傾向が認められた。また，山間部では平野部よりも装飾性の強いこともわかった。近畿地域では，角閃石を含む茶褐色の特徴的な，生駒山西麓の土を用いて製作した土器群があり，凹線文の盛行する中期後葉に，凹線文を受容せず櫛描文を多用した装飾的な土器を製作する。やはり山麓部では，文様の選択に独自性が働いているのである。では，山間部や山麓部に装飾性の強い土器が作られる背景について，どのように理解できるのであろうか。

55

Ⅱ．弥生土器の生産

---

⑤ コラム

　装飾性の高いものほど公共性の高いメッセージの伝達に適するというウォープストの主張が妥当であるならば，加飾されるこれらの土器が集団のアイデンティティーという意味を含む可能性は十分に考慮しうる。土器の装飾性の高い山間部において文様に関する情報が独自に選択される要因は，このような集団意識の反映に求められるのではないだろうか。すなわち，瀬戸内海沿岸部では，文様に関する情報がそういったものに強く影響されずに受容され，一方，中国地方山間部では，集団の象徴的意味合いを強く反映させ，凹線文を含め文様に地域独自の施文方法がとられたと想定できる。

　この時期，近畿地域の方形周溝墓では，死者を埋葬する儀礼の場で使用された土器や棺として使用された土器に，他地域の土器がみられる。これは，被葬者やその親族の出身地域，あるいは交流地域などと関連して，意図的に特定地域の土器が選ばれて用いられたものと推測でき，土器に帰属意識を象徴させていたことを示す好例といえる。

　東日本では，弥生時代後期にも継続的に装飾的な土器が製作される。東海地域では赤色顔料を塗布し，櫛描文で飾る壺や高杯などが製作される。関東地域や中部地域でも貯蔵具などへの装飾が顕著である。東日本では土器に集団意識など象徴性を反映させる傾向がより継続的にみられたといえようか。

〔引用文献〕
後藤明「物質文化とスタイル」『民族考古学』情報考古シリーズ3　勉誠出版，2001
Hodder, I. Symbol in Action. Cambridge University Press, 1982
Sackett, J. R. Approaches to style in lithic archaeology. Journal of Anthropological Archaeology 15, 1982
Wobst, H. M. Stylistic behavior and Information Exchange, Michigan Anthropological Papers 61, 1977
Weissner, P. Style and Social Information in Kalahali San Projectile Points American Anthropologies 48, 1983

（長友朋子）

---

⑥ コラム

弥生土器の流通 —生駒西麓型土器の例—

　弥生土器（だけでなく先史社会の土器一般）は，基本的に使用されるムラで製作されたと考えられているようである。たとえば，近畿地方の弥生土器の地域性について都出比呂志氏（都出1983）が論じた際にも，通婚圏と器地域性の相関がとりあげられた。そのムラに入ってくる人の領域が，土器地域性と相関するという議論は，その遺跡から出土する土器が基本的には（かなり狭い範囲の）

コラム5 弥生土器の象徴性／コラム6 弥生土器の流通 —生駒西麓型土器の例—

コラム ⑥

同一集団内で形作られ焼かれたものを主体としているという考え方に裏打ちされている。それだけではなく，土器地域性の本質に迫る意図をもたない（そうみえない）多くの論考のほうがむしろそのことを前提しているようにさえみえる。しかし，弥生土器をめぐるいくつかの例は，その常識に抵触する。

たとえば，愛知県朝日遺跡では，その遺跡から出土する弥生土器素材となる粘土が遺跡の近辺にみあたらないという。とすれば，別の場所で採取されて製作された土器が朝日遺跡で消費されたと考えなければならなくなる。土器を使うムラの中でいつも土器がつくられているわけではない。

また，特徴を持った土器胎土素材を見分けることができれば，理化学的分析を経なくても，特定の地域で製作された，または特定地域の素材を用いた土器がどういった範囲にまで分布しているかを知ることができる。つまり，土器素材もしくは，土器そのものの再作と流通の実態をそのような好例は，多くはないが確実に存在する。

有名なものの一つに近畿地方の大阪平野東部にみられる「生駒西麓型土器」（三好1987）と呼ばれるものがある。生駒山西麓部に集中的に堆積する角閃石を含む特徴的胎土で製作され，外面に櫛描簾状文を多用した独特の装飾を施す土器である。その独特の胎土と文様だけでなく独自の器形という3要素の組合せパターンは厳密に守られている（図1）。また，その土器は生駒山地から約3〜7 kmの領域で50％程度の比率で出土し，80％以上の比率で出土する遺跡は生駒山地西麓部に限られている。このことから，「生駒西麓型土

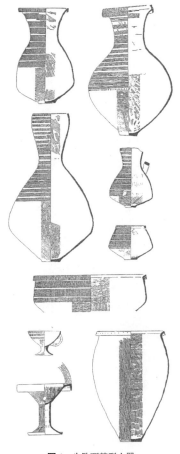

図1 生駒西麓型土器

II, 弥生土器の生産

⑥ コラム

器」は生駒山地西麓部で集中的に作られ,平野部の諸遺跡に多数移動している(濱田 1990・若林 1999)と考えられる(図2・『発掘調査速報展 大河内展』(財大阪府文化財調査研究センター 2002)。

　一方,この土器群の中で胎土・器形・文様のパターン化が著しいのは,壺や大型鉢類であり,中・小型甕などの消耗的調理用品では製作規範は不明確である(若林 1999)。つまり,特定の器種にだけその地域的個性を明確化する意図が強く働いている。また,このような土器は方形周溝墓の供献土器に多く見られる傾向がある(図3)。このことは,「生駒西麓型土器」が日用品としての機能と共に,儀礼性を帯びたアイテムとして機能していた可能性を示している。こうった特殊性を帯びた日用土器が,集中生産され,大阪平野中央部に広く流通していることは興味深い。弥生土器に代表されるその時代の流通が,単に社会的分業といった経済的観点からだけでなく,社会関係をとりもつための人々のコミュニケーションの一部として機能していたことを示す例である。弥生時代の経済を,社会関係や習俗から切り離して考えることはできない。

　文化人類学では,伝統的生活をおくる少数民族の分析などから,そういった物資移動が集団どうしの贈与交換などによって盛んに行われる例が報告され,それによって社会秩序と経済が同時に成り立つ状況を「互酬制」経済・社会として表現することがある。

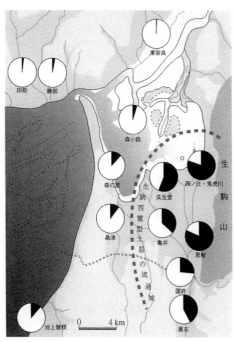

図2 生駒西麓型土器の分布(円グラフの黒が生駒西麓型土器)

コラム6 弥生土器の流通 —生駒西麓型土器の例—

また,経済人類学を確立したカール・ポランニー(1975)は,非市場経済的・互酬交換について「経済が社会に埋め込まれている」と表現した。弥生中期土器の流通の実態からは,互酬経済を基盤とした社会状況がうかがえる。もちろん,どの弥生土器様式にでも生駒西麓型土器のような現象が見られるわけではない。また,時期によってもその様相は変わってくる。実際大阪平野中部でも,弥生時代前期や後期には上記のような現象は確認できないし,後期には角閃石を

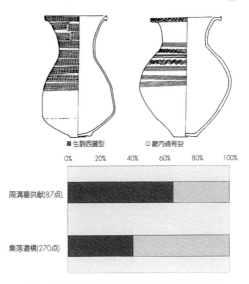

図3 亀井遺跡とその周辺における2種の広口壺の出土量

含む胎土の土器の流通する範囲は小さくなり,古墳時代初頭の庄内式の時代にだけまた増加して,更に広く近畿地方中部に大きく広がるようにもなる。この時は甕と大型壺だけに個性的な型式がみられ,弥生中期とは土器が交換される仕組みも意図も異なっている。このような時代による土器の移動・交換の変化を比べていくことも土器研究は社会の質を考えるうえでも有効であろう。

〔引用文献〕
都出比呂志「弥生土器における地域色の性格」『信濃』第35巻第4号 信濃史学会,1983
濱田延充「弥生時代中期におけるいわゆる生駒西麓産土器の製作地」『京都府埋蔵文化財情報』第35号 ㈶京都府埋蔵文化財調査研究センター,1990
ポランニー,カール『経済の文明史』玉野井芳郎・平野健一郎編訳,1975
三好孝一「生駒西麓型土器についての一視点」『花園史学』第8号,1987
若林邦彦「贈与交換と弥生時代社会 - 大阪湾沿岸部における弥生時代中〜後期の社会変化について」歴史民俗学第14号 批評社,1999

(若林邦彦)

Ⅲ，弥生土器の器種(形)と用途

1 検討の対象と前提・方法

　弥生土器は甕形、壺形の二つの器種（形）を基本に鉢形、高坏形などが伴うことが基本であり（Ⅳ、各地の弥生土器及び並行期土器群の研究を参照）、深鉢形（深鉢・甕形）、浅鉢形の二種を基本として稀に壺形などが伴う縄文土器とは異なる。これは採集・漁撈・狩猟を生業とする縄文時代と農耕（特に灌漑水田稲作）を生業とする弥生時代の生活様式の違いが「道具としての土器」に反映した結果と考えられている。
　これらの土器の内、外面のススや内面のオコゲなどの使用痕により、用途が煮炊きであることが明らかになっているのは、甕形土器と深鉢形土器である。なお、弥生土器の煮炊き用土器を甕形、縄文土器の煮炊き用土器を深鉢形と呼ぶ研究者も多いが、ここでは頸部がくびれないで、胴部から口辺部に至るまで直線的な形態を深鉢形、頸部のくびれる形態を甕形（図1は甕形）として区分する。
　おコメを炊き上げる炊飯では、上手く炊くために蓋をかける頻度が高い。そして、弥生時代の煮炊き用土器の蓋は木製が基本であり、縁辺が焦げることを防ぐために内側に置く事例の多いことが明らかになっている（小林編2011）。頸部がくびれる甕形は内側に蓋を置きやすい形であり、深鉢形は蓋を置きにくい形である。ここでの甕形と深鉢形の区分はこうした用途を配慮したものである。実際、弥生時代の初期には九州北部の夜臼式など、深鉢形の煮炊き用土器も存在するが、やがて甕形のみとなる。
　こうした使用痕から用途が推測される甕形・深鉢形以外の土器については、実際に何に用いられたのかを確定することは極めて難しい。縄文時代から弥生時代への移行時期の土器組成（器種の組合せ）の検討では、長野以西においては壺形の増加と浅鉢形の減少の方向が共通し、以東においても、時期差があるものの、基本的には同様の傾向が認められるという（石川1988）。縄文土器の基本器種の浅鉢形が壺形に取って代わられる具体相が明らかになっている。壺形土器はそのくびれた形態から、森本六爾の指摘（森本1934）以来、貯蔵形態と考えられているが、実際に何を貯蔵したのか、その内容物を論証することは難しい。日本列島のように、気温、湿度の高い地域では、土器の

1 検討の対象と前提・方法

中に穀物を保存することは,変質をまねきやすいので,その内容物は水もの・液体を中心に多様であったとする説（佐原1979）があり,民族考古学的研究でも同様の指摘がなされている（松本2000）。ただし,液体中心の内容物とするには,縄文時代に比べて弥生時代になぜこれほど液体類の貯蔵が重視されるようになったのかを考えたときに,不可解である。壺形土器の比率の増加は縄文・弥生移行期の生活様式の変化と連動している蓋然性は極めて高いものの,食生活や生業との具体的関係は不明とするしかないのであろう。弥生時代になると壺形土器が主要器種の一つになることは,間違いない事実であるが,その用途を種籾やコメなどの穀類の貯蔵道具として,壺形土器の組成比率の増加と穀物生産（特にイネ）とを短絡的にむすびつけることは避けなければならない。

ちなみに甕形も壺形も共に頸部がくびれる土器であり,形態的にどちらであるのかの判断に躊躇するものもある。胴部最大径に対する頸部最小径の比率や口径の比率などの数値で区分することもあるが,もともと弥生土器は工業製品のように比率などを計算して厳密に作られたものではないので,この方法に固執することは得策とは思えない。したがってこうした器種名は,形態的特徴と用途を考慮しながら曖昧さをもって判断するしかないのであろう。甕・深鉢形と鉢形との区分も同様である。

鉢形は,口径が器高よりも大きいことを基本とする碗状,筒状などを呈することの多い土器であるが,バラエティーに富むために様々な形態がある。器高の低いものは浅鉢形として鉢形とは区分される。高坏形は,皿のように浅い坏部を脚台に乗せた形態のものが多いが,中には鉢形のような坏部を持つものもある。脚台が低い台状のものは台付鉢として区分されることもある。鉢形,高坏形ともに盛り付け用と考えられている。日常の食事の盛り付けにも用いられたであろうし,祭祀でも用いられている。なお,煮炊き用の甕・深鉢形はもちろんであり,頸部が強くくびれる壺形も木材で作ることは希少であるが,鉢形や高坏形は木製の事例が広く知られている。「鉢」「高坏」は木製品による代替えが可能であるため,土器の用途にかかわる検討では,おのずと壺形と甕・深鉢形を主たる対象とすることになる。

土器の用途の推定に手がかりを与えてくれるものとしては,ここまで述べてきた器種（形）や使用痕以外に容量（大きさ）がある。容量はその内容物

63

Ⅲ，弥生土器の器種（形）と用途

や目的に規定される部分が大きいと考えられる。

　用途と直接的に関連する訳ではないが，土器組成と呼ばれることの多い土器の各器種の組合せの比率は，土器と生活様式との関係を考える上で重要な分析項目である。縄文土器に比べて弥生土器で壺形の比率が大きく高まる点などは，その要因を明確にすることはできないものの，生活様式の何らかの部分を反映していることは間違いないであろう。なお，鉢形や高坏形は木製の事例も多いことから，ここでは壺形と甕・深鉢形の比率を分析項目とする。

　ちなみに土器の用途にかかわる研究は，用途そのものを明らかにすることも目的の一つであるが，そうした研究から当時の生活様式や文化の具体相を考えるヒントを得ることも大きな目的である。したがって壺形のように用途を明確にできない土器であっても，用途にかかわる研究を行うことは意義を持っている。以下では主に後者の研究について述べていく。

　以上により，ここでは容量，使用痕，壺形と甕・深鉢形との比率の3項目を分析項目とする。なお，縄文時代晩期の土器についても同項目の分析を行い，比較することにより，弥生土器の特徴を明確化する。さらに弥生時代とは同時期ではあるものの，生業が異なる北海道の続縄文時代前半や沖縄の貝塚後期時代前半の土器とも比較する。

　容量の計測は，実測図を原寸大に拡大して，高さ1cmの円錐台に分割し，各円錐台の直径の平均値を用いて体積を計算し，その合計で求める方法（藤村1981）で行なったが，容量計算用のソフトを用いる研究者も多い。なお，測定の範囲は口縁までとした。この方法で正確な容量を求めるためには，土器の水平断面が正円であること，実測図が正確に描かれていることが前提となる。すべての資料について，こうした点を確認することは不可能であるため，実測者が異なる同じ土器の図で比較したところ，10〜20％程度の違いが確認されるものが多かった[註1]。これは，実測図の正確さよりも，土器の水平断面が正円ではないため，実測図の作成位置の違いを反映している可能性が高い。したがって，以下で示すデータはこの程度の誤差を含んでいることになる。計算ソフトを用いた計測も同様である。10〜20％程度の誤差を含むことが前提であるため，些細な容量の変化や統計上の断絶に注目することは避けるべきであろう。

　容量の計測は完形の土器のみを対象とした方が正確度は高いが，このよう

1 検討の対象と前提・方法

な土器の数は限られている。また，小形品に比べて大形品は完形として残りにくいという特徴があり，完形土器のみを対象としたのでは，大形土器の比率が過小に評価され，大形土器における大きな変化が容量組成の数値に全く反映されないこと

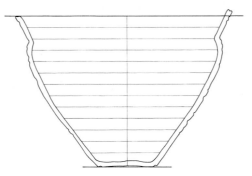

図1　土器容量計測の水平基準

に成りかねない。そこでここでは，完形以外の資料も図上で推定復元して容量を求めた。推定復元に当たっては，主に3分の2以上図化されている資料を対象としたが，甕形では頸部の括れから胴部最大径付近までが図化されていれば，3分の2以下であっても全体の形の推定が可能なものが多い。こうした土器は容量を求めた。推定復元にあたっては，容量の少ない下胴部から底部を復元することとし，誤差の影響を極力押さえることにした。また，土器は底部と口縁部が必ず平行するとは限らない。容量計測の基準を口縁部とするのか，底部とするのかによって容量は異なる。容量は実際に使用した時の状態で求めるべきと考えるので，土器を据えおいた状態である底部を基準として計測した（図1）。

　なお，ここでは報告書掲載土器を対象に計測した。報告者が報告書に掲載する土器を選ぶに当たって，全体の組成に大きな影響が及ぶような恣意的な抽出を行ってはいないことを前提としている。この点を厳密にするためには，対象とする遺跡のすべての資料（未報告分を含む）について再確認するしか方法がないので，現実性に欠ける。したがって，完形品のみが掲載されている報告書や，大形土器が全く掲載されていない報告書には注意が必要であるが，データ数を増やすことによって対応するしかない。この点についても容量のデータは厳密性を欠いている。

　甕・深鉢形，壺形であっても容量0.1リットル未満のいわゆるミニチュア土器は用途が判然としないため，分析の対象から除外した。また，副葬資料や土器棺，祭祀に用いられた土器は，そうした目的に合わせた抽出や製作が行われている可能性が高いため，これも除外した。こうした判断は報告書に

III，弥生土器の器種（形）と用途

記載されている出土状態に基づいて行ったが，実際には判断が難しい事例も多い。
　さて，このようにして求めた容量をどのように表現するのかという問題もある。10リットル未満は1リットル毎，10リットル以上20リットル未満は2リットル毎，20リットル以上30リットル未満は5リットル毎，30リットル以上は一括で点数と百分率を求め，容量組成の基礎的データとした。土器が大きくなればなる程，少しの寸法の違いでも土器の容量が大きく変化してしまうことを考慮した区分であるが，形態の異なる資料を同一基準で扱わなければならないため，同一形態の土器の修正目盛りを作成した黒岩隆の研究（黒岩1987）のように厳密なものではない。この容量区分で容量組成を検討することも可能であるが，区分が多すぎて，比較検討が容易ではない。小形，中形，大形などの区分を行なって組成を求めるのが，記述やグラフ化の上では便利であるが，区分の根拠が見出しがたい。対象範囲の全時期，全地域共通の明確な断絶や谷部が存在すれば問題はないが，そのようなものは確認されない。そこで2リットル未満（小形），2リットル以上5リットル未満（中小形），5リットル以上10リットル未満（中形），10リットル以上20リットル未満（大形），20リットル以上（超大形）と任意に区分した。この区分で容量組成の比率グラフを作成して，検討の素材とした。
　縄文土器は調理用具としてよりも，加工用具としての色彩が強いことはかねてより指摘されている（岡本1962）。そして，阿部芳郎は，粗製大形の深鉢形は堅果類のアク抜きなどの一次加工（下拵え）用，精製の中・小形の深鉢形などは日常調理用とし，煮炊き用の縄文土器における容量分化を指摘している（阿部1995・1996）。大形の煮炊き用土器によって大量の一次加工がなされたと考えるのは，堅果類の加工場と推定される水場施設出土の土器が大形の深鉢・甕形を主とする（金箱1996）ことから判断しても妥当であろうが，水場施設の出土例を根拠として，大形の煮炊き用土器の用途をアク抜きなどの一次加工のみに限定すること難しいであろう。
　一方,弥生土器では前期の遠賀川系土器の甕形の大きさが縄文土器の深鉢・甕形に比べて，小形化することが指摘され，それは生活様式の変化を示すと考えられている（高橋1987）。また，小林正史は縄文時代と弥生時代の煮炊き用土器の容量を比較し，弥生時代では10リットル以上の大形土器の比率

が低下し，かつ，3リットル付近を谷部とする中・小形土器の作り分けが明瞭になることを指摘している（小林1995）。こうした見解を参照すれば，弥生時代では，縄文時代と比べて大形土器の比率が減少していることが理解される。

　また，煮炊き用土器の具体的用途を考えるためには，煮炊きの内容物や調理方法と密接に関係する内面の炭化物（オコゲ）の有無や様相，外面のススの様相などが重要な分析項目となる。

　煮炊き用土器の内面炭化物（オコゲ）の様相と内容物や調理方法との関係については，多くの先行研究（小林1978，小林1991・1992・2003・2009・北野2009，小林編2011）が触れている。それらによれば，水などの有機物を含まない内容物では内面に炭化物は付着しない。調理の最終段階で汁気の少なくなるシチュー状・雑炊状の調理や炊飯では水面下の下胴部に高い頻度で炭化物が付着し，汁気の多いスープ状の調理や内容物を茹でる調理では水面直上の有機物が炭化して上胴部に炭化物が付着するという。また内面炭化物には帯状（バンド状）のものと斑紋状（パッチ状）のものがあるが，煮炊きを繰り返すことによって斑紋状が帯状へと変化する事例が多いと考えられている。汁気の多寡によって炭化物の位置は水面下と水面上とに分かれるのである。また，弥生土器では炊飯時の吹きこぼれ直後の湯取りや，いわゆる蒸らしの痕跡も確認されるという。

　ただし，実際に内面炭化物の様相などから内容物や調理方法を推測するとなると難しい部分も多い。1回の調理で層状に付着した炭化物は洗浄で洗い落とすことも可能であるが，器壁に吸着した炭化物を洗い落とすことは不可能であり，現在観察される炭化物は何回もの調理で累積されたものである可能性が高い。また，ある土器で調理される内容物が一定であるとは限らない点にも注意が必要である。通常は有機物を含まない内容物（水など）の煮炊きに用いられている土器が，数回炊飯などに用いられただけでも水面下に炭化物が付着することになる。その土器が水面下に炭化物が付着する調理に用いられたことは間違いないが，それが主要な使用方法であったのかどうかは不明である。さらに，土器を用いた炊飯実験での内面炭化物の付着状況は，水面下の下胴部に限定されるわけではないという[註2]。こうした点を考慮した時，内面炭化物の様相については，遺存状況の良い個別の土器の事例を詳

III，弥生土器の器種（形）と用途

細に検討することも重要ではあるものの，できるだけ多くの資料を観察し，定量的に時空的な類型化を試みることも有効であると判断される。地域的，時間的な変化，異同を認識できた時に概括的に内容物・調理方法との関係が推測されるのであろう。また，こうした時には土器の容量との相関関係の検討も重要になる。内面炭化物の様相と土器容量との関係の中から，食生活の一端が垣間見えると考えられる。

以上のように，甕・深鉢形の使用痕と土器の用途との関係を考える場合，両者を短絡的に結びつけることは危険であるが，一定の条件・制限のあることを念頭に分析を行えば，土器の使用痕に係る変化や違いから，当時の食生活の変化や地域色の一端を推測することは十分可能であろう。

次は，壺形と甕・深鉢形との比率であるが，これを正確に求めることは，不可能に近い。当然のことながら，ある遺跡における両者の比率を求めるためには，出土したそれぞれの個体数を正確に把握する必要がある。出土土器がすべて完形品であれば問題ないが，そうした事例は，ほぼありえない。破片で出土することが通例であるため，そこから正確な個体数を把握することは不可能である。

よく行われる方法は，口辺部や底部に着目してその点数を比率とすることである。しかし，口辺部の事例では，完形品の口辺部は1点であるが，本来の1点が10片に分割されて出土すれば，10点としてカウントすることになるうえ，口径の小さい壺形の比率は甕・深鉢形に比べて過小に評価される可能性がある。また底部では両者の区分が難しい事例も多い。それでもこの基準で統一的に遺跡間の比較ができれば，一定の有効性を持つが，こうしたデータが掲載された報告書は稀である。しかもこの方法は，出土したすべての破片が検討の対象であるため，カウントする機会は通例では報告書作成時に限られてしまう。

そこでここでは，報告書掲載土器の内，容量計測の対象とした壺形と甕・深鉢形の比率を求めた。容量計測の部分で述べたように報告書掲載土器の選定にかかわる問題点があるものの，基準は明確であり，統一化でき，検証も容易である。さらに報告書が刊行されている遺跡の多くを対象とすることができるために資料の母数が多く，遺跡間・地域間の比較検討が可能である。

2 各地の具体例

次に各地の具体例を見ていく。

なお，紙幅の都合で，特に注目される資料以外は調査報告書の引用は省略する。

日本列島における灌漑水田稲作の導入に，朝鮮半島からの大きな影響があったことは論をまたないであろう。その窓口である九州北部では朝鮮半島の無文土器の影響は土器の製作・焼成技法にまで及び，やがては列島内に広く波及する。それは，九州北部の刻目突帯紋期のことであり，その前半は朝鮮半島の影響が土器で確認できない段階，後半は確認される段階である。前半の代表的資料は福岡県粕屋町の江辻遺跡第4地点SX-1の6～8層出土資料（粕屋町教委1998）である。ここでの甕・深鉢形の容量組成は小形7.8％，中小形19.6％，中形23.5％，大形23.5％，超大形25.5％である（図2）。母数が51点と少ないものの，10リットル以上の大形・超大形が49％と高率である点は，刻目突帯紋土器出現以前の九州北部の晩期の様相と変わらない。

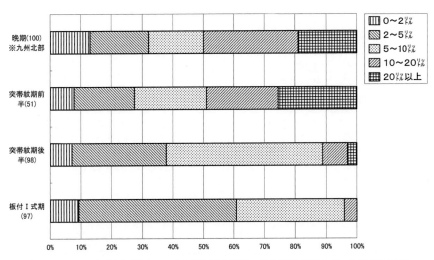

図2 福岡・早良平野と周辺における縄文時代晩期～弥生時代前期の甕・深鉢形の容量
※（ ）内の数字は容量を計測した資料点数。以下の図も同様。

69

III, 弥生土器の器種（形）と用途

それが刻目突帯紋期の後半になると大きく変化し，江辻遺跡と同じ福岡・早良平野及び周辺の出土資料では，大形・超大形は11.3％にまで激減する（本書IV-②，九州ではこの時期を弥生時代早期とする）。そして弥生時代前期の板付I式では3.7％まで減少するとともに中小形土器の比率が52.2％と最も高くなる（図2）。

図3に各地の刻目突帯紋期の甕・深鉢形の容量組成を示した。瀬戸内以下のデータは，福岡・早良平野の前半期に並行する資料を極僅か含む可能性は

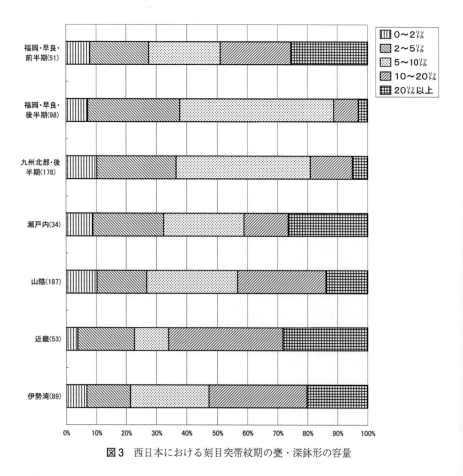

図3　西日本における刻目突帯紋期の甕・深鉢形の容量

否定できないものの，ほぼすべてが後半期以降に並行する甕・深鉢形である。その組成は福岡・早良平野の前半期と同様，大形・超大形の比率が高い。この違いは生活様式，具体的には食生活・生業の違いを反映している部分が大きいと考えられる。ただし，山陰の島根県飯南町板屋Ⅲ遺跡出土資料では，福岡・早良平野の前半期に並行する土器に籾痕が確認されている（中沢・丑野 2009）。稲作の波及経路を考えれば前半期の九州北部でも山陰と同様，稲作を行っていたことは間違いないであろう。しかし，煮炊き用土器の容量組成は大形・超大形土器の比率が高く，それ以前と変わらない。稲作の方法や生業に占める割合が関係しているのであろうが，私はこうした様相を「生活様式に大きな変化を与えない稲作段階」として把握している。

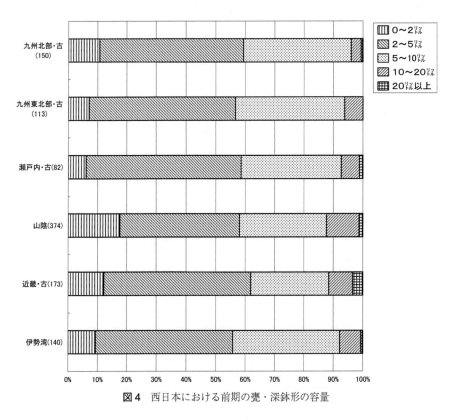

図4　西日本における前期の甕・深鉢形の容量

III. 弥生土器の器種(形)と用途

　図4には西日本の弥生時代前期の古い段階の容量組成を示した。ただし，山陰と伊勢湾周辺は新しい段階まで含んだデータである。いずれも大形・超大形土器の比率は低くなり，また最も比率の高いのは中小形土器であり，各地とも類似した組成を示している。先に述べた福岡・早良平野(九州北部)では，ここに至る漸移的変化が観察されたが，それ以外の地域では刻目突帯紋期と前期(土器は主に遠賀川系土器)との間に大きな画期がある。食生活や生業，生活様式の違いを反映している部分も大きいであろうが，遠賀川系土器は粘土帯の外傾接合による成形，覆い焼きによる焼成が示すように，強い規範に基づいて製作された土器である。こうした規範的要素が土器の容量を規定している部分についても考慮する必要があろう。

　比較資料として，図5に濃尾平野から南関東の中期中葉から後葉の甕形の容量組成を示した。濃尾平野の中期中葉は貝田町式，後葉はいわゆる凹線紋系土器の高蔵式，駿河湾周辺の後葉は有東式，中部高地の後葉は栗林式の後

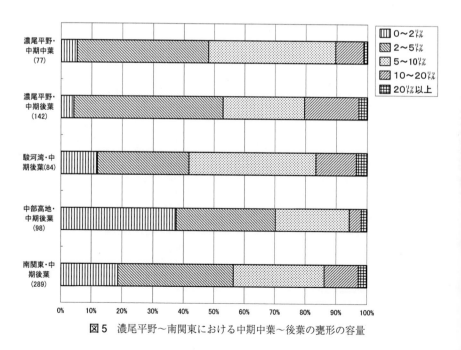

図5　濃尾平野～南関東における中期中葉～後葉の甕形の容量

半，南関東の後葉は宮ノ台式である。いずれの地域においても安定的に灌漑水田稲作が行われていた蓋然性が高い時期である。中小形・中形の比率が高く，大形・超大形の比率は高くはないという共通した傾向は認められるが，図4の西日本の前期のように類似性が強い訳ではない。なお濃尾平野の中期後葉では，中葉に比べて大形・超大形が倍増する。凹線紋系土器の甕形では外面にはタタキ，内面にはヘラ削りの痕跡が広域にわたり認められることから，一定の規範に基づいて製作されていたと考えられる。容量についても遠賀川系土器と同様，こうした規範的な部分を考慮する必要があるのかもしれない。

　使用痕については，福岡・早良平野の刻目突帯紋期後半や西日本の前期では，水面下に帯状のオコゲの観察される事例が圧倒的に多い。ちなみに江辻遺跡の資料は判然としないものが多いが，主体は水面下であり，一部に水面上のオコゲも確認される。

　刻目突帯紋期の前半以前では，壺形の存在は極めて希少である。江辻遺跡第4地点SX-1の6～8層からも壺形の出土は極僅かであり，かつ容量計測の対象となるものは無い。また報告書では，それらの壺形は上層からの流れ込みとされている。

　図6・7に西日本の壺形の刻目突帯紋期後半～前期の古い段階の容量組成と比率を示した。九州北部の刻目突帯紋期後半では壺形が14.8％を占め，普遍的な存在になっている。ここでの壺形は，形態的には朝鮮半島の影響を受けたものである。

　同じ刻目突帯紋系土器の分布域であっても，九州北部と近畿や伊勢湾周辺の様相は異なる。これらの地域の壺形は，墓である土器棺例が多いために，容量組成や壺形の比率の掲載は省略したが，比率はせいぜい数％と低い上に，形態も朝鮮半島とのかかわりを持つものではない。これらの壺形は，甕・深鉢形と体部外面の調整を同じくすることが特徴である。甕・深鉢形の頸部をより窄めることにより作られたものと考えられ「甕・深鉢変容壺」などと呼ばれ，煮炊きの使用痕が確認されるものも多い。形は壺であっても用途は甕・深鉢形と同様である。また，瀬戸内では浅鉢形が変容した「浅鉢変容壺」の事例が多い。

　刻目突帯紋期後半では,西日本の中でも九州北部とそれ以外の地域とでは，

III，弥生土器の器種（形）と用途

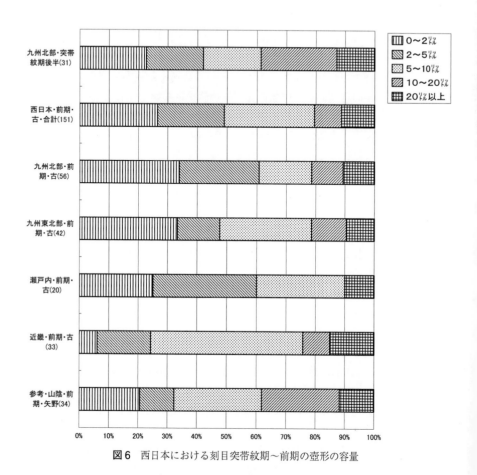

図6　西日本における刻目突帯紋期～前期の壺形の容量

土器の用途にかかわる部分での違いは明確である。

　前期に至ると遠賀川系土器の分布する伊勢湾周辺・若狭湾周辺以西では，壺形は普遍的な存在になる。

　壺形の容量組成は，九州北部では刻目突帯紋期後半で40％程度を占めていた10リットル以上の大形・超大形の比率が20％程度に減少する。また，九州北部と九州東北部は類似した様相を示しているが，瀬戸内以東の地域との類似性は低い。それは壺形の比率においても同様である。近畿の壺形の比率は，九州北部の半分以下である。山陰の矢野遺跡の事例などは壺形の容量

2 各地の具体例

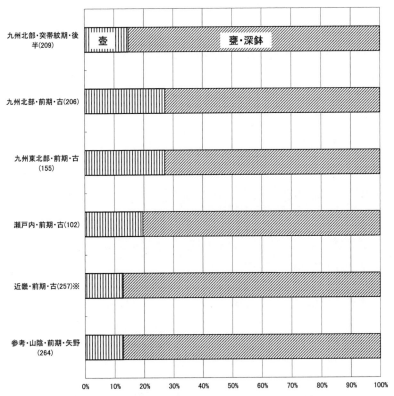

図7 西日本における刻目突帯紋期〜前期の壺形と甕・深鉢形の比率
※近畿の甕・深鉢形は容量未計測のデータを含む。

組成,比率ともに,九州北部の刻目突帯紋期後半に類似している。甕形にみられた西日本前期の類似性・斉一性は壺形では確認できない。

次に灌漑水田稲作のフロンティアである東北北部の様相をみてみよう。

弥生時代前期後葉の津軽平野の砂沢遺跡で灌漑型水田が確認され,中期の津軽平野・垂柳遺跡周辺では 10 ha にまで及ぶ安定的な水田経営が行われている。ただし,砂沢水田は丘陵上の緩傾斜の地形に合わせて造営された水田であり,その面積も 1000〜2000㎡ 程度と推定される狭いものである。ほぼ平坦な低地に地形傾斜とは異なる小区画水田を造営した中期の垂柳遺跡周辺

III，弥生土器の器種（形）と用途

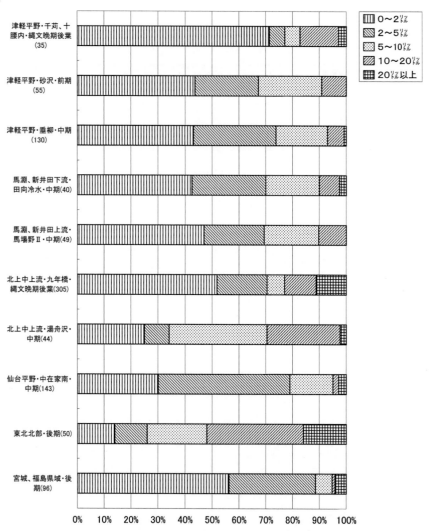

図8　東北における縄文時代晩期後葉〜弥生時代の甕・深鉢形の容量

例とは構造が大きく異なる（斎野2011ほか）。また，東北北部では後期の水田の検出例が無い点も重要である。

　東北北部の縄文時代晩期から弥生時代中期の甕・深鉢形の容量組成を図8に示した。上から3段目までは津軽平野の各時期を代表する遺跡のデータで

2 各地の具体例

ある。灌漑水田稲作導入以前の千苅・十腰内遺跡出土の大洞C_2式〜A式（縄文時代晩期後葉）では小形が71％，大形・超大形17％であったものが，導入以降の砂沢遺跡出土の砂沢式（弥生時代前期後葉），垂柳遺跡出土の垂柳式（弥生時代中期）では小形は40％強，大形・超大形は10％以下に減少する。千苅・十腰内遺跡の資料は35点と少ないため，同時期の北上川流域の九年橋遺跡の資料（305点）も示したが，ほぼ類似した傾向である。また弥生時代中期の東北北部太平洋側，馬淵川・新井田川下流域（現在の青森県八戸市域の平野部にほぼ該当）の田向冷水遺跡，上流域の馬場野Ⅱ遺跡の資料も，垂柳遺跡と同様の容量組成を示している。西日本と共通する大形・超大形土器の比率の減少は，東北北部でも広範囲で確認されるのである。仙台平野の弥生時代中期の中在家南遺跡の容量組成も同様であるが，北上川中上流域の弥生時代中期，湯船沢遺跡のみが大形・超大形の比率が30％と高い。

使用痕は，縄文時代晩期後葉では多様な内容物に対応したためであろうか，水面上・水面下の双方にオコゲが付着し，結果的に内面の広い範囲に付着することになった資料が多い[註3]。前期の砂沢式でも同様である[註4]が，2リットル未満の小形では水面上オコゲの比率も高い。それが津軽平野の中期，垂柳遺跡資料になると，中小形以上の土器では西日本の前期などと同様に水面下の比率が最も高くなる点が注目される。また小形では，縄文時代晩期後葉と同様に内面の広い範囲にオコゲの付着した資料が90％以上を占めている。容量による使い分けが行われていた可能性がある（上條・横山2011）。馬淵川・新井田川下流域の田向冷水遺跡では，垂柳遺跡とほぼ同様の傾向を示しているが，垂柳遺跡に比べれば内面の広い範囲に付着する比率がやや高い点が異なる。馬淵川・新井田川上流域の馬場野Ⅱ遺跡や北上川中上流の湯舟沢遺跡では縄文時代晩期後葉と同様，内面の広い範囲に付着する事例が多く，津軽平野や馬淵川・新井田川下流域とは様相が異なる。使用痕でも西日本と共通する部分が多いのは中期の津軽平野のみであり，馬淵川・新井田川下流域はその傾向が認められるということであろう。

図9・10に壺形の容量組成と比率を示した[註5]。灌漑水田稲作導入以前の当該域の大洞C_2式〜A式（縄文時代晩期後葉）では，千苅・十腰内遺跡例が示すように壺形は普遍的な存在である。この点は九州北部などとは大きく異なる。容量組成は小形が80％程度と高率であり，大形・超大形の比率は

Ⅲ，弥生土器の器種（形）と用途

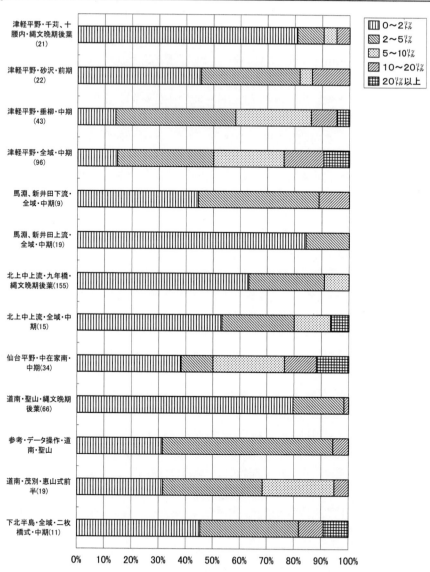

図9　東北〜道南における縄文時代晩期後葉〜弥生時代及び並行期の壺形の容量

低い。それは北上川中上流域の同時期の九年橋遺跡でも確認される傾向である。壺形，甕・深鉢形ともに小形の比率が他地域・他時期と比較して極端に高いのが当該期の特徴である。津軽平野では砂沢遺跡，垂柳遺跡と時期が新

[2] 各地の具体例

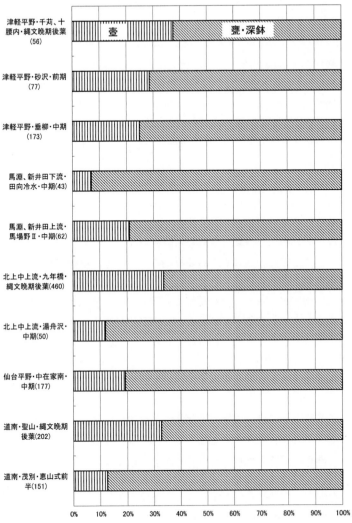

図10 東北〜道南における縄文時代晩期後葉〜弥生時代及び並行期の壺形と甕・深鉢形の比率

しくなるにつれて小形の比率は減少し，大形や超大形の比率が高くなっていく。また，図10に示した壺形と甕・深鉢形との比率をみれば，縄文時代晩期では他時期と比較して壺形の比率が高いので，量的にも小形壺が多用されていたことが分かる。津軽平野では時期が新しくなるにつれて，壺形の比率

79

III. 弥生土器の器種（形）と用途

は下がっていく。容量組成においても，壺形と甕・深鉢形の比率においても，弥生時代前期の砂沢式期は縄文時代晩期後葉から弥生時代中期への過度的な様相を呈している。ちなみに，仙台平野の弥生時代中期の中在家南遺跡の様相も晩期後葉と比較すれば小形の比率が低く，大形・超大形の比率が高いという点で，津軽平野の同時期と共通する。なお，資料数が少ないために確定的なことは分からないが，馬淵川・新井田川下流域の小形の比率は垂柳遺跡よりは高いものの，仙台平野の中在家南遺跡とは類似している。また，大形も10％程度は確認されるので，垂柳遺跡や中在家南遺跡と同様の傾向を示すと理解しても良さそうである。一方，馬淵川・新井田川上流域では小形の比率が高く，容量の計測が可能な大形・超大形は知られていない。津軽平野や馬淵川・新井田川下流域とは異なる様相を示している。

　東北北部の土器の用途にかかわる様相をまとめる。津軽平野の前期後葉の砂沢式期は縄文時代晩期から弥生時代中期に至る過渡期として位置付けられる。そして中期に至って，津軽平野では西日本と共通する様相が確認されるようになる。こうした様相が明確なのは津軽平野のみであるが，馬淵川・新井田川下流域でもそうした傾向は確認される。一方，馬淵川・新井田川上流域や北上川中上流域の様相はそれとは異なる部分がある。これは，食生活や生業，生活様式にかかわる何らかの違いを示している蓋然性が高いと判断される。

　なお図8の下段には，後期の東北北部と現在の宮城県・福島県域の甕形の容量組成を示した。北部では大形・超大形の比率が50％程度と極めて高く，一見して両者が大きく相違することが分かる。北部では甕形の使用痕も内面の広い範囲に付着する事例が多く，そして壺形は希少な存在になっている。食生活や生業，生活様式にかかわる大きな違いを示しているのであろう。北部の様相は，灌漑水田稲作を主たる生業としていたとはとても思えない。

　続いて，当該期には灌漑水田稲作を生業としていない北海道と沖縄の様相を検討する。まずは北海道である。

　弥生時代に並行する北海道の続縄文時代前半は，縄文時代に比べて水産資源（特に魚類）の利用頻度が全域において高まっていたことが指摘されている（高瀬2014）が，生活様式における大きな違いが確認されている訳ではない。

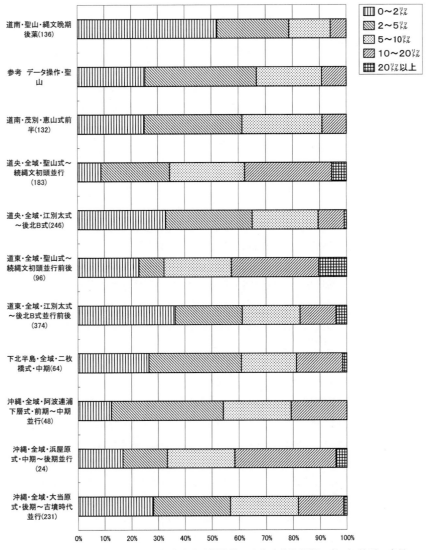

図11 北海道と沖縄における縄文時代晩期後葉〜弥生時代並行期の甕・深鉢形の容量

　図11の上から7段目までに示したのは，北海道における甕・深鉢形の容量組成である。また，壺の容量組成は図9の下段，壺形と甕・深鉢形との比率は図10の下段に示した。

　道南地域の聖山遺跡出土の聖山式は東北北部の大洞C_2式〜A式並行の土

III，弥生土器の器種（形）と用途

器であり，器形・紋様・器種構成などの特徴から東北北部と同じ亀ケ岡（大洞）系の土器型式として捉えられている。甕・深鉢形の容量組成においても，東北北部の当該期と同じく小形の比率が極めて高い点が特徴である。ただし，大形・超大形の比率は津軽平野の半分以下であり，この点は用途的な違いを示す蓋然性が高い（佐藤2006）。それが弥生時代中期並行の恵山式前半の茂別遺跡例になると小形の比率が減少し，その組成は東北北部の弥生時代中期・垂柳遺跡例（図8）と類似した傾向を示す。この組成は西日本の前期の甕形（図4）や東日本の中期の甕形（図5）と比較しても違和感がない。

使用痕は聖山式，恵山式ともに水面上・水面下の双方にオコゲが付着し，結果的に内面の広い範囲に付着することになった資料が主体である。この点は垂柳遺跡例や西日本，東日本の甕形とは異なる。

壺形の容量組成（図9）も聖山遺跡例は甕・深鉢形と同様に小形の比率が極めて高く，東北北部の当該期と同様である。そして恵山式の茂別遺跡例になると小形の比率が減少する。ここでも東北北部の弥生土器と共通する傾向が確認されるが，茂別遺跡例は津軽平野の垂柳遺跡や津軽平野全域の資料と比較すれば，大形・超大形の比率は低い。壺形と甕・深鉢形との比率（図10）についても，茂別遺跡例では聖山遺跡例に比べて壺形が減少し，東北北部の津軽平野の傾向と類似する。

道央地域と道東地域では聖山式並行期とその直後の土器（弥生時代前期並行）は，土器型式としての類似性が高いために一括して示した[註6]。両地域ともに甕・深鉢形の容量組成は，聖山遺跡例とは大きく異なり，小形の比率が低く，大形・超大形の比率が40％程度と高い（図11）。亀ケ岡系土器において小形土器の比率が高いのは，生活様式にかかわる部分よりもイデオロギー的な部分との関係が深いと考えられる（佐藤2002・2003）ので，道央・道東において小形の比率が低いのは，亀ケ岡文化との関係性が薄いためであろう。こうした道央・道東においても弥生時代中期〜後期に並行する所謂江別太式〜後北B式期前後，及び並行期になると，大形・超大形が減少し，道南の恵山式に類似した容量組成に変化する。道東では大形・超大形の比率が道央に比べて高いものの，変化の方向性としては同様である（図11）。

使用痕については，道南と同じく，内面の広い範囲に付着する資料が主体である。

壺形は当該期の道央・道東では希少な存在である。

　恵山式は，下北半島の弥生時代中期前葉の二枚橋式の強い影響下で成立した土器型式である（高瀬1998ほか）ため，ここまで述べたことの背景を検討する材料として，二枚橋式（瀬野遺跡資料を含む広義の二枚橋式）の甕形の容量組成を図11，壺形を図9に示した。恵山式と二枚橋式の甕形の容量組成の比較では，二枚橋式の方が大形・超大形の比率が高い。壺形はデータ数が乏しいために確定的ではないものの，大形・超大形と小形の比率が二枚橋式の方が高い。二枚橋式の甕形の使用痕は，内面の広い範囲に付着する資料が主体であり，恵山式と同様である。以上のように二枚橋式と恵山式の用途にかかわる様相は，必ずしも一致する訳ではない。恵山式における二枚橋式の影響は，土器の用途面にまで及ぶものではなく，先に述べた大洞C_2〜A式と聖山式の関係に類似する。これは，東北北部（特に北海道に接する下北半島・津軽半島地域）と道南との，大洞C_2・A式期・聖山式期から継続する関係性として理解するのが妥当であろう。また二枚橋式は，甕形の大形・超大形の比率，壺形の小形の比率において，津軽平野の弥生時代中期とも異なる。

　当該期の下北半島の環境や資源利用を検討した高瀬克範は，道南と下北半島とでは漁撈具の発達度合や遺跡立地などで違いがあり，また積極的なイネ利用の痕跡が認められない点などでは，津軽平野とも相違することを指摘している（高瀬2011）。土器の用途的な研究と一致する部分がある。

　図11の2段目に聖山遺跡例のデータの内，甕・深鉢形の中小形以上の点数はそのまま利用し，小形の点数のみ茂別遺跡例と同じ比率になるように操作したデータを掲載した。この操作したデータと茂別遺跡例の比率は極めて類似している。聖山式と恵山式の甕の容量組成の違いは，小形の点数が減少したことのみに起因しているのである。図9には同様の操作を行った壺形のデータを掲載したが，ここでもほぼ同様の傾向がうかがえる。

　恵山式での小形土器の減少は，先に述べたようにイデオロギー的な部分で解釈することが可能であり，食生活や生業の変化と直接関係している訳ではない。このデータは食生活・生業面での聖山式から恵山式への継続性を示しているのである。もちろん，小形の減少は東北北部でも認められることであるから，東北北部における縄文時代から弥生時代への変化と無関係であると

III．弥生土器の器種（形）と用途

は考えられない。しかし，聖山式並行期の道央地域には，小形土器の比率が低く，亀ケ岡文化との関係の薄い土器群が分布しており，そうした土器群は恵山式の成立直前には道南地域にまで分布を広げているのである。こうした土器群との関係も，小形土器が減少する背景として重要視すべきであろう。聖山式から恵山式への容量変化における大きな画期は，一見，弥生土器・文化の影響としてみなされそうであるが，そうした単純な理解のみで説明できるものではない。

　道央・道東地域における先に述べた甕・深鉢形の容量組成の画期の背景は何であろうか。弥生時代中期～後期に並行する当該域の土器群は，恵山式と何らかの関係を持っているが，恵山式そのものが分布する訳ではないので，遠賀川系や凹線紋系土器のところで想定したような，土器づくりの規範的なものが背景とは考えられない。一見，西日本の縄文時代から弥生時代への変化や津軽平野での変化と類似しているが，これは甕・深鉢形の容量組成に限られた類似性であり，その使用痕や壺形の様相は大きく異なる。また聖山式の甕・深鉢形も，先に述べたように小形土器の比率の高さを除けば，恵山式と同様の容量組成を示している。聖山式・恵山式・道央の江別太式～後北B式・道東の同並行期は，用途的な側面では類似した甕・深鉢形の容量組成を示しているのである。これだけの広範囲で共通するということは，これが北海道の環境に適合した煮炊き用土器の容量組成であったのかもしれない。もしそうであれば，聖山式並行期からその直後の道央・道東地域の容量組成の特異性を説明しなければいけなくなる。どちらにしろ，今後の検討課題とするしかない。煮炊き用土器の容量組成が変化する，多様な要因を検討することになるであろう。

　図11の下段に示した沖縄本島及び周辺島嶼部の弥生時代に並行する貝塚時代後期の事例も，道央や道東と同様の意味で注目される。資料点数が少ないために判然としない部分が多いが，阿波連浦下層式から浜屋原式への変化では大形・超大形土器の比率が倍増し，大当原式に至ると再び，阿波連浦下層式と同様の比率に減少するのである。これを食生活や生業にかかわる変化と連動して解釈することは，当該域の研究の現状から判断すれば難しい。

3 まとめ

　弥生土器の器種や用途にかかわる課題や研究方法を整理し、列島内各地の事例を述べてきた。紙幅の都合で東日本については極僅かしか扱えなかったものの、本書の性格からできるだけ広範囲を扱うことを心掛けた。そのため雑駁な内容になってしまったことは否めないが、用途にかかわる土器研究は、一元的な単純な解釈ではすまされない事例の多いことを示すことができたであろう。土器の容量や使用痕、組成に当時の食生活や生業、生活様式と関連する部分があることは間違いないが、それはあくまで「部分」であり、そこから明らかにできることは、時期・地域によって様々である。極めて曖昧な表現ながら、広い範囲・時期を俯瞰した総合的な判断が常に求められるのである。拙文の検討もそうした意味では十分とは言えないものの、当該研究の参考に少しでもなれば幸甚である。

　〔註〕
1) 報告書の図と他者が実測した図との比較である。公表されているものは少ないが、例えば板付遺跡G-5a調査区第2号竪穴出土土器の図は報告書である福岡市教委（1976）と山崎（1980）の双方に掲載されている。前者2.8リットル後者3.5リットル、前者5.3リットル後者5.8リットル、前者7.1リットル後者6.6リットルと違いがある。なお、本書での検討は報告書の図を元にしている。
2) 大手前大学史学研究所編（2007）掲載の質疑応答における北野博司氏の発言
3) 大形・超大形品では下胴部内面にオコゲが確認される事例もある。これは水面下のオコゲではなく、北野（2009）論文が主張するように、調理した内容物を取り出した後の土器の加熱乾燥処理によって生じたものであろう。
4) 砂沢遺跡出土の甕・深鉢形では、僅か1点のみであるが水面下のみにオコゲが付着した中小形土器がある。垂柳遺跡の特徴の萌芽的なものであろうか。
5) 東北北部は、各流域の代表的な遺跡の資料をデータの基礎とすることを基本にしたが、壺形の出土点数が少ない場合は流域全体の遺跡を対象とした。また過去に佐藤が用いたデータとは、数値が異なる

III，弥生土器の器種（形）と用途

　　場合もある。点数が増加しているものは，新資料の追加である。また東北北部（弥生時代後期は除く）については，甕・深鉢形の容量計測，使用痕の観察，壺形の容量計測のすべてが終了している遺跡を検討の対象としたため，諸般の事情で使用痕の観察がかなわない資料は検討対象から除外した。
6) 道東の資料は道央や道南との並行関係が未確定な部分があり，図11 のグラフでの表現も道東・聖山式から続縄文初頭並行前後という曖昧な表現にした。

〔引用文献〕

阿部芳郎「縄文時代の生業－生産組織と社会構造－」『展望考古学』，1995

阿部芳郎「食物加工技術と縄文土器」『季刊考古学』第 55 号，1996

石川日出志「土器」『季刊考古学』第 23 号，1988

大手前大学史学研究所編『土器研究の新視点』六一書房，2007

岡本明郎「日本における土器出現の自然的・社会的背景について」『考古学研究』第 8 巻第 4 号，1962

粕屋町教育委員会『江辻遺跡第 4 地点』，1998

金箱文夫「埼玉県赤山陣屋跡遺跡」『季刊考古学』第 55 号，1996

上條信彦・横山寛剛「青森県垂柳遺跡のスス・コゲからみた東北地方弥生中期の炊飯方法と食事様式」『日本考古学協会第 77 回総会研究発表要旨』，2011

北野博司「縄文土鍋の調理方法」『歴史遺産研究』5，2009

黒岩隆「縄文土器の大きさ」『東京考古』5 号，1987

小林公明「煤とお焦げ」『曽利』長野県富士見町教育委員会，1978

小林正史「土器の器形と炭化物からみた先史時代の調理方法」『北陸古代土器研究』創刊号，1991

小林正史「煮沸実験に基づく先史時代の調理方法の研究」『北陸古代土器研究』第 2 号，1992

小林正史「縄文から弥生への煮沸用土器の大きさの変化」『北陸古代土器研究』第 5 号，1995

小林正史「使用痕跡からみた縄文・弥生土器による調理方法」『石川考古学研究会々誌』第 46 号，2003

小林正史「土器の技術」『弥生時代の考古学』6　同成社，2009

小林正史編『土器使用痕研究』北陸学院大学，2011

斎野裕彦「東北地域」『日本の考古学講座 5 弥生時代上』青木書店，2011

佐藤由紀男「煮炊き用土器の容量変化からみた本州北部の縄文／弥生」『日本考古学』第13号，2002

佐藤由紀男「『恵山式土器』『恵山文化』の成立に係わる一試論」『立命館大学考古学論集』Ⅲ，2003

佐藤由紀男「紀元前，灌漑型水稲農耕はなぜ津軽平野までしか波及しなかったのか」『坂詰秀一先生古稀記念論文集　考古学の諸相Ⅱ』，2006

佐原眞「土器の用途と製作」『日本考古学を学ぶ』(2)　有斐閣，1979

高瀬克範「恵山式土器群の成立・拡散とその背景」『北海道考古学』第34輯，1998

高瀬克範「下北半島初期農耕社会における環境・資源利用に関する考古学的研究」『明治大学人文科学研究所紀要』第68冊，2011

高瀬克範「続縄文文化の資源・土地利用」『国立歴史民俗博物館研究報告』第185集，2014

高橋護「遠賀川式土器」『弥生文化の研究』4　雄山閣，1987

中沢道彦・丑野毅「レプリカ法による山陰地方縄文時代晩期土器の籾状圧痕の観察」『まなぶ』第2号，2009

福岡市教育委員会『板付周辺遺跡調査報告書 (3)』，1976

藤村東男「土器容量の測定－晩期縄文式土器を例として－」『考古学研究』第28巻第3号，1981

松本直子『認知考古学の理論と実践的研究　－縄文から弥生への社会・文化変化のプロセス－』九州大学出版会，2000

森本六爾「弥生土器に於ける二者」『考古学』第5巻第1号，1934

山崎純男「弥生文化成立期における土器の編年的研究」『鏡山猛先生古稀記念古文化論攷』，1980

〔参考文献〕
佐藤由紀男『縄文弥生移行期の土器と石器』雄山閣出版，1999

（佐藤由紀男）

Ⅲ．弥生土器の器種（形）と用途

⑦ コラム

土器から人間活動を読みとる —学際研究の最前線—

　過去に人間の道具として使われた土器は，地中から掘り出されて，現在目の前に存在する。近年著しく発達した自然科学的分析手法や画像情報解析技術を考古学へ応用することで，過去の人間活動に関する新たな情報を土器そのものから読みとることができる。

■ 土器から引き出す多様な情報

　現実世界の文化財は，三次元の立体物として存在する。物体を資料化する方法として，これまでは実測図や写真による情報の二次元化が中心であった。最近は，三次元データを正確かつ精緻に測定する技術が向上したことで，遺物・遺構の記録だけでなく，脆弱な遺物の効率的な保存処理につながる基礎情報の提示や，3Dプリンターで出力することで視覚・触覚に訴える展示が可能となっている（金田ほか 2010）。三次元情報を活用することで，人間の動きや道具の一致を見出し，土器製作者個人を同定する試みも進められている（中園・池平 2010）。さらに，X線CTスキャナーで断層撮影することで，粘土接合痕や混和材の有無など，肉眼では見えない内部構造を調べることもできる（吉田編 2012）。また，シリコン樹脂で土器に残る痕跡を写し取り（圧痕レプリカ法），電子顕微鏡で詳細に観察することで，土器製作道具や種実（マメ）・穀物（イネ・アワ・キビ），昆虫（コクゾウムシ）など，粘土が柔らかいうちに土器表面に付着した痕跡を把握し，栽培植物の利用などの当時の生活環境を復元する研究も進められている（小畑 2011）。これらは，非破壊で情報を得ることができる点で，唯一無二の考古資料を分析する非常に有効な手段である。

　対して，試料を少し採取して分析することで明らかになる事実も多い。煮炊きに用いた土器表面に付着した炭化物（お焦げ）の炭素・窒素安定同位体や，土器胎土に吸着した脂質を分析することで，土器で調理された食材を推定し，当時の食生活を復元することができる。このような食性分析により，例えば縄文時代草創期の土器で魚類を加熱調理したことが指摘されている（Craig et al. 2013）。多様な資料の分析が進むことで，時代や地域に応じた多様な食生活の解明につながることが期待される。

■ 胎土分析

　土器は，よく見ると均質ではない。土器の表面にはいろいろな砂粒がみえる。土器を作るために複数の粘土や砂粒を混ぜ，各種材料を調合した素地土を焼成したものを胎土と呼ぶ。胎土を分析することで，土器の生産地や製作技法，原

コラム7 土器から人間活動を読みとる ―学際研究の最前線―

材料の採取地，土器の移動現象などの諸問題にアプローチするのが「胎土分析」である。

これまでの土器研究は，目に見える形態や文様に基づく編年や地域性の研究が中心であった。土器の形態や文様が各地域で多様であることに着目して，土器の製作地や移動現象も検討されてきた。遠隔地域を移動した土器は，胎土の特徴から肉眼で識別できる。しかし，どこから運ばれた土器なのか，根拠をもって説明することは，肉眼観察だけでは難しい。そこで有効なのが，土器を構成する物質そのものを分析できる自然科学分析手法の適用である。

胎土分析の方法は多様であるが，土器含有鉱物に着目して，ルーペ・実体顕微鏡・偏光顕微鏡などで鉱物の組成・種類・量を検討する記載岩石学的分析と，土器胎土全体の化学組成を検討する元素分析に大別される。

岩石学的分析手法は，目に見える土器含有鉱物を，遺跡周辺基盤地質と直接比較できる点で有効であり，多くの研究成果がある。一方で，目に見えない土器の元素組成も，地質環境を反映することが指摘されてきた（三辻1983ほか）。特に近年は，高精度元素分析が可能な機器を利用して，土器に極微量含まれる微量元素・希土類元素（レアアース）を活用した分析方法の開発が進んでおり，近隣から遠隔地域におよぶ土器の動きや，土器生産にかかわる人間活動を，これまで以上に精密に捉えることが可能となりつつある。また，基盤地質データと照合して原材料採取地点を絞り込むことで，資源利用のありかたから活動領域を探ることもある。

胎土分析のさらなる推進により，考古学的手法だけでは分からなかった新たな情報を獲得することで，集落や地域間の関係，同一集落内で異系統土器が共伴する現象の把握，土器の移動・模倣・折衷プロセスや原理，系統・様式・型式という分類単位の意味など，多くの説明が可能となるだろう。考古学的研究成果と胎土分析成果を統合することで，土器から過去の社会を復元する展開へつながる。

■ 資料の「再発掘」と活用

特別なことは分かりやすいが，普通のことは記録されず，忘れ去られてしまう。過去の人間活動を知るためには，日常生活に最も密接な道具である土器が有効な素材となる。丹念な土器観察を続け，繰り返し表れるパターンを見出すことで，より細かな土器の動き，ひいては人の動きに迫ることが可能になる。もの言わぬ土器に来歴を語らせるためには，人間の眼だけでは限界がある。精密分析機器の力を借りることで，認識できていなかった領域に踏み出すことができる。

1970年代以降の大規模開発に伴う発掘調査の活発化によって，多量の土器資料が蓄積した。美しい土器や珍しい資料は博物館展示や書籍で見ることができる

Ⅲ．弥生土器の器種（形）と用途

⑦ コラム

が，何万倍もの大量の特徴のない土器破片資料が，収蔵庫のコンテナで保管されている。このような資料を「再発掘」し，地域の歴史理解に貢献できる文化資源として活用することで，過去の人間活動を物語る素材となり得る。

現在の考古学は，文理の枠を越えた多様な分野や技術との協業が不可欠であり，学際研究も盛んである。文化財を後世に伝えるためにも，これまでに蓄積されてきた成果を活用するだけでなく，柔軟に適切な方法を取り入れて，多角的視点から検討することで，考古資料にひそむ過去の人間活動痕跡に関する新たな情報の解読がより一層促進されることを，楽しみにしたい。

〔引用文献〕
小畑弘己『東北アジア古民族植物学と縄文農耕』同成社，2011
金田明大ほか『文化財のための三次元計測』岩田書院，2010
中園聡・池平壮峻「土器製作者個人の高精度同定法の開発」『国際文化学部論集』10-4，2010
三辻利一『古代土器の産地推定法』ニューサイエンス社，1983
吉田邦夫編『アルケオメトリア』東京大学総合研究博物館，2012
O. E. Craig et al. Earliest evidence for the use of pottery, Nature vol. 496, 2013

（石田智子）

⑧ コラム

弥生土器の年代観

弥生土器に製作年代が書かれることはない。弥生時代には，暦も文字も存在しないからだ。そのため，考古資料から年代情報を獲得する多様な方法が開発されてきた。

2003年の国立歴史民俗博物館（以下歴博）の弥生時代開始期AMS年代の発表（春成ほか2003）を契機として，考古学における実年代を軸としたさまざまな議論が活性化した。従来の紀元前5世紀頃から紀元前10世紀へと，弥生時代の開始年代が500年遡るとする歴博の見解は，大きな衝撃を世間に与えた（図）。発表以後，活発な議論が起こり，関連書籍も多数刊行されている（高倉・田中編2011など）。最先端の自然科学的高精度分析手法で得られる年代は，本当に"正しい"のだろうか。歴博発表から10年が過ぎた今，考古学における時間軸の尺度の決定方法について，現状を整理する。

時間の流れの把握は，歴史を解明する基礎である。年代には，相互の新旧関係を示す「相対年代」と，数値として出される「実年代」がある。

考古学の研究方法では，モノの細かな変化の過程を体系的に把握する型式学

コラム7 土器から人間活動を読みとる —学際研究の最前線— / コラム8 弥生土器の年代観

──── コラム 8 ────

暦年代	中国	朝鮮半島南部		九州北部		近畿		従来の年代	
1300	商	曽畠式土器期以	晩期早期	縄文文化	後期	二重口縁土器	後期	滋賀里Ⅰ式	縄文時代	後期
						上加世田式		滋賀里Ⅱ式		
					晩期		晩期	滋賀里Ⅲa式		
		青銅器時代	前期			突帯文土器		篠原式		
						可楽洞式				
						駅三洞式・欣岩里式				
1027										
	西周					先松菊里前半		滋賀里Ⅳ式		
					早期	山の寺・夜臼Ⅰ式				晩期
			後期			先松菊里後半		口酒井式		
770						松菊里前半		船橋式		
								夜臼Ⅱa式	長原古式	
								夜臼Ⅱb・板付Ⅰ式		
	春秋				前期	松菊里後半		板付Ⅱa式		長原新Ⅰ古
500										長原新Ⅰ中
						+		板付Ⅱb式		
403(453)										
	戦国	三韓時代		弥生文化		水石里式		城ノ越式 板付Ⅲ式	弥生文化	Ⅰ新 早期
								須玖Ⅰ式古		Ⅱ 前期
221	秦				中期	勒島Ⅰ式		須玖Ⅰ式新	弥生時代	
202								須玖Ⅱ式古		Ⅲ 中期
	前漢					勒島Ⅱ式		須玖Ⅱ式中		Ⅳ
紀元前								須玖Ⅱ式新		
紀元後 8				前期瓦質土器						
25	新					勒島Ⅲ式		高三潴式		V 後期
	後漢				後期			下大隈式		
				後期瓦質土器				西新式		Ⅵ
220										
300	三国	三国時代		陶質土器				古墳文化		

高倉・田中編 2011, 国立歴史民俗博物館 2014 を参考に作成

図　歴博年代と従来の年代観の対応

的方法と，堆積順序から地層の前後関係を明らかにする層位学的方法を併用する相対年代が基本となる。土器を中心とするモノの相対的な変化を順番に並べた型式組列を，地層の堆積順序で変化の方向性を検証する作業を比較的狭い範囲で行い，各地域で編年を作成する。さらに，相互の地域で出土する土器などを媒介にして，広域にわたる共時的な併行関係を決める。これが交差年代決定法であり，考古学的方法論の根幹である。

III，弥生土器の器種（形）と用途

8 コラム

　問題は，相対年代と実年代をつなぐ方法である。実年代は，年代を決定・推定できる資料を用いることが有効であるが，日本列島内だけでは年代が分かる紀年資料は存在しない。そのため，中国大陸や朝鮮半島との関係を参照して，弥生時代の時間幅を把握することが有効であり，実際に文物が出土する北部九州地域が重要な役割を果たしてきた。特に，中国製の銅鏡を使用した交差年代が基準とされてきた（岡崎 1971）。北部九州地域では，弥生時代中期後半の立岩式甕棺に前漢鏡が，後期前半の三津式甕棺に後漢鏡が副葬される。副葬品としての中国鏡と確実な同時性を示すとともに，埋葬施設自体が編年可能な土器棺である甕棺型式を対応させることで，紀元前後を挟む約 120 年間は定点として確定している。中国鏡が伝播する以前の弥生時代前期末〜中期中頃にかけては，剣・矛・戈の青銅製武器類や多紐細文鏡などの朝鮮系青銅器が目安となる。詳細については研究者間で見解の違いがあるものの，中国大陸や朝鮮半島由来の文物を用いて東アジアレベルで併行関係をたどる作業は，オーソドックスな考古学的手続きである。北部九州地域の資料で実年代を組み立て，交差年代法の連鎖で他地域へ波及させることで，日本列島全体の併行関係を把握可能である。しかしながら，中国・朝鮮系文物が出現する前段階の弥生時代開始期〜前期後半は，この方法では細かな年代的位置づけを検討することができない。そのため，別の尺度で時間軸を決める必要が出てくる。

　そこで重要となるのが，自然科学的分析手法を用いた年代測定である。時間の経過とともに一定の変化をする物質特性を利用して変化速度を測定する年代測定法は複数あるが，1949 年に発表された ^{14}C 年代測定法，さらに微量の試料で年代測定が可能となった加速器質量分析（AMS）法が考古学でよく利用される。ただし，これらの手法による測定結果は，統計学的に処理したものであるため必ず誤差が生じ，暦年代と同一ではない。そのため，樹木年輪による年輪年代や，湖底堆積物の年縞など，一年ごとに遡ることで長期パターンを把握して直接暦年代を得ることができる方法で，^{14}C 年代を較正する必要がある。近年はさらに，樹木年輪セルロースの酸素同位体比（$\delta^{18}O$）の季節変動パターンを用いた年代測定法（中塚 2014）が開発されつつあり，従来の年代測定法と相互補完的に活用することで，地域ごとの微細な違いを考慮した精密な時間情報をより効率的に獲得できる可能性がある。

　このような自然科学的分析を実施することで，データは出る。ただし，分析結果だけを鵜呑みにするのは危険である。結果に至るまでの分析プロセスを理解し，批判的に評価することが必要である。特に，①分析試料の選択，②分析方法の有効性と限界の理解，③試料の取り扱いなど分析プロセスで生じる問題，④データ解析方法，に注意しなければ，高精度分析手法を適用しても，得られ

コラム8　弥生土器の年代観

た結果を活用することはできない。例えば，歴博による AMS 年代は，土器付着炭化物（スス・コゲ）を分析試料としている。これは，土器を調理で用いた時に，外面に付着する燃料材由来のススや，内面に付着する食材由来のコゲを分析することで，土器使用時の年代情報を獲得することが目的である。しかし，土器の真の年代が得られるわけではない。ススを分析試料とすることで，古い木材を燃料に用いた時に土器より古い炭素年代が得られる場合（古木効果）や，海洋の影響を受けて古い炭素年代を示す場合（海洋リザーバー効果）などを考慮する必要が出てくる。甕棺墓出土人骨コラーゲンや食材の ^{14}C 年代測定値も，海産資源を利用した場合はやはり海洋リザーバー効果の影響を受けるが，$δ^{13}C$ 値で補正することで有効性が担保される（田中 2011）。分析試料の選択だけでなく，試料採取時の人為的汚染の排除，実年代が明らかな試料の測定による分析精度の向上など，分析方法を洗練化させつつデータを蓄積することが，今後も重要である。

　考古学では，時間尺度を決める多様な方法があるが，考古学および自然科学的分析方法のいずれも，一定の時間幅をもつ可能性を提示するのであり，絶対的な定点を示す方法ではないことを認識されたい。異なる原理や推論の手続きに基づく年代測定成果を相互に検証し，考古学的諸事象との関係を検討することで，より蓋然性の高い年代を絞り込むことが可能となるだろう。分析原理や結果に至るプロセスを理解しないまま「信じる／信じない」で判断したり，「最先端分析手法の結果」や「自説に都合のよい結果」を無批判に受けとめたりする態度は，論外である。弥生時代の年代観については確固たる共通見解はなく，様々な立場からの議論が継続しているのが現状である。長期的展望に基づく，考古学と自然科学の共同研究の成果を期待したい。

〔引用文献〕
岡崎敬「日本考古学の方法」『古代の日本 9』，角川書店，1971
国立歴史民俗博物館『弥生ってなに？！』，2014
高倉洋彰・田中良之編『AMS 年代と考古学』，学生社，2011
田中良之「AMS 年代測定法の考古学への適用に関する諸問題」『AMS 年代と考古学』，学生社，2011
中塚武「樹木年輪セルロースの酸素同位体比による気候変動の復元」『現代の生態学 2 地球環境変動の生態学』，共立出版，2014
春成秀爾・藤尾慎一郎・今村峯雄・坂本稔「弥生時代の開始年代― ^{14}C 年代の測定結果について―」『日本考古学協会第 69 回総会研究発表要旨』，2003

（石田智子）

Ⅳ，各地の弥生土器及び並行期土器群の研究

※第Ⅳ部掲載の土器実測図・写真は特に記載のない限り，8分の1の縮尺に統一している。

1 沖縄・奄美

1, 貝塚時代後期

　貝塚時代・文化の範囲は，南西諸島の亜熱帯地域のサンゴ礁環境で漁撈・堅果類の採集活動を主な生業とし，九州地域からの文化的受容を断続的に行った地域を指す（高宮・新里編 2014；図 1）。もともと沖縄諸島の先史時代を呼称する概念であったが（Tokunaga 1936），文化環境として類似するトカラ列島，奄美諸島も概ね包括することができる。したがって，ここで扱う土器群は，沖縄・奄美諸島（トカラ列島も含む）の貝塚時代前 5 期末〜後1 期のうち弥生時代並行期の土器群である。沖縄では伝統的な「無文尖底系土器」（伊藤 1994）の時期である。いっぽう奄美では，九州系弥生土器の系統に連なる土器群を用いるが，灌漑農耕などを基準とした弥生文化の定着はみられないため，ここでは奄美（トカラも含む）の弥生並行期の土器を「沈線文脚台系土器」（新里 2008）あるいは「弥生系土器」とよぶ。ちなみに先島諸島（宮古・八重山諸島）は，縄文〜古墳文化・社会に同調することのない独自の文化環境を保有しているので，ここではとり扱わない。

　なお，南九州弥生土器との並行関係は，中園（1997）に準拠する。

日本		トカラ〜沖縄		宮古・八重山
旧石器時代		旧石器時代		旧石器時代
縄文時代	草創期			
	早期		前1期	
	前期	貝塚時代	前2期	
	中期		前3期	
	後期		前4期	下田原期
	晩期		前5期	
弥生時代	前期			無土器期
	中期		後1期	
	後期			
古墳時代	前期			
	中期			
	後期			
奈良時代			後2期	
平安時代				
鎌倉時代		グスク時代		
室町時代				

図 1　時代・時期区分比較

2, 沖縄諸島研究略史

　奄美・沖縄諸島の研究は，戦後，多和田真淳によって再開される。「琉球列島の貝塚分布とその概念」（多和田 1956）において，前・中・後・晩期の 4 期に区分され，後期はさらに上半・下半期に細分された。後期下半の土器

として無文尖底系の「川田原式」が設定されたほか，奄美「面縄第一式」，沖縄「具志頭城式」などがくびれ平底系として抽出，設定され，無文尖底系⇒くびれ平底系の時期的な変化が認識されているにも関わらず，表採資料を基に設定されていたものであったため，型式名自体はほとんど使用されずにいた。

1978 年，沖縄考古学会によって，「先史土器文化編年」とするいわゆる「現行編年」が提示された。先史時代を早・前・中・後期，原史時代をグスク時代とする 5 期編年が提示され，後期が弥生時代中期〜平安時代初頭に並行するものとされた（沖縄考古学会編 1978）。高宮廣衞はこれを受け，現行編年の問題点を指摘し，「新石器時代土器編年」として，いわゆる「高宮暫定編年」を作成し，前期を 5 期，後期を 4 期区分する。後期は弥生時代以降に比定され，I期は空白となるが板付II式並行，II期には，具志原貝塚第 4 層出土土器に南九州系弥生時代中期後半の山ノ口式が伴うことから，「具志原式」として弥生時代中期並行に設定された（高宮 1978）。その後も，高宮は編年を修正・再構築し，後I期に「真栄里貝塚」を位置づけ（高宮 1991），現在に至っている。この段階で，真栄里貝塚出土のくびれ平底が無文尖底系の前段階に位置づけられてしまい，従来の一系統的な理解に混乱が生じた。

木下尚子は，「南海産貝輪交易」の在地文化の観点から，弥生時代中期段階に「浜屋原C式」を，弥生時代後期段階に大当原貝塚出土土器を「大当原式」として設定し，浜屋原C式→大当原式の変遷を想定した（木下 1989）。ここで弥生並行期の土器群が無文尖底系の流れとして整理された。

伊藤慎二（1994）は琉球縄文土器前期の検討から，前 5（V）期末の土器様式として設定された仲原式以降を「無文尖底系」に，奄美兼久式と沖縄フェンサ下層式を「くびれ平底系」へと様式編年し，そのなかで阿波連浦貝塚第V層最下部・VI層出土の土器を仲原式に後続させるという見解を提示した。宮城弘樹もまた，仲原式→阿波連浦貝塚代VI層土器群→大原第 2 タイプ→大当原タイプとして編年（宮城 1997），型式名称の変更を加えながら，その見解を維持した（西銘・宮城 1998，岸本ほか 2000）。宮城はその後も浜屋原式を器面調整・胎土に着目して沖縄諸島内での地域差を抽出する考えを示しており（宮城 2005），また，大当原式土器の現状を整理し，当初の出土資料である大当原貝塚上層・下層の土器と比較して，新旧二時期に区分できる可

IV．各地の弥生土器及び並行期土器群の研究

能性についても述べている（宮城2009）。新里貴之は，大隅諸島から沖縄諸島にかけての土器編年の並行関係を探り，「阿波連浦下層式」を設定し，島嶼群単位の特性を抽出したが，沖縄については宮城らの編年を借用して説明した（新里1999・2004・2008）。

ここでは沖縄の貝塚時代後期前半（後1期）土器≒無文尖底系土器群のうち，刻目突帯文期～古墳時代に並行する，仲原式，阿波連浦下層式，浜屋原式，大当原式土器について概説する。

3．無文尖底系土器

(1) 仲原式土器（図2，口絵Ⅰ-1，2）

沖縄県うるま市与那城仲原遺跡（伊計島）出土土器を標式とし，貝塚時代前5期末の土器様式として設定された（上原・當眞1984）。分布域は現在のところ，トカラ列島～沖縄諸島である。

器種は深鉢形（1～4・11），壺形（5・6・15・16），鉢形（9・12～14）の基本形態のほか，皿形土器（10）・高台状底部（8）なども認められるが，この高台は皿形につく可能性が高い。ミニチュア土器（7）もわずかに確認されている。貝塚時代前5期中葉の土器型式に比べて，器種構成が複雑となり，深鉢形外耳土器・鉢形・壺形器種の盛行，皿形・碗形（17）・高台状底部・丸底の出現は，この時期を区分する特徴になる。

深鉢形（1～4・11）のプロポーションは，胴部最大径が上半部にあるものと中央部，下半部にあるものとがある。口径から類推できる大きさは，大（25-30cm），中（15-25cm），小（10-15cm）ある。口縁部形状は，緩やかに外反するものが主であり，内傾気味・直口気味のものも存在する。平口縁が主であるが，口唇部に瘤状突起をもつものもある。口縁部形態は，肥厚口縁，無肥厚口縁があり，無肥厚が主であるとされる。肥厚口縁は，前5期中葉段階の宇佐浜式・カヤウチバンタ式深鉢形の系統を引く幅狭肥厚口縁（1）および幅広肥厚口縁（2）と考えられるが，肥厚部の厚さや突出を減じている。無文土器が主であり，稀に有文も認められる。底部は尖底が主で，丸底も認められる。口縁部帯に，外耳のつくものもあり，外耳の正面形状は直状と弧状の二種ある（4・11）。

壺形のプロポーションは二種あり，頸部から口縁部にむかってすぼまり，

① 沖縄・奄美

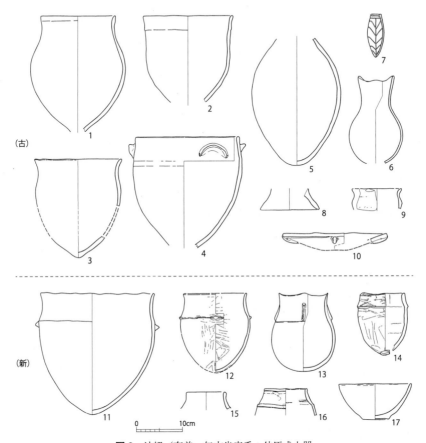

図2　沖縄／奄美　無文尖底系：仲原式土器
1〜9：仲原遺跡，10：ヌバタキ遺跡，11・15：波之上洞穴遺跡，12・17：クマヤー洞穴遺跡，13：室川貝塚，14・16：トマチン遺跡

　胴部が徳利形状に張り出すものが主で（5・15），これは前段階の貝塚時代前5期中葉の系統であると考えられる。もう一つは長頸で口縁部が大きく外反し，ゆるやかな肩から胴部が卵形状に張り出す丸底のものなどがあり（6），この時期に出現する。平口縁・山形口縁が存在し，底部はやや丸みを帯びた尖底や丸底がある。無文が主だが，有文（沈線文；有軸羽状文・直線文，浮文；突帯）も認められる。現在のところ，有文壺の存在が顕著なのは，与論

IV. 各地の弥生土器及び並行期土器群の研究

島以北である（鹿児島県十島村宝島浜坂貝塚［三友・河口 1962］・与論町上城遺跡［吉永・堂込 1990］など）。

　鉢形は，砲弾形のプロポーションを持つものと考えられるが（12），直状口縁，「く」の字に外反するもの（9・14），つくりや調整が雑なものとがあり，口縁形状は深鉢形に準ずるように，無肥厚・肥厚口縁があり，底部は丸底が認められる。外器面調整は，ヘラ磨きが比較的目立つようになるが（12・14・16），最終調整はヘラナデ・指ナデが多い。概して壺形土器の外器面調整は丁寧であるが，内器面調整は，どの器種も指頭圧痕を残すものが多い。

　仲原式は細分できる可能性が高く，奄美では，貝塚時代前 5 期末の土器様相として，深鉢形が 1) 幅狭肥厚口縁と幅広肥厚口縁が共伴する段階（鹿児島県大島郡龍郷町手広遺跡第 9 層；馬原ほか 1986）⇒ 2) 幅広肥厚口縁のみの段階（鹿児島県大島郡伊仙町トマチン遺跡；新里編 2013 など）という大略，二段階の型式学的先後関係を示すことができる。沖縄諸島では幅狭口縁が残る可能性もある（沖縄県北谷町クマヤー洞穴遺跡；中村 1994）。

　現在のところ，仲原式土器の時間幅は，南部九州地域の黒川式新段階（無刻目突帯文土器段階）～弥生時代前期の間に並行すると考えられる（鹿児島県南さつま市金峰町高橋貝塚［河口 1965］・上水流遺跡［東郷ほか 2007］・下堀遺跡［宮下ほか 2005］，薩摩川内市里町中町馬場遺跡［奥村 1985］，十島村浜坂貝塚［三友・河口 1962］，天城町中里遺跡［具志堅 2010］，沖縄県宜野湾市ヌバタキ遺跡 13・14 号住居跡［呉屋 1991］，沖縄県沖縄市室川貝塚［比嘉 1997］など）。

(2) 阿波連浦下層式土器（図 3, 口絵 I -3～5）

　沖縄県島尻郡渡嘉敷村阿波連浦貝塚（渡嘉敷島）第Ⅴ層最下部・Ⅵ層出土の土器を標式とする（高宮ほか 1999）。分布域は奄美・沖縄諸島である。

　器種は深鉢形（18～23・29～31・34～36），壺形（24・25），鉢形（32・33・37・38），碗形，皿形土器（27・28・39・40）などが認められる。深鉢形の球胴形の出現や，「く」の字屈曲・口唇部の角張ったリボン状突起の盛行は，この時期の特徴となる。

　深鉢形のプロポーションは，球胴形であるが，胴部最大径が上半部にあるものと，中央部にあるものとがある（18～23・29～31・35・36）。口縁部

1 沖縄・奄美

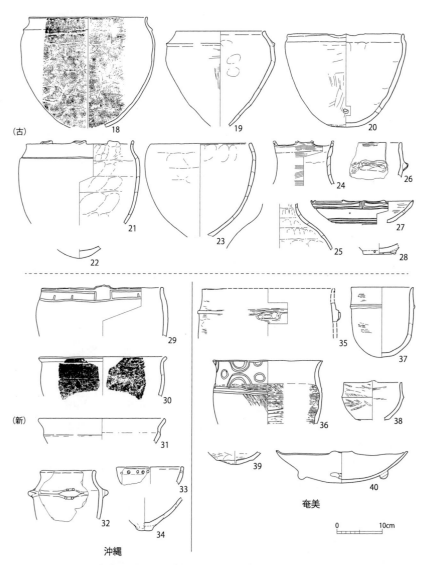

図3 沖縄／奄美 無文尖底系：阿波連浦下層式土器その他
18：平敷屋トウバル遺跡, 19：安脚場遺跡, 20：宇堅貝塚, 21〜25：阿波連浦貝塚（V下・VI層）, 26〜28・35〜40：手広遺跡, 29・30・32・34：嘉門貝塚B, 31・33：宇地泊兼久原遺跡

形状は,「く」の字に屈曲するものが主であり,その度合いは明確に稜を形成するものから緩やかな外反まで強弱がある。また,内湾する球胴形の深鉢形も存在する (23)。口径は,大 (30–35cm),中 (25–30cm),小 (20–25cm) あるが,仲原式と比較して,深鉢形は,若干サイズが大きくなっているといえる。平口縁の無文土器が主であるが,有文も存在する。文様は,沈線文が確認されているが,直線文 (幅狭・幅広),刻目文,刺突文などを口縁部外面にのみ施文する。わずかに曲線文の存在も確認される。阿波連浦貝塚同層資料には,底部がほとんど認められず,唯一出土した形態は丸底に近い。口唇部を平坦に面取りするものが主である。

　壺形土器は,平口縁・山形口縁が存在し,深鉢形と同様に,リボン状突起を持つものも認められる (24)。胴部～底部にかけての形態は不明である。

　鉢形も深鉢形口縁部形態に準ずるようである。孔列文系土器 (33) も確認されており,明瞭な平底もある。

　主要な外器面調整は,ヘラナデ・指ナデなどであるがミガキ (19) も認められる。口縁部内面までは,丁寧に指ナデ調整されることが多いが,内器面の調整のほとんどは,粗い指頭圧痕などを残すことが多い。

　阿波連浦下層式は,深鉢形土器のプロポーションと底部形態から,球胴形・丸底・尖底 (阿波連浦貝塚第V層下部・VI層 [高宮ほか1999]: 21・22) → 砲弾形・乳房状尖底 (沖縄県浦添市嘉門貝塚B [下地ほか1993]; 29・30) へ型式変化する可能性が高い。また,阿波連浦貝塚V・VI層の出土土器分布状況からも,西側から東側地点に向かって,口縁部形態の屈曲の度合いが弱くなり,プロポーションが球胴形から砲弾状に変化してゆく傾向から時期差を読み取れる可能性がある。

　奄美では手広遺跡の第6層 (馬原ほか1986) において,阿波連浦下層式類似資料が出土し,第5層において弥生時代前期後半頃の甕・壺とともに,阿波連浦下層式にも後続する奄美沈線文脚台系土器にも当てはまらない土器群が出土している (35・36)。この土器群は後続する沈線文脚台系土器群よりも無文尖底系土器の特徴に近いことから,現段階では阿波連浦下層式段階に含めておきたい。また,ウフタIII遺跡においても尖底の阿波連浦下層式とともに弥生前期の甕・壺および大洞式系統の土器が出土している (青崎・松村2002)。沖縄では嘉門B貝塚において,南九州弥生時代中期前半の入来I・

1 沖縄・奄美

II式を主体として出土する様相から、弥生中期の初頭あるいは前半頃まで継続する可能性も指摘される。

(3) 浜屋原式土器（図4，口絵Ⅰ-6・7）

沖縄県中頭郡読谷村浜屋原C地点遺跡出土土器を標式とする（宮城ほか編1977）。分布域は沖縄諸島である。

器種は深鉢形（41・47・48），壺形（42～44・49・50），鉢形（45・46・51・52～54）が認められる。その他はよく分かっていない。深鉢形の外器面を平滑にし、内面を凹凸のまま残す器面調整法がこの段階の特徴となっている。

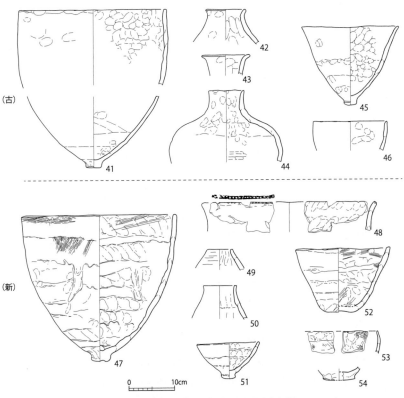

図4　沖縄　無文尖底系：浜屋原式土器
41～46：大原第二貝塚B，47～54：阿波連浦貝塚（Ⅳ層）

Ⅳ．各地の弥生土器及び並行期土器群の研究

　深鉢形のプロポーションは，砲弾形（41・47）と直状に口の開く逆スカート状が認められる。口縁部形状は，直状が主であり，やや外反するものも存在する（48）。平口縁が主である。そのほとんどが無文土器であるが，口唇部に瘤状突起をもつものもある。また，口唇部の刺突文はこの時期が初現段階ではないかと考えられる（48）。底部は乳房状尖底である。器壁は比較的厚手であり，口唇部を平坦に形成するものが主である。深鉢形の大きさは，口径が大（30-40cm），中（20-30cm），小（15-20cm）ある。阿波連浦下層式に比して大きくなるのは，口の開くタイプが多くなるからであろう。
　壺形は，やや肩の張るプロポーション（44）とナデ肩（42・49・50）の壺とがあるが，全形を窺える資料はまだ確認されていない。鉢形は碗状（46・53）のものやバケツ形（52）も認められる。
　外器面や口縁部内面は，ヘラナデ・指ナデで滑らかで丁寧に調整されるが，内器面には指頭圧痕が残される場合が多く，この土器最大の特徴となっている。稀に，内器面に刷毛目状調整をナデ消さずに放置するものもある。型式学的に，後続する大当原式の器面調整に移行してゆくことを考えると，深鉢形器面調整の精→粗の変化の方向性から，大原第2貝塚B地点資料（盛本 1994；41～46）→阿波連浦貝塚第Ⅳ層資料（高宮ほか 1999；47～54）というように，新旧の二段階に区分できる可能性が高い。
　現在のところ，大原第2貝塚B地点第Ⅴ層の，弥生時代中期前半新段階～後半に対応する北九州系須玖Ⅱ式と南部九州入来Ⅱ式～山ノ口Ⅱ式，奄美諸島系の弥生時代中期前半並行土器との共伴関係から，弥生時代中期前半新段階～中期後半段階が並行関係にあると考えられる。

(4) 大当原式土器（図5，口絵Ⅰ-8・9）
　沖縄県中頭郡読谷村大当原貝塚出土土器を標式とする（木下 1989，高宮ほか 1993）。分布域は沖縄諸島である。
　器種は深鉢形（55～59・72・73・75），壺形（63～65），鉢形（60～62・74）のほか，碗形，台付鉢形（67），少ないが皿形（71）などもある。粘土帯接合部を突出させる特異な器面調整の盛行，ミニチュア土器（69・70），片口土器（68），甕形・壺形の大型品の出現が特徴となる。
　深鉢形のプロポーションは，砲弾形（55～57・72・73），逆スカート形（59・

1 沖縄・奄美

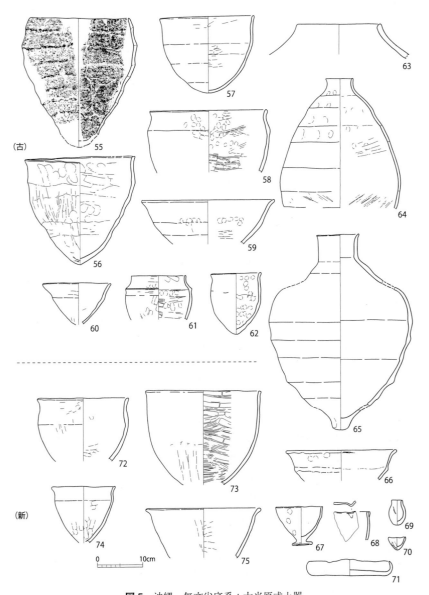

図5 沖縄 無文尖底系：大当原式土器
55・56：大当原貝塚，57〜62：清水貝塚（Ⅳ層），63・65：平敷屋トウバル遺跡，
64・66〜70：ナガラ原西貝塚，71：シマシーヤーマ貝塚，72〜75：清水貝塚（Ⅱ層）

Ⅳ．各地の弥生土器及び並行期土器群の研究

75）がある。口縁部形状は，直状（57・73）・内湾（55）・「く」の字内湾・外反（72）がある。平口縁が主であるが，口唇部突起をもつものもある。口唇部は舌状のものが比較的多い。無文土器が主であるが，有文も存在する。底部は，乳房状尖底が主であり，それが潰れたような形状のものも認められる。口径が，大（40–50cm），中（25–40cm），小（10–25cm）ある。大型深鉢は，かなり容量が大きいものがある。

壺形は，前段階より継続するなで肩のプロポーション（64）と，肩の大きく張ったもの（65），また大型無頸壺（63）もある。平口縁であり，口唇部に突起を持つものや，口縁部に縦横位の突帯をもつものもある。底部形態は乳房状尖底・尖底である。

鉢形は碗状のものも含めて，形態バリエーションは豊富である（60～62・74）。

深鉢形・壺形・鉢形ともに有文・無文が認められる。無文土器が主体となるが，文様のバリエーションが，貝塚時代後期のなかでは最も多く複雑である。文様要素は，浮文系では，三角突帯や平坦なやや幅の広い突帯，刻目突帯，立体的な装飾文，円形浮文などがある。沈文系では，幅広・幅狭の波状文，山形文，鎖状文，直線文，刺突文，絵画的な文様など様々な要素があり，主に口縁部外面に施文される。稀に口縁部内面に施文する例や胴の上部まで施文する例もある。口唇部に刺突文や刻みを施すものも増加する。

外器面調整は，指ナデ・ヘラナデが施されるが，粘土帯接合部を稜のよう突出させ，外器面が凹凸しているものが多い。これが大当原式の最大の特徴である。稀にヘラナデが施されるものもあるが，その場合でも，内外器面は指頭圧痕が明瞭に残る。ハケメ状調整がナデ消されずに残されるものも多い。大当原式は形態バリエーションの変異が大きく，遺跡ごとのまとまりが分かりにくい。例えば，貝符の変遷を確認できる沖縄県久米島市清水貝塚（盛本ほか1989）では，いわゆる広田遺跡の下層貝符に伴うⅣ層土器群と上層貝符に伴うⅡ層土器群が，後者に若干の器面調整の丁寧さがみられるものの，器種組成や深鉢形形態などから土器群を区分できる要素を提示することが難しい。ここでは弥生時代に並行する土器群の抽出ではなく，大当原式土器全体像の提示に留めておくことにする。

現在のところ，明確な供伴関係とは言いがたいが，沖縄県国頭郡伊江村

① 沖縄・奄美

具志原貝塚（安里ほか 1985），うるま市勝連平敷屋トウバル遺跡（島袋ほか1996），北谷町小堀原遺跡（東門ほか 2009）において，南部九州の弥生時代後期の免田式土器や壺形土器，高坏などが出土しており，また，奄美諸島の古墳時代並行期の土器であるスセン當式土器類似資料も出土する。ミニチュア土器が大当原式段階で目立つようになることは南九州地域の古墳時代後半期に増加する傾向と時期的にも調和しており，並行関係を探る糸口になる可能性がある。以上のことから，大当原式土器は弥生時代後期後半から古墳時代全時期を通して存在している可能性が高く，器種・形態・文様バリエーションの多さも長期間における土器型式の変遷を表しているものと考えられるため，さらなる編年の細分が望まれる。

4, 奄美諸島研究略史

奄美諸島の戦前の研究において，弥生土器が確認されたことはないが，三宅宗悦が 1935 年に調査した喜念原始墓出土土器のなかに，貝塚時代前 5 期末の仲原式土器と後 1 期の沈線文脚台系土器が含まれていたことが判明した（新里 2010）。

戦後，多和田真淳によって奄美調査が再開されたことは先述したが，そのなかで型式設定を試み，宇佐浜式・喜念式・外耳土器→面縄第一式とした。これは現行型式からみれば，宇宿上層式・仲原式→兼久式となり，土器変化の序列として正確であるものの，弥生並行期の土器はほぼ空白となっている（多和田 1956）。

弥生土器の影響が奄美に及んでいることが確実視されたのは，奄美市笠利町サウチ遺跡の発掘調査によって，九州系弥生土器を模倣した土器群が安定的に出土したことによる。層位的出土状況の検討から，奄美における弥生土器の在地化に着目，奄美系土器の優勢となっていく過程を想定し，弥生前期系→弥生中期系・奄美系→奄美系→宇宿上層式と編年した（河口ほか1978）。

奄美では 1980 年代より開発事業が増加し，奄美大島を中心に同段階の土器資料は増加した。池畑耕一（1984）は自身の発掘調査した奄美市笠利町あやまる第 2 貝塚資料も含めて，南西諸島を北部（大隅諸島）と南部（奄美諸島）に地域区分し，後者の地域を弥生時代から古代並行期にかけて，南九州地域

IV. 各地の弥生土器及び並行期土器群の研究

に連動するものとしてI～VIII期の土器編年の体系を構築し，I期に外反口縁部甕と壺，II期に入来I・II式類似甕，III期に搬入品を含めた山ノ口式類似甕，壺，IV期に搬入品を含めた弥生後期土器類似甕・壺，V期に中津野式類似甕，VI期に搬入品を含めた中津野式類似壺・甕，VII期にはスセン當式および類似甕・壺，VIII期には兼久式を配置しており，現在でもその新旧関係の序列の方向性は継承されているといってよい。しかしながら，これは明文化されなかった経緯もあり，広く知れ渡ることはなかった。

堂込秀人は，奄美の縄文時代晩期から弥生時代にかけての土器群の研究史の整理と問題点を述べ，遺跡および層単位をその上下層の土器相の状況から判断し，自身の調査した遺跡も含め，南九州地域の弥生土器に型式学的に連動する形で弥生時代前期・中期・後期に対応する編年を行なった。そして，奄美弥生系土器の特徴として，胎土・焼成の変化も弥生土器と連動している可能性もあること，仲原式段階で沖縄との関係性の深かった土器文化が，弥生時代並行期には在地的な弥生系土器文化へと変化することを提示した（堂込1993）。堂込は，その後も精力的に南九州弥生土器と南西諸島の土器群の並行関係を模索している（堂込1998）。

中村直子・上村俊雄は，奄美大島北部の3遺跡の土器の形態属性分析から沈線文脚台系をI～IV期に区分，時期的にはそれぞれを型式学的に弥生時代前期，～中期後半古段階，中期後半新段階，後期以後とした。II期からは南九州地域との形態的類似度が増すが，文様の付加，サイズの小型化などの地域性があらわれたとし，高坏や壺がセットから欠落するという特性を見出した（中村・上村1996）。

新里貴之は，南西諸島弥生時代並行期の土器編年の並行関係を言及するなかで，奄美弥生系土器について編年，遺跡や層位的出土状況から，弥生時代並行期をII～IVの3期に区分し，それぞれを弥生時代前期後半，中期前半，中期後半～後期頃とし，また，奄美以南には刷毛目調整が欠落するという特質を抽出した。その後は大きく編年再考の動きはないものの，細部の変更は行なわれている（新里2008・2009，新里・鼎2013，新里・北野2014）。

奄美では以下に提示する各段階が層位的に明確になっているとは言い難く，ほとんどの段階が混在して出土している。現在でも，型式学的な類似性で南九州弥生土器と並行関係を求めている傾向に変わりはない。

5. 沈線文脚台系（図6）

(1) サウチ遺跡段階（図6-76・77、口絵Ⅰ-10）

奄美市笠利町サウチ遺跡（河口ほか1978）において復元された主要な土器群が挙げられる。南九州の入来Ⅰ式に類似した甕形土器であり、壺形は少ない。南九州同様に、刻目突帯文系統の甕形が主であり（76・77）、口縁部に小さめの三角突帯を巡らすものや内面側にも張り出すもの（77）、やや大きめで垂下するもの（76）などを含む。口唇部には浅く細めの刻目を巡らすもの（77）や無文のものもある。胴部には三角突帯を巡らすもの（77）やその突帯上に浅い刻目を施すもの、突帯のないもの（76）などがある。そのほかにも口縁部形態としては、如意形口縁がある。口縁部上面に刺突文や沈線文をもつものも多い。口縁部には沈線文で格子目文や有軸羽状文などで加飾するものや無文のものもある。壺形は肩の張る大型土器がサウチ遺跡で出土しているが、口縁部形状は不明である。器面調整はナデ・ヘラナデ・ミガキなどが認められる。南九州弥生土器甕との口縁部形態の類似性から、弥生時代前期末～中期前半古段階との並行関係が考えられる。

(2) イヤンヤ洞穴遺跡段階（図6-78～81、口絵Ⅰ-11）

奄美市笠利町イヤンヤ洞穴第一層出土資料（永井・三島1964）が相当する。南九州入来Ⅱ式土器と同様に、口縁部が拡大、外部へ突出し、断面逆L字形状となる（78）。しかしながら、南九州のように口唇端部を凹線によって窪ませるような特徴は稀で、同箇所が丸みを帯びるものや尖らせるものがほとんどである。胴部には小さな突帯や数条の沈線文を巡らせるものもある。また、口縁上部や口縁部外面に、サウチ遺跡段階と同様の沈線文を主体とした文様（78・79）や波状文、花柄文（80）、稀に蛭状突起を配置するものもある。他の器種については不明である。喜念原始墓資料中にこの段階の多条突帯壺の胴部（81）が認められる。器面調整はサウチ遺跡段階に準じている。南九州弥生土器甕との類似性から、弥生時代中期前半新段階が考えられる。

(3) 長浜金久第Ⅳ遺跡段階（図6-82・83、口絵Ⅰ-12）

奄美市笠利町長浜金久第Ⅳ遺跡（弥栄・旭1987）において復元可能な土器群の一部がこれに相当する。南九州山ノ口Ⅱ式に類似した口縁部形態を示

Ⅳ. 各地の弥生土器及び並行期土器群の研究

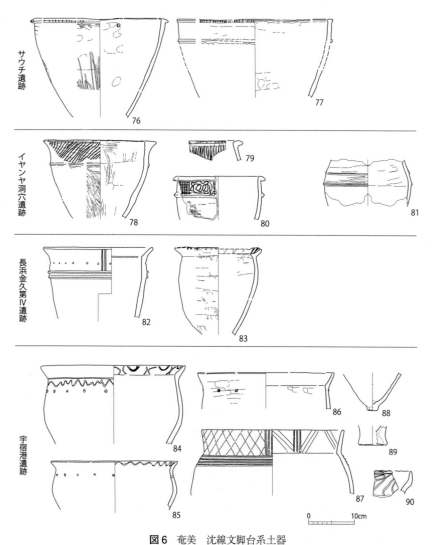

図6　奄美　沈線文脚台系土器
76・77・80：サウチ遺跡，78：イヤンヤ洞穴遺跡，79・86：マツノト遺跡，81：喜念原始墓，
82・87：長浜金久第Ⅳ遺跡，83：手広遺跡，84・85・89・90：宇宿港遺跡，88：屋鈍遺跡

すものであり，くの字形状口縁（82）やその口縁部上面を押さえて凹部を形成するもの（83）が含まれる。胴部には三角突帯を一条から数条巡らすもの（82）や無文のものがある。口縁部上面（83）や口縁部外面には沈線文を主体に刺突文（82）などが施文されるものもある。セットになる他の器種については未だ良好な資料は確認されていない。南九州弥生土器甕との類似性から，弥生時代中期後半との並行関係が考えられる。この段階と思われる資料は鹿児島県薩摩半島万之瀬川流域で採集されている（本田1996）。

(4) **宇宿港遺跡段階**（図6-84〜90，口絵 I-13・14）

　奄美市笠利町宇宿港遺跡（西住ほか1981）のIV層出土土器の一部と長浜金久第IV遺跡出土土器の一部がこれに相当する。くの字口縁（84）や緩やかに外反する口縁部（85），口縁部がほぼ直立し長く伸びるもの（86・87），などがある。南九州弥生時代後期の高付式や終末期の中津野式に型式学的に類似するもの（84・85）とその範疇からやや逸脱するもの（86・87）とがある。施文部位は口縁部屈曲部直下に上がり（84〜87），その点，南九州高付式の特徴に類似しているが，文様は沈線文や刺突文を主体としている（84〜87）。波状文や鎖状文などの曲線文が多用されるのはこの段階からである。口縁部上面文様も口縁部の立ち上がりによって，口縁部内面文様として認識されるようになる（87）。底部は小さめの脚台が出土している（89）。袋状口縁になると思われる壺形土器もわずかに認められる（90）。屋鈍遺跡では，沖縄無文尖底系の乳房状尖底に近い小型脚台が出土しており（88），沖縄との並行関係を探るうえで重要となる。ほかにも，沖永良部島西原海岸遺跡資料も比較検討上重要な資料が出土している（北野・森2013）。これらは南九州弥生土器甕との類似性から，弥生時代後期〜終末期との並行関係が考えられる。また，南九州成川式の中津野式〜東原式を主体とする鹿児島県南さつま市坊津町清水前遺跡では，この段階に属すると考えられる資料が1点得られている（上東ほか2011）。

6. 土器からみた社会の動態

　以上のように，貝塚時代後1期の弥生並行期土器相について，沖縄・奄美諸島（含トカラ列島）を概観すると，両地域ともに刻目突帯文並行期には無文尖底系土器様式であったが，奄美が弥生時代前期末より南九州系弥生土器

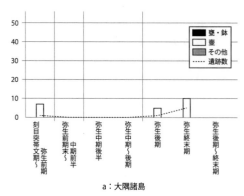

a：大隅諸島

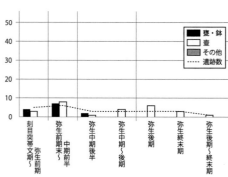

b：トカラ列島〜奄美諸島

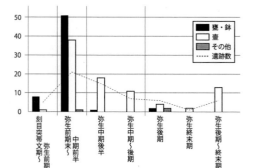

c：沖縄諸島

図7　南西諸島における九州系弥生土器搬入状況

の要素を受容し，弥生土器化する。しかしながら，口唇部に凹部を形成しないことや脚台が小さいなどの細かい形状や文様に独特の要素を付加し，器面調整もナデやミガキを主体とし，器種も壺は極めて少なく，甕・鉢が主要器種となっている。特に文様で加飾することが多いという現象は，鹿児島の大隅半島の一部に突帯文主体でみられるものの（角南2000），奄美は沈線文主体で（沈線文脚台系），九州系弥生土器の無文化の方向性とは異なった歩みを持っていることを示している。また，大隅諸島（種子島・屋久島）も弥生時代前期末〜中期初頭から弥生土器が確認されるようになり，弥生時代中期前半以降は，甕形に若干の地域性がみられるものの，甕・壺を主体とした南九州系弥生土器様式とほぼ同調している。しかし，弥生後期後半以降は甕のみを製作し，壺は南九州の搬入土器をセットとして用いている[註1]。

ここで，南西諸島内におけ

る外来系土器^(註2)の搬入状況について検討する。南西諸島内における九州系弥生土器の搬入状況は，沖縄が最多となっている^(註3)（図7）。沖縄への搬入状況をみると，弥生時代前期末〜中期前半（サウチ・イヤンヤ洞穴段階）が最もピークとなって，南九州系弥生土器の甕・壺と奄美系の甕が主体的にもたらされている（図7c・図8）。中期後半（長浜金久第Ⅳ段階）には，南九州系甕の出土はほとんど見られなくなり，奄美系甕がそれに代わり，壺は南九州系が目立つようになる。弥生時代後期〜終末期（宇宿港段階）には，南九州系土器の沖縄・奄美への搬入土器量が激減するが，南西諸島全域に壺が主体となってもたらされるようになり，沖縄では奄美系甕が目立つようになる（図7・図8）。逆に沖縄からの

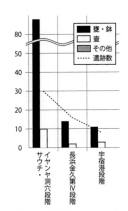

図8　沖縄諸島における奄美系沈線文脚台系（弥生並行期）搬入状況

奄美以北への搬入土器の動きはごくわずかでしかない（新里2000・2001・2004，安座間2000・2007・2011）。これらを集団の動きの反映と捉えた場合，弥生時代前期末〜中期前半まで南九州と奄美の集団が沖縄を目指して移動しており，南九州集団は弥生時代中期後半になると移動が減少し始め，弥生後期以降は全体的な移動は低調となることで，奄美集団の動きが目立ち始めることになる^(註4)。また，搬入土器出土の多寡には地域性があり，沖縄諸島内でも特定地域に偏重している傾向性も導かれ，貝交易に対する交易拠点の存在として想定されており（新里2001，安座間2007・2011，高宮・新里2013），現在，安座間充によってより詳細な地域性が確認されている（安座間2014）。

この土器移動の背景にあるのは，木下尚子のいう北・西北九州を主要な消費地とする弥生時代の南海産貝交易（ゴホウラ・イモガイ交易）であろう。復元された弥生時代の貝交易の変化は，縄文時代晩期末に開始され，弥生時代中期に盛行し，弥生時代後期に衰退していくものである（木下1989）。これは上記にみたように，沖縄へもたらされる搬入土器の状況と年代的にほぼ同調しており，仲介者集団としての南九州と奄美集団の動きを端的にあらわしている。また，弥生時代前期末〜中期前半に奄美系土器が弥生化する現象

Ⅳ. 各地の弥生土器及び並行期土器群の研究

は，南西諸島の外来系搬入土器のピークに連動しており，また，奄美土器が弥生時代後期以降に南九州との型式学的差異を深めていくのも，弥生時代後期以降の南九州系搬入土器が低調になる状況と軌を一にしている。いっぽうで，イモガイ・ゴホウラの主要な供給地であり，外来系土器が最ももたらされている沖縄諸島では，一貫して無文尖底系土器様式であり，弥生土器に同調しない。

このように考えていくと，貝塚時代後1期の弥生時代並行期の各島嶼部の土器相は，石器や金属器など大陸系遺物がほとんど伴わないにも関わらず弥生土器様式圏である大隅諸島と，貝交易の仲介者集団であり，形態属性として弥生土器化する奄美諸島，そして南海産大型貝の主要供給地として，情報はもたらされながら弥生土器に同調しない沖縄諸島，というように，貝交易における各島嶼部集団の対応姿勢のあらわれが異系統土器間に反映されているものと評価できる。これはまた，南西諸島地域が弥生土器とは何かという弥生土器の定義だけでなく，弥生時代・文化の定義を再考するうえで欠かすことのできない素材を提供できる地域でもあることを示している。

〔註〕
1) ただし，これは調査された主要遺跡が埋葬遺跡を主体としていることからも，供献土器のセットである可能性もないわけではない。
2) ここでは九州系弥生土器，奄美系沈線文脚台系土器を検討し，「楽浪系土器」（下地 1999）とよばれる大陸系の滑石混入短頸壺は含まない。
3) 沖縄諸島における当該期の調査密度が大きいこともこのデータに寄与している。
4) 弥生時代前期末〜中期前半の南九州土器や奄美系土器は甕・壺のセットで沖縄にもたらされており，集団の移動は比較的理解しやすいが，中期後半になって奄美系甕と南九州壺がもたらされる背景には，奄美諸島で在地甕と搬入壺の組み合わせで食器様式となり，それが沖縄にもたらされている可能性もある。弥生時代後期の九州大分県大野川上流域でも高坏が欠落し，ハケメ調整を欠失した厚手の在地「組成甕」を主要器種として，いわゆる安国寺式搬入壺を受容して食器様式となる現象がある（坪根 1998・1999）。種子島鳥ノ峯遺跡（橋口ほか 1996）において，豊後系壺の搬入がみられることも示唆的であり，南西諸島の系統土器間の様々な現象を検討するうえで今後欠

かせない比較地域となるだろう。

〔引用文献〕
青崎和憲・松村智行『ウフタⅢ遺跡』龍郷町教育委員会，2002
安里嗣淳・岸本義彦・盛本勲・玉城朝健『具志原貝塚の概要』沖縄県教育委員会，1985
安座間充「琉球弧からみた弥生時代並行期の九州との交流様相：当該期搬入土器群および『弥生系土器』の再検証を中心に」『沖縄国際大学地域文化論叢』3，2000
安座間充「弥生時代：主に南島の側からみた交流像」『考古学ジャーナル』564，2007
安座間充「貝塚時代琉球列島の交流・交易史：列島南縁の島嶼世界にみる交流の風」『先史・原史時代の琉球列島：ヒトと景観』六一書房，2011
安座間充「貝塚時代後1期・沖縄諸島の土器動態」『琉球列島の土器・石器・貝製品・骨製品文化』六一書房，2014
池畑耕一「南西諸島の弥生土器」鹿児島県・沖縄考古学会合同研究会資料，1984
伊藤慎二「沖縄編年の現状と諸問題」『國學院大學大学院史学研究集録』19，1994
上原靜・當眞嗣一「仲原式の提唱について」『沖縄県教育委員会文化課紀要』1，1984
上東克彦・福永裕暁・下大田好江『清水前遺跡』南さつま市教育委員会，2011
馬原和広・白木原和美・木村幾太郎『手広遺跡』熊本大学考古学研究室，1986
沖縄考古学会編『石器時代の沖縄』新星図書，1978
奥村真由美「その他の土器」『鹿大考古』3，1985
河口貞徳「鹿児島県高橋貝塚発掘概報」『考古学集刊』3-2，1965
河口貞徳・出口浩・本田道輝「サウチ遺跡」『鹿児島考古』12，1978
岸本義彦・西銘章・宮城弘樹・安座間充「沖縄編年後期の土器様相について」『東アジアの人と文化』上　尚生堂，2000
北野堪重郎・森幸一郎『西原海岸遺跡』和泊町教育委員会，2013
木下尚子「南海産貝交易考」『生産と流通の考古学』横山浩一先生退官記念事業会，1989
具志堅亮『中里遺跡』天城町教育委員会，2010
呉屋義勝『ヌバタキ遺跡』宜野湾市教育委員会，1991

IV. 各地の弥生土器及び並行期土器群の研究

島袋洋・金城亀信・上原靜・島袋春美・金子浩昌『平敷屋トウバル遺跡』沖縄県教育委員会，1996

下地安宏・松川章・宮里信勇・池田榮史・髙良京子・金子浩昌『嘉門貝塚B』浦添市教育委員会，1993

下地安広「沖縄県嘉門貝塚出土の楽浪系土器」『人類史研究』11，1999

新里貴之「南西諸島における弥生並行期の土器」『人類史研究』11，1999

新里貴之「九州・南西諸島における弥生時代・並行期の土器移動について」『大河』7，2000

新里貴之「物流ネットワークの一側面」『南島考古』20，2001

新里貴之「沖縄諸島の土器」『考古資料大観12 貝塚後期文化』小学館，2004

新里貴之「琉球縄文土器後期」『総覧縄文土器』アム・プロモーション，2008

新里貴之「貝塚後期文化と弥生文化」『弥生時代の考古学1 弥生文化の輪郭』同成社，2009

新里貴之「南西諸島における先史時代の墓制(II)トカラ列島・奄美諸島」『地域政策科学研究』7，2010

新里貴之編『徳之島トマチン遺跡の研究』鹿児島大学，2013

新里貴之・鼎丈太郎「瀬戸内町安脚場遺跡採集土器（阿波連浦下層式土器）」『奄美考古』7，2013

新里貴之・北野堪重郎「奄美諸島・貝塚時代後1期の土器文化」『琉球列島の土器・石器・貝製品・骨製品文化』六一書房，2014

角南聡一郎「南九州稲作開始期前後の加飾土器：リボン状突起，縦列突帯文と有文土器」『軍原遺跡』高山町教育委員会・㈶元興寺文化財研究所，2000

高宮廣衞「沖縄諸島における新石器時代の編年（試案）」『南島考古』6，1978

高宮廣衞「南島考古雑録（1）」『南島考古』11，1991

高宮廣衞・知念勇・岸本義彦・中村健「読谷村大当原貝塚発掘調査概報」『読谷村歴史民俗資料館紀要』17，1993

高宮廣衞・中村愿・知花一正・山城安生・玉城京子・山城直子・西久保淳美「渡嘉敷村阿波連浦貝塚発掘調査報告」『沖国大考古』12，1999

高宮広土・新里貴之「琉球列島貝塚時代における社会組織の変化」『古代文化』64-4，2013

高宮広土・新里貴之編『琉球列島先史・原史時代の環境と文化の変遷

に関する実証的研究　研究論文集（二分冊）』六一書房, 2014
多和田真淳「琉球列島の貝塚分布と編年の概念」『文化財要覧1956年度版』, 1956
坪根伸也「東九州における異系統土器の共存事例の検討：素描」『第1回弥生土器研究セミナー』, 1998
坪根伸也「『型式』・『様式』そして集団に関する検討事例2題：東部九州弥生中期・後期の事例素材から」『第2回弥生土器研究セミナー』, 1999
東郷克利・抜水茂樹・廣栄次・富山孝一・黒川忠広・上床真・野間口勇『上水流遺跡』鹿児島県立埋蔵文化財センター, 2007
堂込秀人「奄美諸島の縄文時代晩期～弥生時代相当期の土器編年」『考古論集』潮見浩先生退官記念事業会, 1993
堂込秀人「南西諸島中部圏の弥生時代相当期の土器文化」『環東中国海沿岸地域の先史文化』熊本大学文学部, 1998
東門研治・山城安生・鳥袋春美・上地千賀子・細川愛・秋本真孝・土肥直美・黒住耐二・樋泉岳二・三辻利一『小堀原遺跡』北谷町教育委員会, 2009
永井昌文・三島格「奄美大島土浜ヤーヤ洞窟遺跡調査概報」『考古学雑誌』50-2, 1964
中園聡「九州南部地域弥生土器編年」『人類史研究』9, 1997
中村愿「クマヤー洞穴遺跡」『北谷町史』3　資料編2民俗下　北谷町史編集委員会, 1994
中村直子・上村俊雄「奄美地域における弥生土器の型式学的検討」『鹿児島大学法文学部紀要：人文学科論集』44, 1996
西住欣一郎・白木原和美・甲元眞之・本田京子・小畑弘己・谷口武範・辻満久・永目尚子・古荘千栄子・村岡則継・木下尚子・永井昌文『宇宿港遺跡』熊本大学考古学研究室, 1981
西銘章・宮城弘樹「沖縄諸島における土器研究の現状：高宮編年前・後期を中心に」『考古学ジャーナル』437, 1998
橋口達也・森園尚孝・中橋孝博『鳥ノ峯遺跡』中種子町教育委員会・鳥ノ峯遺跡発掘調査団, 1996
比嘉賀盛『室川貝塚』沖縄市教育委員会, 1997
本田道輝「薩摩半島の考古学（5）万之瀬川河床遺跡採集の特殊な土器について」『鹿児島考古』30, 1996
弥栄久志・旭慶男『長浜金久第Ⅲ・Ⅳ・Ⅴ遺跡』鹿児島県教育委員会, 1987
三友国五郎・河口貞徳「宝島浜坂貝塚の調査概要」『埼玉大学紀要社会

Ⅳ．各地の弥生土器及び並行期土器群の研究

科学編』11，1962
宮城朝光・岸本義彦・嵩原安智・中村愿・比嘉春美・池原喜美江編『島嶼の考古』1，1977
宮城弘樹「弥生時代並行期の沖縄在地土器の編年」沖縄考古学会定例会，1997
宮城弘樹「沖縄貝塚時代後期土器の研究（Ⅲ）浜屋原式土器とその概念整理」『廣友会』1，2005
宮城弘樹「沖縄貝塚時代後期土器の研究（Ⅳ）大当原式土器の概念整理」『廣友会』5，2009
宮下貴浩・雨宮瑞夫・石田和哉『下堀遺跡』金峰町教育委員会，2005
盛本勲・豊見山禎・渡辺誠・大澤正巳・見城敏子『清水貝塚』具志川村教育委員会，1989
盛本勲「久米島・大原第二貝塚 B 地点の発掘調査」『考古学ジャーナル』373，1994
吉永正史・堂込秀人『上城跡・上城遺跡』与論町教育委員会，1990
Tokunaga, Shigeyasu. Bone Artifacts Used by Ancient Man in the Riukiu Islands. The Proceedings of the Imperial Academy, XII No.10, 1936

〔図版出典〕
1～9：上原靜・當眞嗣一「仲原式の提唱について」『沖縄県教育委員会文化課紀要』1，1984
10：呉屋義勝『ヌバタキ遺跡』宜野湾市教育委員会，1991
11・15：高宮廣衞「波之上洞埋葬遺跡・那覇市の考古資料」『那覇市史』資料編 1-1，那覇市史編集室，1968
12・17：中村愿「クマヤー洞穴遺跡」『北谷町史』3，資料編 2 民俗下，北谷町史編集委員会，1994
13：比嘉賀盛『室川貝塚』沖縄市教育委員会，1997
14・16：新里貴之編『徳之島トマチン遺跡の研究』鹿児島大学，2013a
18・63・65：島袋洋・金城亀信・上原靜・島袋春美・金子浩昌『平敷屋トゥバル遺跡』沖縄県教育委員会，1996
19：新里貴之・鼎丈太郎「瀬戸内町安脚場遺跡採集土器（阿波連浦下層式土器）」『奄美考古』7，2013b
20：金武正紀・宮城利旭・比嘉春美・天願武男『宇堅貝塚・アカジャンガー貝塚』具志川市教育委員会，1980
21～25・47～54：高宮廣衞・中村愿・知花一正・山城安生・玉城京子・山城直子・西久保淳美「渡嘉敷村阿波連浦貝塚発掘調査報告」『沖国大考古』12，1999

26〜28・35・36・39：馬原和広・白木原和美・木村幾太郎『手広遺跡』熊本大学考古学研究室，1986

37・38・40：中山清美・内田裕男・里山友廣・吉岡武美・古川博恭・白木原和美『手広遺跡』龍郷町教育委員会・奄美考古学会，1984

29・30・32・34：下地安宏・松川章・宮里信勇・池田榮史・高良京子・金子浩昌『嘉門貝塚B』浦添市教育委員会，1993

31・33：高宮廣衞・中村愿・金城利枝・多和田真喜・大濵憲二・知念奈美子「宜野湾市宇地泊兼久原遺跡発掘調査報告」『沖国大考古』10，1989

41〜46：盛本勲「久米島・大原第二貝塚B地点の発掘調査」『考古学ジャーナル』373，1994 と未報告資料（盛本勲氏のご厚意で掲載）

55・56：高宮廣衞・知念勇・岸本義彦・中村健「読谷村大当原貝塚発掘調査概報」『読谷村歴史民俗資料館紀要』17，1993

57〜62・72〜75：盛本勲・豊見山禎・渡辺誠・大澤正巳・見城敏子『清水貝塚』具志川村教育委員会，1989

64・66〜70：安里嗣淳・名嘉真武夫『ナガラ原西貝塚』伊江村教育委員会，1979

71：新垣孫一・川平朝申・国分直一「久高島シマシーヤーマ貝塚の調査概報」『沖縄文化財調査報告』那覇出版社，1978

76・77：河口貞徳・出口浩・本田道輝「サウチ遺跡」『鹿児島考古』12，1978

78：永井昌文・三島格「奄美大島土浜ヤーヤ洞窟遺跡調査概報」『考古学雑誌』50-2，1964

79・86：中山清美・中村友昭・新里亮人・島袋春美・村上恭通・樋泉岳二・西野望・福永修一・西園勝彦『マツノト遺跡』笠利町教育委員会，2006

81：新里貴之「南西諸島における先史時代の墓制（II）トカラ列島・奄美諸島：喜念原始墓」『地域政策科学研究』7，2010

82・87：弥栄久志・旭慶男『長浜金久第III・IV・V遺跡』鹿児島県教育委員会，1987

83：里山友廣「龍郷町発見の考古資料について：手広遺跡」『龍郷町の文化財を探ねて』龍郷町教育委員会，1990

84・85・89・90：西住欣一郎・白木原和美・甲元眞之・本田京子・小畑弘己・谷口武範・辻満久・永目尚子・古荘千栄子・村岡則継・木下尚子・永井昌文『宇宿港遺跡』熊本大学考古学研究室，1981

88：西園勝彦『屋鈍遺跡』鹿児島県立埋蔵文化財センター，2009

（新里貴之）

2 九州

1, 土器の地域性と地理的環境

 九州島は，九州山地を脊梁とし，四方を日本海・東シナ海・太平洋に囲まれている。そのような地理的環境のため，北からは中国大陸や朝鮮半島，東からは日本海・瀬戸内海・太平洋沿岸の中四国や近畿地方，南からは南西諸島など，常に周辺地域の影響を受けてきた。

 九州は，現在の行政区分は福岡・佐賀・長崎・大分・熊本・宮崎・鹿児島の7県が含まれるが，弥生土器の地域性は山地・平野・河川などの自然地形による地域区分と大きく関連する。九州島を大別すると，臼杵－八代構造線を境として，九州北部と九州南部に分かれる。自然地形を考慮すると，北部九州，中九州，東九州，南九州に区分できる（図1）。さらに，北部九州は，玄界灘沿岸地域，周防灘沿岸地域，有明海沿岸地域に分かれる。中九州は，北から菊池川流域，白川・緑川中下流域（熊本平野），氷川・球磨川下流域（八代平野），球磨川上流域（人吉盆地）の河川流域単位，阿蘇外輪山に囲まれた地域，天草地域で大きく分かれる。東九州は，別府湾沿岸地域，大野川上流域，宮崎平野部に分かれる。南九州は，薩摩半島および大隅半島に二分され，内陸の霧島地域や都城盆地も特徴的である。これらの地域は明瞭に区分されるわけでなく，境界地域では複数地域の特徴を有する土器がみられる。

 時期は，早期，前期，中期，

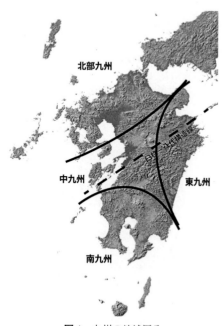

図1 九州の地域区分

後期，終末期に大別する。細分する場合は，その都度記載する。

これまでに九州の弥生土器を整理した先行研究として，森（1966），小田（1973（1983所収）），常松（2002），武末（2003・2011），中園（2004），東（2011）がある。九州の弥生土器は，玄界灘沿岸地域を中心に語られることが多かったが，調査の進展に伴い，各地域の特性に応じた多様な展開が判明しつつある。本稿では先行研究および調査成果を参考に，通時的に整理する。

2, 弥生土器の編年

(1) 弥生時代早期―弥生土器のはじまり―

弥生時代早期の土器は，日本列島への水田稲作の導入との関係から，非常に重要である。

北部九州の早期の土器は，壺・甕・鉢・浅鉢・高坏が基本的な器種組成である（図2–1～7）（口絵Ⅱ–1）。一条または二条の刻目突帯をめぐらす甕が特徴で，夜臼式土器（刻目突帯文土器）と呼ぶ。刻目突帯文をもつ深鉢は黒川式最末期に確認できる（福岡県粕屋町江辻遺跡第4地点SX-1土器群）。夜臼式単純期の資料が，古相は福岡県福岡市板付遺跡G7a・b区下層，同県糸島市曲り田遺跡住居跡群，佐賀県唐津市菜畑遺跡9～12層，新相は福岡県福岡市板付遺跡G7a・b区中層，佐賀県唐津市菜畑遺跡8層下部で出土している。甕は平底である。途中で屈曲して内傾する甕（図2–3）は，口縁部や屈曲部に刻目突帯をめぐらし，新しくなるほど屈曲が緩やかになる。砲弾形に立ち上がる甕（図2–4）も併存しており，刻目突帯を貼り付けるものや，口縁端部に刻目を施すもの（板付祖形甕）がある。器面調整は，貝殻条痕やハケメがある。壺は，朝鮮半島からの影響で弥生土器の組成に組み込まれた器種である。大・中・小のサイズ区分があり，古相は丸底の丹塗磨研壺が多いが，新相では平底で彩文を施すものが増える（図2–1・2）。浅鉢は口縁部が短く内傾する（図2–6）が，古相には縄文土器に由来する波状口縁のもの（図2–5）が残る。

朝鮮半島の中期無文土器との関係で，以前から丹塗磨研小壺が注目されてきたが，土器製作時の粘土帯接合面が内傾（縄文土器）から外傾（弥生土器）へ変化する点が重要である（家根1984・1997）。また，土器形態と製作技術（粘土帯積み上げ方法・器面調整方法・焼成方法）の精緻な検討により，夜臼Ⅰ

Ⅳ，各地の弥生土器及び並行期土器群の研究

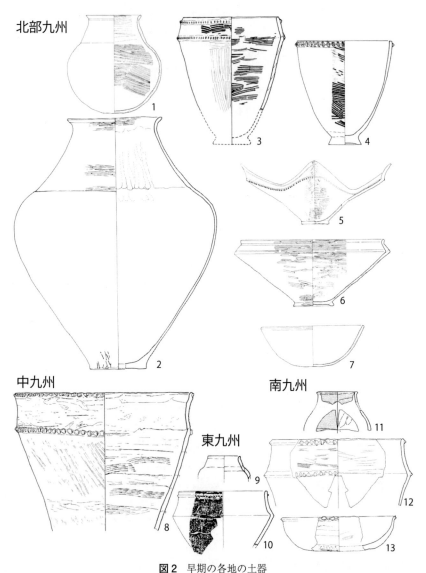

図2　早期の各地の土器
1・5～7：菜畑9～12層，2：板付60次SC01，3・4：板付G-7ab下層，8：上南部A地点，
9・10：小園A地区，11～13：黒土Ⅴ層

式期に朝鮮半島南部からの影響で玄界灘沿岸部を中心とする北部九州で土器様式に変化が生じ，漸次的に変容していくプロセスが指摘されている（三阪2014）。

中九州の早期の資料はまだ少ないが，熊本県熊本市上南部遺跡A地点出土土器は，指先による刻目をもつ甕を含む（図2-8）。

東九州も，北部九州の夜臼式とほぼ同様であるが，黒川式系の無刻目突帯文土器を多く含む点が特徴である（図2-9・10）。

南九州では，二条の刻目突帯文をもつ土器が主体となり，壺と浅鉢がセットとなる（図2-11〜13）。代表的な遺跡として，鹿児島県南さつま市下原遺跡，出水市下柊迫遺跡，日置市市ノ原遺跡第5地点，垂水市宮下遺跡，曽於市上中段遺跡・小倉前遺跡，宮崎県都城市黒土遺跡・都城市坂元遺跡，日之影町布平遺跡，熊本県あさぎり町沖松遺跡があげられる。擦切石庖丁や籾痕が残る土器片が出土するなど，水田稲作との強い関係が示唆されるが，当時期の遺跡すべてで水田稲作が確認されるわけではない。

(2) 弥生時代前期―弥生土器の成立と拡大―

弥生時代前期の土器は，朝鮮半島の無文土器の様相がなくなり，以後西日本一帯に広がる弥生土器の原型が確立した段階である。

北部九州では，大きく前期前半の板付Ⅰ式（図3）（口絵Ⅱ-2），前期後半の板付Ⅱ式（図5）に分けられる。板付Ⅰ式の甕は，直線的に開き，短くゆるやかに外反する如意形口縁が特徴である（図3-4）。板付Ⅰa式段階ではまだ夜臼Ⅱb式が製作・使用されているが，板付Ⅰb式段階になると刻目突帯文土器の製作はなくなる（小南2009）。壺は，口縁部が短く外反し，球形胴部で厚い円盤状平底が特徴である（図3-1・2）。壺頸部の上下に段がある。文様は，彩文やヘラ描文で，有軸羽状文や重孤文，斜格子目文，複線山形文などの種類がある。板付Ⅰ式は玄界灘沿岸地域が分布の中心である。佐賀・筑後地域では，口縁端または直下に一条刻目突帯を貼り付ける甕が主流であり，前期後半以降の亀ノ甲型につながる。また，福岡県福津市今川遺跡出土土器は，板付Ⅰ式〜Ⅱa式にかけての土器群の代表であり，中四国や近畿へと大きく広がる遠賀川式土器である。

前期後半の板付Ⅱ式期になると，壺は頸胴部や胴底部の境界が曖昧にな

Ⅳ. 各地の弥生土器及び並行期土器群の研究

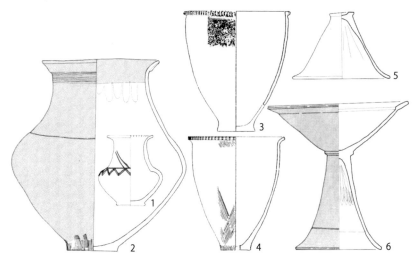

図3 前期前半の北部九州の土器
1：菜畑8上層, 2：板付G-7a区上層, 3・4：鶴町, 5・6：今川

り, 長胴化する (図5-1・2)。甕は胴部が丸みを帯び, 口縁部直下に沈線をめぐらすものが増える (図5-5)。また, 当時期から地域性が明瞭化し, 特に壺の文様の種類や施文方法に表れる。遠賀川以西地域では無文化が進行するが, 遠賀川以東地域から周防地域にかけては貝殻による羽状文などの文様施文 (図5-6) が盛行し, 筑後地域ではヘラ描きによる重弧文が中心である。

中九州の前期の資料は少ないが, 熊本県玉名市斎藤山遺跡 (図4-1〜5), 宇土市宇土城三ノ丸跡出土資料があげられる。多くの甕は山ノ寺式や夜臼式の系統 (図4-4) だが, 玄界灘沿岸地域で一般的な, 口縁部が外反して端部に刻目を入れる如意形口縁の板付系の甕 (図4-5) も少数みられる。壺は, 口縁部が外に湾曲し, 頸部はゆるやかにすぼまり, 扁平な球形胴部で平底である (図4-1・3)。肩部に平行線紋や弧線がヘラで描かれる。鉢は厚手の底部から直線的に広がり, 口縁の近くで屈曲して立ち上がる。高坏の坏部形態は鉢と共通しており, 脚部はあまり長くない。前期後半は城南町沈目立山遺跡 (図6-1) などの墳墓資料が多いが, 亀ノ甲型の甕が中心と考えられる。

東九州では, 前期前半は大分市一方平遺跡や下志村遺跡が代表である (図4-6)。古相は刻目突帯文系土器が多い。新相になると, 板付系の口縁直下に

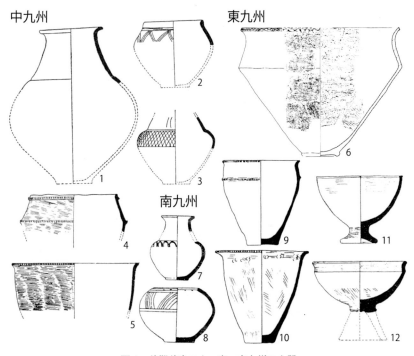

図4 前期前半の中・東・南九州の土器
1～5：斎藤山，6：一方平Ⅳ，7～12：高橋

段をもつ壺や口縁下端凸状甕の比率が高くなる。特に刻目をもつ如意形口縁の直下に刻目突帯をつける折衷型もある。

前期後半も遠賀川系土器が中心となる。前期末になると，当地域で特徴的に展開する下城式土器が成立する。直口で一条の細かい刻目をもつ突帯が口縁のすぐ下をめぐるハケメ仕上げの甕（図6-3）と，胴部上半の上下に横方向の条線を入れてその中をタテの条線で区画し重弧文を描く壺で構成される。宮崎平野部では，九州島西海岸側に分布中心がある亀ノ甲式甕と，豊後に分布中心がある下城式甕が併存し，両地域からの影響が認められる。

南九州では，北部九州の板付式土器の影響をうけて，鹿児島県南さつま市高橋貝塚出土土器を指標とする高橋Ⅰ・Ⅱ式土器が成立する（図4-7～12，図6-9）。甕は，板付系の如意形口縁が少数みられるが，主体は早期以来の

Ⅳ．各地の弥生土器及び並行期土器群の研究

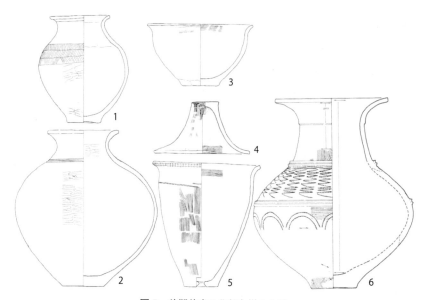

図5　前期後半の北部九州の土器
1：比恵37次 SU-040，2～5：比恵37次 SU-039，6：下稗田A地区20号貯蔵穴

刻目突帯文土器である。ほかに，宮崎県宮崎市檍遺跡では，板付Ⅱa式土器と関連する大型壺が出土している。

(3) 弥生時代中期―地域性の明確化―

　北部九州では，中期初頭の城ノ越式（図7-1～3），中期前半の須玖Ⅰ式（図7-4～9，図8-1～8），中期後半の須玖Ⅱ式（図10）に分かれる。城ノ越式は九州一円に広く影響する（森1966）が，須玖式以降は各地域ごとの特徴が明確化する。特に，遠賀川を境界として東西の地域性が明確化する（田崎1985，武末1987）。

　北部九州の中期土器は，文様の目立たない清楚なかたち，上面が平坦な口縁，日常生活用土器群から分離して祭祀専用土器群が盛行するのが特徴である（武末1987）。器種組成は，甕・壺・高坏・鉢・器台・支脚が中心である（口絵Ⅱ-3）。

　城ノ越式期は，まだ前期のなごりがある。甕は分厚い底部を持ち，上げ底が多い（図7-2）。口縁部は短く，上面に平坦面をつくる逆L字形や屈折形，

② 九州

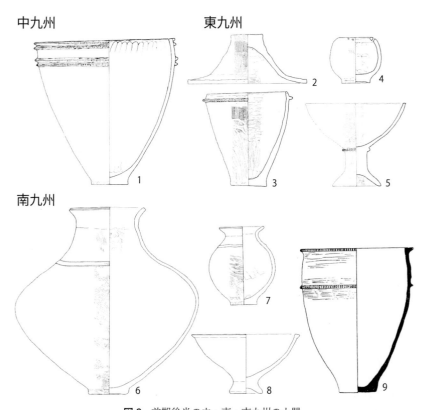

図6 前期後半の中・東・南九州の土器
1:沈目立山7号甕棺,2〜4:下郡B区g-14地点第Ⅲ層,5:下郡B区c-14地点SK40,
6〜8:下郷環濠1・5,9:高橋

断面三角形とともに,前期以来の如意形口縁も併存する。遠賀川以西地域では断面三角形口縁,以東地域では屈折口縁が多い(武末2003)。壺は,短く立ち上がる口頸部をもち,付け根が締まる(図7–1)。高坏(図7–3)や鉢の口縁部も,甕や壺と同様である。

須玖Ⅰ式期になると,口縁部が内側に突出し,鋤形口縁が成立する。甕は,胴部が張って最大径が下がり,底部の厚みがやや薄くなる(図7–5)。口縁部直下に,断面三角形の突帯を一条付すことがある。壺は,城ノ越式期よりも口頸部が大きく開き,頸部に暗文が施されることもある。広口壺(図

127

IV．各地の弥生土器及び並行期土器群の研究

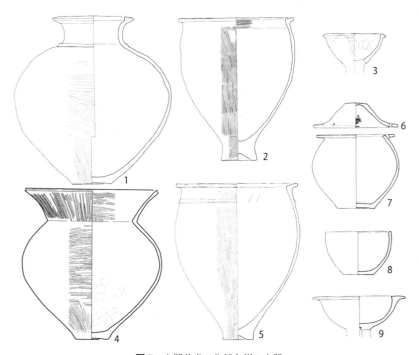

図7 中期前半の北部九州の土器
1・2：姪浜3次SK097，3：吉武Ⅳ区SC-65，4：天建寺南島SK103，5：東入部1次Ⅱ区SK054，6〜9：三雲郡の後土器溜

7-4)・無頸壺（図7-7）が多いが，遠賀川以東地域ではやや胴部の長い，鋤形口縁の長頸壺（図8-1）が発達する。高坏は城ノ越式期よりやや浅くなる（図7-9）。遠賀川以東地域の高坏は，坏部底面がやや平らで，直線的に開くのが特徴である（図8-8）。なお，高坏坏部と脚部を円板充填で接合する方法は，遠賀川以東地域で早くから見られる（武末1987，坪根1993）。

須玖Ⅱ式期は，鋤形口縁がさらに薄く長くなり，口縁端部が外側に垂れ，内側への突出も大きい。突帯は，断面M字形が増える。甕は，口径と胴部最大径が近似し，胴部の丸みが強くなる（図10-5）。底部はさらに薄い平底になる。屈折口縁の割合が増加する。遠賀川以東地域では，口縁端部を摘出または粘土紐を貼付した跳上口縁が増加する（図10-9）。壺は，遠賀川以西地域ではさらに口頸部が大きく開いて付け根の締まりがなくなり，やや長胴化する（図10-1）。一方，遠賀川以東地域の広口壺は，付け根が明瞭に

② 九州

東北部九州

中九州

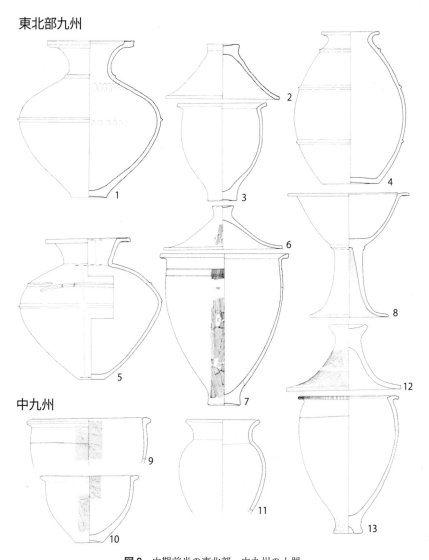

図8　中期前半の東北部・中九州の土器
1・2：馬場山2次第33号竪穴，3・4・8：下稗田F地区152号貯蔵穴，5：下稗田F地区6号貯蔵穴，6：下稗田D地区417号貯蔵穴，7：下稗田A地区95号貯蔵穴，9・10・13：上の原60号住居址，11：上の原61号住居址，12：上の原30号住居址

IV，各地の弥生土器及び並行期土器群の研究

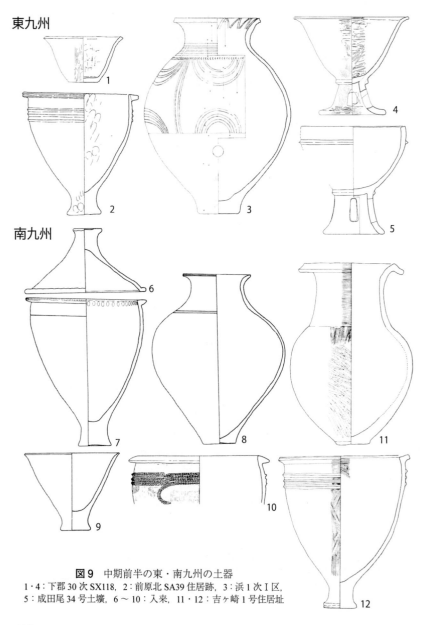

図9 中期前半の東・南九州の土器
1・4：下郡30次SX118，2：前原北SA39住居跡，3：浜1次I区，
5：成田尾34号土壙，6～10：入来，11・12：吉ヶ崎1号住居址

締まる（図10–10）。また，遠賀川以東地域で先行して出現した長頸壺（図10–11）に，遠賀川以西地域で上部に鉢または無頸壺を組み合わせて袋状口縁壺（図10–4）が成立したと考えられる（武末1987）が，中国大陸の蒜頭壺に由来するとの見解もある（常松2011）。高坏はさらに坏部が浅く長脚化する（図10–6）が，中期末になると短脚のものが増える。

　須玖式期は，祭祀使用土器群が発達する点が特徴である（図10–1・8など）。須玖Ⅰ式期段階にすでにきざしがあり，比率は少ないが，赤や黒などの塗彩土器や，複数器種を組み合わせた複合土器が製作される（馬田1982）。須玖Ⅱ式期になるとさらに顕著に発達し，赤色塗彩した土器群の割合が増加するだけでなく，壺の口頸部の強調や高坏・筒形器台の脚部の長大化など器形が誇張される（武末1987）。特に，糸島地域では，頸部付け根に締まりのない広口壺や袋状口縁壺に過剰な暗文や多条突帯を施す「糸島型祭祀用土器群」が成立し，周辺地域だけでなく壱岐島や島原半島・五島列島，朝鮮半島まで広範に分布する点が注目される（石橋1992）。

　中九州では，中期頃から主要河川流域単位で地域的まとまりが明確化する。器種組成は，甕・壺・鉢・高坏・器台が中心である。基本的に北部九州と連動して変化するが，中期前半以降に黒髪式土器が成立する（西1987a）。

　中期初頭は，北部九州地域との関係で，城ノ越系の短い平坦口縁である（図8–9）が，中期前半（黒髪Ⅰ式）になると内側に傾斜し，上面がくぼむ。中期後半（黒髪Ⅱ式）になると，さらに口縁部が長く，上面のくぼみも深くなる（図11–1）。甕の底部は，中期初頭は中央がわずかに凹んだ厚い平底であるが，次第に凹みが深くなり脚台に近くなる。直線的に開く胴部は，口縁部の近くで緩やかに湾曲して直立する。胴部はさらに長く，非常にスマートな器形になる。中期初頭は口縁直下に沈線がめぐることが多いが，断面三角形突帯へと変化する。壺は，平底から直線的に立ち上がる長胴であり，高い位置にある胴部最大径に断面三角形の突帯がつく。口頸部は短く外反する。新しくなるにつれて胴部の張りが弱く，胴部突帯端部に刻目がつくようになる。胴部上半に，鉤形の突帯をつけることがある。鉢は，平底からゆるやかに湾曲して開くが，新しくなると直線的に開くようになる。高坏の坏部も直線的に開き，脚部の裾もゆるやかに開く。

　黒髪式土器は，北部九州地域の南筑後地域や島原半島で須玖式土器と共伴

Ⅳ．各地の弥生土器及び並行期土器群の研究

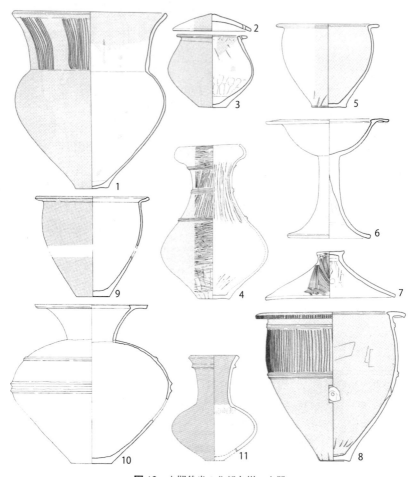

図10 中期後半の北部九州の土器
1～3・5～8：三雲八反田Ⅱ-3住居，4：比恵6次SE17，9・10：馬場山2次51号祭祀，
11：下稗田C地区342号貯蔵穴

するなど，有明海沿岸部をめぐる交流関係が確認できる。また，菊池川流域や阿蘇地域では北部九州地域の須玖Ⅱ式系土器の赤彩土器が出土し（熊本県小国町地蔵原遺跡，山鹿市大道小学校など），熊本平野では汲田式～立岩式の大形甕棺が黒髪式甕棺と共伴する（熊本市神水遺跡）など，活発な関係性

がみられる。しかし，中期後半になると有明海沿岸部での出土は減少し，南九州の薩摩半島北部へと分布域が拡大する。

東九州の中期段階は，大分県域を中心とする豊後地域と，宮崎平野部を中心とする日向地域で様相が異なる（図9–1〜5）。豊後地域は北部九州，日向地域は南九州との強い関連を持ちつつ，変化する。

豊後地域では，西部瀬戸内地域を介した遠賀川式系甕と在地の突帯文系甕との折衷形から展開する形で前期末段階に成立した下城式土器が，中期も引き続き展開する（坪根2000）。中期前葉以降に，下城式土器に，東北部九州系甕が土器組成に新たに加わり，中期全般を通じて緩やかに置換しており，異系統土器の安定的な共存事例として注目される（坪根2004）。下城式土器は，一条の刻目突帯が直口口縁直下をめぐるハケメ仕上げの甕と，半截竹管の先端部による二条一組の線で胴部に文様を描く壺（図9–3）で構成される。また，脚部に透孔をもつ高坏が特徴的であり，大分県大分市浜遺跡の事例のように，中期初頭段階で円板充填技法が広く普及している（図9–4）。中期後半になると，壺の条線が突帯に変化し，浮文がつくこともある。

日向地域の中期土器は，口縁部に断面台形の粘土帯を貼付することが多く，貼付口縁系土器群（図9–2）としてまとめられる点，在地系の高坏を器種組成に含まない点が特徴である（武末2003）。なお，日向地域北部では豊後地域と，南部では南九州の大隅半島，宮崎平野部では瀬戸内地域など，周辺地域との交流関係が確認できる。中期初頭は，北部九州の城ノ越式の影響があり，前期の様相が残るが，すでに貼付口縁の特徴がみられる（宮崎県宮崎市前原北遺跡SA53・54住居跡）。中期前半になると，甕の口縁部上面がやや内傾する（宮崎県宮崎市前原北SA39住居跡）。壺は長胴化する。中期後半〜末は中溝Ⅰ〜Ⅱ式，後期前葉は中溝Ⅲ式に整理される（桒畑2000）。甕の口縁部の厚みが一定になり，大甕を器種組成に含む点も特徴である。

南九州では，中期初頭は入来Ⅰ式が薩摩半島西南部を中心に分布する。北部九州との関係で，城ノ越系の短い平坦口縁であり，鹿児島県吹上町入来遺跡第1・2次調査G区V字溝・3号貯蔵穴出土土器が代表例である。平坦口縁で分厚い底部をもち，口縁部直下に二〜三条の断面三角形突帯をもつ甕と，頸部付け根に締まりがない長胴の壺が基本的な器種組成である（図9–6〜10）。中期前半の入来Ⅱ式は，鹿児島県全域および都城盆地〜宮崎平野に

Ⅳ，各地の弥生土器及び並行期土器群の研究

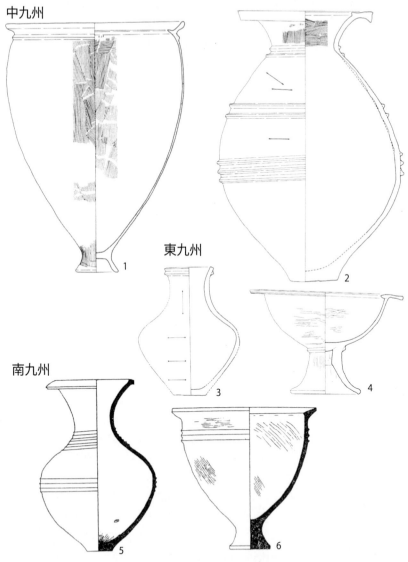

図11 中期後半の中・東・南九州の土器
1：梅ノ木甕棺，2・3：舞田原33号竪穴，4：下郡75次SD003，5・6：山ノ口

② 九州

かけて分布する。入来Ⅱ式の成立プロセスは不明な点が多いが，次の山ノ口式土器の発展の基礎となる土器であるため，東方地域との関連性に注意する必要がある（東 2011）。

中期後半になると，大隅半島を中心に山ノ口式土器が分布する（図 11-5・6）。入来Ⅱ式を基礎として，甕口縁部はさらに薄く長くなり，やや内傾する。壺は，胴部突帯の多条化が進行する。中期後半は地域性が明瞭となる時期であり，薩摩半島西部では中九州の黒髪式系土器が南方へ分布を拡大し（本田 1984，中園 1997，河野 2013），薩摩半島内湾部では絡縄突帯をもつ一の宮式土器，大隅半島では山ノ口式土器が主体を占める。さらに，北部九州の須玖式土器や，瀬戸内地方の凹線文をもつ甕・壺や矢羽透かしをもつ高坏など，隣接地域の土器が数多く流入する（西谷 2002，河野 2011）。瀬戸内系土器は伊予地域や備讃地域に由来する祭祀と関係する土器が多いが，搬入品だけでなく，文様だけを取り入れた影響品や，南九州で製作された模倣品がある（梅木 2004）。南九州は複数系統の土器が共伴して出土する例が多く，各地域間の年代のクロスチェックが可能である。また，弥生時代全般を通じて在地系の高坏が少ない点は，南九州の特徴である。

(4) 弥生時代後期―地域性の斉一化―

北部九州における後期の土器は，後期前半の高三潴式，後期中頃～後半の下大隈式に分かれる（柳田 1987）。「く」の字口縁の甕と，大型化した袋状口縁部に稜がつく複合口縁壺が特色である。全体的に仕上げが簡素・粗雑になり，器面調整にハケメが目立つようになる。須玖Ⅱ式期に盛行した赤彩土器も粗雑になり，高坏にわずかに残る。底部は，平底から丸みを帯びた凸レンズ状の底を経て，丸底へと変化する。

後期前半の高三潴式は，古段階にやや須玖Ⅱ式期の様相が残る。福岡県福岡市比恵遺跡第 40 次溝，同県糸島市上鑵子遺跡出土土器が良好な資料であるが，後期初頭単純期で構成されるものは少なく，須玖Ⅱ式新段階と共伴することが多い。甕は，厚手で短い「く」の字形口縁をもち，肩が張った丸みのある胴部形態である（図 12-1・5）。複合口縁壺の口縁部は，やや丸みを残す（図 12-2）。高坏は，須玖Ⅱ式からの平坦口縁が主流（図 12-4）であるが，浅い坏部で短く直立する口縁部をもつ瀬戸内系高坏もみられ，高三潴式新段

Ⅳ．各地の弥生土器及び並行期土器群の研究

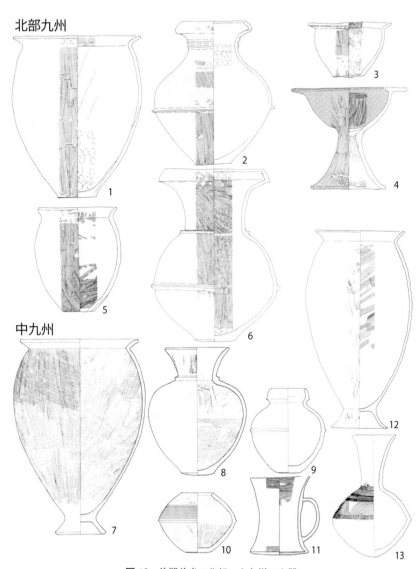

図12 後期前半の北部・中九州の土器
1・3・4：比恵9次30号井戸，2：比恵9次6号井戸，5・6：比恵9次10号井戸，7・8：津袋大塚遺跡住居跡，9：西久保，10：方保田白石，11：二子塚，12・13：栫木谷第6号住居跡

　　　　　　　　　　　　　　　　　　　　　　　　　　　　② 九州

階には後者が大半を占める。
　後期中葉の下大隈式になると，複合口縁壺の口縁部屈曲に明確な稜線が入り，端部が直線的に伸びる（図12–6）。新段階になると，口縁部の反転部が立ち上がる。甕は中膨らみの直線的な「く」の字口縁で，古段階は長胴で凸レンズ状の底部をもつが，新段階になるとさらに尖底に近い丸底をもつものが増える（図14–1）。高坏は瀬戸内系（図14–3）が主体を占め，新段階になると口縁部が外傾する。下大隈式古段階は，福岡県福岡市比恵遺跡9次調査井戸一括資料，同小荏遺跡，同県うきは市日永遺跡32号住居出土土器が，下大隈式新段階は，福岡県福岡市雀居遺跡4次溝，同県糸島市三雲遺跡仲田17号住居跡出土土器が基準資料となる。
　中九州では，後期初頭〜中頃に中九州中南部を中心に分布する免田式土器，主に後半期に中九州北部の菊池川流域を中心に分布する野辺田式土器が，後期の土器様式である。
　免田式期の甕は，直線的な「く」の字口縁をもつ台付甕である。古段階では胴部の肩が張る（図12–7）が，新段階になると細身の胴部になる。高三瀦式系の頸部の短い複合口縁壺（図12–9）や，須玖式系の平坦口縁高坏を伴う。高坏の口縁部は内傾して薄く長く伸び，脚部が太い。主な遺跡として，熊本県山鹿市津袋大塚遺跡・西久保遺跡，阿蘇町池田・古園遺跡34号住居跡，あさぎり町夏女遺跡68号住居があげられる。免田式土器は，重孤文を主文様とし，算盤形の胴部をもつ長頸壺（図12–13）に代表される（西1987b）。重孤文長頸壺は，不安定な平底から尖底状の丸底へと次第に変化する（熊本県夏女遺跡57号住居跡，栢木谷遺跡6号住居跡土坑）。ジョッキ形土器（図12–11）も中九州に特徴的な器種である。重孤文長頸壺やジョッキ形土器は，分布中心の中九州をこえて，九州全域で点的に出土する。
　野辺田式期の甕はさらに長胴化し，口縁部や脚台部もさらに薄く長く伸びる（図12–12）。器表面に明瞭なタタキ調整の痕跡が残る。高坏は瀬戸内系が主体となり，広く浅い坏部に，短く外傾する口縁部がつく。
　なお，西北九州では，弥生中期後半〜後期にかけて，長崎県北部は北部九州系の須玖式土器（平底）が，県央・県南部では中九州系の台付甕が主体を占め，両者の関係性が注目される。近年は，佐賀県唐津市中原遺跡でも中九州系の台付甕が出土するなど，九州北部西半部で広域に分布することが分か

137

Ⅳ．各地の弥生土器及び並行期土器群の研究

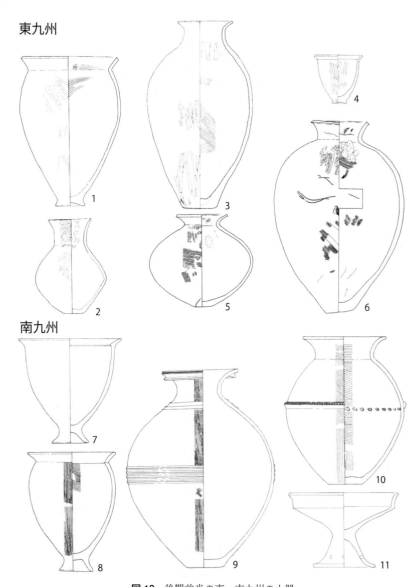

図13 後期前半の東・南九州の土器
1・2：下郷貯蔵穴，3・4：銀代ヶ迫24号竪穴住居，5・6：石ノ迫4号竪穴住居，7～10：松木薗，
11：横瀬2号住居址

りつつある（肥後考古学会・長崎県考古学会 2011）。また，透かしをもつ大型の器台であり，瀬戸内地方に系譜をもつと考えられる肥前型器台が，後期～古墳時代初頭にかけて中九州から西北九州にかけて分布する（小田・上田 2004）。台付甕の動態と類似しており，今後のさらなる検討が必要である。

東九州の後期土器は，従来は安国寺式と呼称されてきたが，後期中頃～古墳時代前期までを包括する土器相であることから，現在は後期Ⅰ・Ⅱ・Ⅲ式と区分される（高橋 2001，常松 2002）。

後期前半（後期Ⅰ式）は，土器の底部は平底が主体である。甕・壺ともに長い胴部形態であり，壺は頸部が締まる（図 13–1～4）。器面調整は粗く，ハケメが目立つ。高坏は瀬戸内系が主体であり，浅く広がる坏部に，短く内傾する口縁部がつく。良好な資料は少ないが，豊後の大分県大分市上野遺跡群隅丸方形周溝遺構や，日向の宮崎県新富町銀代ヶ迫遺跡 24 号住居跡があげられる。

後期中頃（後期Ⅱ式）になると，甕・壺ともに胴部最大径が中位に移って長胴化（図 13–6）し，土器の底部は平底と凸レンズ状底部が併存する。複合口縁壺の口縁部が大きく拡張し，櫛描波状文が施される。豊後の大分市下郡遺跡井戸，日向の宮崎県宮崎市下郷遺跡 18 号貯蔵穴・22 号土坑出土土器がある。

南九州では，薩摩半島では黒髪式の影響を受けた松木薗式が，大隅半島では山ノ口式の系譜をひく高付式が盛行し，薩摩半島と大隅半島との地域差が明瞭になってくる時期である。鹿児島県大崎町麦田下遺跡では，西南四国系土器が在地系土器と共伴して出土しており，製作技法は西南四国系土器に忠実であるが，大隅半島南部の胎土で作られていることが胎土分析で確認されており（中園ほか 2014），人の移住を含む土器製作情報の伝達を検討する上で興味深い事例である。なお，この時期に噴火した開聞岳の火山灰である暗紫ゴラが土器に付着しており，土器の前後関係や実年代を決定する有効な資料となる。

後期前半～中頃にかけては，鹿児島県南さつま市松木薗遺跡A溝出土土器（図 13–7～10）が代表で，短く直線的にのびる「く」の字口縁の脚台付甕，胴部最大径が中位にある外反口縁の壺で構成される。口縁端部が二叉状を呈する多条突帯の壺は高付式と考えられるが，当期の良好な一括資料は少なく，

Ⅳ，各地の弥生土器及び並行期土器群の研究

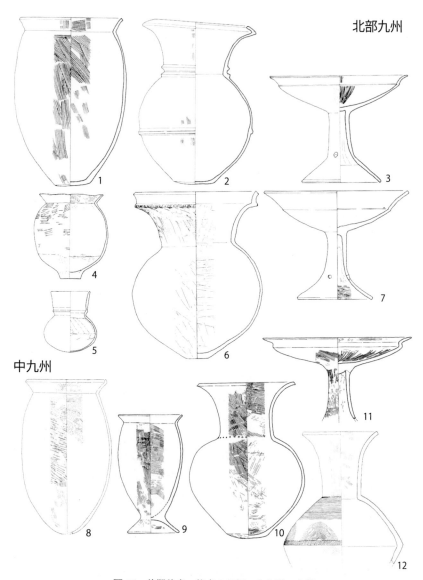

図14 後期後半〜終末の北部・中九州の土器
1〜3：三雲仲田17号住居跡，4・5：多々良込田27号住居跡，6・7：吉野ヶ里志波屋四の坪地区SH0528，8：柳町Ⅰ区3号井戸跡，9〜11：蒲生・上の原6号竪穴式住居，12：夏女57号住居跡

不明な点が多い。高坏は瀬戸内系である（図13-11）。

なお，弥生時代中期末～後期にかけて，九州の山間部で特徴的な土器が展開し，「山の土器」と呼ばれる（本郷1978，西都原考古博物館2009）。

大野川中・上流域および五ヶ瀬川上流域の祖母・傾山系周辺では，中期末葉～後期にかけて「工字突帯文系土器」が出現する（大分県竹田市内河野遺跡，豊後大野市鹿道原遺跡，宮崎県西臼杵郡高千穂町古城遺跡など）。広い口縁部と小さな底部をもち，多量の角閃石や砂粒を含む黒褐色系の色調で，まるで縄文土器のような厚い器壁の粗製甕である。口縁部下と胴部中位に粘土紐による突帯をめぐらし，その間を縦位の突帯でつなぐ。沈線で波状文やU字状文を施すものもある。また，同時期の霧島山麓地域でも，土器の頸部下に指で粘土紐を摘んで3条程の突帯やΩ状突帯を貼り付けた，厚手の「ミミズ腫れ状突帯文土器（絡縄突帯文土器）」が成立する（宮崎県えびの市野久首遺跡など）。これらの地域では石皿・磨石や打製石斧が多く出土することから，畑作農耕を主体とし，狩猟・採集を生業とする集団の存在が想定される。しかし，山間部の隔絶した地域で独自性を育んだのではなく，周辺地域の土器と共伴する事例が多いことから，山の道を介した活発な交流が存在していた。

(5) 弥生時代終末期―広域交流の活発化―

ここでは，北部九州に庄内式土器が流入する西新式期の早い段階を弥生時代の下限とする見解に従う（武末2011）。北部九州の終末期前半の西新式古段階（西新ⅠA期）には，丸底または尖底状の底部が主体を占める。甕・壺ともに胴部上半に重心がくる。甕の口縁部は，前時期より薄く長く伸びる。複合口縁壺は，口縁拡張部が発達し，反転部が直立または外傾する（図14-6）。高坏の口縁部もさらに薄く長く伸び外傾し，脚部は細く，裾部がやや内反する（図14-7）。在来系土器に加え外来系土器（近畿・山陽・東海・北陸など）の流入が目立ち，畿内Ⅴ様式系甕や庄内式甕，装飾壺が共伴するなど，広域交流が活発化するのが当時期の特徴である（常松2002）。福岡県糸島市三雲遺跡寺口石棺墓祭祀遺構や，畿内Ⅴ様式系甕を主体とする海浜部の資料である福岡県糟屋町多々良込田遺跡27号住居跡の資料がある。

終末期後半の西新式古段階（西新ⅠB期）は，土器の底部がほぼ尖底状になる。高坏の屈曲部が前段階よりも脚部寄りに位置し，坏部は朝顔状に開く。引き続き外来系土器の流入が活発で，福岡県福岡市西新町遺跡などでは在地

Ⅳ. 各地の弥生土器及び並行期土器群の研究

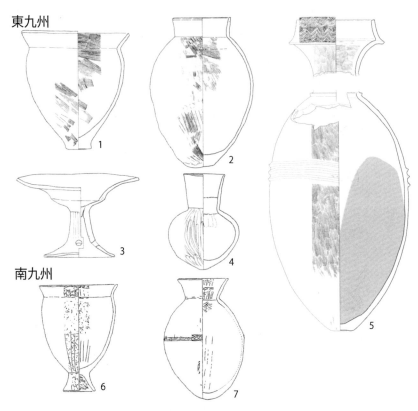

図15 後期後半〜終末の東・南九州の土器
1〜4：大戸ノ口SA13号住居跡，5：賀来中学校，6・7：中津野

で製作した庄内式甕・布留式系土器があり，小型丸底土器や小型器台も加わる。福岡県糸島市三雲サキゾノ遺跡1号住居跡下層，同那珂川町松木遺跡2号住居出土土器があげられる。

中九州では，在来の長胴甕は脚台をもたない型式（図14-8）になり，外来系の畿内Ⅴ様式系甕・庄内式甕・布留式系甕を含む。主な遺跡として，熊本県益城町古閑遺跡北地区溝資料，玉名市柳町遺跡3号井戸跡，山鹿市方保田東原遺跡の溝や住居跡，あさぎり町夏女遺跡1号住居跡がある。

東九州では，遠賀川以東地域から宇佐地域にかけては，高島式が中心であ

142

る（小田編 1976）。後期後半〜末（後期Ⅲ式）は，複合口縁壺の拡張部がさらに発達し，反転部が直立する。壺・甕ともに胴部の長胴化がさらに進み，凸レンズ状底部と尖底状丸底が混在する（図15-1・2）。豊後地域では，尖底状の丸底が主体である。高坏は，坏部上半部がさらに発達し，口縁部が内湾する浅鉢状の坏部をもつ（図15-4）。豊後の大分県大分市賀来中学校遺跡・多武尾遺跡6号・7号溝，日向の宮崎県高鍋町大戸ノ口第2遺跡13号住居跡，宮崎県川南町東平下1号円形周溝墓があげられる。

南九州では，成川式土器と呼称されてきた土器群の細分が進展し，松木薗式と高付式の様式差が解消した段階である中津野式土器が，終末期に相当する（中村1987）。台付甕に加え，頸部から胴部にかけて緩やかなラインをもち，胴部上半に重心をもつ，丸底の壺がある（図15-6・7）。

3，大形甕棺の変遷（図16，17）

北部九州地域で特徴的なのが，埋葬用の棺に使用する甕棺の展開である。甕棺は，棺自体で編年できるだけでなく，その内部に副葬品として青銅器・鉄器・玉類を含み，密閉環境のため人骨の遺存状態がよいことから，弥生時代の社会構造や，中国大陸・朝鮮半島との年代的併行関係を検討する上で重要な役割を果たしてきた。甕棺の編年研究は，森貞次郎らによって進められてきた（森1966）が，現在最も使われているのは橋口達也の編年（橋口1979）である。

九州では縄文時代後期後半に甕棺葬が始まるが，容量が小さいことから，当時は乳幼児あるいは火葬骨（福岡県苅田町浄土院遺跡）を納めたと考えられる。弥生時代早・前期には，朝鮮半島から導入された支石墓の主体部のバリエーションの一つとして，丹塗磨研の大形壺が用いられた。壺の肩が張る器形であり，次第に頸部が長くなるとともに，口縁部が開くようになる。底部は平底である。この大形壺がさらに大形化して，棺専用の大形甕棺へと発展する。

前期後半〜末の甕棺（KⅠ式）は，壺から発達した形態的特徴を残している。KⅠa式からKⅠb式（伯玄式）にかけて，60〜70cm台から90cm台へと大形化する。KⅠc式（金海式）になると甕を基本とする形態になり，甕棺として定着した段階といえる。甕棺の黒塗が増える（井上1978）。

IV. 各地の弥生土器及び並行期土器群の研究

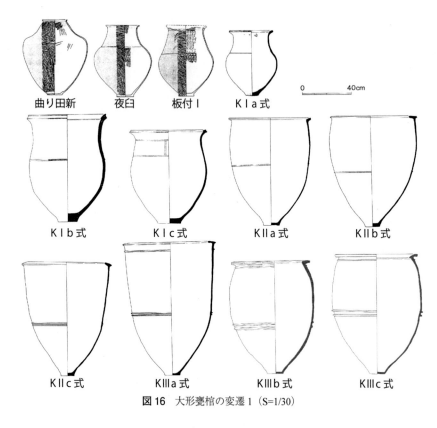

図16 大形甕棺の変遷1（S=1/30）

　中期前半期には，口縁下に突帯のないKⅡa式（城ノ越式），KⅡb式，KⅡc式（汲田式）が成立する。器高は80cmをこえるが，器壁は5〜8mmと薄い。口縁部は次第に内側へ張り出し，胴部中位〜下位に一条突帯をつける。底部は細くスマートである。また，KⅡa式段階には，佐賀〜南筑後にかけて地域的特徴をもつタイプの甕棺が出現する。

　中期後半期には，口縁下に突帯をつけるKⅢa式（須玖式），KⅢb式（立岩式），KⅢc式がある。器高100cmをこえる大形化した甕棺が多く，T字状あるいは逆L字状の口縁である。KⅢa式は胴上半がほぼ直立するが，KⅢb式になると口縁下でややすぼまり，全体にやや丸みをもつようになる。また，KⅡb式からKⅢa式にかけて，全体に丸みをもつ系列が存在する。KⅢ式段

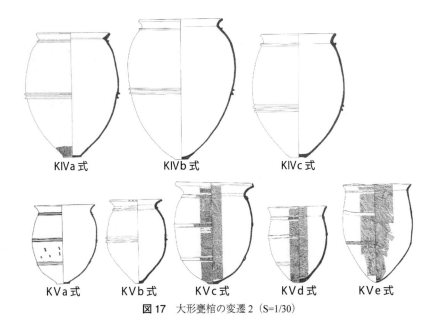

図17 大形甕棺の変遷2（S=1/30）

階が甕棺葬のピークである。

　後期前半には，KⅣa式（桜馬場式），KⅣb式，KⅣc式（三津式）がある。全体として丸みを帯び，頸部がしまる。口縁は外反する「く」の字状を呈する。福岡地域ではKⅣb式，佐賀地域ではKⅣc式で基本的に甕棺葬が終焉する。一方で，糸島地域では盛んに甕棺葬が行われ，大形壺の使用が発展する。

　後期後半以降は，KⅤa式（神在式），KⅤb式，KⅤc式（福井式），KⅤd式，KⅤe式が，糸島地域（福岡県糸島市三雲遺跡など）および筑後地域（福岡県久留米市良積遺跡）の一部でのみ確認される。口縁は長大で大きく外反する。KⅤc式以降は外面ハケメ調整が顕著であり，タタキ痕が明瞭に残る。胴部に幅広扁平突帯を付す。終末期までに，甕棺葬はなくなる。

　甕棺葬は脊振山地周辺地域を中心に盛行する葬法であるが，宇土半島以北までは面的に分布する。ただし，長崎県の大村地域（長崎県大村市富の原遺跡）や島原半島（長崎県島原市景華園遺跡），薩摩半島（鹿児島県金峰町下小路遺跡）など，遠隔地でも飛び地的に確認される（本田2014）。この現象

IV, 各地の弥生土器及び並行期土器群の研究

の背景として，北部九州地域がゴホウラ，イモガイなどの南海産貝輪を入手する九州島西岸ルートとの関係が想定されている。また，壱岐島（長崎県壱岐市原の辻遺跡）や朝鮮半島（韓国慶尚南道勒島遺跡）では，墓域ではなく包含層などから廃棄された状態で出土することも多いことから，水上交通に際して水や物資などの運搬容器（コンテナ）として利用した可能性も指摘されている（宮崎2005）。

4，土器の動きからみた併行関係と地域間交流

(1) 列島内の搬入・搬出土器からみた地域間交流

　他地域から搬入・搬出された土器は，時期的併行関係や地域間交流を検討できる重要な資料である。

　北部九州地域の弥生時代早期では，東北地方の大洞C_2式の搬入土器が，福岡県福岡市雀居遺跡第10次・12次調査地点，同板付遺跡第60次，同免遺跡第3次調査谷部3層，佐賀県唐津市大江前遺跡，同県佐賀市久保泉丸山遺跡などで出土している。東方からの影響をうけて，在地の板付I式の重孤文が成立した可能性が指摘されている（設楽2009など）。また，東九州の大分県大分市植田市遺跡では大洞C_2式段階の東日本系土器が，南九州の市ノ原遺跡第5地点では火山ガラスを含む大洞式系の土器が出土しており，東日本との併行関係を考える上で重要な資料が，九州各地で確認されている。

　中期初頭（城ノ越式）〜須玖I式古段階（中期前半）にかけて，東北部九州の福岡県古賀市鹿部東町遺跡III層，行橋市竹並遺跡，同下稗田遺跡で，安芸地域を中心に分布する中山III〜IV式土器や吉備系土器が出土する。また，福岡県北九州市重留遺跡では，中国地方のII〜IV様式にかけての資料が出土した。福岡県福岡市元岡・桑原遺跡群では，安芸北部に分布中心がある塩町式土器や，出雲地域の口縁部に擬凹線がめぐる甕形土器が，中期後葉の須玖II式土器と共伴して出土した。

　中期末〜後期前半にかけては，九州島東海岸部を中心とする瀬戸内系土器の流入現象が注目される（西谷2002，河野2011）。福岡県福岡市野方中原遺跡や糸島市三雲遺跡では，吉備地域の鬼川市式の高坏が出土しており，後期前葉から中葉にかけての瀬戸内地域との交流を示唆する。山陰系土器や，円窓付壺などの東海系土器の動向（永井2013）も確認できる。

また，後期中頃には，水銀朱の生産と関わる半裁甕である辰砂鍋が注目される。福岡県北九州市辻垣・長通遺跡や佐賀県佐賀市川寄吉原遺跡で出土する。特に北九州市域では，瀬戸内系の住居も検出されており，人の移動を伴う水銀朱にまつわる交流関係が想定できる（柴尾 2014）。なお，福岡県久留米市水分遺跡や，熊本県山鹿市方保田東原遺跡では，ベンガラの生産に用いた半裁甕が出土する。多量のリモナイトを有する阿蘇地域では，リモナイトを焼成することでベンガラを製作することが可能であり，鉄器生産（村上 1992）と合わせて，赤色顔料の動態に注意する必要がある。

　九州島外で出土する九州の土器の搬出現象も確認できるが，搬入土器と比較すると少ない。最近，奈良県田原本町唐古・鍵遺跡で，北部九州地域の須玖式土器の甕口縁部片が出土した。また，香川県善通寺市旧練兵場遺跡では東北部九州系の中期の壺が出土している。弥生時代後期以降になると，日本海沿岸・瀬戸内海沿岸（出雲，隠岐，吉備，越後）を中心に，複合口縁壺が広域に運ばれる状況が確認できる（常松 2001）。

(2) 朝鮮半島との関係（図18, 19）

　朝鮮半島南部地域が弥生時代開始期の北部九州に多大な影響を与えたことは前述したが，黒川式段階ですでに朝鮮半島との情報ネットワークが構築されていたことが，孔列文土器の出土から推測できる。

　弥生時代前期後半～中期前半にかけて，朝鮮半島から再び大きな影響をうけたことが，後期無文土器の動向に表れる。後期無文土器は口縁部に粘土帯を貼り付けた甕が特徴であり，弥生前期末～中期前半に相当する断面円形粘土帯土器（水石里式）（図18-1・2）と，中期前半～後半に相当する三角形粘土帯土器（勒島式）（図18-10）がある。

　前期末の福岡県福岡市諸岡遺跡や小郡市横隈鍋倉遺跡では，在地の弥生土器とともに多量の水石里式無文土器が出土しており，無文土器人の一時的居住が想定される（横山・後藤編 1975，中島編 1985）。一方で，前期末～中期前半の佐賀県小城市土生遺跡や熊本県熊本市八ノ坪遺跡では，在地の弥生土器や少量の水石里式無文土器とともに，弥生土器の要素を取り入れて変容した多量の擬無文土器が出土した（佐賀県教育委員会編 1977, 林田編 2005）（図18-6・7）。これは，無文土器人が長期居住し，弥生地域社会に同化していく

Ⅳ．各地の弥生土器及び並行期土器群の研究

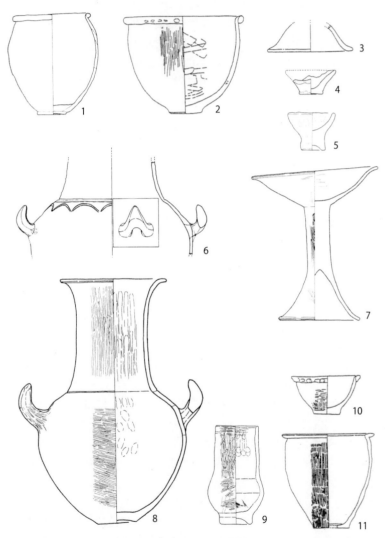

図18　朝鮮半島系無文・擬無文土器
1：諸岡第3号竪穴，2・3・10・11：原の辻不條地区，4：諸岡第14号竪穴，5：鍋島本村南，
6：土生，7：鍋島本村南SK329，8：増田遺跡群5区SJ5129甕棺墓，9：松木田SR2073木棺墓

過程を示す事例として注目される（片岡1999・2006ほか）。重要なことは，擬無文土器が初期青銅器鋳型とともに出土する点である。朝鮮半島との継続的な交流回路に基づく交渉を経て，日本列島の弥生文化にようやく青銅器製作技術が伝達した過程を知ることができる（武末2003）。なお，長崎県壱岐市原の辻遺跡では，水石里式だけでなく勒島式の無文土器・擬無文土器が確認できる（片岡2001，李2009）（図18-11）。朝鮮半島南部との交渉関係が時期を通じて維持された状況が分かる。

　一方で，弥生時代中期併行期には，朝鮮半島南部でも弥生系土器が確認できる。慶尚南道勒島遺跡や金海貝塚，釜山市莱城遺跡，蔚山亀山洞遺跡など，南海岸部の金海地域および東海岸部の蔚山地域に集中する（李2009，武末2010・2013）。搬入土器だけでなく，朝鮮半島で製作した弥生系土器も多数含まれることから，日本列島から弥生人が移住・定着した可能性も想定できる。弥生人は金属器および原材料を獲得するために朝鮮半島に赴いたと考えられる。なお，朝鮮半島で出土する弥生系土器は，北部九州に由来する土器に限られるわけではなく，肥後や豊後などの九州各地や周防や近江（武末ほか2011）など西日本一帯に由来する土器が確認されており，多元的な交流関係があったことが想定できる。

　弥生時代中期後半になると，朝鮮半島では楽浪四郡が設けられ，原三国時代が始まる。対馬・壱岐や糸島地域を中心とする玄界灘沿岸地域では，楽浪系土器（図19-1～4）や，楽浪土器の影響で，朝鮮半島南部で製作された三韓系土器（図19-5・6）が出土する。これらの土器は，長崎県壱岐市原の辻遺跡や，福岡県糸島市三雲遺跡など，特定の拠点集落で出土する点が重要である。福岡市今宿五郎江遺跡では，楽浪系土器の坏という特定器種に偏って出土（森本2010）するなど，移住先での生活を伴う居住が目的ではなく，交易などの短期滞在が渡来の目的であったと想定できる。

　なお，福岡県福岡市元岡・桑原遺跡群ではタタキ調整の土器群（図19-7・8）が出土しており，三韓系土器の製作技法で弥生土器を製作しようと試みた可能性が指摘されている。また，原の辻遺跡では，遼東系土器の壺（図19-9・10）が出土しており（古澤2010），東アジア規模の交流関係を知ることができる。後期～終末期の早良地域沿岸部の西新町遺跡では，朝鮮半島系土器が在地化する現象が確認できる。

Ⅳ．各地の弥生土器及び並行期土器群の研究

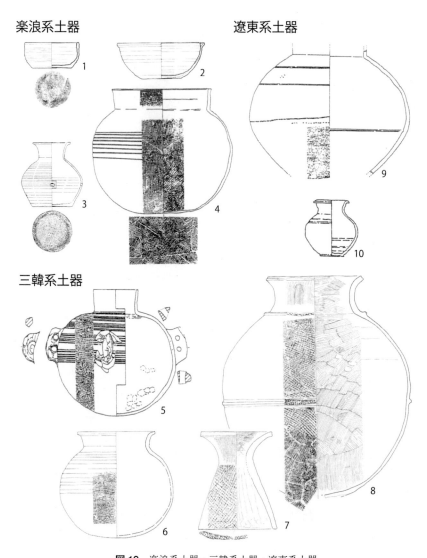

図19 楽浪系土器・三韓系土器・遼東系土器
1：今宿五郎江11次 M1203-39層，2：三雲番上地区土器溜，3：カラカミ第2地点，4・10：原の辻石田高原地区，5：原の辻八反地区，6：今宿3次3号土壙，7・8：元岡・桑原42次，9：原の辻不條地区

朝鮮島系土器の弥生時代における通時的動態を整理する。弥生時代開始期および前期末〜中期前半の無文土器は，朝鮮半島から土器そのものが搬入されるだけでなく，玄界灘沿岸地域および有明海沿岸地域を中心に，多様な器種が折衷・変容する長期的プロセスが確認できる。一方で，中期後半〜後期にかけての楽浪系土器・三韓系土器は，限られた器種の搬入土器が特定遺跡で出土することが多く，在地の弥生土器の要素を取り入れて変容する現象も認められない。これは，朝鮮半島と日本列島弥生人の交流目的が時期に応じて変化したことを示すが，両地域の恒常的な交流が継続していた証拠でもある。

〔引用文献〕

天本洋一編『天建寺南島遺跡』三根町文化財調査報告書第6集　三根町教育委員会，1989

石橋新次「糸島型祭祀用土器の成立とその意義」『北部九州の古代史』名著出版，1992

稲岡洋道・久富なをみ編『下郷遺跡』宮崎市文化財調査報告書第41集　宮崎市教育委員会，1999

稲岡洋道・宇田川美和・久富なをみ編『石ノ迫第2遺跡』宮崎市文化財調査報告書第40集　宮崎市教育委員会，1999

井上裕弘「甕棺製作技術と工人集団把握への試論」「甕棺を黒く塗る風習」『山陽新幹線関係埋蔵文化財調査報告第9集』福岡県教育委員会，1978

岩永哲夫・戸高真知子編『大戸ノ口第2遺跡』高鍋町文化財調査報告書第5集　高鍋町教育委員会，1991

梅木謙一「四国・南九州間における凹線文土器の交流」『西南四国−九州間の交流に関する考古学的研究』，2004

榎本義嗣編『入部Ⅷ』福岡市埋蔵文化財調査報告書第577集　福岡市教育委員会，1998

江本直編『栢木谷遺跡』熊本県文化財調査報告第134集　熊本県教育委員会，1993

緒方勉編『沈目立山遺跡』熊本県文化財調査報告第26集　熊本県教育委員会，1977

小田富士雄「九州」『弥生土器Ⅰ』ニューサイエンス社，1983

小田富士雄編『馬場山遺跡』北九州市埋蔵文化財調査会，1975

小田富士雄編『高島遺跡』北九州市埋蔵文化財調査会，1976

小田富士雄・上田龍児「長崎県・景華園遺跡の研究」『長崎県・景華園遺跡の研究，福岡県京都郡における二古墳の調査，佐賀県・東十郎古墳群の調査』福岡大学人文学部考古学研究室，2004
乙益重隆「熊本県斎藤山遺跡」『日本農耕文化の生成』東京堂，1961
鹿児島県歴史資料センター黎明館編『所蔵品目録（7）考古』鹿児島県歴史資料センター黎明館，1990
片岡宏二『弥生時代渡来人と土器・青銅器』雄山閣出版，1999
片岡宏二「海峡を往来する人と土器」『勾玉』山中英彦先生退職記念論文集，2001
片岡宏二『弥生時代渡来人から倭人社会へ』雄山閣出版，2006
河口貞徳「鹿児島県高橋貝塚」『鹿児島考古』41，2008a
河口貞徳「入来遺跡」『鹿児島考古』41，2008b
河口貞徳「鹿児島県山ノ口遺跡の調査」『鹿児島考古』41，2008c
河野裕次「南部九州における弥生時代瀬戸内系土器の基礎的研究」『地域政策科学研究』8，2011
河野裕次「南部九州における弥生時代中期土器様式圏の動態」『古文化談叢』69，2013
木﨑康弘編『蒲生・上の原遺跡』熊本県文化財調査報告第158集　熊本県教育委員会，1996
木島慎治編『鍋島本村南遺跡』佐賀市文化財調査報告書第35集　佐賀市教育委員会，1991
栗田勝弘・清水宗昭編『大分空港道路建設に伴う埋蔵文化財調査報告書Ⅱ』大分県文化財調査報告書第88輯　大分県教育委員会，1992
桒畑光博「中溝式土器の検討」『古文化談叢』45，2000
桒畑光博編『黒土遺跡』都城市文化財調査報告書第28集　都城市教育委員会，1994
小林義彦編『今宿遺跡2』福岡市埋蔵文化財調査報告書第738集　福岡市教育委員会，2003
小南裕一「縄文後・晩期土器と板付Ⅰ式土器」『弥生時代の考古学』2　同成社，2009
近藤脇編『七又木地区遺跡　八幡上遺跡・七又木遺跡・銀代ヶ迫遺跡』新富町文化財調査報告書第13集　新富町教育委員会，1992
西都原考古博物館『何の意ぞ碧山に栖む』，2009
酒井仁夫編『今川遺跡』津屋崎町文化財調査報告書第4集　津屋崎町教育委員会，1981
佐賀県教育委員会編『佐賀県農業基盤整備事業に係る文化財確認調査報告書』佐賀県文化財調査報告書第37集　佐賀県教育委員会，1977

坂本嘉弘・牧尾義則・小柳和宏・松田政基・佐伯治編『菅生台地と周辺の遺跡』X　竹田市教育委員会，1985
佐藤道文・佐藤麻理子・株式会社双林社編『賀来中学校遺跡4』大分市埋蔵文化財発掘調査報告書第126集　大分市教育委員会，2013
讃岐和夫・坪根伸也編『下郡遺跡群』大分市教育委員会，1990
讃岐和夫・坪根伸也編『下郡遺跡群』大分市教育委員会，1992
設楽博己「東日本系土器の西方への影響」『弥生時代の考古学』2　同成社，2009
七田忠昭・森田孝志・田島春己・草野誠司・桑原幸則・吉本健一編『吉野ヶ里遺跡』，佐賀県文化財調査報告書第113集　佐賀県教育委員会，1992
柴尾俊介「弥生時代中・後期における朱の利用をめぐって」『古文化談叢』72，2014
渋谷忠章・村上久和・真野和夫編『浜遺跡』大分県文化財調査報告第48輯　大分県教育委員会，1980
島津義昭編『二子塚』熊本県文化財調査報告書第117集　熊本県教育委員会，1992
清水宗昭・栗田勝弘・城戸誠編『舞田原遺跡』犬飼町教育委員会，1985
菅波正人編『比恵遺跡群（12）』福岡市埋蔵文化財調査報告書第325集　福岡市教育委員会，1993
杉原敦史編『原の辻遺跡』原の辻遺跡調査事務所調査報告書第19集　長崎県教育委員会，2000
杉山富雄編『比恵遺跡第9・10次調査報告』福岡市埋蔵文化財調査報告書第145集　福岡市教育委員会，1986
杉山富雄編『今宿五郎江16』福岡市埋蔵文化財調査報告書第1221集　福岡市教育委員会，2014
副島和明・山下英明編『原の辻遺跡』長崎県文化財調査報告書第124集　長崎県教育委員会，1995
園村辰美編『夏女遺跡』熊本県文化財調査報告第128集　熊本県教育委員会，1993
高木正文「鹿本地方の弥生後期土器」『古文化談叢』6，1979
高谷和生編『柳町遺跡Ⅰ』熊本県文化財調査報告第200集　熊本県教育委員会，2001
高橋徹「大分の弥生・古墳時代土器編年」『大分県立歴史博物館研究紀要』，2001
武末純一「須玖式土器」『弥生文化の研究』4　雄山閣，1987

IV．各地の弥生土器及び並行期土器群の研究

武末純一「九州地方の土器」『考古資料大観』1　小学館，2003
武末純一「韓国・金海亀山洞遺跡 A1 地区の弥生系土器をめぐる諸問題」『古文化論叢』65，2010
武末純一「九州北部地域」『講座日本の考古学 5 弥生時代（上）』青木書店，2011
武末純一「韓国蔚山地域の弥生系土器」『弥生時代政治社会構造論』雄山閣，2013
武末純一・伊庭功・辻川哲朗・杉山拓己「金海會峴里貝塚出土の近江系土器」『古代文化』63–2，2011
田崎博之「須玖式土器の再検討」『史淵』122，1985
常松幹雄「土器からみた弥生時代の交易」『弥生時代の交易』第 49 回埋蔵文化財研究集会発表資料集，2001
常松幹雄「九州地方の土器」『考古資料大観』2　小学館，2002
常松幹雄「弥生時代中期における倭人のまなざし」『AMS 年代と考古学』学生社，2011
坪根伸也「弥生土器の成形技法につい」『下郡遺跡群大分市下郡地区土地区画整理事業に伴う埋蔵文化財発掘調査概報4』大分市教育委員会，1993
坪根伸也「東九州における弥生前期土器の諸相」『突帯文と遠賀川』土器持寄会論文集刊行会，2000
坪根伸也「東九州における弥生時代中期土器の諸相」『Archaeology From the South』，2004
坪根伸也編『下郡遺跡群IV』大分市埋蔵文化財発掘調査報告書第 68 集　大分市教育委員会，2006
富田紘一編『昭和 53 年度熊本市内埋蔵文化財発掘調査報告書』熊本市教育委員会，1979
永井宏幸「円窓付土器からみた地域間交流」『弥生時代政治社会構造論』雄山閣，2013
中島達也編『横隈鍋倉遺跡』小郡市文化財調査報告書第 26 集　小郡市教育委員会，1985
中島直幸・田島龍太編『菜畑遺跡』唐津市文化財調査報告書第 5 集　唐津市教育委員会，1982
中園聡「九州南部地域弥生土器編年」『人類史研究』9，1997
中園聡『九州弥生文化の特質』九州大学出版会，2004
中園聡・平川ひろみ・太郎良真妃「鹿児島県大崎町麦田下遺跡出土弥生土器の蛍光 X 線分析」『麦田下遺跡』大崎町埋蔵文化財発掘調査報告書（7），2014

永友良典編『熊野原遺跡A・B地区・前原西遺跡・陣ノ内遺跡・前原南遺跡・前原北遺跡・今江城遺跡・車坂西ノ城跡』宮崎学園都市遺跡発掘調査報告書第4集　宮崎県教育委員会，1988
中村直子「成川式土器再考」『鹿大考古』6，1987
長野真一・中村耕治編『大隅地区埋蔵文化財分布調査概報』鹿児島県埋蔵文化財調査報告書 (25)　鹿児島県教育委員会，1983
長嶺正秀編『下稗田遺跡』行橋市文化財調査報告書第17集，1985
長家伸編『姪浜遺跡2』福岡市埋蔵文化財調査報告書第478集　福岡市教育委員会，1996
長家伸編『松木田4』福岡市埋蔵文化財調査報告書第1241集　福岡市教育委員会，2014
西健一郎「黒髪式土器の基礎的研究」『古文化談叢』12，1987a
西健一郎「重弧文長頸壺」『弥生文化の研究』4　雄山閣，1987b
西谷彰「弥生時代後半期における土器編年の併行関係」『古文化談叢』48，2002
二宮忠司・大庭友子編『吉武遺跡群Ⅸ』福岡市埋蔵文化財調査報告書第514集　福岡市教育委員会，1997
橋口達也「甕棺の編年的研究」『九州縦貫自動車道関係埋蔵文化財調査報告ⅩⅩⅩⅠ』中巻，1979
橋口達也『甕棺と弥生時代年代論』雄山閣，2005
林田和人編『八ノ坪遺跡Ⅰ』熊本市教育委員会，2005
稗田智美編『下郡遺跡群Ⅶ』大分市埋蔵文化財発掘調査報告書第92集　大分市教育委員会，2009
東和幸「九州南部地域」『講座日本の考古学5 弥生時代（上）』青木書店，2011
肥後考古学会・長崎県考古学会『環有明海の交流』，2011
平岡勝昭・鶴島俊彦編『梅ノ木遺跡』熊本県文化財調査報告第62集　熊本県教育委員会，1983
古澤義久「壱岐における韓半島系土器の様相」『日本出土の朝鮮半島系土器の再検討』第59回埋蔵文化財研究集会発表資料集，2010
本郷泰道「祖母・傾山系山岳地域論序説」『考古学研究』99，1978
本田道輝「松木薗遺跡出土の土器について」『鹿児島考古』14，1980
本田道輝「松木薗遺跡1号住居址出土土器とその意義：松木薗式土器の系譜をめぐって」『鹿大史学』32，1984
本田道輝「南九州で発見された甕棺墓・甕棺片」『Archaeology From the South Ⅱ』，2014
馬田弘稔「弥生時代の土器祭祀について」『森貞次郎博士古稀記念古文

化論集』,1982
町田利幸編『原の辻遺跡』原の辻遺跡調査事務所調査報告書第 24 集　長崎県教育委員会,2002
松本健郎・野田拓治編『上の原遺跡Ⅰ』熊本県文化財調査報告第 58 集　熊本県教育委員会,1983
三阪一徳「土器からみた弥生時代開始過程」『列島初期稲作の担い手は誰か』すいれん舎,2014
宮﨑貴夫「捨てられた甕棺」『西海考古』6,2005
宮﨑貴夫編『原の辻遺跡』原の辻遺跡調査事務所調査報告書第 9 集下巻　長崎県教育委員会,1998
宮本一夫編『壱岐カラカミ遺跡Ⅰ』,九州大学大学院人文科学研究院考古学研究室,2008
村上恭通「中九州における弥生時代鉄器の地域性」『考古学雑誌』77-3,1992
森貞次郎「弥生文化の発展と地域性―九州―」『日本の考古学』3　河出書房新社,1966
森本幹彦「今宿五郎江遺跡の成立とその背景」『福岡考古』22,2010
弥栄久志編『横瀬遺跡』指宿市埋蔵文化財調査報告書（6）指宿市教育委員会,1982
柳田康雄「高三瀦式と西新町式土器」『弥生文化の研究』4　雄山閣,1987
柳田康雄編『三雲遺跡Ⅰ』福岡県文化財調査報告書第 58 集　福岡県教育委員会,1980
柳田康雄・小池史哲編『三雲遺跡Ⅱ』福岡県文化財調査報告書第 60 集　福岡県教育委員会,1981
柳田康雄・小池史哲編『三雲遺跡Ⅲ』福岡県文化財調査報告書第 63 集　福岡県教育委員会,1982
山崎純男編『板付遺跡調査概報』福岡市埋蔵文化財調査報告書第 49 集　福岡市教育委員会,1979
山崎純男編『多々良込田遺跡Ⅲ』福岡市埋蔵文化財調査報告書第 121 集　福岡市教育委員会,1985
家根祥多「縄文土器から弥生土器へ」『縄文から弥生へ』帝塚山考古学研究所,1984
家根祥多「朝鮮無文土器から弥生土器へ」『立命館大学考古学論集』Ⅰ,1997
横山邦継編『比恵遺跡』福岡市埋蔵文化財調査報告書第 130 集　福岡市教育委員会,1986

横山邦継・後藤直編『板付周辺遺跡調査報告書（2）』福岡市埋蔵文化財調査報告書第 31 集　福岡市教育委員会，1975
米倉秀紀編『元岡・桑原遺跡群 21』福岡市埋蔵文化財調査報告書第 1174 集　福岡市教育委員会，2012
力武卓治編『鶴町遺跡』福岡市埋蔵文化財調査報告書第 37 集　福岡市教育委員会，1976
力武卓治編『板付遺跡』福岡市埋蔵文化財調査報告書第 410 集　福岡市教育委員会，1995
李昌熙「在来人と渡来人」『弥生時代の考古学』2　同成社，2009
綿貫俊一編『スポーツ公園内遺跡群発掘調査報告書』大分県教育委員会，1999

〔参考文献〕
石川悦雄「日向における外来系土器の伝播とその地域性（Ⅰ）」『研究紀要』9，1983
石川悦雄「宮崎平野における弥生土器編年試案―素描（Mk.Ⅱ）」『宮崎考古』9，1984
井上裕弘「甕棺製作技術と工人集団」『論集日本原史』，1985
梅﨑惠司「東北部九州の弥生時代中期から後期前半の土器」『研究紀要』19，2005
大神邦博「福岡県糸島地方の弥生後期甕棺」『古代学研究』53，1968
岡部裕俊「王墓の出現と甕棺」『考古学ジャーナル』451，1999
小田富士雄・韓炳三編『日韓交渉の考古学弥生時代編』六興出版，1991
蒲原宏行「古墳時代初頭前後の土器編年」『佐賀県立博物館・美術館調査研究書』16，1991
蒲原宏行「佐賀平野における弥生後期の土器編年」『佐賀県立博物館・美術館調査研究報告書』27，2003
河口貞徳「新南九州弥生土器集成」『鹿児島考古』15，1981
河口貞徳・出口浩「南九州弥生土器の再編年」『鹿児島考古』5，1971
久住猛雄「北部九州における庄内式併行期の土器様相」『庄内式土器研究』ⅩⅨ，1999
武末純一「北九州における弥生時代の複合口縁壺」『森貞次郎博士古稀記念古文化論集』，1982
武末純一「三韓と倭の交流」『国立歴史民俗博物館研究報告』151，2009
武末純一・上田龍児「弥生土器の編年と地域間交流」行橋市市史編纂

IV，各地の弥生土器及び並行期土器群の研究

　委員会編『行橋市史　資料編　原始・古代』行橋市，2006
田崎博之「九州系の土器からみた凹線文系土器の時間的位置」『日本における石器から鉄器への転換形態の研究』，1998
中園聡「弥生時代中期土器様式の併行関係」『史淵』133，1993
中村直子「中津野式土器に表れる地域色」『鹿児島考古』27，1993
中村直子「薩摩半島東部における弥生時代後期土器の検討」『鹿児島考古』31，1997
西健一郎「熊本県における弥生中期甕棺編年の予察」『森貞次郎博士古稀記念古文化論集』，1982
橋口達也『甕棺と弥生時代年代論』雄山閣，2005
福岡市博物館『弥生人のタイムカプセル』，1998
福田一志・中尾篤志編『原の辻遺跡総集編Ⅰ』原の辻遺跡調査事務所調査報告書第30集　長崎県教育委員会，2005
本田道輝「鹿児島県下の弥生後期土器」『鹿児島考古』27，1993
松永幸寿「宮崎平野部における弥生時代後期中葉～古墳時代中期の土器編年」『宮崎考古』17，2011
森貞次郎「各地域の弥生式土器―北九州―」『日本考古学講座』四　河出書房，1955
山崎純男「弥生文化成立期における土器の編年的研究」『古文化論攷』鏡山猛先生古稀記念論文集刊行会，1980

〔図版出典〕
　図1はカシミール3Dを用いて筆者作成。図2～19は，各発掘調査報告書・論文から引用・転載。図7-4は再トレース。

図2　1・5～7：中島・田島編1982，2：力武編1995，3・4：山崎編1979，8：富田編1979，9・10：坂本ほか編1985，11～13：桒畑編1994
図3　1：中島・田島編1982，2：山崎編1979，3・4：力武編1976，5・6：酒井編1981
図4　1～5：乙益1961，6：綿貫編1999，7～12：河口2008a
図5　1～5：菅波編1993，6：長嶺編1985
図6　1：緒方編1977，2～4：讃岐・坪根1992，5：讃岐・坪根編1990，6～8：稲岡・久富編1999，9：河口2008a
図7　1・2：長家編1996，3：二宮・大庭編1997，4・5：榎本編1998，6～9：柳田編1980
図8　1・2：小田編1975，3～8：長嶺編1985，9～13：松本・野田編1983
図9　1・4：稗田編2009，2：永友編1998，3：渋谷ほか編1980，栗田・

清水編 1992，7～11：河口 2008b，12・13：長野・中村編 1983
図10　1～3・5～8：柳田・小池編 1982，4：横山編 1986，11：長嶺編 1985
図11　1：平岡・鶴島編 1983，2・3：清水ほか編 1985，4：坪根編 2006，5・6：河口 2008c
図12　1～6：杉山編 1986，7～10：高木 1979，11：島津編 1992，12・13：江本編 1993
図13　1・2：稲岡・久富編 1999，3・4：近藤編 1992，5・6：稲岡ほか編 1999，7～10：本田 1980，11：弥栄編 1982
図14　1～3：柳田・小池編 1981，4・5：山崎編 1985，6・7：七田ほか編 1992，8：高谷編 2001，9～11：木﨑編 1996，12：園村編 1993
図15　1～4：岩永・戸髙編 1991，5：佐藤ほか編 2013，6・7：鹿児島県歴史資料センター黎明館編 1990
図16・図17　橋口 2005 より転載。各型式の甕棺の出土遺跡は次の通り。曲り田新（宮ノ前39号墓），夜臼（新町18号墓下甕），板付Ⅰ式（新町Ⅱ-05，1号甕棺），KⅠa式（剣塚K7下），KⅠb式（金隈K103上），KⅠc式（金隈K102下），KⅡa式（ハサコの宮K11下），KⅡb式（ハサコの宮K11下），KⅡc式（北牟田K26下），KⅢa式（原K10下），KⅢb式（道場山K60下），KⅢc式（道場山K26下），KⅣa式（吉ヶ浦K28下），KⅣb式（道場山K46下），KⅣc式（三津永田K104），KⅤa式（神在1号），KⅤb式（神在K2），KⅤc式（志登），KⅤd式（三雲堺），KⅤe式（祇園山K1下）。
図18　1・4：横山・後藤編 1975，2・3・10・11：宮﨑編 1998，5・7：木島編 1991，6：佐賀県教育委員会 1977，9：長家編 2014
図19　1：杉山編 2014，2：柳田・小池編 1982，3：宮本編 2008，4・10：副島・山下編 1995，5：町田編 2002，6：小林編 2003，7・8：米倉編 2012，9：杉原編 2000

（石田智子）

3 中国・四国

1, 地域の設定と概要（図1）

　本稿でとりあげる中国・四国地域（以下「地域」を省略）は，北部九州と近畿にはさまれた東西約350kmに及ぶ長大な地域である。日本海沿岸の山陰，瀬戸内海に面した山陽と四国北部，そして太平洋沿岸の四国南部といった地理的にも気候的にも変化に富んだ諸地域を含み込む集合体ともいえる地域である（図1）。このことは，弥生土器においても，豊かな地域色を発生

図1　中国・四国地域全体図

させる要因になっていたと思われる。

　その弥生土器の地域色を詳細に見ていくと，山陰は中国山地を介して吉備（美作・備前・備中・備後）と，芸予諸島以西の西部瀬戸内では響灘・周防灘や伊予灘を介して九州北部〜東北部と，備讃瀬戸以東の東部瀬戸内では播磨灘や紀伊水道を介して近畿とそれぞれ関連性が強い。また，相対的に独自性が強いとされる四国南部においても，隣接した地域との関係性が抽出できるように，地勢的なまとまりを基本として，伝統的な人々の往来などによって，地域色が形成されていたと考えられる。

　従来，北部九州と近畿にはさまれて，東西を結ぶ「回廊的な役割を果たしてきた」と評価されることが多かった当該地域であるが，実際は上述したような複雑な地域色を有しており，個性豊かな土器文化を展開していた。

2, 研究史

　当地域における体系的な弥生土器の編年研究は，森本六爾と小林行雄が編集した『弥生式土器聚成図録』（森本・小林1938）に始まるといえる。そこでは当地域を，中部瀬戸内地方，西部瀬戸内地方および山陰地方に分け，三様式に大別して論述がなされた。この研究は，後の編年研究に与えた影響が大きく，その基底をなすものとして特筆される。それを起点に，鎌木義昌や岡本健児など地域の研究者によって編年の細分や様式内容の検討が進められていった（鎌木1955，岡本1955）。

　日本考古学協会は，北部九州から伊勢湾北岸までの西日本各地の代表的な弥生時代遺跡の発掘調査を進めて，資料集成および諸研究を進めたが（『日本農耕文化の生成』（日本考古学協会編1961）），増加した資料などを活用して，杉原荘介と大塚初重によって全国的な土器編年が行われ，当地域においては前期・中期・後期をそれぞれ二区分されている（杉原・大塚1964）。また，ほぼ同時期に小林行雄と杉原荘介が編集した『弥生式土器集成』でも，全国的な視野から集成が行われ（小林・杉原編1964），小林が確立した五様式区分（末永ほか1943）に沿って検討が進められた。この中で,当地域は山陰Ⅰ・Ⅱ，山陽Ⅰ・Ⅱ，北・南四国の六地区に区分されて論述がなされた。

　その後，潮見浩と藤田等はこれまでの当地域の土器編年研究を総括し，前期二区分，中期三区分，後期二区分に大別して，ほぼ各県単位の編年案を示

した（潮見・藤田1966）。この論考は，研究史や土器編年案を丹念にまとめている点，そして増加した資料を集成し，具体的な指標から各地の土器編年の併行関係や分布状況にまで論を進めている点において特筆される。

その後は，高度経済成長を受け発掘調査が急増し，それに伴って資料が蓄積される中，各県もしくは各小地域単位で精力的に研究が進められていった。その先駆けとなったのは，『考古学ジャーナル』における岡本健児・高橋護・東森市良による「入門講座　弥生土器」であろう（岡本1973・1974，高橋1980，東森1981）。各氏はそれぞれ四国・山陽・山陰の研究史を踏まえながら，新出資料を加えて編年の細分を行っている。なかでも，山陽を担当した高橋は，弥生時代前期から後期までを9期26小期区分という全国的に見ても詳細な土器編年大綱を提示したことで，時間的変遷がかなり明瞭になった。資料の増加した現在では，細部に若干の微修正が必要なものの，その有用性が損なわれたわけではない。また，その土器編年案は周辺地域の土器編年研究にも影響を与えており，当該地域全体にとっての研究史上の画期ともなっている。

続いて，『弥生土器の様式と編年』の山陽・山陰編（正岡・松本編1992）と四国編（菅原・梅木編2000）が刊行され，旧国単位での細別土器編年案が提示された[註1]。それに伴い，各地域で組み上がってきた土器編年の併行関係を捉えたり，地域間関係を明らかにしたりする努力も行われてきた（古代学協会四国支部編1994・1996，土器持寄会論文集刊行会編2000，埋蔵文化財研究集会編2000・2004）。近年はさらに資料が増加し研究も蓄積する中で，当該地域内を相互に比較検討する材料が揃いつつあり，それらを総括した研究も行われている（梅木2003，大久保2004，柴田2011，近藤2011，松本2011）。

以上の研究を踏まえながら，本稿では中国・四国における土器編年の提示と地域色の検討に焦点を絞って論を進めたい。

3. 土器編年の概要

中国・四国全域を対象とした編年案は，地域差も大きく，限られた紙数では詳細を述べることが難しいため，地域を絞って提示したい（表1・2）。

対象とする地域は，各時期を通して資料が過不足なく存在し，その変遷の

③ 中国・四国

表1　編年対象表（中国・四国地方（備前・備中）・早期）

備前・備中		基準資料	九州北部	近畿
本稿	中村2006・小南2012			
早期1	津島岡大Ⅰ	津島岡大遺跡23次河道2、南溝手遺跡1河道3	山の寺	口酒井
早期2	窪木河道1	窪木遺跡1河道1、南溝手遺跡1河道1	夜臼Ⅰ	
早期3	津島岡大Ⅱ	津島岡大遺跡3次13層	夜臼Ⅱa	船橋
早期4	沢田	百間川沢田遺跡2土器溜り13・14	板付Ⅰa／夜臼Ⅱb	

　詳細について検討可能な吉備，特に備前・備中南部を中心に検討を加えたい。この地域は後述するように，瀬戸内海および中国山地を介して広範な地域との交流が認められ，周辺地域との編年の対照が比較的容易な面がある。
　当該地域全体の動向については，次章で適宜ふれることとしたい。

(1) 早期（図2・3）
　縄文晩期突帯文土器の後半期に北部九州では水稲稲作の痕跡が認められるようになり（「山の寺式，夜臼式」段階），この段階を弥生時代早期と評価する見解も出されるようになってきた。それに併行する当地域の土器については，資料が徐々に増加し，それに伴って研究の進展をみているが（平井勝1996，平井泰2000，中村2006，小南2012），良好な一括資料を欠き，設定されている諸型式には見解の分かれるものも少なくない。そうした現状を考慮に入れ，当該期を4期に分け，早期として扱うこととする(註2)。
　なお，北部九州で弥生時代前期に位置付けられる「板付Ⅰ式」のうち，突帯文土器を払拭し，ほぼ遠賀川式土器が主体となり，中国・四国に広く影響が認められる新段階（Ⅰb式）（家根1993，田畑2000）併行期以降を本稿では前期として扱うこととしたい。

[1] 早期1
　深鉢形土器（以下「形土器」を省略）・浅鉢で構成。壺についてははっきりしない。深鉢は口縁端部から約1cm下に貼り付ける一条突帯が主体を占め，左D字刻み（中村2006）が特徴的に認められる。頸部の調整は二枚貝条痕が過半数を占める。浅鉢は頸部の短い逆くの字口縁を持つものと波状口縁を持つものが主体的である。

[2] 早期2
　器種構成は前段階と大きく変化しないが，搬入品と目される丹塗磨研の壺が散見される。深鉢に二条突帯が現れ，砲弾形（バケツ形）の器形も確実に

163

IV，各地の弥生土器及び並行期土器群の研究

表2（その1）　編年対象表（中国・四国地方・前期以降）

時期区分	備前・備中		基準資料	備前・備中		備後	安芸
	本稿			高橋1980・1986・1988	平井典1996・2003	伊藤1992	妹尾1992
前期前葉	前期I-1		津島遺跡南池地点	Ia	I-1	I-1	I-1
	前期I-2		南溝手遺跡1土坑80・90	Ib			
前期中葉	前期II-1		百間川沢田遺跡2土坑33・38	Ic	I-2	I-2	I-2
	前期II-2		百間川沢田遺跡環濠	IIa		I-3	I-3
前期後葉	前期III		百間川原尾島遺跡3溝52	IIb	II-1	I-4	I-4
中期前葉	中期I-1		百間川原尾島遺跡8土坑70・71	IIc・IIIa	II-2	II	II
	中期I-2		南方（済生会）遺跡2　SH142	IIIb	II-3		
	中期I-3		雄町遺跡土坑32				
中期中葉	中期II-1		加茂政所遺跡1土坑19・173	IVa	III	III-1	III-1
	中期II-2		加茂政所遺跡1土坑22・88				
	中期II-3		加茂政所遺跡1土坑130	IVb・c	IV-1	III-2	III-2
	中期II-4		南方（NPO）遺跡土坑5・19				
中期後葉	中期III-1		南溝手遺跡2竪穴住居19	Va	IV-2	IV-1	IV-1
	中期III-2		高塚遺跡土坑59	Vb・VIa	IV-3	IV-2	IV-2
	中期III-3		津寺遺跡2溝3（C地点）	VIb			
後期前葉	後期I-1		高塚遺跡袋状土坑86	VIIa	V-1a	V-1	V-1古
	後期I-2		津寺遺跡4袋状土坑78	VIIb			
	後期I-3		津寺遺跡4袋状土坑80	VIIc	V-1b		V-1新
後期中葉	後期II-1		百間川原尾島遺跡4井戸9	VIId	V-2a	V-2	V-2
	後期II-2		百間川原尾島遺跡6井戸1	VIIIa	V-2b		
後期後葉	後期III-1		足守川加茂B遺跡土坑6	VIIIb	V-3a	V-3	V-3
	後期III-2		足守川加茂B遺跡土坑33	VIIIc			
	後期III-3		百間川原尾島遺跡4井戸2	VIIId	V-3b		
終末期	終末期1		足守川矢部南向遺跡土坑72	IXa	VI-1		V-4
	終末期2		加茂政所遺跡1竪穴住居27	IXb	VI-2		
	終末期3		上東遺跡才の町P-ト（井戸）	IXc			

存在する。口唇部には刻目を施すものがほとんどである。浅鉢には黒色磨研や方形波状口縁をもつものも認められる。

【3】早期3

深鉢・浅鉢に加えて，確実に壺が加わり，「浅鉢変容壺」も認められる。深鉢の頸部調整はナデたもののみとなる。口唇部刻目の施文率が下がる一方で，ほとんどの突帯に刻目が入る。浅鉢は前段階のものに加えて，多波状口縁のものが確実に出現し，組成も増えている。

3 中国・四国

表2（その2）　編年対象表（中国・四国地方・前期以降）

阿波	讃岐	東予	中予	土佐	周防・長門	石見	出雲・隠岐	因幡・伯耆
菅原・瀧山2000	真鍋2000	柴田2000a・2005	梅木2000b・2004	出原2000	田畑2014a	松本1992a	松本1992b	清水1992
Ⅰ-1	Ⅰ-1	Ⅰ-1	Ⅰ-1	Ⅰ-1	前期Ⅰ-1	Ⅰ-1	Ⅰ-1	Ⅰ-1
	Ⅰ-2			Ⅰ-2	前期Ⅰ-2			
Ⅰ-2	Ⅰ-3	Ⅰ-2	Ⅰ-2	Ⅰ-3	前期Ⅱ	Ⅰ-2	Ⅰ-2	Ⅰ-2
Ⅰ-3	Ⅰ-4	Ⅰ-3	Ⅰ-3	Ⅰ-4	前期Ⅲ-1		Ⅰ-3	
Ⅰ-4	Ⅰ-5	Ⅱ-1	Ⅰ-4	Ⅰ-5	前期Ⅲ-2	Ⅰ-3	Ⅰ-4	Ⅰ-3
Ⅱ	Ⅱ-1	Ⅱ-2	Ⅱ	Ⅱ-1	中期Ⅰ	Ⅱ-1	Ⅱ-1	Ⅱ-1・2
	Ⅱ-2	Ⅱ-3		Ⅱ-2	中期Ⅱ-1			
Ⅲ-1	Ⅲ-1	Ⅲ-1	Ⅲ古	Ⅲ-1	中期Ⅱ-2	Ⅲ-1	Ⅲ-1	Ⅲ-1
Ⅲ-2	Ⅲ-2	Ⅲ-2		Ⅲ-2				Ⅲ-2
Ⅲ-3	Ⅲ-3	Ⅳ-1古	Ⅲ新	Ⅲ-3	中期Ⅲ	Ⅲ-2	Ⅲ-2	Ⅲ-3
		Ⅳ-1新						
Ⅳ-1	Ⅳ-1	Ⅳ-2	Ⅳ	Ⅳ-1	中期Ⅳ-1	Ⅳ-1	Ⅳ-1	Ⅳ-1
Ⅳ-2	Ⅳ-2	Ⅳ-3		Ⅳ-2	中期Ⅳ-2	Ⅳ-2	Ⅳ-2	Ⅳ-2
								Ⅳ-3
Ⅴ-1	Ⅳ-3	Ⅴ-1	Ⅴ-1古	Ⅴ-1	後期Ⅰ-1	Ⅴ-1	Ⅴ-1	Ⅴ-1
	Ⅴ-1		Ⅴ-1新	Ⅴ-2	後期Ⅰ-2			
Ⅴ-2	Ⅴ-2	Ⅴ-2	Ⅴ-2	Ⅴ-3	後期Ⅱ-1	Ⅴ-2	Ⅴ-2	Ⅴ-2
Ⅴ-3	Ⅴ-3							
	Ⅴ-4							
Ⅴ-4a	Ⅴ-5	Ⅴ-3	Ⅴ-3	Ⅴ-4	後期Ⅱ-2	Ⅴ-3	Ⅴ-3	Ⅴ-3
Ⅴ-4b								
Ⅴ-5	Ⅴ-6	Ⅴ-4		Ⅴ-5				
Ⅵ-1	Ⅴ-7	Ⅵ-1	Ⅴ-4古	Ⅵ-1	終末期Ⅰ	Ⅴ-4	Ⅴ-4	Ⅵ-1
Ⅵ-2	Ⅴ-8							

【4】早期4

　深鉢の口縁端部は尖り気味に仕上げられ，刻目をもつものはほぼ消滅する。突帯は口縁端部に接するものが増加傾向にある。底部は平底が主体的となる。浅鉢では波状口縁をもつものが消滅し，組成も減少する。

　なお，この段階は従来「沢田式」と呼ばれてきた段階に相当する（平井勝1988・1996）が，弥生時代前期の遠賀川式土器（板付Ⅰb式併行期）直前に位置づける立場（中村2006，小南2012）と併行期とみる立場（秋山1999，

Ⅳ．各地の弥生土器及び並行期土器群の研究

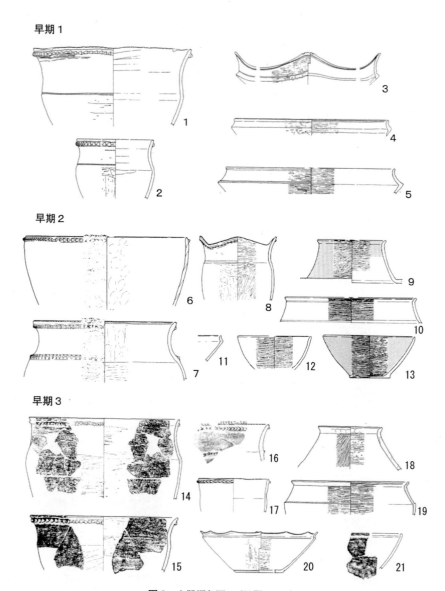

図2　土器編年図1（早期1〜3）

小林 1999) が依然として存在する。本稿では, 前者の立場に立っている (註3)。

(2) 前期 (図 3 ～ 5, 口絵Ⅲ-1)

当地域を含む西日本の広い範囲で同じ特徴をもつ土器が認められることについて, かつて小林行雄氏によって「遠賀川式土器」と名付けられ (小林 1932), 以来弥生時代前期土器の総称として用いられてきた (註4)。

本稿では, 遠賀川式土器様式の広がった時期を前期の始まりと捉え, 編年を行う。なお, その時期については前述したが, 北部九州の板付Ⅰb式 (家根 1993, 田畑 2000) に併行すると考えている (註5)。

【1】前期Ⅰ－1

壺は段手法が盛んであり, その段は接合面を利用して作られる。甕は如意形口縁を呈するものが出現し, 主体をなす。甕も段を持つものが定量存在する。高杯は確実に存在している。前段階との顕著な違いは, 壺の占める割合で, 2～3割を占めるようになる。突帯文土器は一定量共伴する。

【2】前期Ⅰ－2

壺は段手法が盛んであるが, 頸・胴部境が甘く沈線状を呈するものも認められる。口縁部は発達する。甕では, 胴部に1条沈線を施すものが出現し, 有段で刻目をもつものが減少する。

【3】前期Ⅱ－1

壺の段手法が減少傾向にあり, 代わって削出突帯が出現する。壺・甕ともに2条沈線が出現し, ヘラ描沈線が確立する。3条沈線も若干認められるが例外的である。

【4】前期Ⅱ－2

段手法がほぼ消滅し, 削出突帯が盛行する。壺では, 削出突帯の上下に沈線を加えるものも現れ, さらに長頸化するものが出現するなど, バリエーションも増加傾向にある。甕では3条沈線が主体となり, 4条までのものが認められる。

【5】前期Ⅲ (註6)

広口壺の口縁部内面および外面を加飾する貼付突帯が盛行する。壺・甕ともに沈線が多条化する。甕では, 口縁端部に突帯を貼り付けた逆L字状口縁をもついわゆる「瀬戸内型甕」が出現。無頸壺, 鉢, 高杯が一時的に増加し,

Ⅳ，各地の弥生土器及び並行期土器群の研究

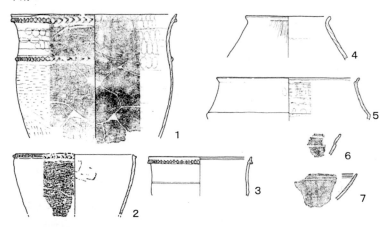

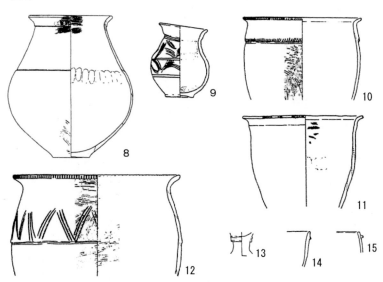

図3　土器編年図2（早期4・前期Ⅰ-1）

③ 中国・四国

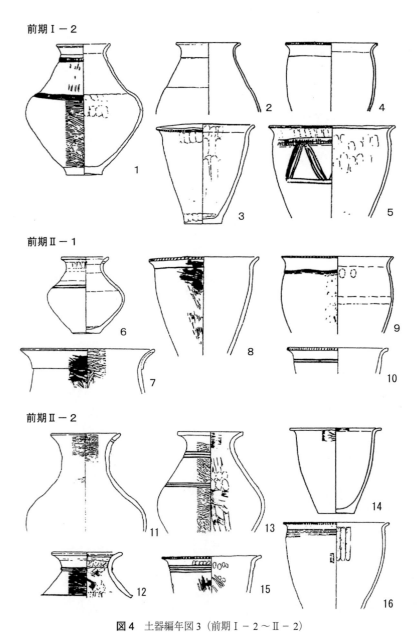

図4　土器編年図3（前期Ⅰ-2～Ⅱ-2）

バリエーションが豊富となる。新しい技法・新形式の出現と顕在化に注目し，遠賀川式土器の範疇から逸脱した段階もしくは中期への転換点と捉え，当段階を中期の始まりとする考えもある（平井典 1996，柴田 2000a・2011）。

(3) 中期（図 5 〜 10，口絵Ⅲ-2）

櫛描文の出現をもって中期の始まりと区分するが，中期初頭（中期Ⅰ－1）は前期Ⅲと共通した要素も多く，「前末中初」と一括りにして扱われることもある。中期中葉の後半（中期Ⅱ－3・4）には凹線文が発生し，櫛描文や貼付突帯文が衰退し始める。また，中期は一般的に地域色が発現する段階と指摘されるが，特にその前半の資料が少なく，系譜関係や組成など様相の把握が難しかった。しかし，近年の資料の蓄積によって詳細な検討が可能な状況となってきた。

【1】中期Ⅰ－1

前段階の器形を踏襲しながらも，文様がヘラ描文から櫛描文に置き換わる[註7]。前段階に一時的に増加した鉢・高杯は激減し，その傾向は次段階に引き継がれる。一方で無頸壺は盛行する。甕は前段階と同様，瀬戸内型と如意形口縁をもつもので構成される。

【2】中期Ⅰ－2

櫛描文は無頸壺・広口壺の多くに採用され盛行する。一方，甕では消失し，精製粗製の別が顕在化する。また，瀬戸内型甕が消滅し，口縁部が発達したくの字口縁を呈するものが主体的となる。そして，土器の胎土が精製化し，タタキ技法も導入される（河合 2004a）など，土器製作上の大きな画期が認められる。

【3】中期Ⅰ－3

基本的に前段階を踏襲するが，無頸壺の頸部が意識されるようになり，形式変化が始まる。鉢・高杯が再び増加し，これ以降一定の組成を占めるようになる。また，いわゆる「ジョッキ形」も出現する。前段階に盛行し始めた櫛描文は鉢にも施文される一方で施文順序に早くも乱れが生じ始めており[註8]，波状文の形態にもバリエーションが生じるなどの変化が認められる。

【4】中期Ⅱ－1

中期Ⅱの最大の特徴ともいえるが，壺がバリエーション豊かになる。無頸壺の系譜を継ぐ壺は貼付突帯を巡らすものに統一され，口縁部が外に開くも

③ 中国・四国

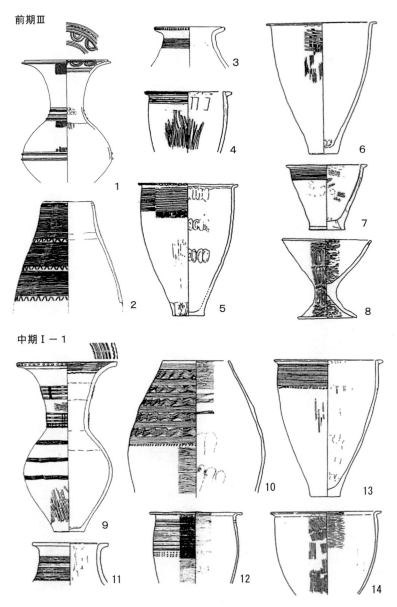

図5　土器編年図4（前期Ⅲ〜中期Ⅰ-1）

Ⅳ，各地の弥生土器及び並行期土器群の研究

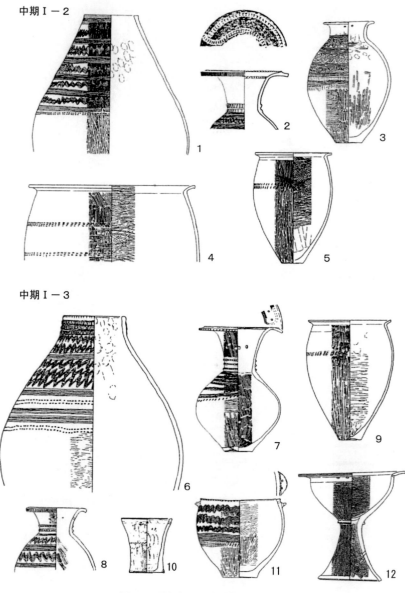

図6 土器編年図5（中期Ⅰ-2・3）

③ 中国・四国

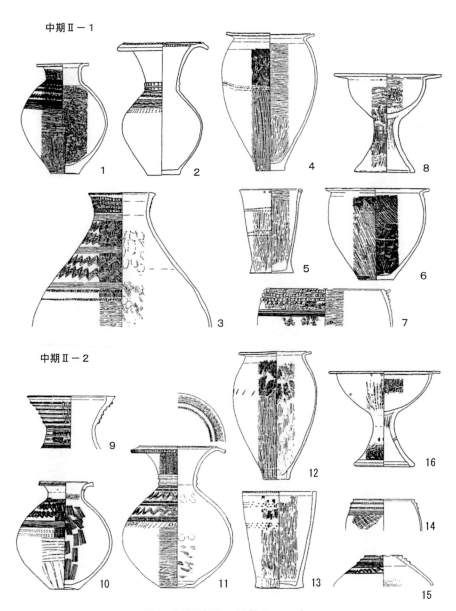

図7　土器編年図6（中期Ⅱ-1・2）

のに形式変化する。それから，壺・甕ともに胴部内面のミガキ調整を省略するものが目立ち始める(註9)。そして，注目されるのは，当段階以降，古墳時代まで組成の一角を占める大型鉢が出現することであり，当段階のものは胴部上面を貼付突帯で加飾する。

【5】中期Ⅱ-2

器種構成は前段階と大きく変化しないが，櫛描文に斜格子文が加わり，さらに円形浮文を用いて加飾性が増す。その反面，施文率自体は下がり，粗雑で浅い施文が目立つなど，櫛描文の衰退傾向も同時に読み取れる。壺の胴部形態は最も球形に近づいている。

【6】中期Ⅱ-3

凹線文が出現する。それに伴って，櫛描文が衰退を始めるが，この段階では急激に入れ替わることはなく共存する。凹線文は広口壺の口縁部（A種）や大型鉢・無頸壺の口縁部（C種）などに部分的に導入される程度であり，また多くの場合，前段階で多用された列点文と組み合わせて施文されるなど，文様の一要素として新たに加わったに過ぎず，前段階の延長線上で理解できる。壺のバリエーションはさらに増加し，組成も増している。その胴部形態は肩部の稜（張り）が意識され始める。壺・甕の内面調整は省力化が進み，内面下半のハケ調整も省略され，ケズリが顕著となる。そして，台付器種も増加傾向にある。

【7】中期Ⅱ-4

前段階の流れを受けて，急速に無文化が進行し，櫛描文が例外的な存在になる。貼付突帯も大型鉢では凹線文に置き換わり，広口壺の頸部および無頸壺の系譜を引いた広口壺の口縁部から頸部にかけて残存する程度となる。器台は確実にこの段階に出現しており，器台や広口壺などの頸部に施す凹線文B種も登場する(註10)。また，水差などの把手付きの器種も出現するが，これについては近畿地域との関係がうかがわれる。古い要素の消滅・衰退の一方で新しい器種・要素の出現する過渡期といえる。

【8】中期Ⅲ-1

前期Ⅲ以来の無頸壺の系譜を引く広口壺が消滅，広口壺の口縁内面に櫛描または貼付突帯で施文を行うものが減るなど，壺のバリエーションが大きく減じ，器種の整理が認められる。また，広口壺や器台に施すB種凹線文が盛

3 中国・四国

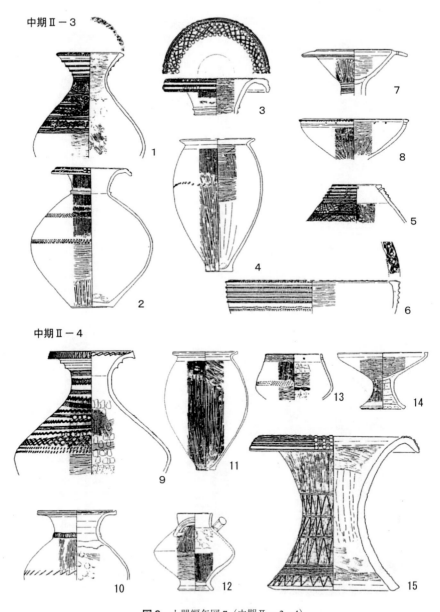

図8　土器編年図7（中期Ⅱ-3・4）

Ⅳ. 各地の弥生土器及び並行期土器群の研究

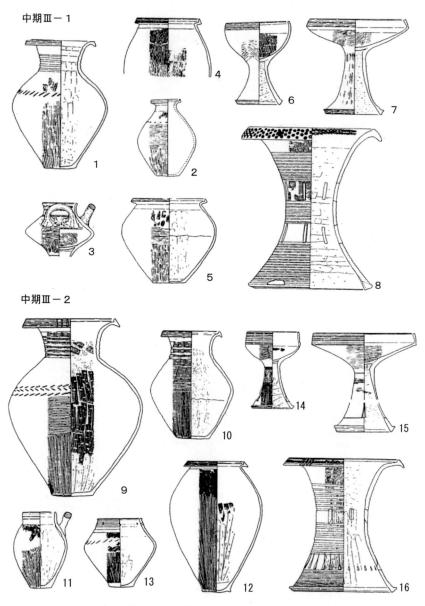

図9　土器編年図8（中期Ⅲ-1・2）

行し，甕の口縁部にもA種凹線文が採用されるなど，凹線文が盛行期を迎える。高杯は杯受部と口縁部の境が強く屈曲し，後期へ継承される形態をもつものが出現し，主体をなす。各器種で大型品が増加傾向にある。

【9】中期Ⅲ-2

　器種構成は前段階と大きく変化しないが，壺・甕では肩が張る傾向を強め，口縁部も拡張傾向にある。器台はこれまで×字形の器形を持つものに加え，胴部が筒形になるものも認められるなど，器種が増加し，定着する。

【10】中期Ⅲ-3

　壺・甕の肩張り，口縁部の拡張はピークに達し，器壁の薄さや焼成の良さなど，土器作りの到達点に達した段階と評価できる。大型化もこの段階にピークを迎え，広口壺・甕・鉢に加えて，器台の大型化も認められる。その一方で，胴部内面調整の省力化が進み，ケズリが胴部上半に達したり，盤状高杯の口縁部外面から凹線文が消失したものが増加したりするなど，後期以降に認められる要素も出現している点が注目される。

(4) 後期 (図10～14，口絵Ⅲ-3)

　凹線文の衰退，土器製作技法の省力化，粗製化をもって後期の始まりとする。後期以降は資料も多く，研究も盛んに進められている(従来の「上東式」)。後期を前半・後半に2大別する案も提出されているが(高橋1980)，筆者は多くの研究者に支持されている3大別案(柳瀬編1977，江見1980，平井典1996)が，この段階の土器様式の動態に即したものと判断している。

【1】後期Ⅰ-1

　広口壺の頸部や器台の胴部に施す凹線文が沈線文に変化する。壺・甕の内面はハケ調整が省略され，頸部付近までケズリを残すものが大半となる。器壁も前段階に比べて厚手になるなど，粗製化の傾向が顕著となる。その一方で，大型品が減少する以外，器種構成は前段階と大きく変わることがなく，過渡的な様相を示す。なお，当段階以降の多くの器台には鋸歯文が採用される。

【2】後期Ⅰ-2

　前段階までみられた肩張りの鉢などが消滅するなど，器種の整理が進む一方で後期以降の主要な器種の一つとなる小型台付鉢が出現するなど，器種構

Ⅳ，各地の弥生土器及び並行期土器群の研究

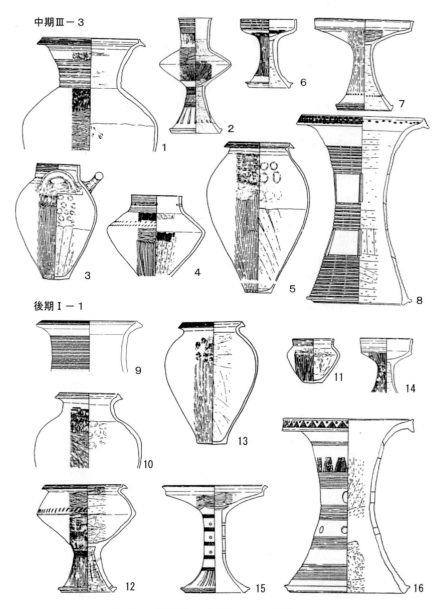

図10 土器編年図9（中期Ⅲ－3～後期Ⅰ－1）

③ 中国・四国

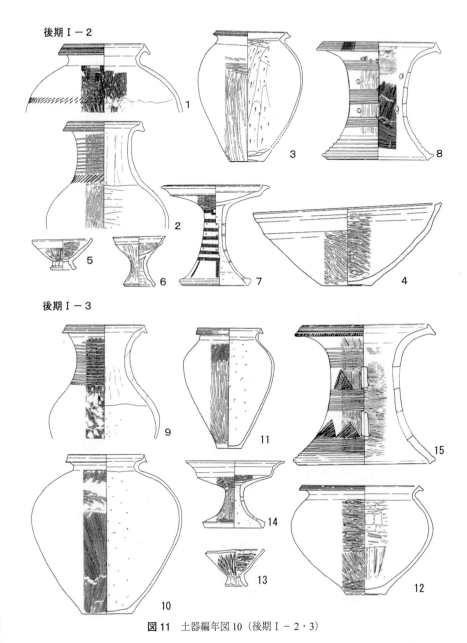

図11　土器編年図10（後期Ⅰ－2・3）

179

Ⅳ. 各地の弥生土器及び並行期土器群の研究

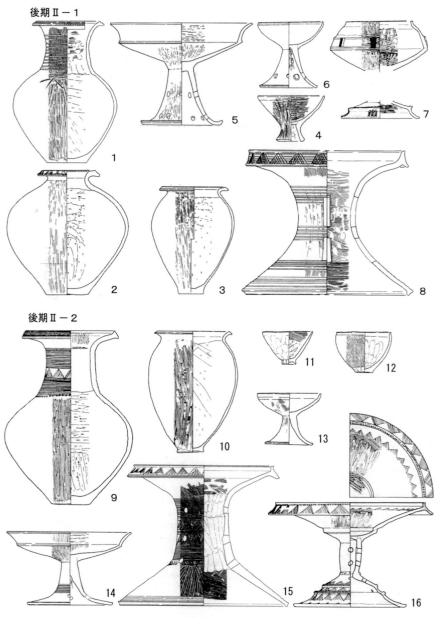

図12 土器編年図11（後期Ⅱ-1・2）

成が大きく変化を遂げる。また、長頸化を指向した壺が増加し始める。

【3】後期Ⅰ－3

器種構成は前段階と大きく変化しないが、甕の口縁部に凹線文を施さない無文のものが増加する。盤状高杯の口縁形態が内折するものへと変化する。

【4】後期Ⅱ－1

長頸壺が確立し、装飾高杯や装飾台付壺（鉢）が出現する。盤状高杯は口縁部を強く外反させる形式が主流となる。器台の口縁部は大きく上下に拡張する複合口縁が主体となる。また、椀形高杯が成立し、小型の高杯・鉢も増加するなど、後期後葉以降の動きにつながる要素も出現している。

【5】後期Ⅱ－2

器種構成は前段階と大きく変化しないが、盤状高杯の製作技法（上下接合）に大きな変化がみられる。すなわち、上下一体として作られたのち、杯受部の中心に円盤を貼り付けて仕上げていたもの（円盤充填法）から、脚部と杯部を接合する方法へと置き換わっていく[註11]。また、長頸壺にも変化が認められ、複合口縁の採用や、筒状の頸部をもつものの増加が認められる。

【6】後期Ⅲ－1

前段階で盛行した装飾高杯は減少する一方で、精製小型土器が出現する。この精製土器は精選された胎土を用いて全面を丁寧なミガキ調整によって仕上げることに特徴があり、当段階以降古墳時代前期に至るまで組成の一角を占める特徴的な器種である。まず、当段階には脚付壺が出現する。盤状高杯も小型化が始まっており、小型鉢も増加するなど、小型土器の器種分化が著しくなっており、器種構成に大きな変化が生じている。

【7】後期Ⅲ－2

盤状高杯はさらに小型化するとともに、精製土器へと変化する（小型鉢も同様）。甕は口縁部が上方へと拡張し始める。肩部に粒状の圧痕を施すものも出現する。長頸壺は口縁部が発達し、頸部はハの字状を呈するものが主体的となる。器台には、加飾性が高いものが見受けられる。

【8】後期Ⅲ－3

後期Ⅲ－1に出現した精製小型土器がさらに種類を増し、定着する。甕は上方への拡張が顕著となり、薄手化が進行するなど、古墳時代初頭に定型化する「吉備型甕」の祖型が形成される。また、手あぶり形が確実に出現する

Ⅳ. 各地の弥生土器及び並行期土器群の研究

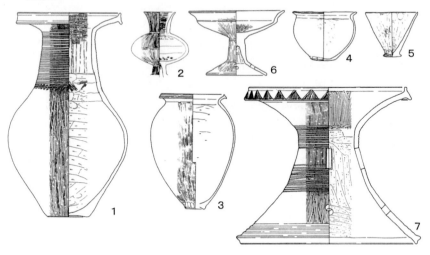

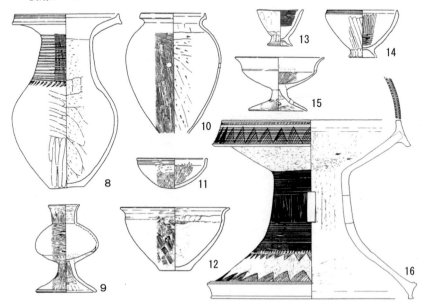

図13 土器編年図12（後期Ⅲ－1・2）

など，終末期以降に盛行する器種や諸要素が顕在化する一方で，中期に出現した大型器台がこの段階をもって集落から姿を消す[註12]など，新旧の要素が入り混じる過渡期として捉えることが可能である。

(5) 終末期（図14・15，口絵Ⅲ-3）

後期を特徴付けていた長頸壺が消滅（形式変化）し，甕では二重口縁をもち，かつ丸底指向の吉備型甕（薄甕）の祖型が主流となる。高杯も精製粘土を用いて，ヨコ方向に丁寧なミガキを入れるものが主流になるなど，古墳時代の土器様式に向けての直接的な動きが明確になる段階である（従来の「酒津式」）[註13]。

[1] 終末期1

長頸壺は頸部が大きく縮まり，消滅（形式変化）する。甕では前段階に形成された吉備型甕（薄甕）の祖型が主流となる。また，前段階までに小型化を達成した高杯はミガキの方向が縦方向から横方向へと変化する。

[2] 終末期2

器種構成は前段階と大きく変化しないが，薄甕の丸底化傾向が進み，小型高杯においては杯部の深さが増していく。長頸壺から形式変化した複合口縁壺は頸部無文のものが主体的となる。

[3] 終末期3

薄甕は胴下半部がふくらんで丸底化がさらに進み，わずかに底部を残すのみとなる。高杯は杯部が縮小傾向にある一方で脚部が発達し始める。後期後葉以降組成の一角を形成してきた小型複合口縁鉢がこの段階をもって消滅する一方で，次段階以降に定着する有段杯部を有する高杯が出現するなど，過渡的な様相を呈する。

4．地域色

それでは，前章で提示した土器編年を時間的な目安として，先行研究を踏まえながら地域色の動態をまとめ，当地域の地域的特色を明らかにしたい。

中国・四国の地域色は時期によって変動があるものの，おおむね山陰，西部瀬戸内，東部瀬戸内，四国南部といった地勢的なまとまり毎に地域色が発現しやすく，特に中期後葉（中期Ⅲ）以降に顕著となる。

また，概して山陰は中国山地を介在して吉備（美作・備前・備中・備後）と，

Ⅳ. 各地の弥生土器及び並行期土器群の研究

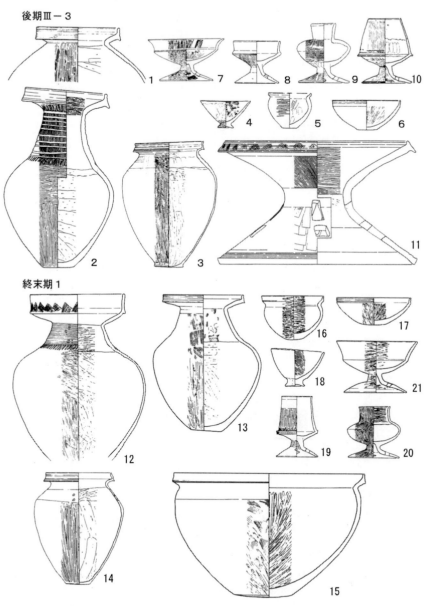

図14 土器編年図13（後期Ⅲ－3～終末期1）

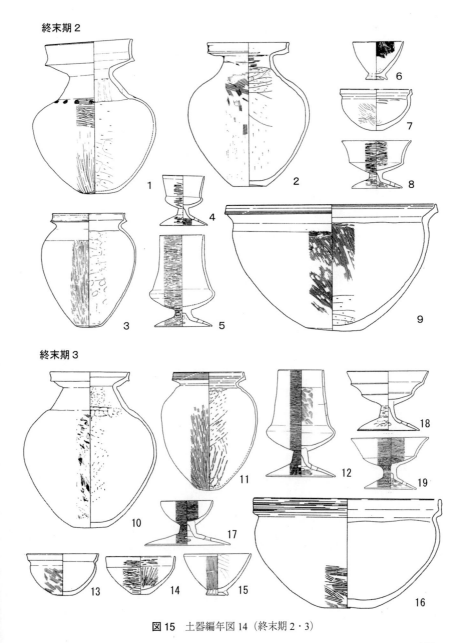

図15 土器編年図14（終末期2・3）

Ⅳ. 各地の弥生土器及び並行期土器群の研究

芸予諸島以西の西部瀬戸内（特に長門・周防）では響灘・周防灘や伊予灘を介して九州北部〜北東部と，備讃瀬戸以東の東部瀬戸内（特に阿波）では播磨灘や紀伊水道を介して近畿とそれぞれ関連性が強い傾向にある。また，相対的に独自性が強いとされる四国南部においても，太平洋もしくは四国山地を介在とした隣接地域との関係性を抽出できる。

(1) 早期

瀬戸内における早期の地域色については，小南裕一の論考に詳しい（図16）（小南 2012）。それを参考にすると，土器装飾および製作における地域色は①備讃瀬戸，②伊予・周防東部，③周防西部・長門という3つのエリアにおおむね区分が可能であると指摘されている。このうち，③は無文化の傾向が著しいことや，色調（焼成法を反映）から九州との関係性が指摘されている。

一方，山陰でもさかんに地域色研究が進められており，山間部と平野部，もしくは東部と西部の地域差が指摘されているが，おおむね瀬戸内と足並みを揃えた変遷をたどることが明らかにされている（濱田 2000，下江 2005）。

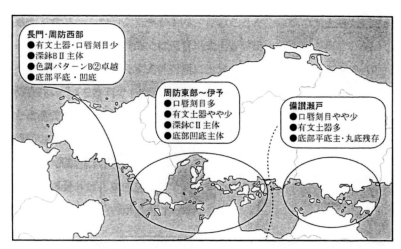

図16　瀬戸内地方におけるⅡ期刻目突帯文土器の地域色（小南 2012）

③ 中国・四国

(2) 前期前葉〜中葉（前期Ⅰ・Ⅱ）

　遠賀川式土器の地域色は，従来それほどないと考えられてきたが，近年の資料の増加と研究の進展により，成立期から地域色を有することが明らかにされつつある（土器持寄会論文集刊行会編2000）[註14]。田畑直彦によると，夜臼Ⅱ式（本稿の早期3）段階で器種組成に①福岡平野，②周防灘沿岸地域，③瀬戸内という違いのあった地域色を保ったまま，板付Ⅰa式（本稿の早期4）段階に①②地域で板付Ⅰa式が成立し，次の板付Ⅰb式（本稿の前期Ⅰ-1）段階に玄界灘沿岸地域と周防灘沿岸地域から当該地域に遠賀川式土器が広がるとする。また，甕の組成から当該地域では周防灘から高知県に至る地域と西部・中部瀬戸内（山陰）との間で地域差を抽出し，この分布圏の形成に周防灘沿岸地域の集団の関与を考えている（田畑2000）。

　一方，高橋護は当該地域において地域差が明確になるのは，前期中葉（前期Ⅱ）以降であるとし，①東北部九州（周防灘沿岸）から山陰全域にわたる地域，②山陽から四国，近畿にわたる地域に大別が可能で，①では貝殻施文による羽状文の発達した土器[註15]，②では削出突帯やヘラ描き平行沈線文を主体とする土器によって特徴付けられる地域とする（高橋1987）。

　当該期においては，以上で触れてきたように地域色について様々な見解が提出されている状況であるが，次段階以降と比べて地域差が緩やかであったことと，次段階以降に生じる地域差の基礎ができつつあったことを確認しておきたい。

(3) 前期後葉（前期Ⅲ）

　この段階に至ると，遠賀川式土器様式の崩壊傾向が進み，地域差が顕著になるとの指摘がなされてきた（秋山1992，田崎1995，吉田2000）。当該地域では新たに「瀬戸内型甕」が出現し，瀬戸内海を中心として広範囲にわたる分布域をもつようになる。この瀬戸内型甕を研究した秋山浩三は，分布状況について，その中心を瀬戸内海に置きつつ，東部九州から丹後・北陸・東海に至る広範囲および，おおむね九州より東の遠賀川式土器分布圏と合致することを指摘した（図17）。さらに，中国・四国のほぼ全域で瀬戸内型甕が恒常的に存在（約10％以上）し，土器において緩やかながらも一定のまとまりを形成していたと評価し，この段階では近畿や九州との間に差異を表

Ⅳ．各地の弥生土器及び並行期土器群の研究

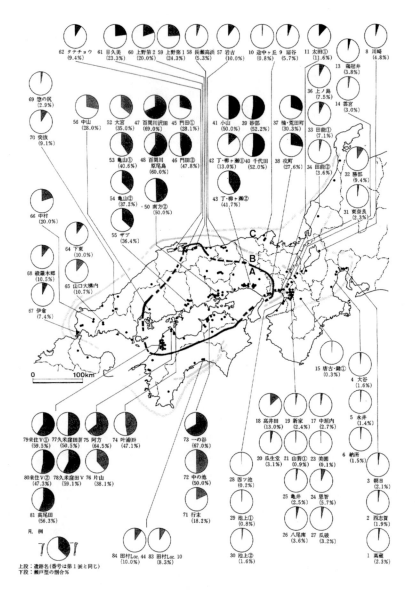

図17 瀬戸内型甕の分布（秋山1992）

出しているとした（秋山1992）。

　瀬戸内型甕の頻出する圏内では，ヘラ描き直線文の多条化や貼付突帯で加飾する壺が顕在化するなどの特徴的な土器様式を形成し，「阿方式土器」（杉原1949）や「門田式土器」（鎌木1952）などと呼称されてきた。山陰も当段階で瀬戸内との共通性を増すが，この両地域の緊密な地域間関係は中期にも受け継がれていく。

　一方，長門と周防西部では，瀬戸内型甕の頻度はそれほど高くなく，壺の胴部を貝殻腹縁もしくは板状工具による押圧施文で加飾するものが目立つ。このような特徴をもつ土器は，当該地域から豊前を中心に分布することから，田畑直彦によって「綾羅木・高槻系土器」と総称されている（田畑2013）（註16）。

　また，当該地域東端に位置し，近畿と大阪湾や紀伊水道を介して向かい合う阿波（吉野川下流域）でも瀬戸内型甕の頻度は低く，外面肩部以下をヘラケズリで仕上げる「紀伊型甕」が定量確認されるなど，大阪湾を囲む地域の影響が少なからず認められる（菅原・瀧山2000）。この状況は中期に引き継がれていく。

(4) 中期前葉（中期Ⅰ）

　基本的に前段階の地域色を受け継いでいる。瀬戸内型甕の主体的分布域では多条の沈線文が櫛描文に置き換わる。その櫛描文は当該地域では長門を除くほぼ全域で認められる。長門〜周防西部では，九州北部〜北東部に主体的に広がった「城ノ越式土器」の影響下で生み出されたとされる「内折口縁土器」が出現する（田畑2014b）。

　土佐の西半〜伊予南部では，縄文晩期の系譜を引いて出現するとされた「西南四国型（土佐型）甕」が広がる（出原1990，柴田2000b，梅木2003，吉田2004）。一方，阿波（吉野川下流域）では，瀬戸内型甕が消滅し，瀬戸内的様相を薄めて，摂津・河内・和泉・紀伊など大阪湾を囲む地域との親縁性を増していく（菅原・瀧山2000）。それ以外の瀬戸内海に面した地域および山陰は比較的共通した様相を示すが，吉備において中期Ⅰ-2段階でいち早く瀬戸内型甕の消滅と甕の無文化（ただし，胴部最大径付近の列点文は残る）が認められる。

Ⅳ．各地の弥生土器及び並行期土器群の研究

(5) 中期中葉（中期Ⅱ）

　出雲を含む山陰東部から安芸・伊予東部以東の中～東部瀬戸内では壺の一部に地域色が現れるものの，おおむね親縁性を保っている。これらの地域では櫛描文および貼付突帯文が盛行し，後半に凹線文が出現する。凹線文のうち，初源的な要素が認められる凹線文（列点文と凹線文が組み合わさるもの（河合 2004b，長友・田中 2007））が存在する地域は備前・備中・讃岐・伊予東部と美作・因幡・伯耆・出雲（と播磨）であり（中期Ⅱ-3），一段階遅れて周辺地域に受容されるものと考えられる（中期Ⅱ-4）。

　一方，東北部九州とつながりが強い長門西部ではこの時期「須玖式土器」の分布域となる（田畑 2013）。また，そのすぐ東側の周防西部・東部～伊予中部を中心として垂下口縁壺が広がりをもち，後半には石見まで分布を広げている（松本 1992a）。

　前段階まで大阪湾を囲む地域との関係の強かった阿波（吉野川下流域）では，当該期後半の凹線文出現前後に再び瀬戸内からの影響が強くなる。また，独自の西南四国型（土佐型）甕を持続する土佐においては，前半には和泉（近畿）との関係を示す流水文（櫛描直線末端扇形文（井藤 1983））がみられるが（出原 2000），後半には凹線文を採り入れる。土佐へ凹線文が伝えられたルートとしては，梅木謙一により，四国山地を介した（讃岐西部から吉野川上中流域を経由した）ものが想定されている（梅木 2002）。

(6) 中期後葉（中期Ⅲ）

　前段階に出現した凹線文が盛行する段階で，当該地域では周防・長門を除くほぼ全域に分布域を広げている。周防と長門北部では垂下口縁壺（「柳井田式土器」[註17]（小野 1985，中村 1993））が主体的に分布し，長門西部・東部と周防西部では北部九州の須玖式が分布を広げている（田畑 2013）（図18）。柳井田式は凹線文土器様式分布圏と須玖式分布圏の狭間に位置しており，その意味からも注目されるとともに，両圏の分布が直接重なり合わないことは，九州と中国・四国もしくは近畿の編年の併行関係を把握する上で困難を伴う要因ともなっている。

　さて，凹線文土器は確かに広域に広がるが，その内部では地域差はむしろ拡大傾向にある（田崎 1995，植田 1998，柴田 2011）。詳細にみていくと，

③ 中国・四国

図18 中国・四国地域における弥生時代中期後葉の地域色
（田畑2013を参考に作成）

器台をもつ地域は原則として出雲〜安芸〜讃岐〜土佐中部以東に限られ，近畿に特徴的にみられる水差は備前・備中と阿波に限られる。また，備後北部から出雲・石見東部にかけては，凹線文を多用し，刺突文（列点文）などを組み合わせた加飾性の高い土器をもつ，いわゆる「塩町式土器」（石田2013）が分布し，その東の地域（伯耆・因幡・美作）でも加飾性の高い土器を有する。瀬戸内では備中南部・備後南部・安芸・伊予東部・讃岐西部に共通した広口壺が広がり（伊藤編1995），深い椀形杯部に，矢羽根状透かし孔をもつ脚部を特徴とする「伊予型高杯」（梅木2003）が周防東部まで広がるなど，この時期の地域差は特定の器種や文様などを近接地域から選択的に受容することによって生じる「組み合わせの差」として理解できる（河合

191

Ⅳ. 各地の弥生土器及び並行期土器群の研究

2005）。ただし，巨視的にみれば，当該地域はおおむね西部瀬戸内と東部瀬戸内・山陰の二地域に大別が可能であり，この時期に生じた地域差の大枠が後期～古墳時代前期にかけて維持されていくこととなる。

(7) 後期前葉（後期Ⅰ）

　前段階で生じた地域差は一時的に緩和され，山陰と東部瀬戸内（備後・美作・備前・備中・讃岐・阿波（吉野川下流域））では共通する部分も多くなる[註18]。ただし，阿波では引き続き近畿の影響も強い。水差は阿波に加えて，讃岐・備前・備中に分布が限られている。また，前段階に塩町式が分布していた地域では，当段階においても引き続き加飾性が高く，甕の口縁部形態や作りにおいても周辺地域との違いが指摘されている（池橋1985）など，前段階で発現した地域差が部分的に受け継がれている点は注意される。

　一方，凹線文や器台などは西部瀬戸内に受容されていく。凹線文土器を受容しなかった周防では，東部が初頭（本稿の後期Ⅰ-1併行期）に瀬戸内系主体となり，凹線文を受容し，西部でも若干遅れて本稿の後期Ⅰ-3併行期には受容されるようになる（田畑2012）。また，周防西部は北部九州系土器と瀬戸内系が混在する様相を示すとされ（田畑2012），資料の少ない長門でも瀬戸内系（と山陰系）が流入している可能性が指摘されている（田畑2014a）など，一時的に東部瀬戸内もしくは山陰からの影響が強くなる。器台もその動きと関連するように初頭には伊予中部（中予）と石見，遅れて後期Ⅰ-3併行期までには周防東部にまで分布域を広げている（田畑2012）。

(8) 後期中葉（後期Ⅱ）

　これまで多くの指摘がなされているように，山陰と東部瀬戸内の地域差が強まる段階である（池橋1985，平井典1992，中川1996，大久保2004）。山陰では，口縁部が上方へ長く拡張される「複合口縁」が盛行し，文様も凹線文から貝や櫛状工具を用いて一度に施文する擬凹線文（正岡1986）が主体となる。また，鼓形器台も出現し，いわゆる山陰系土器群が出揃う（松本1992b，田中1999）。さらに，台付装飾壺がこの時期から後期後葉にかけて盛行し（松井1997・2013，岩橋2004），この器種と関係が深い渦文をもつスタンプ文（祭紋）も同様に盛行する（岸本1990, 高尾1997, 岩橋2004）など，独自色を増す。中国山間部の諸地域（美作・備中北部・備後北部）も山陰系

192

③ 中国・四国

土器と類似した土器の分布圏となる（藤田 1979，中山 1986，桑原 1986，高橋 1992，植田 1998，渡邊 2009）(註19)。

　一方，東部瀬戸内でも海を挟んで山陽（吉備南部）と四国北東部の差異が出てくる（大久保 2004）。吉備南部では，前段階とほぼ変わらず凹線文を多器種に使用し，器台も定量組成に含まれるが，四国北東部では器台は急激に減少し，凹線文も低調である。四国南部の土佐も同様の傾向を示す。また，阿波と土佐（と東部瀬戸内海浜部）では近畿で主体を占める胴部外面に顕著なタタキを残す甕が出現する。以降，土佐では主流となっていく（出原 2000）。

　西部瀬戸内では再び東北部九州の影響が強まり，長門では「下大隈式土器」（古段階）の分布圏となる（吉瀬 1996，田畑 2004）。この段階から終末期にかけて複合口縁大型壺が伊予（東予を除く）・安芸・周防・長門で定着し，伊予灘・豊後水道を挟んだ東北部九州でも同様の状況が認められる（梅木 1996，大久保 2004，田畑 2012）。また，西部瀬戸内では壺と甕を主体とする器種構成で，高杯・鉢の比率が低い共通点をもつ（大久保 2004）。

(9) 後期後葉（後期Ⅲ）

　前段階で明瞭となった地域色のうち，西部瀬戸内とそれ以外の地域との大別が可能である。前者は東北部九州の影響を受け，土製支脚・長胴甕および複合口縁壺をセットでもつようになる（梅木 1996，大久保 1996・2004）。さらに，その影響は瀬戸内海を東に進み，讃岐の西端まで達している（大久保 1996）。

　一方，後者のうち山陰と中国地域山間部では山陰系土器を共有し，新たに低脚杯が加わる。東部瀬戸内では吉備南部と四国北東部の違いはさらに拡大傾向にある。吉備南部では精選された胎土を用いて，丁寧なミガキで仕上げる精製小型土器が出現し，それと関連して小型土器の器種分化が著しくなる。その一方で，長頸壺と器台がより発達・大型化する。四国北東部のうち，讃岐では前段階にすでに祖型が出現していた下川津B類土器が確立する（大久保 1990）。この土器群の特徴は製作器種の限定に加え，各器種の形態的画一性が高いことにあるが（大久保 2003・2004），この時期阿波にも広範に分布し（菅原・瀧山 2000），次段階で出現する東阿波型土器（菅原 1987b）の母

体となっている。その一方で阿波（吉野川下流域）では，一時的に吉備南部の影響も強まり，吉備型の鋸歯文をもつ二重口縁壺も作られる（菅原・瀧山 2000）。さらに，口縁部に円形浮文を施し，球形の胴部をもつ広口壺や長頸壺，タタキ甕は和泉をはじめとした近畿の土器様式との共通性を併せもつなど，阿波では複雑な状況を呈する。また，タタキ甕は前段階と同様，土佐東半部・阿波と讃岐・備前・備中の海浜部に分布し，瀬戸内海では備讃瀬戸で西部瀬戸内の土器様式圏と対峙する。

そして，この時期に特に注目すべきものとして，西部瀬戸内系大型器台（谷若 1996，松村 2008）と吉備を中心に分布する特殊器台（近藤・春成 1967，宇垣 1992）がある。前者は前段階の後期中葉に伊予（中予）で出現し，当段階から古墳時代初頭にかけて西部瀬戸内に広く分布する（松村 2008）。一方，後者は当段階の最後（後期Ⅲ-3）に突如出現し，古墳時代初頭にかけて吉備に主体的に分布するが，この時期には出雲市西谷 3 号墓など出雲の首長墓からも出土する（宇垣 1992）など特徴的な分布も示す。さらに，後者が墳墓祭祀に用いることの多い器物であるという側面についても前者と大きく異なる。この好対照な二つの大型器台の分布圏は，先にみてきた一般的な土器の分布状況とも一致することから，その関連性が注目される。

(10) 終末期（図 19）

複合口縁壺，長胴甕，土製支脚と西部瀬戸内系大型器台で特徴付けられる西部瀬戸内の地域色を共有する範囲はさらに広がりをみせ，長胴甕は四国南部の土佐でも受容される。また，西部瀬戸内系大型器台も土佐での確認例がある（土佐市居徳遺跡）（松村 2008）。

これに対し，山陰（出雲・伯耆・因幡）・吉備南部（備前・備中南部）・讃岐・阿波（吉野川下流域）では，特徴的な薄作りの甕（薄甕）が定着する。これらは長胴化を指向せず，タタキ調整の後にハケ，またはミガキ調整を行う共通点がある。さらに，これらの地域では高杯や鉢などが発達する（大久保 2004）。こういった土器様式の構造は近畿とも共有するものであるが，その一方で，近畿と関連が深いとされるタタキ甕（近畿では「Ⅴ様式系」とも呼ばれる）については，前段階におおむね土佐東半部・阿波から讃岐・備前・備中の海浜部止まりであったものが，当段階に四国のほぼ全域に広がり（蔵

3 中国・四国

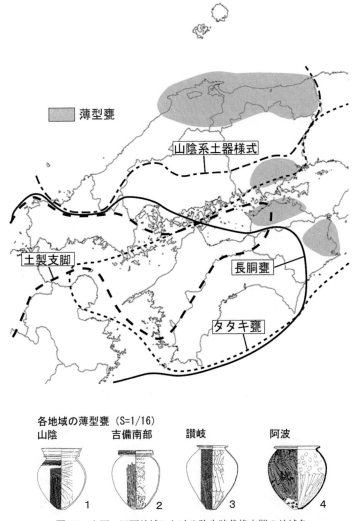

図19 中国・四国地域における弥生時代終末期の地域色

本2001),土佐や伊予では長胴甕と共存する。
　以上のように,当段階では次段階で顕著となるような土器の直接的な移動は活発ではないが,北部九州と近畿を中心として展開していた特徴的な土器文化がこの段階に当該地域を舞台として大きく融合し始めている点は重要で

Ⅳ，各地の弥生土器及び並行期土器群の研究

ある。次の古墳時代初頭段階には，各地域の土器が広域に動き始めることが知られている（石野2001，安城市歴史博物館2014）が，そうした動きの基盤が，少なくともこの時期には形成されつつあったと評価しておきたい。

そして，次の古墳時代初頭段階に活発化した列島規模での地域間交流を経て，古墳時代前期後葉にはおおむね当該地域内における地域差が解消していくこととなる[註20]。

〔註〕
1) 『弥生土器の様式と編年』で取り上げられなかった山口県域（周防・長門）については，田畑直彦の一連の研究がある（田畑2014a）。
2) 中村大介・小南裕一の編年案をベースとしている。ただし，小南は「仮に水稲耕作が導入されていたとしても縄文文化の枠組みの中で評価すべき段階」として，当段階を縄文晩期末とする。
3) ただし，筆者も弥生時代前期段階に沢田式に後続する突帯文が存在すると考えている。渡邉恵里子の研究を参照すれば（渡邉1997），本稿の前期Ⅱ-1までは残存していた可能性が高い。
4) 本稿では，小林行雄が後年『図解考古学辞典』で，西日本の前期弥生土器の総称として用いた「遠賀川式土器」（小林1959）を広域の共通様式として用いることとする。
5) 一方で，中国・四国地域の遠賀川土器の出現を板付Ⅱa式に下げる意見も根強い（下條1993，田崎2000，菅波2009）。
6) 前期Ⅲについては，沈線の条数やその量比などからさらに細分を行う研究成果もある（渡邉1997，秋山1992）。現状では，資料数が少ないこともあり，本稿では細分していないが，今後の検討に委ねたい。
7) 遺跡での出土状況では，櫛描文とヘラ描文が混在することが多い。型式学的な分離は可能だが，実態としては中期に入ってもヘラ描文が残存していたと考えている。
8) 櫛描文出現当初は，直線文から始まって波状文と繰り返し施文されているが，この段階以降，波状文から始まるものや同じ文様を繰り返すものなどが加わっていく傾向が読み取れる。
9) 胴部内面の調整について，後にケズリが目立つようになるが，その段階から新規に採用される技法ではなく，遅くともタタキ調整が確認される中期Ⅰ-2には採用されていた可能性が高い。内面の調整はケズリ→ハケ→ミガキの順に行われており，時期が下るにつれ工程が省略されていった結果，「見かけ上」ケズリの位置が上がっていくようにみえると考えている。内面調整における工程の省略につい

ては，柴田昌児も言及している（柴田 2005）。
10) 学史的な区分では器台もしくはB種凹線文の出現は中期後葉（畿内第Ⅳ様式併行期）の指標とされるが（小林・杉原編 1964，佐原 1968），吉備周辺地域においては近年の資料の増加により，この段階に出現することが明らかである（福井 2009）。
11) 高橋護は高杯の上下接合に加え，甕の底部形成の方法に着目し，この段階に土器の形成方法が大きく変化すると評価し，この段階をもって後期を二分する（高橋 1980）。
12) 当該期は主に墳墓用に製作されたとみられる特殊器台が成立する時期でもあり，その関連性が注目されている（大橋 1992）。
13) 吉備型甕（薄甕）の確立や小型精製器種の盛行（小型器台の出現など）がみられる段階（従来の下田所式）以降を古墳時代の土器（古式土師器）として考えるため，本稿では取り扱わないこととする。この段階は，器種構成が大きく変化することに加え，汎西日本的に広く土器が動く時代でもあり，土器に与えられていた役割も大きく変化しているものと考えられる。
14) こうした議論が盛んになる一方で，小南裕一は初期遠賀川式土器（本稿の前期Ⅰ）の法量・形態・成形技法・焼成法（色調・黒斑）などの諸属性に注目し，突帯文土器に認められた地域色と初期遠賀川式土器に認められる地域色は質的に異なるとし，その斉一性を強調する（小南 2012）。また，梅木謙一は早期からの移行状況に地域差があるとし，各地で早期色が前期中葉（本稿の前期Ⅱ）まで残り，組成や形状の画一化はこれ以降に強まると指摘する（梅木 2000a）。
15) これについては田畑直彦の詳しい研究がある（田畑 2003）。
16) ただし，両者は口縁部形態や貼付突帯の形態に違いをもつことが指摘されている（石井 1984）。
17) 特徴的な垂下口縁壺（頸部に突帯文を施し，ラッパ形に大きく口が開き，垂下する口縁端部に山形文をもつ）をもつ土器様式である（中村 1993）。
18) 吉備南部を中心に存在する「上東式」に類似した土器の広がりとして把握することが可能である。この時期，河内平野（大阪府瓜生堂遺跡・巨摩遺跡）や福岡平野（福岡市板付遺跡）などで上東式土器が出土することで注目を集めてきたが，角閃石を多く含む暗褐色系の胎土を特徴にもつこの土器は近年の研究の結果，讃岐産土器であることが明らかにされ（杉本 1996，平井典 1997），産地も特定できる可能性が高いことから「香東川下流域産土器」とも呼ばれている（大久保 2003）。

Ⅳ.各地の弥生土器及び並行期土器群の研究

19) ただし,各地域(各流域単位)で受容の度合いに差異があることが指摘されている(中山2005,渡邊2009)。
20) ただし,山陰ではこの段階においても「布留様式」を受け入れながらも伝統的器種が根強く残存するという指摘がある(大久保2004)。

〔引用文献〕
秋山浩三「弥生前期土器」『吉備の考古学的研究』上 山陽新聞社,1992
秋山浩三「近畿における弥生化の具体相」『論争吉備』考古学研究会,1999
秋山浩三「門田貝塚(前・中期)」『邑久町史 考古編』瀬戸内市,2006
阿部芳郎編『津島岡大遺跡4』岡山大学構内遺跡発掘調査報告7 岡山大学埋蔵文化財調査研究センター,1994
安城市歴史博物館『特別展 大交流時代』,2014
池橋幹「弥生後期土器の地域色とその背景―中国地方東部を中心に―」『考古学研究』32-3 考古学研究会,1985
石井龍彦「高槻式土器について」『西部瀬戸内における弥生文化の研究』山口大学考古学研究室,1984
石田爲成「山陰地方における塩町甕の分布について」『立命館大学考古学論集Ⅵ』,2013
石野博信『邪馬台国の考古学』吉川弘文館,2001
伊藤晃編『山陽新幹線建設に伴う調査Ⅱ』岡山県埋蔵文化財発掘調査報告2 岡山県教育委員会,1974
伊藤実「備後地域」『弥生土器の様式と編年』山陽・山陰編 木耳社,1992
伊藤実編『弥生のかたち』広島県立歴史民俗資料館,1995
井藤暁子「近畿」『弥生土器』Ⅰ ニューサイエンス社,1983
井上弘編『百間川沢田遺跡1・百間川当麻遺跡1ほか』岡山県埋蔵文化財発掘調査報告46 岡山県教育委員会,1981
岩橋孝典「装飾壺・スタンプ文土器からみた弥生時代後期の出雲地域」『古代文化研究』12 島根県古代文化センター,2004
植田千佳穂「土器からみた地域性」『ひろしまの遺跡を語る』広島県埋蔵文化財調査センター,1998
宇垣匡雅「特殊器台・特殊壺」『吉備の考古学的研究』上 山陽新聞社,1992
宇垣匡雅編『百間川原尾島遺跡3』岡山県埋蔵文化財発掘調査報告88 岡山県教育委員会,1994

3 中国・四国

氏平昭則編『津島遺跡3』岡山県埋蔵文化財発掘調査報告160　岡山県教育委員会，2001
梅木謙一「複合口縁壺の動態」『弥生後期の瀬戸内海』，1996
梅木謙一「遠賀川系土器の壺にみる伝播と変容」『突帯文と遠賀川』，2000a
梅木謙一「伊予中部地域」『弥生土器の様式と編年』四国編　木耳社，2000b
梅木謙一「四国弥生時代中期後半の高坏にみる地域性」『論集 徳島の考古学』，2002
梅木謙一「中国・四国地方の土器」『考古資料大観』1　小学館，2003
梅木謙一「伊予中部の弥生中期中葉〜後期前葉」『弥生中期土器の併行関係』埋蔵文化財研究会，2004
江見正己「時期区分について」『百間川原尾島遺跡1』岡山県教育委員会，1980
江見正己編『百間川原尾島遺跡1』岡山県埋蔵文化財発掘調査報告39　岡山県教育委員会，1980
江見正己編『高松田中遺跡ほか』岡山県埋蔵文化財発掘調査報告121　岡山県教育委員会，1997
江見正己編『高塚遺跡ほか』岡山県埋蔵文化財発掘調査報告150 岡山県教育委員会，2000
江見正己編『久田原遺跡ほか』岡山県埋蔵文化財発掘調査報告184　岡山県教育委員会，2004
扇崎由『南方（済生会）遺跡2』岡山市教育委員会，2007
大久保徹也「下川津遺跡における弥生時代後期から古墳時代前半の土器について」『下川津遺跡』香川県教育委員会，1990
大久保徹也「煮沸形態からみた地域圏」『弥生後期の瀬戸内海』，1996
大久保徹也「香東川流域産土器の生産と流通」『初期古墳と大和の考古学』学生社，2003
大久保徹也「中国・四国地方の土器」『考古資料大観』2　小学館，2004
大橋雅也「器台形土器」『吉備の考古学的研究』上 山陽新聞社，1992
大橋雅也編『津寺遺跡2』岡山県埋蔵文化財発掘調査報告98　岡山県教育委員会，1995
岡田博編『窪木遺跡1』岡山県埋蔵文化財発掘調査報告120　岡山県教育委員会，1997
岡田博編『門田貝塚』岡山県埋蔵文化財発掘調査報告55　岡山県教育委員会，1983

Ⅳ．各地の弥生土器及び並行期土器群の研究

岡本健児「各地域の弥生土器 四国」『日本考古学講座』4　河出書房，1955

岡本健児「四国1〜5」『考古学ジャーナル』88・89・90・92・93　ニューサイエンス社，1973・1974

岡本寛久編『百間川米田遺跡3ほか』岡山県埋蔵文化財発掘調査報告74　岡山県教育委員会，1989

岡本寛久編『立田遺跡2ほか』岡山県埋蔵文化財発掘調査報告143　岡山県教育委員会，1999

岡本寛久編『仏生田遺跡2ほか』岡山県埋蔵文化財発掘調査報告202　岡山県教育委員会，2006

小野忠熈『山口県の考古学』吉川弘文館，1985

金田善敬編『伊福定国前遺跡2』岡山県埋蔵文化財発掘調査報告188　岡山県教育委員会，2005

鎌木義昌「門田貝塚の文化遺物について」『吉備考古』84，1952

鎌木義昌「各地域の弥生土器 中国」『日本考古学講座』4　河出書房，1955

神谷正義・草原孝典『百間川沢田（市道）遺跡発掘調査報告』岡山市教育委員会，1992

亀山行雄編『津寺遺跡3』岡山県埋蔵文化財発掘調査報告104　岡山県教育委員会，1996

亀山行雄編『津寺遺跡4』岡山県埋蔵文化財発掘調査報告116　岡山県教育委員会，1997

河合忍「弥生土器と弥生集落」『久田原遺跡ほか』岡山県教育委員会，2004a

河合忍「備前・備中地域」『弥生中期土器の併行関係』埋蔵文化財研究会，2004b

河合忍「弥生土器について」『久田堀ノ内遺跡』岡山県教育委員会，2005

岸本一宏「いわゆる「祭紋」についての覚書」『播磨考古学論叢』，1990

草原孝典『川入・中撫川遺跡』岡山市教育委員会，2006

草原孝典編『赤田東遺跡』岡山市教育委員会，2005

蔵本晋司「四国島における畿内系土器の動向（予察）」『庄内式土器研究』25，2001

桑原隆博「広島県におけるいわゆる「山陰系土器」について」『弥生時代後期から古墳時代初頭のいわゆる山陰系土器について』埋蔵文化財研究会，1986

3 中国・四国

小嶋善邦編『百間川原尾島遺跡 6』岡山県埋蔵文化財発掘調査報告 179　岡山県教育委員会，2004
古代学協会四国支部編『弥生時代中期の土器と集落』，1994
古代学協会四国支部編『弥生後期の瀬戸内海』，1996
小林青樹「瀬戸内地域における弥生文化の成立」『論争吉備』考古学研究会，1999
小林利晴編『上東遺跡』岡山県埋蔵文化財発掘調査報告 158　岡山県教育委員会，2001
小林行雄「吉田土器及び遠賀川土器とその伝播」『考古学』3-5　東京考古学会，1932
小林行雄「遠賀川式土器」『図解考古学辞典』東京創元社，1959
小林行雄・杉原荘介編『弥生式土器集成 本編一』東京堂，1964
小南裕一「環瀬戸内における縄文・弥生移行期の土器研究」『山口大学考古学論集』，2012
近藤義郎・春成秀爾「埴輪の起源」『考古学研究』13-3，1967
近藤玲「中・四国東部地域」『講座日本の考古学』5　青木書店，2011
佐原眞「畿内地方」『弥生式土器集成』本編 2　東京堂出版，1968
澤山孝之編『南方遺跡』岡山県埋蔵文化財発掘調査報告 196　岡山県教育委員会，2006
潮見浩・藤田等「弥生文化の発展と地域性」『日本考古学』Ⅲ 弥生時代　河出書房新社，1966
柴田昌児「伊予東部地域」『弥生土器の様式と編年』四国編　木耳社，2000a
柴田昌児「四国西南部における弥生文化の成立過程―西南四国型甕の成立と背景―」『突帯文と遠賀川』，2000b
柴田昌児「中期弥生土器総論」『久枝遺跡・久枝Ⅱ遺跡・本郷Ⅰ遺跡』(財)愛媛県埋蔵文化財調査センター，2005
柴田昌児「中・四国西部地域」『講座日本の考古学』5　青木書店，2011
島崎東編『足守川加茂 A 遺跡・足守川加茂 B 遺跡・矢部南向遺跡』岡山県埋蔵文化財発掘調査報告 94　岡山県教育委員会，1995
島崎東編『津島遺跡 4』岡山県埋蔵文化財発掘調査報告 173　岡山県教育委員会，2003
清水真一「因幡・伯耆地域」『弥生土器の様式と編年』山陽・山陰編　木耳社，1992
下江健太「山陰地方における突帯文土器の様相」『縄文時代の山陰地方』中四国縄文研究会，2005

IV，各地の弥生土器及び並行期土器群の研究

下澤公明編『本州四国連絡橋陸上ルート建設に伴う発掘調査Ⅱ』岡山県埋蔵文化財発掘調査報告 71　岡山県教育委員会，1988
下條信行「西部瀬戸内における出現期弥生土器の様相」『論苑考古学』，1993
末永雅雄・小林行雄・藤岡謙二郎『大和唐古弥生式遺跡の研究』，1943
菅原康夫『黒谷川郡頭遺跡Ⅱ』徳島県教育委員会，1987a
菅原康夫「吉野川流域における弥生時代終末期の文化相」『考古学と地域文化』同志社大学，1987b
菅原康夫・梅木謙一編『弥生土器の様式と編年』四国編　木耳社，2000
菅原康夫・瀧山雄一「阿波地域」『弥生土器の様式と編年』四国編　木耳社，2000
杉原荘介「伊予阿方遺跡・片山遺跡調査概報」『考古学集刊』2，1949
杉原荘介・大塚初重「弥生式土器」『日本原始美術』Ⅲ　講談社，1964
杉本厚典「東部瀬戸内と北部九州の弥生時代後期初頭の土器編年の平行関係」『香川考古』5　香川考古学研究会，1996
杉山一雄編『伊福定国前遺跡』岡山県埋蔵文化財発掘調査報告 125 岡山県教育委員会，1998
菅波正人「福岡平野における板付Ⅰ式土器の拡散と突帯文系甕の様相」『弥生文化誕生』同成社，2009
妹尾周三「安芸地域」『弥生土器の様式と編年』山陽・山陰編　木耳社，1992
高尾浩司「鳥取県におけるスタンプ文について」『天萬土井前遺跡』(財)鳥取県教育文化財団，1997
高田恭一郎編『百間川原尾島遺跡 7 ほか』岡山県埋蔵文化財発掘調査報告 215　岡山県教育委員会，2008
高橋護「山陽 1〜4」『考古学ジャーナル』173・175・179・181　ニューサイエンス社，1980
高橋護「上東式土器の細分編年基準」『岡山県立博物館研究報告』7　岡山県立博物館，1986
高橋護「遠賀川式土器」『弥生文化の研究』4　雄山閣，1987
高橋護「弥生時代終末期の土器編年」『研究報告』9　岡山県立博物館，1988
高橋護「弥生後期の地域性」『吉備の考古学的研究』上　山陽新聞社，1992
高畑知功編『百間川兼基遺跡 1・百間川今谷遺跡 1』岡山県埋蔵文化財発掘調査報告 51　岡山県教育委員会，1982

③ 中国・四国

高畑知功編『津寺遺跡 5』岡山県埋蔵文化財発掘調査報告 127　岡山県教育委員会，1998
田崎博之「瀬戸内における弥生社会と交流」『瀬戸内における交流の展開』古代王権と交流 6　名著出版，1995
田崎博之「壺形土器の伝播と変容」『突帯文と遠賀川』，2000
田中義昭「山陰地方弥生土器の変遷」『新修米子市史　資料編』，1999
谷若倫郎「瀬戸内における東西の土器」『弥生後期の瀬戸内海』，1996
田畑直彦「西日本における初期遠賀川式土器の展開」『突帯文と遠賀川』，2000
田畑直彦「山陰地方における綾羅木系土器の展開」『山口大学考古学論集』，2003
田畑直彦「周防・長門における弥生中期土器と併行関係」『弥生中期土器の併行関係』埋蔵文化財研究会，2004
田畑直彦「周防西部・東部における弥生時代後期から古墳時代初頭の土器編年」『山口大学埋蔵文化財資料館年報—2010 年度—』，2012
田畑直彦「弥生土器からみた土井ヶ浜弥生人」『立命館大学考古学論集Ⅵ』，2013
田畑直彦「周防・長門における弥生時代前期から古墳時代前期前半の土器編年をめぐる研究史と今後の課題」『山口大学埋蔵文化財資料館年報 平成 22 年度』，2014a
田畑直彦「内折口縁土器について」『考古学研究』61-2，2014b
團奈歩編『津島遺跡 6』岡山県埋蔵文化財発掘調査報告 190　岡山県教育委員会，2005
團奈歩編『百間川原尾島遺跡 8』岡山県埋蔵文化財発掘調査報告 239　岡山県教育委員会，2013
團正雄『小池谷遺跡ほか』勝央町文化財調査報告 10　勝央町教育委員会，2010
出原恵三「「土佐型」甕の提唱とその意義」『遺跡』32，1990
出原恵三「土佐地域」『弥生土器の様式と編年』四国編　木耳社，2000
出宮徳尚編『南方（国立病院）遺跡発掘調査報告書』岡山市教育委員会，1981
出宮徳尚・伊藤晃『南方遺跡発掘調査概報』岡山市教育委員会，1971
土器持寄会論文集刊行会編『突帯文と遠賀川』，2000
中川寧「山陰の後期弥生土器における編年と地域間関係」『島根考古学会誌』13　島根考古学会，1996
長友朋子・田中元浩「西播磨地域の編年」『弥生土器集成と編年—播磨編—』大手前大学史学研究所，2007

Ⅳ．各地の弥生土器及び並行期土器群の研究

中野雅美編『熊山田遺跡』邑久町埋蔵文化財発掘調査報告1　邑久町教育委員会，2004
中村大介「岡山平野の突帯文土器の系統と変遷」『津島岡大遺跡』17　岡山大学埋蔵文化財調査研究センター，2006
中村友博「柳井田式の壺形土器」『古文化談叢』30（上）　九州古文化研究会，1993
中山俊紀「岡山県北部におけるいわゆる「山陰系」土器の様相」『弥生時代後期から古墳時代初頭のいわゆる山陰系土器について』埋蔵文化財研究会，1986
中山俊紀『沼遺跡と美作の弥生集落』吉備人出版，2005
二宮治夫編『百間川沢田遺跡2ほか』岡山県埋蔵文化財発掘調査報告59　岡山県教育委員会，1985
日本考古学協会編『日本農耕文化の生成』，1961
野崎貴博編『津島岡大遺跡17』岡山大学構内遺跡発掘調査報告22　岡山大学埋蔵文化財調査研究センター，2006
馬場昌一「堂免遺跡」『邑久町史　考古編』瀬戸内市，2006
濱田竜彦「因幡・伯耆地域における突帯文土器と遠賀川式土器」『突帯文と遠賀川』，2000
東森市良「山陰1～3」『考古学ジャーナル』185・188・192　ニューサイエンス社，1981
平井典子「弥生土器からみた備前・備中南部とその周辺」『吉備の考古学的研究』上　山陽新聞社，1992
平井典子「備前・備中」『ＹＡＹ！』弥生土器を語る会，1996
平井典子「弥生時代後期における中部瀬戸内と北部九州の交流」『古代吉備』19　古代吉備研究会，1997
平井典子「弥生終末期の土器と土師器」『季刊考古学』84　雄山閣，2003
平井勝「岡山県における縄文晩期突帯文の出現と展開」『古代吉備』10　古代吉備研究会，1988
平井勝「瀬戸内地域における突帯文土器の出現と展開」『古代吉備』18　古代吉備研究会，1996
平井勝編『百間川沢田遺跡3』岡山県埋蔵文化財発掘調査報告84　岡山県教育委員会，1993
平井勝編『百間川原尾島遺跡4』岡山県埋蔵文化財発掘調査報告97　岡山県教育委員会，1995
平井勝編『津島遺跡2』岡山県埋蔵文化財発掘調査報告151　岡山県教育委員会，2000

平井泰男「畑中遺跡確認調査」『岡山県埋蔵文化財報告』1　岡山県教育委員会，1982
平井泰男「中部瀬戸内地方における縄文時代後期末葉から晩期の土器編年試案」『突帯文と遠賀川』，2000
平井泰男編『南溝手遺跡1』岡山県埋蔵文化財発掘調査報告100　岡山県教育委員会，1995
平井泰男編『南溝手遺跡2』岡山県埋蔵文化財発掘調査報告107　岡山県教育委員会，1996
平井泰男編『窪木遺跡2』岡山県埋蔵文化財発掘調査報告124　岡山県教育委員会，1998
平井泰男編『加茂政所遺跡・立田遺跡ほか』岡山県埋蔵文化財発掘調査報告138　岡山県教育委員会，1999
平井泰男編『鍛冶屋D遺跡』岡山県埋蔵文化財発掘調査報告219　岡山県教育委員会，2009
廣江耕史編『山持遺跡 Vol.6』島根県教育委員会，2010
福井優「分割型文様のある器台」『兵庫発信の考古学』，2009
藤田憲司「山陰「鍵尾式」の再検討とその併行関係」『考古学雑誌』64-3　日本考古学協会，1979
藤田憲司「中部瀬戸内の前期弥生土器の様相」『倉敷考古館研究集報』17　倉敷考古館，1982
埋蔵文化財研究集会編『弥生文化の成立』，2000
埋蔵文化財研究集会編『弥生中期土器の併行関係』，2004
正岡睦夫「凹線紋・擬凹線紋」『弥生文化の研究』3，1986
正岡睦夫編『山陽新幹線建設に伴う調査』岡山県埋蔵文化財発掘調査報告1　岡山県教育委員会，1972
正岡睦夫編『百間川原尾島遺跡2』岡山県埋蔵文化財発掘調査報告56　岡山県教育委員会，1984
正岡睦夫・松本岩雄編『弥生土器の様式と編年』山陽・山陰編　木耳社，1992
松井潔「東の土器，西の土器」『古代吉備』19　古代吉備研究会，1997
松井潔「台付装飾壺」『弥生研究の群像』大和弥生文化の会，2013
松村さを里「西部瀬戸内における弥生時代器台の展開について」『妙見山一号墳』愛媛大学考古学研究室，2008
松本岩雄「石見地域」『弥生土器の様式と編年』山陽・山陰編　木耳社，1992a
松本岩雄「出雲・隠岐地域」『弥生土器の様式と編年』山陽・山陰編　木耳社，1992b

Ⅳ．各地の弥生土器及び並行期土器群の研究

松本岩雄「山陰地域」『講座日本の考古学』5　青木書店，2011
真鍋昌宏「讃岐地域」『弥生土器の様式と編年』四国編　木耳社，2000
物部茂樹編『三須畠田遺跡ほか』岡山県埋蔵文化財発掘調査報告156　岡山県教育委員会，2001
森本六爾・小林行雄『弥生式土器聚成図録 正編』東京考古学会，1938
柳瀬昭彦編『川入・上東』岡山県埋蔵文化財発掘調査報告16　岡山県教育委員会，1977
柳瀬昭彦『南方遺跡』岡山県埋蔵文化財発掘調査報告40　岡山県教育委員会，1981
柳瀬昭彦編『百間川原尾島遺跡5』岡山県埋蔵文化財発掘調査報告106　岡山県教育委員会，1996
柳瀬昭彦編『百間川兼基遺跡3ほか』岡山県埋蔵文化財発掘調査報告119　岡山県教育委員会，1997
家根祥多「遠賀川式土器の成立をめぐって」『論苑考古学』，1993
吉瀬勝康「長門・周防」『弥生後期の瀬戸内海』，1996
吉田広「瀬戸内地域における遠賀川式土器の解体」『突帯文と遠賀川』，2000
吉田広「四国における地域型甕の成立と展開」『古代文化』56-4　古代学協会，2004
吉留秀敏・山本悦世編『鹿田遺跡Ⅰ』岡山大学構内遺跡発掘調査報告3　岡山大学埋蔵文化財調査研究センター，1988
山下平重編『郡家原遺跡』香川県教育委員会，1993
山本悦世編『津島岡大遺跡3』岡山大学構内遺跡発掘調査報告5　岡山大学埋蔵文化財調査研究センター，1992
山本悦世編『津島岡大遺跡14』岡山大学構内遺跡発掘調査報告19　岡山大学埋蔵文化財調査研究センター，2004
渡邉恵里子「弥生時代前期の土器について」『窪木遺跡1』岡山県教育委員会，1997
渡邉恵里子編『北溝手遺跡ほか』岡山県埋蔵文化財発掘調査報告235　岡山県教育委員会，2012
渡邊誠「古墳時代開始期前後における土器編年研究～山陰地域を素材として～」『島根考古学会誌』26，2009

〔図版出典〕
図2　1～5：津島岡大遺跡（野崎編2006），6～13：窪木遺跡（岡田編1997），14・15，18～21：津島岡大遺跡（山本編1992），16・17：津島岡大遺跡（山本編2004）

③ 中国・四国

図3　1〜7：百間川沢田遺跡（二宮編 1985），8：津島遺跡（藤田 1982），9・10, 12〜15 窪木遺跡（岡田編 1997），11：南溝手遺跡（平井泰編 1995）

図4　1・3・5：南溝手遺跡（平井泰編 1995），2・4：津島遺跡（藤田 1982），6・8〜10, 13・14：百間川沢田遺跡（二宮編 1985），7：百間川沢田遺跡（井上編 1981），11：津島岡大遺跡（阿部編 1994），12：百間川当麻（米田）遺跡（井上編 1981），15：畑中遺跡（平井泰編 1982），16：百間川原尾島遺跡（江見編 1980）

図5　1：百間川沢田遺跡（平井勝編 1993），2・9：百間川沢田（市道）遺跡（神谷・草原 1992），3：南方遺跡（柳瀬編 1981），4・10：門田貝塚（岡田編 1983），5・8：百間川沢田遺跡（二宮編 1985），6・14：百間川原尾島遺跡（團編 2013），7：門田貝塚（秋山 2006），11：高松田中遺跡（江見編 1997），12 百間川米田遺跡（岡本編 1989），13：南溝手遺跡（平井泰編 1996）

図6　1・5：久田原遺跡（江見編 2004），2：南方遺跡（出宮・伊藤 1971），3：南方遺跡（扇崎 2007），4：南方遺跡（澤山編 2006），6・9：鍛冶屋D遺跡（平井泰編 2009），7：百間川沢田（市道）遺跡（神谷・草原 1992），8：雄町遺跡（正岡編 1972），10：百間川原尾島遺跡（柳瀬編 1996），11：北溝手遺跡（渡邉編 2012），12：堂免遺跡（馬場 2006）

図7　1・16：熊山田遺跡（中野編 2004），2：南方遺跡（出宮・伊藤 1971），3：鍛冶屋D遺跡（平井泰編 2009），4・5・7・9・12・15 加茂政所遺跡（平井泰編 1999），6：百間川沢田（市道）遺跡（神谷・草原 1992），8：南方遺跡（出宮編 1981），10：百間川兼基遺跡（高畑編 1982），11・14：北溝手遺跡（渡邉編 2012），13：南溝手遺跡（平井泰編 1996）

図8　1：窪木遺跡（平井泰編 1998），2〜8：加茂政所遺跡（平井泰編 1999），9・13：百間川今谷遺跡（高畑編 1982），10・11：南方遺跡（澤山編 2006），12：津島遺跡（團編 2005），14：南方遺跡（扇崎 2007），15：小池谷遺跡（團 2010）

図9　1・2・4〜7：南溝手遺跡（平井泰編 1996），3：津寺遺跡（大橋編 1995），8・16：津島遺跡（平井勝編 2000），9・10：足守川加茂B遺跡（島崎編 1995），11：津島遺跡（氏平編 2001），12・14：鹿田遺跡（吉留・山本編 1988），13：菰池遺跡（下澤 1988），15：三須畠田遺跡（物部編 2001）

図10　1・3・5〜7, 9〜12 津寺遺跡（大橋編 1995），2・8：鹿田遺跡（吉留・山本編 1988），4：百間川今谷遺跡（高畑編 1982），13：津寺遺跡（高

207

畑編 1998），14・15：津寺遺跡（亀山編 1996），16：赤田東遺跡（草原編 2005）

図11　1・7：高塚遺跡（江見編 2000），2：立田遺跡（平井泰編 1999），3：立田遺跡（岡本編 1999），4〜6・12・13：百間川原尾島遺跡（高田編 2008），8〜11・14：津寺遺跡（亀山編 1997），15：上東遺跡（小林編 2001）

図12　1・4：百間川原尾島遺跡（高田編 2008），2・3・5・6・10：百間川原尾島遺跡（平井勝編 1995），7：百間川原尾島遺跡（正岡編 1984），8：高塚遺跡（江見編 2000），9：上東遺跡（柳瀬編 1977），11〜14：百間川原尾島遺跡（小嶋編 2004），15：津島遺跡（島崎編 2003），16：百間川兼基遺跡（柳瀬編 1997）

図13　1：百間川原尾島遺跡（宇垣編 1994），2・3：伊福定国前遺跡（杉山編 1998），4・5・9・12：百間川原尾島遺跡（柳瀬編 1996），6・11：伊福定国前遺跡（金田編 2005），7：足守川加茂B遺跡（島崎編 1995），8・14：百間川原尾島遺跡（正岡編 1984），10・13・15：百間川原尾島遺跡（小嶋編 2004），百間川今谷遺跡（高畑編 1982）

図14　1：伊福定国前遺跡（杉山編 1998），2：足守川加茂A遺跡（島崎編 1995）3・4・10：百間川原尾島遺跡（柳瀬編 1996），5・8・9・19・20：高塚遺跡（江見編 2000），6・7：百間川原尾島遺跡（平井勝編 1995），11：仏生田遺跡（岡本編 2006），12〜18：足守川矢部南向遺跡（島崎編 1995）

図15　1・5・7・9・18：加茂政所遺跡（平井泰編 1999），2：上東遺跡（伊藤編 1974），3・4・8：足守川矢部南向遺跡（島崎編 1995），6：足守川加茂B遺跡（島崎編 1995），10：川入遺跡（伊藤編 1974），11：川入・中撫川遺跡（草原 2006），12・15・17・19：鹿田遺跡（吉留・山本編 1988），13：百間川原尾島遺跡（宇垣編 1994），14：百間川原尾島遺跡（高田編 2008），16：百間川原尾島遺跡（小嶋編 2004）

図19　1：山持遺跡（廣江編 2010），2：川入・中撫川遺跡（草原 2006），3：郡家原遺跡（山下編 1993），4：黒谷川郡頭遺跡（菅原 1987a）

　　　　　　　　　　　　　　　　　　　　　　　　（河合　忍）

4 近畿

第1節 研究の推移

　近畿地方における弥生土器の編年研究史は長い。1940年代に小林行雄によって唐古第Ⅰ～Ⅴ様式編年が確立され，それが1960年代の『弥生式土器集成』における編年の基準となった経緯もあって，西日本一帯における弥生土器編年の機軸のひとつとして注目されてきた。こういった学史については，寺沢薫・森岡秀人の著作（寺沢・森岡編1989）に詳らかである。本書では，両氏らがまとめた1980年代以前の研究史については概略を述べるにとどめ，その後この20年間の近畿地方弥生土器編年の経緯に焦点をあてて論じたい。

【1980年代以前の研究】
　当地域の弥生土器編年の基礎を作ったのは1930年代における東京考古学会を中心とした森本六爾・小林行雄らの研究であった。『考古学』誌上の論考で小林行雄によって，安満B類土器が北部九州から遠賀川式土器が伝播して成立した前期土器，櫛目文土器が中期土器，無文土器が後期土器という認識が確立した。これは，常に列島各地の弥生土器の編年研究と連動して進められ，特に中谷治宇次郎などの北部九州での編年研究などと相関していた。小林の研究はこの地域比較の視点を多く含んでいる。
　また，これらの編年作業の背景には，土器型式の組成の状況を重視した「様式」という概念の勃興もあった。小林行雄は，櫛描文（当時は櫛目文）土器の文様およびその構成の共通性から土器群を設定して土器様式としてまとまる共通性を抽出する意図を示唆する論考（小林1930・1931・1932・1933）を著した。一方，森本六爾は，煮沸形態である甕と貯蔵形態である壺の組み合わせが，農耕文化としての弥生式文化の性格を象徴していることを強調し，諸形式の組み合わせを土器様式として認識し，そのありようから文化・社会の性格を考える研究姿勢の必要性を説いた（森本1931）。両者の立場は，前者が土器属性から同時性の高い土器群を抽出すること，後者が出土状況上の共伴を前提とする点で初期の段階では違いはあるものの，形式の組成を重視する姿勢は共通している。今後諸形式の組み合わせとしての土器様式の掌握という方針が当地域の弥生土器研究の中心となっていく。この方針の具体的

IV. 各地の弥生土器及び並行期土器群の研究

　成果が『彌生式土器集成図録』(森本・小林編 1939) の作成として結実する。これにより，列島規模での編年の基礎となる資料が一定程度出揃い編年網が出来上がることになった。ただし，まだこの段階では，九州から関東に至る諸地域の各様式の並行関係が決定付けられているわけではない。

　近畿地方においては，『彌生式土器集成図録』やその他の土器編年研究において，単一様式だけが出土する遺跡を取り上げ，それらの先後関係を論じる方法が多く用いられた。しかし，1937年に末永雅雄・藤岡謙二郎・小林行雄によって行われた奈良県唐古遺跡での発掘調査はその状況を一変させる。

　唐古遺跡では，竪穴(現在の土坑)に複数の土器が廃棄されている状況が数多く検出された。小林行雄はこういった同一遺構出土土器群を同時性の高い土器群と捉えた。また，唐古遺跡出土土器を型式学的に「五種の様式」に分類し，それらの個々の様式が同一竪穴内で共伴して同時性を示していること，それらを既往の遺跡で想定された土器様式変化の方向性と照らし合わせて，唐古第一〜五様式の編年を提示した(末永ほか 1943)。その内容は，遠賀川式土器を中心とする第一様式を前期として設定した。中期の土器様式として，初期の櫛描文土器を中心とする第二様式，櫛描文土器を多く含みながら器種の多様化しはじめる第三様式，凹線文を主体とした第四様式を設定した。後期には無文土器を主体とする第五様式が順に変遷するとした。これがその後の近畿地方の土器編年の骨格となっていく。

　その成果を受けて，戦後には，兵庫県千代田遺跡・京都府深草遺跡での調査成果をうけて，杉原荘介が積極的に近畿弥生土器編年を進め，前期・中期時の細分や桑津式(第二様式)と新沢式(第三・四様式)との間で，小林氏とは異なる中・後期の区分を行った(杉原 1955)。また，小林行雄によって西ノ辻遺跡の調査成果に基づいた後期土器細分編年(小林・杉原編 1958)も行われた。

　また，小林の業績を引き継いで，さらに詳細な研究を進めたのが，佐原眞である。佐原は，弥生前期土器を細分編年(佐原 1967)した。そこでは，胴頸部界の粘土帯接合部を利用した段を削り出し突帯の形式学的系譜とし，長頸化に従い文様構成が崩れてヘラ描直線文の多条化が進行して，さらに貼付突帯文も出現し多条化するとされた。また，中期の櫛描文・凹線文が回転

台技術利用と不可分の関係にあることから文様変遷の原理について論じ（佐原1959）た。ここでは，簾状文の多用といった高度の回転台技術〈第3様式（古）〉がさらに発展して櫛描文と凹線文が混在する状況〈第3様式（新）〉が生まれその後凹線文主体の土器様式〈第Ⅳ様式〉が成立すると説明された。後期はその回転台が消滅する時期とも考えられたのである。

さらに，佐原（佐原1968）は『弥生式土器集成本編2』の中で近畿地方の編年について論じ，小林による唐古第一〜五様式編年を，畿内第Ⅰ〜Ⅴ様式編年へと地域拡大して広域編年の確立を目指した。そこでは，第Ⅱ様式の甕における旧国単位ともいえる地域性に言及した。こういった小地域性への着目は，後に上述の回転台技術の中心地域である簾状文多用地域の大和川水系とそれに対する淀川水系を対比する（佐原1970）説明につながっていく。佐原の業績は，戦前の小林行雄の編年を増加する資料での補強と技術論的裏づけを行って細分編年・広域化・地域性理解へ道を開いたものと理解できる。

こういった認識を，西日本一帯との比較特に北部九州との比較で，凝集して表現した著述が『日本の考古学Ⅲ弥生時代』における近畿地方の弥生文化に関する概説（佐原・田辺1966）であった。ここでは，佐原が研究を進めてきた畿内地方の土器様式や地域性の変遷原理から，西日本一帯での諸地域の文化的・社会的・政治的関係に関する見解も示された。つまり，小林行雄の論を発展させた佐原の土器研究は，単に土器編年の整備にとどまらず，弥生社会論の基盤ともなっていくのである。この問題については，後章に詳述したい。

一方では，古くから独自の前期土器細分編年論（今里1942）や櫛描文の発生論（今里1969）などが今里幾次によって発表された。特に後者では，櫛描文の発生について，畿内中央部に力点を置く佐原説への明確な反論であった。しかし，上述のように佐原の研究は，一般書に大きく掲載されたこともあり，近畿弥生文化認識への de facto standard となっていく。

佐原の研究手法は，土器そのものへの精緻な観察に基づくものではあったが，一方で，そこから導き出される型式学的仮説を前面に押し出して変遷や地域性を論じるものだった。そのため，第Ⅰ様式土器の器形変化と連動した文様手法の変化の説明や第Ⅲ〜Ⅳ様式への変化の有り方には，その後増加する諸型式の共伴状況などと矛盾が少なからず指摘され，修正や変更が必要と

なってくる。

【1980年代の研究】

完璧とも思われた佐原編年への疑問は，高度成長に伴う発掘調査増加がもたらしたさらなる資料蓄積に連動して1970年代末に明確となってきた。前期土器の変遷については，佐原が設定した「段→削り出し突帯→直線文多条化・貼り付け突帯文成立」という古・中・新段階編年案の大枠は否定されなかったが，実際には段単純の文様組成となる一括資料は確認できない状況が続いた。削り出し突帯文が常に古相の前期土器に常に含まれている事実をどうするか。井藤暁子はこの問題に取り組み，前期をさらに細分することによって削り出し突帯文を含む初期の土器群を抽出するとともに，さらに古相に段単純段階が存在する可能性を示唆した（井藤1982）。

中期の土器編年に関しても，大きな問題がおきた。奈良盆地では，石野博信が，凹線文主体であるはずの畿内第Ⅳ様式に多量の櫛描文土器がみられることから，第Ⅲ様式新段階と第Ⅳ様式の分離が困難なことを指摘した（石野1979）。その後当該地域では，寺沢薫（寺沢1981）・松本洋明（松本1985）が第Ⅱ様式の特徴であるはずの大和型甕が実際には第Ⅲ様式にまで継続していることが指摘された。つまり，佐原による第Ⅲ～Ⅳ様式編年には少なからず問題が含まれていることが明確になってきたのである。

また，石野が『集成』批判を始めた同じ1979年，井藤暁子は大阪平野南部の池上遺跡（現在の池上曽根遺跡）において発達した櫛描文土器と凹線文土器との共伴例の多いことを指摘して，石野同様に第Ⅲ・Ⅳ様式の編年に疑問を投げかけた（井藤編1979）。その後井藤は，第Ⅲ様式（古）→第Ⅲ・Ⅳ様式→第Ⅳ様式という変遷名称を提唱する（井藤1982）こととなる。また，簾状文土器が多く出土する大阪平野中部では，森井貞雄が簾状文を多用する文様構成の土器群は櫛描文原体幅に大きなものが見られることに注目する。そして，その個性が最も発達した簾状文土器は，常に凹線文土器と共伴することを定量的に指摘した（森井1982）。これにより，佐原が弥生土器の技術展開の機軸においた簾状文土器→凹線文土器という変化の方向性は，実証的に完全否定されることになった。

弥生後期に関しても，細分編年の深化と様式画期の変更が取りざたされる。

4 近畿

　森岡秀人（森岡1977）と寺沢薫（寺沢1980）は，ともに第Ⅴ様式土器の細分編年を行う。また，森岡秀人は，後期土器様式の暦年代との関連で，小林行雄の設定した西ノ辻N式について，類似する土器群の状況を多数挙げて検討し，実際には，先に森岡・寺沢の構築した後期時編年では弥生時代後期の土器様式に相当するとした。また，その年代は，従来佐原眞が近畿地方での後期の開始を2世紀に置いたのに対し，1世紀中へと遡上させる内容であった（森岡1982）。また，同様の見解と細分編年案を豊岡卓之（豊岡1985）も示し，北部九州の後期開始と近畿地方のそれには大きな時期差がないとし，年代観も後期開始を1世紀中にもとめる論調が強まってきた。

　このように，1980年代の土器研究は佐原編年の矛盾の是正や更なる細分を指向してきた。そういった成果を，近畿地方内部の小地域毎にまとめたのが，『弥生土器の様式と編年近畿編Ⅰ・Ⅱ』（寺沢・森岡編1989・1990）であった。ここでは，地域毎に異なる執筆者によって各地域の実態に合わせて諸様式の画期が設定され，佐原編年にかわる土器変遷を具体的な基準資料を挙げながら記述が進められた。これによって，諸型式の消長や土器組成の変遷の詳細は明らかになった。しかし，諸地域の実態，あるいは執筆者ごと様式観がそのまま提示されたために，近畿地方全体としての様式画期の設定ははなされず。地域ごとの平行関係にも詳細な議論は行われなかった。

　にもかかわらず，各地域内での様式名称には第Ⅰ～Ⅴ様式の呼称が連続して用いられた。このため，様式呼称が同一ながら，隣接地域間で画期の時期が異なるという混乱が生じた。たとえば，従前の分類では第Ⅰ様式の最終段階として記述されている様式内容に対して，奈良盆地だけが大和第Ⅱ様式という名称が用いられている。第Ⅲ様式の開始期も地域によって異なっている。最も重大な変更は，河内・摂津・山城・近江地域では凹線文が成立するとⅣ様式と呼んでいるのに，それ以外では凹線文成立直後の2小様式程度が第Ⅲ様式後半として呼ばれていた。

　また，桑原久男（桑原1989）は，奈良盆地と中河内地域を中心とした長期の編年から弥生時代の土器様式画期の特徴を探る論考を発表した。そこでは，凹線文と簾状文が回転代技法の発達を背景に共に発達することと，一方で櫛描文型器種から非櫛描文型器種へと交代するプロセスとして中～後期への土器変化を位置づける作業が行われた。一方，第Ⅰ～Ⅴ様式という用語体

IV，各地の弥生土器及び並行期土器群の研究

系は維持された。

様式呼称をめぐる問題としては，もう一つの動きが重要である。佐原眞が1980年代後半以後，弥生時代を全国的にⅠ～Ⅴ期に区分して説明することを提唱した。これは，近畿地方の第Ⅰ～Ⅴ様式に併行する時期を，そのままⅠ～Ⅴ期として呼ぶことを唱えたもので，『弥生文化の研究』シリーズなどに用いられ，普及するにいたった。しかし，先述のように近畿地方自体の様式名称が混乱しているのに，それを基準とする全国的な時期区分を行うことは，実態としての明確な基準なしに時期区分名称が形式的に統一されてしまう事態を招いた。これは，本質的に土器様式を数字表記すること自体が抱える問題であり，この問題を黒沢浩（黒沢1996）は厳しく指摘している。

【1990年代以後の近畿土器研究】

近畿地方の弥生土器編年に関する論考は，木耳社以後編年研究やや沈滞する。それは，基準資料の先後関係については，すでに各地域で詳細に論じられ，大きく事実関係の改善を行う必要がなくなったからである。

一方で1990年代以後さかんとなるのは，長期編年はなく時期ごとの編年細分案である。こういった研究では統一的な様式区分問題は棚上げのまま研究が進行する。

弥生前期に関しては，田畑直彦（田畑1997）が前期前半期の土器群の型式変化を詳細に調べた。その結果，近畿地方においては，段・削出突帯・貼付突帯文の3種類が成立当初からみられるとした。また，突帯文時との共伴関係についても整理し，古・中段階には突帯文土器が残存し，漸移的に遠賀川式土器に移り変わると論じた。また，筆者（若林2002）もヘラ描直線文の施文数から河内湖沿岸部の遺跡出土資料について編年を行った。また，1994～1999年に，田崎博之らを中心とした土器持寄会によって，西日本各地の遠賀川式（系）土器の編年・併行関係が議論された。その成果は『突帯文と遠賀川』（土器持ち寄会論文集刊行会2000）にまとめられたが，田畑が述べたような近畿地方の前期初頭土器の特徴は，中・東部瀬戸内地域よりも1段階遅れた様相を示しているということが共通認識となってきた。

弥生中期に関しては，簾状文の使用頻度の高さと独特の器形・製作手法・胎土などが結びついた「生駒西麓型土器」（三好1987）の型式学的編年が明

確に打ち出された。濱田延充（濱田1993）・三好孝一（三好1993）が，器形変化と櫛描文原体幅の拡張が連動し，それが器種を越えて共通する現象として，生駒西麓型土器の変遷を説明する編年案を提示した。特に，濱田による生駒西麓土器の小様式毎の型式学的特徴の明示は，搬入品として他地域でそれが認められたとき，搬出元つまり大阪平野中部での製作時期の比定を容易にすることから有効なものである。

また，玉津田中遺跡の調査によって，これまで不明なことの多かった播磨灘沿岸地域の土器編年にも大きな進展が見られた。篠宮正（篠宮1996ab）が同遺跡の土器を用いて行った編年は，詳細で同地域の基準となっている。この編年では，Ⅲ-2期とⅣ期の間に凹線文出現の画期が設けられている。

2004年に行われた第53回埋蔵文化財研究集会では，篠宮の指摘したこの画期が大阪湾沿岸以東の地域にくらべやや先行する可能性が指摘された。つまり，これまで近畿地方では，凹線文の出現を一律に同時期と考え，中期を前・後半に区分してきた。しかし，濱田による基準（濱田1993）や各小地域の編年を用いて，生駒西麓型土器などをはじめとする諸地域どうしの搬入品を詳細に確認すると，凹線文の広域同時成立という古典的図式が確実とはいえないとされた。この改定案に関しては，未だ明確な論文という形をとった提案が誰からも行われていないため，詳細な検証は不可能な状況であるが，重要な検討課題といえよう。

なお，中期だけを取り扱ったものではないが，いくつかの地域では1980年代末以後，体系的な弥生土器集成・編年を行った著作が刊行されている。京都府域では『京都府弥生土器集成』（京都府埋蔵文化財調査研究センター1989），奈良県域では『奈良県の弥生土器集成』（大和弥生文化の会2003）が刊行された。前者では，それまで実態が不明であった北近畿領域の土器相が提示された。また，後者では，『弥生土器の様式と編年』で藤田三郎・松本洋明が提示した編年（藤田・松本1989）が増加した資料で補強され，第Ⅳ様式では更なる細分がなされている。こういった作業は編年の深化にも有効であるが，地域性の把握の上でも重要である。

弥生後期土器の編年についても，『様式と編年』以後に詳細な細分編年案が提示されている。特に大阪平野を中心に精緻な編年案を提示しているのが，

Ⅳ．各地の弥生土器及び並行期土器群の研究

杉本厚典である。杉本（杉本 2006）は，大阪平野の基準となる一括廃棄資料を，遺構の切り合い関係や層序および型式組成のあり方から分析し，中期末から後期末を 18 期にも細分している。列島内の弥生土器編年でこれ以上細分化された編年案はないといっても良いくらいである。しかし，その後出土する資料を，杉本のどの段階に当てはめるかを細部にわたり決定付けることは難しい。実際の出土資料には，製作から廃棄までの一定の時間幅が含まれているし，遺跡や小領域ごとの型式変化の速度の差もあるだろう。筆者も杉本と同じ手法で，亀井遺跡とその周辺の一括資料の先後関係を吟味し後期を 6 段階にわける時期細分行ったが，実際に様々な資料を位置づけることができる区分の最低ラインは，前・中・後葉の 3 区分程度の分類であろう。同様に後期土器を一つの遺跡の資料群を用いて時期変化を整理する手法は，京都府佐山遺跡においても行われ（高野編 2003）ている。

また，こういった中・後期土器の区分について，森岡秀人の研究（森岡 1982）を端緒に，小林行雄の設定した西ノ辻N式がそのまま後期初頭の土器群と位置づけられるかのような認識が定着していた。これに対して，濱田延充（濱田 2001）は，実際の西ノ辻遺跡N地点出土土器群の特徴は，中期末の生駒西麓に特有な土器群と位置づけられ，共伴する資料にも中期後葉・末の櫛描文土器がみられるという。森岡らのいう西ノ辻N式土器は，当初の基準資料の様相を逸脱して型式学に幅の広いものだという。濱田は，これにより厳密な西ノ辻N式を中期末の土器小様式とみる。

しかし，森岡らが従前の西ノ辻I式に先行する土器群を抽出し，後期前葉と位置づけたこと自体は間違っているわけではない。また，実際には西ノ辻N式とまったく同じ型式組成を持つ出土資料は全く他にみられない。つまり，濱田が論証したのは西ノ辻N地点出土土器が，今日の基準資料に照らして後期でなく中期末と呼ぶべき資料だという点であり，実際には西ノ辻N式という型式設定が難しい以上，これは小様式区分の問題ではないように思われる。西ノ辻N式の編年上の位置づけに森岡らに誤謬はあったが，実際に組み上げられた，後期土器の編年内容に誤りはない。

このように，1960 年代までに確立してしまった近畿弥生土器編年の見直しが，1970 年代末以後盛んに行われ，内容の修正された編年案が提示されることとなった。しかし，その多くは，旧国ないしはそれ以下の小地域を単

位として組み上げられている。また，それに対する修正案や反論も，小地域単位での分析にとどまっている。もちろん精緻な編年は小地域ごとに設定せざるを得ないのであるが，土器様式の大きな変化の方向と統一的画期の認識も一方では必要である。本稿では，各地域編年における基準資料の前後関係については，既往の研究成果を基本的に踏襲するが，小地域の枠組みを取り外した視点で新たな記述を試み，検証できる可能なデータを提示したい。

第2節　土器変化の実態

【様式変化の方向性と画期】

　近畿地方の土器の変遷について記述を進めるにあたって，本稿での原則を確認しておきたい。

　本稿では，1940年代以来の第Ⅰ～Ⅴ様式表記は用いない。これは，その内容や様式区分の基準に各種の差異が発生しているにもかかわらず旧来用語を使いつづけ，ひいては，弥生時代Ⅰ～Ⅴ期などという広域の時期区分に対してさえ混乱した編年用語が反映される現状に危惧の念を抱くからである。さらに，今回の対象領域には，琵琶湖沿岸・日本海沿岸域などが含まれ，地域性の小さい弥生前期以外は，旧来の畿内第Ⅰ～Ⅴ様式の適応範囲外の記述も一括して進める必要性がある。

　そこで，本稿では，広義の遠賀川式（系）土器様式の範疇で近畿弥生土器を捉えられる時期を前期，それ以後の櫛描文が主要文様となる時期を中期とし，さらに凹線文が近畿地方全域で成立をもって中期を前半・後半に区分する。さらに各時期を2～3の様相に大別した。また，櫛描文・凹線文が主要文様として用いられない段階が後期である。

　ここまでが，広域土器編年上で並行関係が「確実に」読み取り得る区分である。また，良好な基準資料の明確な地域についてはさらに古・新相に細別を行ったが，これについては対象地域内あるいはその外部への並行関係の厳密な提示は容易でないと考えている。

　以上の現状認識と，それに基づく区分原理・用語を用いて近畿地方における弥生早期並行期～後期の土器変遷について概括する。また，各時期の土器変遷の概要を述べた後に，個々にその根拠となるデータの提示を行って再検証可能な論としたい。

Ⅳ, 各地の弥生土器及び並行期土器群の研究

1, 縄文時代晩期末～弥生時代前期の土器変遷

【縄文晩期後半（弥生早期相当期）】

　北部九州の弥生早期～弥生前期初頭に並行することが確実な近畿地方の土器群は，2条突帯深鉢を含む突帯文土器様式と考えられる。近畿地方の突帯文土器の編年については，家根祥多（家根1984）・泉拓良（泉1989）による研究が著名である。2条突帯深鉢を含む時期は，家根編年では船橋式・長原式，泉編年では突帯文第2様式・第3様式に相当する。前者は突帯文の形状を中心に，後者は浅鉢の形態変化を軸に編年作業を行っているが，その内容は大きくは変わらない。また現在においても両者の説に大きな矛盾はない。本稿でも，両者の編年を踏襲し，当該期を2時期に分けて説明する。

〔様相1〕

　2条突帯深鉢が出現し，主流となる時期の土器群である。深鉢は口縁端部からやや下がった位置に，太めの突帯文を施し，刻み目も大きいのが特徴である。浅鉢は，逆「く」字形口縁のものが主流で，黒色研磨したものが多い。本様相の前半期の資料である口酒井遺跡出土土器群では，2条突帯が少数で，方形波状口縁浅鉢が共伴する。後半期には，2条突帯深鉢が多数となり，波状口縁浅鉢では平面方形を呈するものが確認できなくなる。後半期の様相が，いわゆる船橋式の様相に近いものといえよう。いずれの段階においても，突帯文深鉢は，胴部上半が屈曲して口縁部外反する形態となる。器面を研磨した小型壺や口縁部が小さく絞られた形状の突帯文壺などもみられる。

〔様相2〕

　突帯文が口縁端部に施され，刻み目が小さい2条突帯深鉢が主流となる土器群である。深鉢の形態は口縁部の外反が弱く，直口に近い形状のもが増える。浅鉢は激減し，黒色研磨されるものがみられなくなる。壺は，頸～口縁部が絞られた形状で，口縁端部に突帯を有するものが主体となる。典型資料としては，長原遺跡NG8・14次ADE区包含層出土土器群があげられ，いわゆる長原式の時期である。

　ただし，長原式の諸属性である上記の特徴が明確となっている地域は限定される。長原式は角閃石を多量に含むいわゆる生駒西麓産胎土によって製作される土器群である。この土器群は，近畿地方各地の広い範囲に分布するも

のの，その純粋な一群が出土するのは大阪平野中部だけである。それ以外の地域では，長原式土器が共伴しながらも，前様相に近い形状の深鉢群が主体となっている。ただし，浅鉢の減少などは共通している様子もうかがえ，大阪平野中における長原式の成立と連動して，前様相からの様式変化は近畿全域で起きていると考えられる。

【弥生時代前期】（表1・2，図1～3，口絵Ⅳ-1）

　近畿地方における弥生時代前期の土器とは，いわゆる「遠賀川式（系）土器」を主体とする様式内容となる。遠賀川式（系）土器の定義には研究者間で差があろう。ここで用いる基準は以下のとおりである。組成としては，広口壺・如意形口縁甕・鉢が主要器種であり，そこに少量の無頸壺・高杯が加わる状況となる。製作手法としては，粘土板の外傾接合による成形と壺ではハケ後ヘラミガキ調整，甕ではハケ後ナデ調整による器面の仕上げが一般的である。文様は，ヘラ描きによる直線文・山形文・木の葉文が主体となり，同様の文様を器面に赤彩するものもみられる。

　このような特徴をもつ近畿地方の前期弥生土器は，ヘラ描直線文数と器形変化により，様相1～3という三つの様相に区分することができる。この区分は，佐原眞による段→削出突帯→貼付突帯という型式学的変化に設定され

表1　縄文晩期末～弥生時代前期基準資料（）内は混在資料

	長原式	前期様相1		前期様相2		前期様相3
		古	新	古	新	
明石川流域～六甲山麓	玉津田中 SR10001 最下層	(本山17次流路1最下層) 大開SD411		玉津田中 KO-1SK303	玉津田中 KM-7土壙	美乃利 SK180・SK198
大阪平野北部			東奈良溝26	東奈良溝27・安満堰2		田能第8溝 東奈良溝25上層
大阪平野中部	長原遺跡NG8 14次ADE区	讃良郡条里 3-267・268溝 若江北5次土坑15	田井中溝 401・411	田井中溝 405-1・2	亀井SD1401	美園BSD260
奈良盆地		唐古・鍵14次SK201・202・203		唐古・鍵20次 SK215		唐古・鍵16次 SX102
京都・山城盆地		下鳥羽土壙 161・163　烏丸御池土坑？	雲宮SX60	雲宮SX76 第2・3層		雲宮SX76 第1層
丹波高地～日本海沿岸			竹野包含層			太田SD0205・SK250・Sk240
琵琶湖沿岸域	(福満)		(川崎包含層)			(小津浜自然流路)
紀伊半島			太田・黒田SK101・土壙201（堅田環濠）			太田・黒田SD502

Ⅳ，各地の弥生土器及び並行期土器群の研究

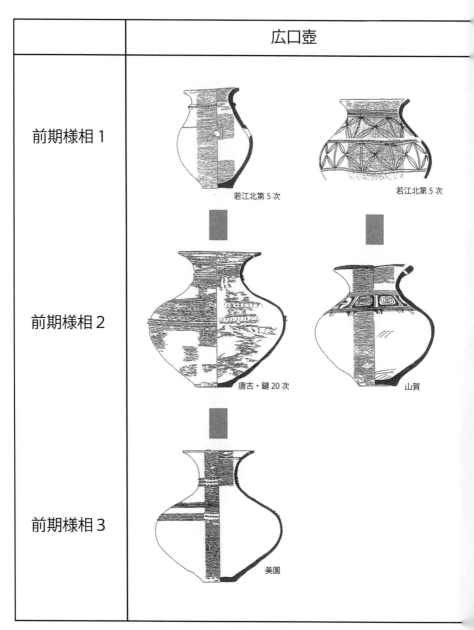

図1（その1） 前期壺類の変遷

4 近畿

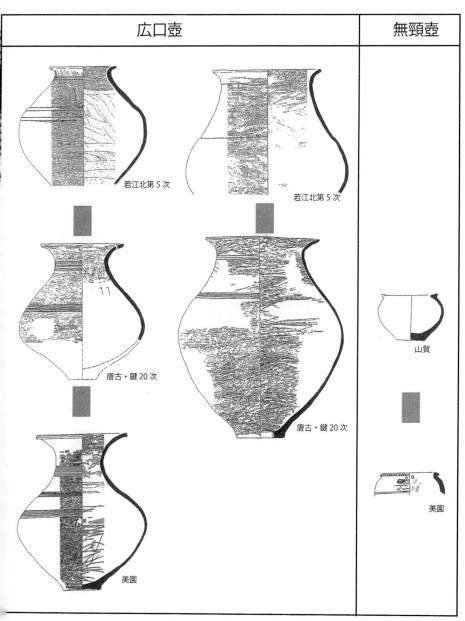

図1（その2） 前期壺類の変遷

Ⅳ，各地の弥生土器及び並行期土器群の研究

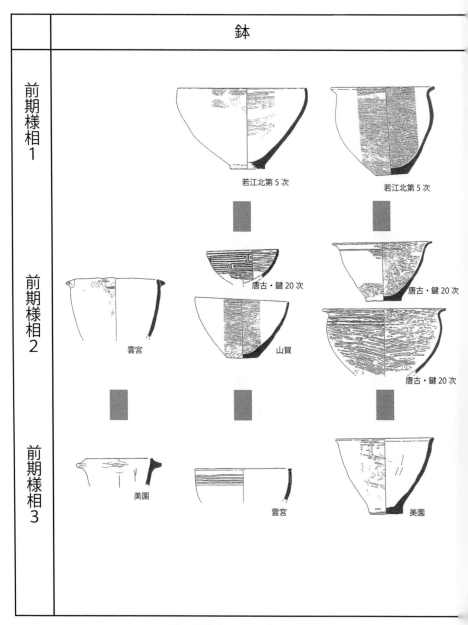

図2　前期鉢型土器の変遷

4 近畿

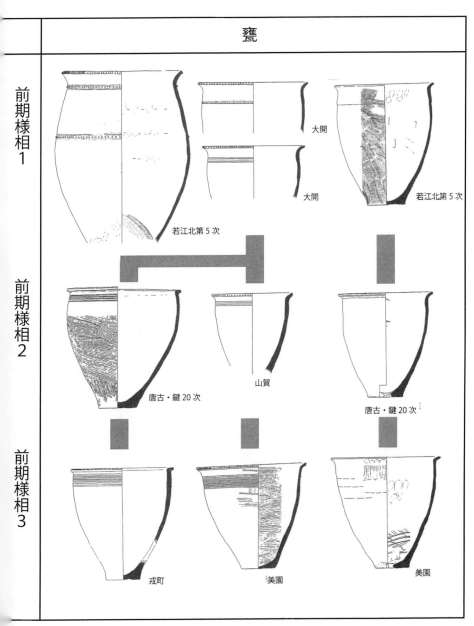

図3　前期甕型土器の変遷

IV. 各地の弥生土器及び並行期土器群の研究

表2　大阪平野中部における弥生前期基準資料にみえる諸属性

	甕ヘラ描直線文3条以下		甕ヘラ描直線文5条以下		甕ヘラ描直線文6条以上
	若江北5次土坑15	田井中溝401·411	田井中溝405-1·2	亀井SD1401	美園BSD260
段	○	○	○	○	
削出突帯	○	○			○
貼付突帯1条	○	○	○	○	○
貼付突帯2条			○	○	○
貼付突帯3条以上				○	○

た古・中・新段階とは内容が異なる。実際には佐原が提示した三種の施文手法は，近畿地方においては弥生土器成立と同時に共存しており，徐々にその比率が変移する型式組成の変化をみせる。そこで，ここでは壺の胴上半〜頸部に横走するヘラ描直線文帯中の条線上限数をもとに，良好な一括資料を段階分けし，器形や上記施文手法の比率の変化を確認する方法で細分編年を提示したい。また，一部には前段階から残存する突帯文土器も連続しており，その確実な共伴時期・内容についても触れたい。

〔様相1〕

　甕の施文において，一つのヘラ描直線文帯が3条を越えない構成となる段階である。この時期の確実な資料は僅少である。組成・諸属性のバリエーションの掌握できる個体数の確保された代表的な例としては，神戸市大開遺跡SD411，寝屋川市讃良郡条里遺跡3-267・268溝，東大阪市水走遺跡Cピット貝塚（28-2層），若江北遺跡土坑14・15・溝25，八尾市田井中遺跡溝401・402などが挙げられる。組成としてはその大半が広土壺・甕・鉢であり，蓋・高杯・無頸壺は僅少である。特徴としては，広口壺に短く外反する口縁形態のものが多く，頸部に縦方向のヘラミガキ調整を施すものがみうけられる。壺・甕ともに粘土帯接合を利用した段が口縁直下・胴部に形成された個体が散見され，甕においては口縁部だけでなく胴部中位に段をもつものもある。ただし，広口壺においては，先述のようにこの段階からすでに，器面削出による段・突帯，さらに断面三角形の貼付突帯文を施す土器も共伴している。甕口縁部には刻み目が施される個体が多いが，一部に口縁下端部に刻み目を有するものがみられる。胴部は無文のものが多いが，一部に1〜3条のヘラ描直線文を施す個体が見られる。文様構成は，遺跡によって差異をみせ，若江北遺跡出土土器群は山形・弧状・木の葉文などの多様なヘラ描文様が描かれる傾向にある。どの地域でも赤彩文の比率は僅少である。

当該期の土器群の形態・文様構成を隣接する他地域のものと比べると，高松平野の下川津遺跡流路-1上層・一の谷遺跡土器溜まり出土土器群との近縁性が高いことが指摘できる。これらの備讃瀬戸内地域の資料は，北部九州の板付Ⅱa式後半段階に並行すると考えられる。よって，弥生前期様相1の主体的な時期は板付Ⅱa後半期に相当する可能性が高い。ただし，良好な資料ではないものの，神戸市本山遺跡台17次調査流路1からは，上記基準資料に先行する可能性のある土器群が出土しており，今後，板付Ⅱa前半に遡る資料が近畿地方において確認される余地はある。
　また，当該期の一括資料においては，突帯文土器と遠賀川式（系）土器との共伴が確認できる。ただし，河内湖沿岸部の諸遺跡の状況では，明確に生活遺構への人為的廃棄と確認できる資料の中では，遠賀川式（系）土器主体の出土例が多数を占める（若林2002）。竹村忠洋による分析（竹村2000）においても，前期初頭の大阪湾西岸〜播磨灘沿岸部で同様の傾向が確認できる。突帯文土器主体の共伴例は僅少であり，この時期には突帯文土器を主に製作・消費する集落は激減していったと考えられる。また，大阪平野中部・明石川流域〜六甲山麓における当該期の突帯文土器には，突帯が口縁端部から下がった位置にあるものなど，確立期の長原式の特徴とは異なる形態の個体が多くみられる。突帯文土器製作集落の激減と共に，突帯文土器製作体系そのものも大きく変化していた可能性も指摘できよう。この状況は，近畿地方全体で一般化し得ると想定したい。

〔様相2〕
　壺・鉢・甕において，一つのヘラ描直線文帯の構成が5条以下となる段階である。当該期の基準資料は多数確認され，遺跡数も増加する。いわば，近畿地方における遠賀川式（系）土器の確立期といえよう。
　この段階では，壺において頸部・胴上半部にそれぞれ3〜5条のヘラ描直線文帯が配され，中には削出による段・突帯上に施されるものもある。また同様の位置に断面三角形の貼付突帯文が施される場合がある。また，外面を黒色に仕上げた上から赤彩文を施す例が増加する。文様構成において近畿の独自性が発現し始める段階と言える。また，赤彩に限らず，加飾性の高い広口壺には胴部が大きく張り出す形態のものが多い（豆谷1995）。広口壺においては，全体として，口縁部が大きく外反する形態が増える傾向がうかがわ

IV．各地の弥生土器及び並行期土器群の研究

れる。
　甕においては，前段階からの形態上の変化はほとんど確認できない。ただ，口縁直下もしくは胴部上半に段を有する個体はほとんど見られなくなる。無文のものも一定量みられるが，有文のものは3～5条のヘラ描直線文を施すものが多い。鉢に関しては，胴部施文に関しては同様の傾向があるが，口縁部の刻み目は僅少である。
　当該期には，これ以外の蓋類の増加が顕著である。特に，口縁部に紐孔を有する広口壺とセットで使用された可能性が高い壺蓋は，木の葉文をはじめとするヘラ描文様で飾られるものが多く，一部には赤彩文が施されるものもある。加飾された壺と組み合わされ使われたと想定できる。このような壺蓋類の増加も，初期遠賀川式（系）土器からの大きな変化として特筆できる。
　また，下記に挙げた当該期の土器群の中には，ヘラ描直線文は1帯あたり4条以下のものが多数を占める資料と5条に及ぶものが相当数みとめられるものとの2種が確認できる。後者では，広口壺口縁部の外反傾向が強いなどの形態上の傾向もうかがわれる。地域によっては，本様相は古・新の2段階に細分することが可能である。

〔様相3〕
　壺・鉢・甕において，一つのヘラ描直線文帯の構成が6条以上となる土器を含む段階である。
　広口壺で文様をもつものでは，ヘラ描直線文，削出段・突帯，貼付突帯が頸部にのみみられるものと，頸部と胴上半部の両方にみられるものの2種類が存在する。全体形態としては，前者の方については胴部径が比較的小さく，後者では胴部が大きく張り出す形態が多い。さらに，後者には胴部文様帯胴部文様帯が1帯のものと2帯のものがある。全様相に引き続き，こういった加飾性の高い広口壺には，胴部の大きく張り出す傾向がうかがわれる。さらに全体に，長頸化の傾向が明確となってくる。長頸化と同時に，口縁部も大きく外反する形態が増加する。
　また，主として壺類にみられる文様では，頸部に4条を越える多条の貼付突帯文を貼付するものが，明石川流域～六甲山麓で比較的多数見うけられる。文様構成において，近畿地方全体の中で緩やかながら地域性が見られ始めるのが当該期である。

226

甕では，口縁部に刻み目と体部上半にヘラ描直線文を施すもの，口縁部に刻み目をもつが体部が無文のもの，口縁・体部ともに無文のものの3種類がみられる。いずれも，内外面がハケ後ナデ調整で仕上げられている。ヘラ描直線文の数は4～8条程度のものが多い。

ただし，六甲山麓以西・丹波高地～日本海沿岸部では，多条ヘラ描直線文を施す個体が比較的多く，それ以外の地域では無文の比率がやや高い傾向がうかがわれる。また，口縁部が逆L字形を呈する甕が出現し，近畿地方西部にその分布の主体があるように思われる。甕にも，壺類同様に緩やかな地域性が発現しはじめていると考えるべきだろう。

さらに，この段階の紀ノ川流域には，突帯文土器深鉢の流れをくむ外面にヘラ削りで仕上げる甕（いわゆる「紀伊型甕」）が残存しており，遠賀川系の甕と融合した形で地域性の強い甕が成立している。紀ノ川流域においては様相1～3を通じて，突帯文系甕が残存し，遠賀川系甕と共存していた可能性が高い。

〔属性変化による検証作業〕

以上の編年は，既往の土器編年で指摘された属性変化の方向性に沿って，良好な一括資料の状況を地域ごとに順に並べて整理したものである。実際には，こういった変化の方向性や段階設定自体の有効性が論証されなければならない。そこで，最も豊富な一括資料が集積している大阪平野中部を中心に属性出現の過程を検証しておきたい。

表2は，大阪平野中部の弥生前期基準資料を，上記の前期様相1～3の編年順に配列したものである。そして，それらの資料の壺類にヘラ描直線文以外のどういった文様属性が現れるかを示したものである。明示した文様属性は，佐原氏（佐原1959）の指摘以来，順に出現する文様の指標とされてきた，口縁部下の段・削出突帯・貼付突帯文の3種である。貼付突帯文に関しては，複数の突帯が結合して単位をなすものがみられ，その単位内での条数も考慮した。

表2をみると，甕に見えるヘラ描直線文数を基準に単純に配列した各資料の先後関係に相関して，壺類の文様属性が，既往の議論で指摘されたとおりの順序で組み合わせが変遷していくことがわかる。しかし，佐原が指摘したような段単純段階というものは確認できず，当初から貼付突帯文も出現して

いることも注目される。佐原はあくまで型式学的想定のもとに文様属性の出現を配列した。しかし，諸属性の出現頻度は佐原の指摘どおりに変遷するものの，実際には諸属性は，量比はともかくかなり部分で重複して当初から存在していたことも確認できる。上述したように，こういった状態では，特定の文様要素の存否だけでは細分編年は難しく，諸属性の組み合わせのあり方で時期を読み取るしか方法はない。ただし，その中でも比較的単純な文様構成をとる甕のヘラ描直線文数の変化だけが，各資料を単純に比較するときの基準として有効なことが表2からわかる。これによって，本書の前期土器編年の方法的妥当性と実際に提示した基準資料配列の有効性が確認できたと考えられる。

2，弥生中期土器の変遷

【弥生時代中期前半の土器】（表3，図4〜6，口絵Ⅳ-2）

　櫛描文土器の成立・確立期である。その櫛描文の文様構成と甕の製作手法に，地域性の確立するプロセスが確認できる時期でもある。また，壺・鉢・甕以外に高杯も主要器種として土器様式を構成するようになり，それぞれの器種の中に多様な形式が発生していく時期でもある。この傾向は中期後半にも連続していくが，まだ凹線文の登場していない段階の土器群を中期前半のものとする。さらに，櫛描文・地域色甕の確立過程と器種組成の変化によって，中期前半を3区分して説明したい。

表3　弥生時代中期前半基準資料　（　）内は混在資料

	中期前半様相1		中期前半様相2	中期前半様相3
	古	新		
明石川流域〜六甲山麓	戎町1次河道上・下層		玉津田中SK36023・西微高地縁辺堆積層	玉津田中SX46001
大阪平野北部			田能5調査区土壙13　郡家川西南北溝 安満35号方形周溝墓	田能4調査区鋳型ピット
大阪平野中部	美園BSK230・BSD205・220		恩智SD04亀井SD1801 鬼虎川19次環濠	亀井ST1701・ST1801
大阪平野南部			池上（SF075溝）SF079溝	四ッ池SR001
奈良盆地	唐古・鍵33次SK208	唐古・鍵23次SK123	四分SK1440　唐古・鍵22次SK1101	唐古・鍵20次SX101下層・上層
京都・山城盆地	南栗ヶ塚方形周溝墓SD3911・3914		下植野南STF192・STG94	下植野南STF180
丹波高地〜日本海沿岸			扇谷溝1・濠1〜6　太田SD0207	志高2号墓　橋爪SK186
琵琶湖沿岸域		塚町SX02	中沢SX01	烏丸崎1号方形周溝墓
紀伊半島			岡村211グリッド第4層上面	太田黒田土壙5宇田森12ピット岡田SD18

〔様相1〕

 6条以上の多条のヘラ描直線文帯もしくは細密多条直線文帯を持つ土器と初現的な櫛描文土器の共伴段階である。旧来の畿内第Ⅰ様式新段階〜第Ⅱ様式の移行期に相当する。細密多条直線文帯の施文原体は多様で，前期以来のヘラ状工具の細いものや先端の尖った植物繊維状のものなど様々なものが用いられている。一方では，竹管状の細い植物繊維を束ねた原体による定型的櫛描文もみられる。いわばヘラ描文から櫛描文の移行期にあたる様相である。前期以来の多条の貼付突帯文もみられる。

 壺の形態では，前期様相3から大きな器形の変化はない。広口壺では長頸のものが多く見られるが，口縁端部に明確に面をつくり，そこに施文するものが現れ始める。明石川流域〜六甲山麓・丹波山地〜日本海沿岸域では，口縁内面や胴部を三角列点などで加飾するタイプが比較的多数みられる。また，琵琶湖沿岸域・京都〜山城盆地・奈良盆地では，長頸広口壺の頸部に複体構成の櫛描直線文帯が形成される個体がみられる。鉢にも，無文のものと，壺類同様にヘラ描・細密条線・櫛描直線文が施文されるものの2種がある。

 また，甕においては各地で多様な手法の型式が発生する。どの地域でも，前期以来の如意形口縁甕（甕A）は出土しているが，近畿地方西部では無文のものに加えて，多条直線文や櫛描文が施されるものが多数みられる。この地域では，逆L字形口縁甕も存続している。近畿中〜東部では，加飾する甕は少数となり，無文の甕には甕Aと共存する形で異なる手法の型式が現れる。一つは，外面がハケ調整で仕上げられて口縁内面にハケメがみられる型式（甕B）で，いわゆる「大和型甕」と呼ばれてきたものである。本様相での分布域は，琵琶湖沿岸部・京都〜山城盆地・奈良盆地である。もう一つは，体部外面がヘラケズリ調整または，ヘラケズリ後ヘラミガキ調整で仕上げられる型式（甕C）で，いわゆる「四分型甕」「和泉・河内型甕」と呼ばれてきたものである。本様相での分布域は，大阪平野中〜南部地域である。一方では，紀ノ川流域には前期以来，突帯文系の外面ヘラケズリ甕（甕D）が存在している。いずれの地域でも，こういった非遠賀川系の地域性甕は常に遠賀川系甕と共存する状態である。

 このように，文様・甕の製作手法ともに地域性が現れ始めるのが当該期の特徴である。この傾向は次様相にさらに明確となる。

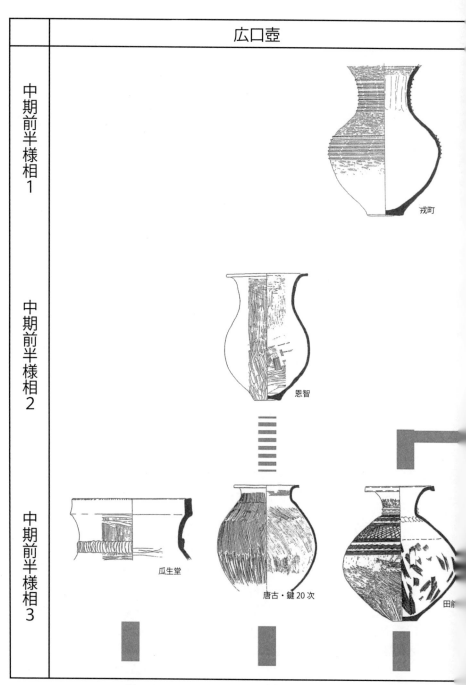

図4（その1） 中期前半の壺型土器の変遷

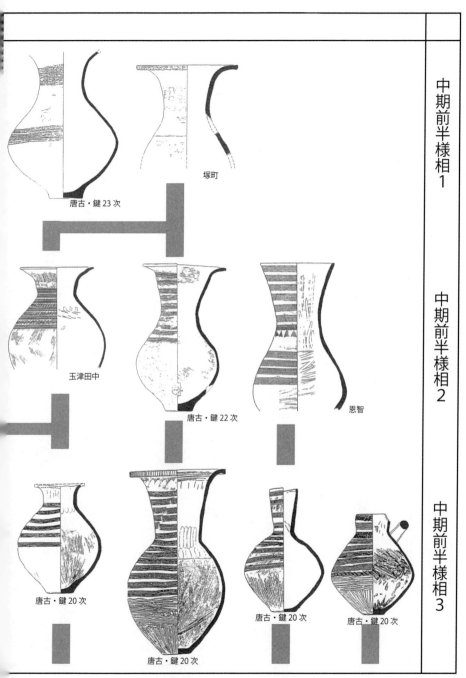

図4（その2） 中期前半の壺型土器の変遷

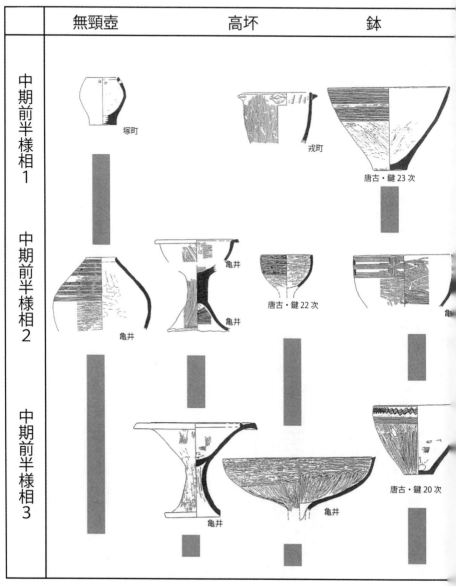

図5（その1） 中期前半の高坏・鉢・無頸壺形土器の変遷

4 近畿

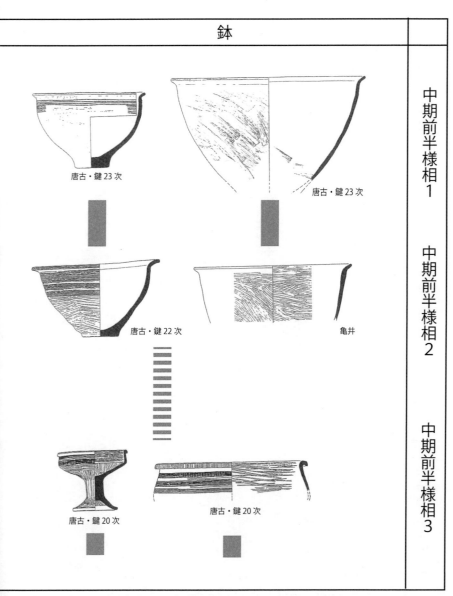

図5（その2） 中期前半の高坏・鉢・無頸壺形土器の変遷

Ⅳ．各地の弥生土器及び並行期土器群の研究

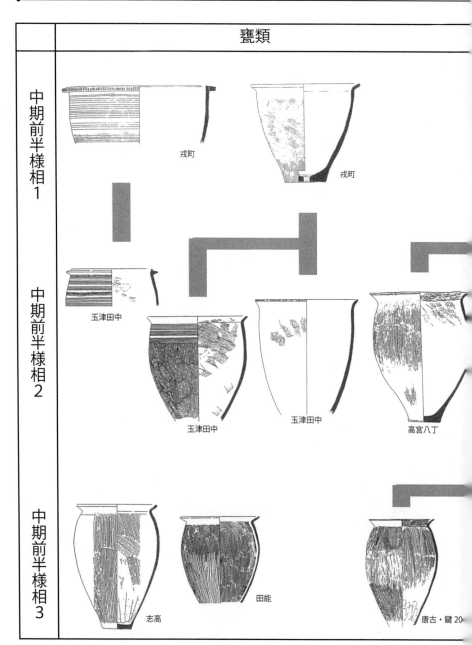

図6（その1）　中期前半の甕形土器の変遷

4 近畿

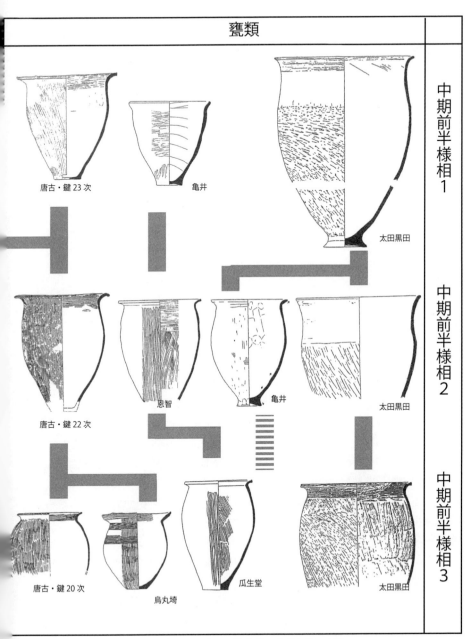

図6（その2）　中期前半の甕形土器の変遷

IV. 各地の弥生土器及び並行期土器群の研究

〔様相2〕
　ヘラ描直線文はなくなり，櫛描文主体となる段階で，旧来の畿内第Ⅱ様式の典型期に相当する。壺類では，直口壺が成立するなど形式分化が明確となる。また，広口壺の口縁端面の拡張と施文が顕著となる。有文の壺・鉢類では，複帯構成の櫛描直線文で飾られるものが琵琶湖沿岸域・京都～山城盆地・奈良盆地を中心に，直線文帯の間に三角列点文や山形文を配する文様構成のものが明石川流域～六甲山麓・丹波山地～日本海沿岸域を中心に分布する。また，近畿地方全体にどの地域においても，地域によって出現頻度は異なるものの櫛描波状文・流水文を施す個体がみられるようになる。
　甕は，前様相で各地にみられた甕A・B・C・Dが残存し，より明確な地域性を示すようになる。特に，琵琶湖沿岸域・京都～山城盆地・奈良盆地北中部では，甕B中心の組成となる。明石川流域～六甲山麓・丹波山地～日本海沿岸域では甕Aのみの組成である。両者の間の大阪平野では，北部が甕A・Bの組み合わせ，中～南部が甕A・Cの組み合わせとなる。奈良盆地南部は甕B・Cの組み合わせ，紀伊半島では甕Dのみの組成となる。
　広域に分布する甕Bについては，当該期には更に細分が可能となっている。琵琶湖沿岸部では，当様相の新相から口縁内面や体部外面にハケ原体によって施文されるタイプが出現し，京都～山城盆地からも少数出土する。また，大阪平野北部を中心に甕Bの口縁外面をヨコナデ調整によって仕上げる手法や口縁部に刻み目のないタイプがみられる。
　また，この時期になると，前期以来僅少であった高杯が安定的器種として確立する。杯部が直口形態と外反形態との2種類あるが，いずれも無文のものだけでなく櫛描施文するものがみられる。文様構成は，鉢類と同じである。内外面ともにヘラミガキ調整で仕上げられるものが多数を占める。

〔様相3〕
　前様相にくらべて器種・形式が多様化する段階で，旧来の畿内第Ⅲ様式前半期に相当する。壺類では，代表的なものは，頸部に指押圧突帯を施す広口壺・受口状口縁壺や胴部上半外面がハケ調整で仕上げられる無文広口壺などが現れる。これらは，桑原久男の分類で「非櫛描文型器種」と呼ばれる形式に相当する（桑原1989）。また，櫛描文を施す壺類系統の土器としては，細頸壺あるいは把手のついた水差形土器が成立する。明石川流域～六甲山麓・大阪

平野北部・京都〜山城盆地には，縦長形態で口縁部に刻込のある摂津型水差と呼ばれる形式がみられる。

　脚台を有する形式も増加する。高杯においては，水平口縁形態のものが現れる。また，鉢の中には口縁部を外側に折り返す形態のものが発生しその多くに脚台が付帯する。前様相の高杯・鉢の属性が融合しながらあらたな器種・形式編成が進行されるようである。

　これら，壺・鉢・高杯のうち櫛描文を施すものについては，器種・形式を越えて共通する文様の地域性要素が看取できる。明石川流域〜六甲山麓・大阪平野北部・丹波山地〜日本海沿岸域・紀伊半島では直線文と波状文が交互に配される文様構成の土器が多く見られる。この地域では，壺類の頸部に突帯文が施される形式がみられることも特徴である。それに対し，大阪平野中部・奈良盆地・琵琶湖沿岸部では直線文を主体とした文様構成が主流となる。大阪平野では，近畿地方通有の型式群と共存する状態で，直線文と簾状文を多用する文様構成をとり，口縁部を垂下させ胴部最大径を著しく下位にもつ土器群が現れる。この一群は，角閃石を多量に含む独自の胎土で成形されることと主要分布域のあり方から「生駒西麓型土器」（三好 1987）「生駒山西麓産土器」（濱田 1990）と呼ばれている。また，琵琶湖沿岸地域は，濃尾平野との近縁性の高い形態・文様構成の土器が多くみられ，小さく受口状に口縁部が内彎して櫛描直線文を多用する壺がみられる。この地域では，甕以外の器種でも粗いハケ調整で器面調整を終えている土器が多く，土器製作体系全体についても近畿地方の中で個性を示すようになる。

　甕においては，「く」形口縁形態のものが成立する。この甕は外面上半がハケ調整，下半がヘラケズリ後ヘラミガキ調整で仕上げられるのが通例で，藤田三郎・松本洋明によって瀬戸内系甕（寺沢・森岡編 1989），長友朋子によって甕D（長友 2001）と呼ばれたタイプである。当該期においては，この甕の比率は地域によって大きく異なっている。明石川流域〜六甲山麓・大阪平野北部・丹波山地〜日本海沿岸域では，甕のうち，ほぼ9割を越える比率を示すのに対し，大阪平野中・南部〜奈良盆地・紀伊半島では半数を下回り，京都・山城盆地・琵琶湖沿岸では僅少となる。このうち，大阪平野中・南部〜奈良盆地・紀伊半島では，前様相における甕B・C・Dの製作手法を踏襲するものが残存するとともに，「く」形口縁甕との間にバラエティに富んだ折

衷型式が生まれている。京都〜山城盆地・琵琶湖沿岸では，前様相と大きく変わらない形態・手法の型式が多数を占める。琵琶湖沿岸域では，ハケ調整原体を用いた波状文・直線文が口縁部内面・体部外面上半部に施されるものが一般的になる。

【弥生時代中期後半の土器】(表4，図7〜9，口絵Ⅳ-3・4)
　凹線文の出現・確立期である中期後半の基本的な様式構造は，中期前半様相3から大きくは変化しない。しかし，凹線文の導入ありかたと段階的な器種・形式組成の変化によって，地域内部での器種・型式の多様性が拡大する時期であり，それによって発現する地域性も段階的な変質をみせる時期である。旧来の土器編年では畿内第Ⅲ様式後半〜Ⅳ様式に相当する。また，1980年代末以後これらの時期をすべて第Ⅳ様式と呼称する立場もある。
　土器変化については，凹線文の施文状況と器種構成の変化によって，様相1・様相2の2時期に大別することが可能である。ただし，地域によっては両様相とも更なる細別が可能である。

〔様相1〕
　凹線文の導入期である。器種構成は中期前半様相3と大きくは変わらない。壺・鉢・高杯の口縁端面を中心に凹線文が施されるようになる。また，広口壺・直口壺・細頸壺などの頸部にも幅の広い凹線文が施されるが，前様相の頸部突帯文が残存している個体も散見される。細頸壺については，大型品が増加

表4　弥生時代中期後半基準資料

	中期後半様相1		中期後半様相2	
	古	新	古	新
明石川流域〜六甲山麓	玉津田中SX46002	楠・荒田町SX01A	奈カリ与山頂区1号住居址	
大阪平野北部	田能第6溝　東奈良1号方形周溝墓　栄根土壙5		口酒井溝5	
大阪平野中部	亀井SK3060	瓜生堂土壙250・第22号墓周溝	城山17号方形周溝墓周溝	亀井SK3040
大阪平野南部	四ッ池SK504土壙			
奈良盆地	四分SK1441　唐古・鍵33次SK124	四分SE610　唐古・鍵22次SK105	唐古・鍵33次SK120	唐古・鍵19次SD204-14層
京都・山城盆地	市田斉当坊方形周溝墓SD99		東土川SD336012	市田斉当坊SH92
丹波高地〜日本海沿岸	橋爪遺跡SD21		千代川6・7次SD06・方形周溝墓1	
琵琶湖沿岸域	服部SD151	服部SD152A	服部SD152B	吉見西SB4・SK4
紀伊半島	太田黒田井戸11		宇田森A溝	

する。鉢についても折り返し口縁形態のものは，口縁部が段状形態のものへと変化し，中〜大型品が主体となる。大型鉢については脚台のつくものはみられない。高杯においては，水平縁から垂下口縁へと形態変化が進行する。

また，大阪平野中部の生駒西麓型土器の壺・鉢・高杯類には凹線文が施文されず，簾状文の使用頻度が著しく高まる。奈良盆地の櫛描文型器種についても当様相の古相では凹線文が用いられない。このように，当該期では，櫛描文型器種を中心に凹線文導入に細かな時間差・地域差が看取される。一方，受口壺・直口高杯・直口鉢などを中心とする非櫛描文型器種では凹線文導入に地域差はみられない。

甕においては，「く」形口縁甕の増加が特徴である。前様相で半数を下回っていた大阪平野中・南部〜奈良盆地・紀伊半島では，その数が半数を超える傾向を示す。ただ，まだ中期前半以来の地域性を示すタイプは残存し，折衷型式も少なくない。また，「く」形口縁甕には，口縁端部を摘み上げる形状のものや口縁端面に凹線文を施すものがみられる。体部の調整についても当様相新相を中心にハケ調整の下にタタキメのうかがわれる個体がこの種の甕に散見され始める。特に，丹波山地・亀岡盆地ではタタキ成形の痕跡の顕著な壺・甕が多数みられる。この地域では，壺・甕の外面がすべてハケ調整，内面がヘラケズリ調整で仕上げられるものが一定数みられる。

琵琶湖沿岸域では，他の地域と異なる特徴をもつ一群の土器が明確となってくる。櫛描文土器には櫛描文を胴部上半に施し口縁部が小さく直立して受口状を呈する壺類が安定的にみられる。また，口縁内面ハケ調整仕上げで，その外面にハケ原体による直線文・波状文を施す独自型式については，口縁部が受口状形態となるものが現れる。同様の形態・調整・文様で器高の低い鉢もみられる。一方で，近畿地方各地と共通する非櫛描文器種もみられ，これらには凹線文も施文されている。ただ，全器種ともに外面をすべてハケ調整で仕上げる傾向がみられ，胴部下半外面をヘラケズリ後ヘラミガキ調整で仕上げる型式の多い他の地域とは異なる様相を示している。

さらに，大阪平野北部・京都盆地・丹波山地を中心に，ワイングラス形の台付無頸壺〜鉢が現れ，地域性をみせる。

〔様相2〕
器台や円孔脚台付無頸壺などが成立し，凹線文採用の拡大傾向が進行する

IV，各地の弥生土器及び並行期土器群の研究

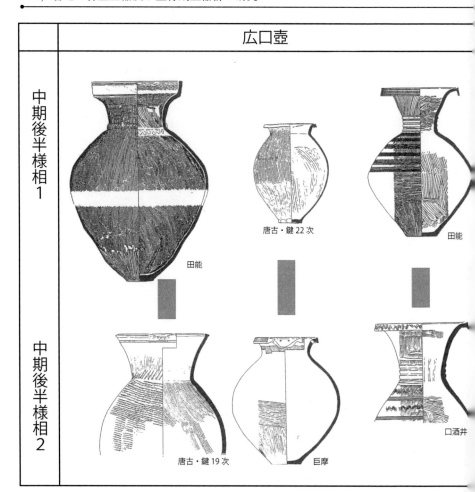

図7（その1） 中期後半の壺型土器の変遷

段階である。その他の器種組成は前様相と大きくは変わらない。文様では，貼付け突帯文が全地域で消滅し，ごく一部を除いて，近畿全域で櫛描文型器種に凹線文が積極的に用いられる。段状口縁鉢や水差形土器については，凹線文だけで飾られるものが定型化する。同時に，櫛描文についても，奈良盆地や琵琶湖沿岸部で波状文を多用する文様構成が増加する。一方で，生駒西麓型土器においては一切凹線文が用いられず，櫛描簾状文も幅広の特異な原体に施文されるようになるなど近畿全域文様の共通化傾向とは反対の変化を

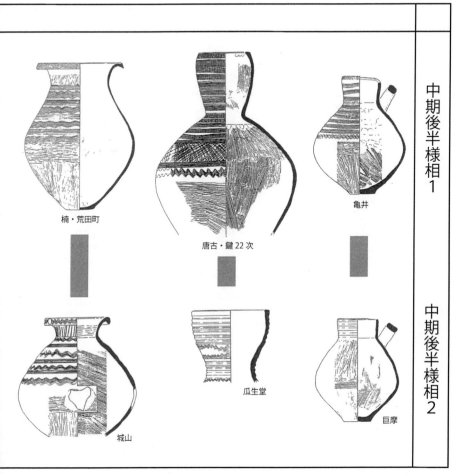

図7（その2） 中期後半の壺型土器の変遷

みせる。また，近畿全域で段状口縁鉢に大型品が多く見られるようになる。甕では，「く」形口縁甕の比率が圧倒的に高くなり，生駒西麓型土器が出土する大阪平野中部以外は，ほぼ全域でこの型式が主流となる。また，甕類を中心に，丹波山地・亀岡盆地以外でもタタキメ土器が増加する。その他の技法上の変化としては，高杯や台付鉢・無頸壺の脚台内面のヘラケズリ調整痕が顕著となる傾向がうかがわれる。

　また，当様相の新相には，非櫛描文型器種の増大傾向が看取される。これ

241

IV．各地の弥生土器及び並行期土器群の研究

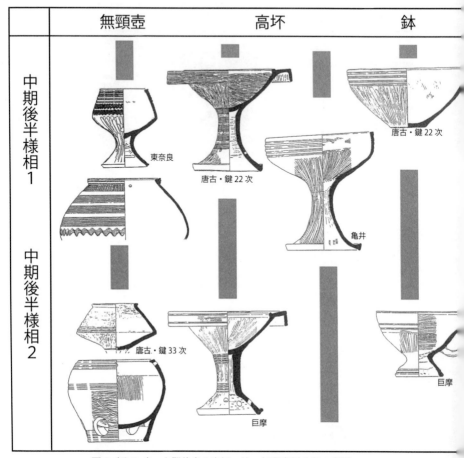

図8（その1） 中期後半の高坏・鉢・無頸壺形土器の変遷

と連動して，生駒西麓土器の壺・鉢類の無文化傾向が現れ始め，後期土器様式への移行の萌芽がうかがわれる。

〔中期土器の変遷と併行関係の検証〕（表5～8）

このような，既往の編年基準を援用した広域土器編年の妥当性を検証してみたい。小地域内での，同時性の高い廃棄一括資料の先後関係については，ほぼ異論はないものと思われる。しかし，諸地域にみられる型式変化の諸段階がどのような並行関係を持つのかが問題である。本書では，ここまで基本的な属性変化の足取りは諸地域で一致しているとの前提で記述を進めた。特

④ 近畿

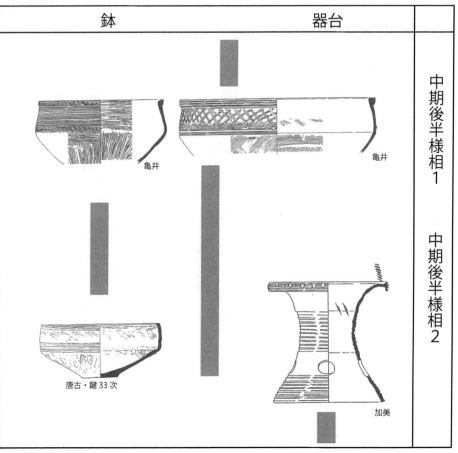

図8（その2） 中期後半の高坏・鉢・無頸壺形土器の変遷

に，凹線文や器台の成立といった大別様相の画期については近畿地方全域で同時に進行する現象と考えた。しかし，本来はそれ自身が検証される必要がある。

　そういった検証を行う上で鍵となるのは，生駒西麓型土器である。先述のように，濱田延充らによって型式学的属性が明示された編年案（濱田1993）が提示されている。濱田の提示した基準を用いると，生駒西麓型土器の場合1個体が出土しただけで時期比定が可能となる。つまり，生駒西麓型土器が主要分布域である大阪平野中部以外で搬入品として出土した際，あるいは大

243

IV. 各地の弥生土器及び並行期土器群の研究

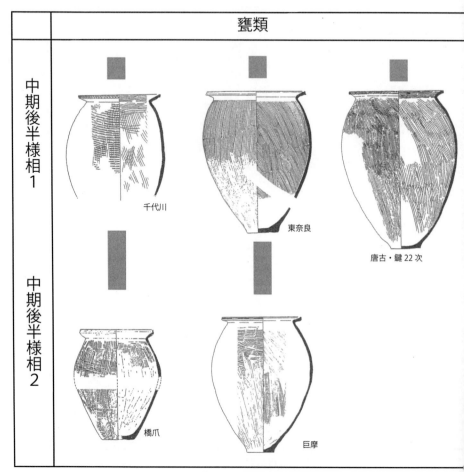

図9（その1） 中期後半の甕形土器の変遷

阪平野中部で他地域の土器が搬入品として生駒西麓型土器と共伴した場合には，出土土器量が少量であっても，時期の類推が可能なのである。この，特徴的な土器群を用いて近畿地方のいくつかの地域の型式変化の諸段階や並行関係を確認する。ちなみに，大阪平野中部においては，濱田編年生駒西麓第Ⅲ様式古段階が本書の中期前半様相3に，同第Ⅲ様式中段階が本書の中期前半様相Ⅲ3の新相〜後半様相1の古相に，同第Ⅲ様式新段階が本書の中期後半様相1新に，同第Ⅳ様式古・新段階が本書の中期後半様相2に相当する。

4 近畿

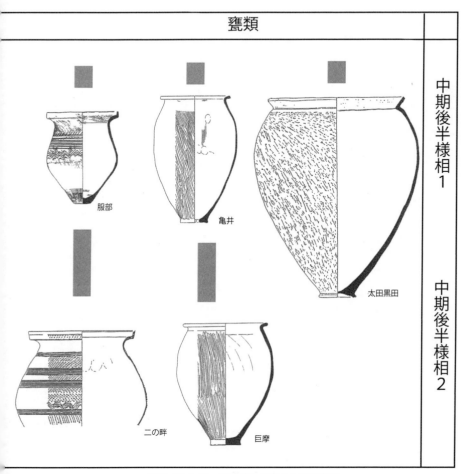

図9（その2）　中期後半の甕形土器の変遷

　こういった基準をもとに，生駒西麓型土器がどのように他地域に搬出されて諸段階の土器と共伴しているのかを調べたい。生駒西麓型土器が多数出土し，なおかつ共伴する在地の土器の時期が明確になっているという条件を満たす地域は多くない。奈良盆地はその良好な例で，川上洋一による集成と分析が行われている（川上 2003ab・2004）。そのデータを基にして作成したのが，表5である。奈良盆地における本書で編年した分類に相当する資料が，濱田延充の生駒西麓型土器に対する型式学的編年の諸段階の個体とどのように共

245

IV，各地の弥生土器及び並行期土器群の研究

表5 奈良盆地における生駒西麓土器の搬入例

奈良盆地での土器の編年上の位置		生駒西麓III古	生駒西麓III中	生駒西麓III新	生駒西麓IV古	生駒西麓IV新
	中期前半様相2	脇田方形周溝墓				
	中期前半様相3					
	中期後半様相1古		四分SE610最下層・平等坊岩室SD02上層			
	中期後半様相1新			唐古・鍵22次SK102, SK105, 26次SD2103, 矢部南SD102, 芝3次SD01, 西里ST01・ST02,	西畑SX05, 西曽我SD13, 唐古19次SD204第14層,	
	中期後半様相2				西畑SX05, 西曽我SD13, 唐古19次SD204第14層,	唐古・鍵61次SD102B

表6 大阪平野中部における播磨灘沿岸〜六甲山麓地域からの搬入品と生駒西麓型土器の共伴例

播磨灘沿岸〜六甲山麓地域からの搬入土器		生駒西麓III古	生駒西麓III中	生駒西麓III新	生駒西麓IV古	生駒西麓IV新
	中期前半様相2					
	中期前半様相3					
	中期後半様相1古		瓜生堂B地区2号方形周溝墓周溝			
	中期後半様相1新			瓜生堂B地区4号方形周溝墓周溝		
	中期後半様相2				瓜生堂B地区第7号墓	巨摩沼状遺構下層

表7 大阪平野中部における大阪平野北部・京都盆地からの搬入品と生駒西麓型土器の共伴例

大阪平野北部・京都盆地からの搬入土器		生駒西麓III古	生駒西麓III中	生駒西麓III新	生駒西麓IV古	生駒西麓IV新
	中期前半様相2	亀井(その2)SE2201中層,SK1901,鬼虎川溝4,志紀川68				
	中期前半様相3		亀井(その1)SK3060,			
	中期後半様相1古			亀井(その1)SD3012		
	中期後半様相1新					
	中期後半様相2				瓜生堂土坑194	

表8 大阪平野中部における琵琶湖沿岸部からの搬入品と生駒西麓型土器の共伴例

琵琶湖沿岸部からの搬入土器		生駒西麓III古	生駒西麓III中	生駒西麓III新	生駒西麓IV古	生駒西麓IV新
	中期前半様相2	亀井(その1)SD3021A				
	中期前半様相3					
	中期後半様相1古					
	中期後半様相1新					
	中期後半様相2				亀井・城山SD3001,瓜生堂溝201	久宝寺南高台6

伴しているのかを示している。共伴資料名は各欄内に遺跡名と出土遺構・層名を記している。

これをみると，生駒第III様式古段階が中期前半様相2〜3に，同中段階が中期前半様相3〜後半様相1古に，同新段階が中期後半様相1新に，生駒西麓第IV様式古・新段階が中期後半様相2に共伴している。つまり，本書で想定した奈良盆地における小様式の変遷と濱田による生駒西麓型土器の変遷は

連動していることは明瞭である。また，大阪平野中部における本書編年と濱田生駒西麓土器編年の対応関係とも矛盾していないことが，奈良盆地にける搬入土器出土状況から確認できる。

それ以外の地域では，厳密に時期比定可能な廃棄土器群の中に生駒西麓型土器の出土した例は多くない。そのため，逆の方法をとって大阪平野中部の諸遺跡において生駒西麓型土器に他地域からの時期のわかる搬入土器がどのように共伴しているかを示して本書の編年を検証したい。表6は播磨灘沿岸～六甲山麓からの搬入土器の共伴例，表7は大阪平野北部・京都盆地といった淀川水系からの搬入品の出土例，表8は琵琶湖沿岸部からの搬入土器の共伴例を，それぞれ示したものである。諸地域の土器様式名と生駒西麓型土器の様式名の相関する欄に該当する共伴例を示している。

これをみると，生駒第Ⅲ様式古段階が中期前半様相3を中心に，同中段階が中期前半様相3～後半様相1古に，同新段階が中期後半様相2を中心に，生駒西麓第Ⅳ様式古・新段階が中期後半様相2に共伴している。つまり，本書で想定した諸地域の小様式の変遷と濱田による生駒西麓型土器の変遷は連動していることは明瞭である。また，大阪平野中部における本書編年と濱田生駒西麓土器編年の対応関係とも矛盾していないことが，これらの搬入土器出土状況から確認できる。

表5～8によって，本書での弥生中期土器の組列や段階設定の妥当性が確認できたものと思われる。これは，本書が広域編年の方針とした，櫛描文の発生による前・中期区分，凹線文の成立を基準とした中期前・後半区分，さらにそれぞれの大別時期を3区分して説明する大系の妥当性を確保する証左と考えたい。

3, 弥生後期の土器の変化（図10～11，口絵Ⅳ-5・6）

〔亀井遺跡とその周辺における型式変化〕

弥生後期には，近畿北部や琵琶湖沿岸部以外の地域では，中期にみられるような細かな地域性を土器に見出すことは難しい。それは櫛描文が消失したためでもあるが，甕などの装飾性の低い器種を見ても製作技法上の差異を上記地域にみいだすことは難しいのである。そこで，出土遺物量の多い大阪平野中部の土器群を対象に，諸型式の移り変わりを統計的に掌握し，細分編年

Ⅳ．各地の弥生土器及び並行期土器群の研究

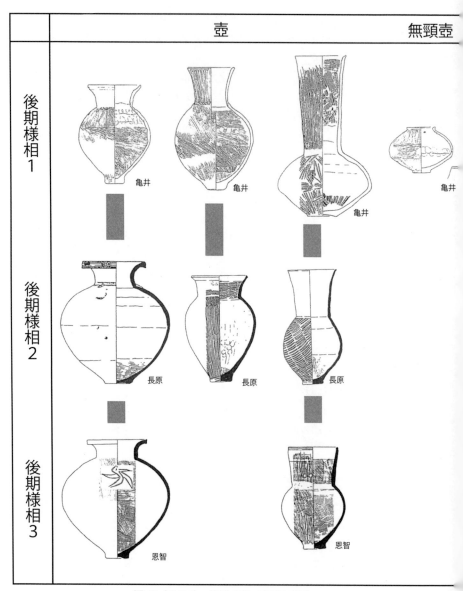

図10（その1） 後期の壺・高坏の変遷

4 近畿

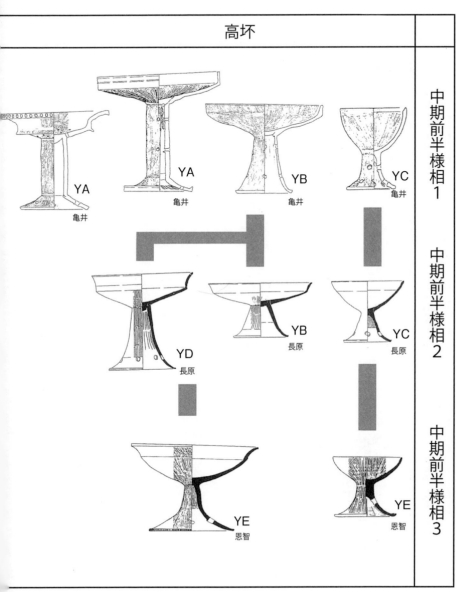

図10（その2） 後期の壺・高坏の変遷

IV，各地の弥生土器及び並行期土器群の研究

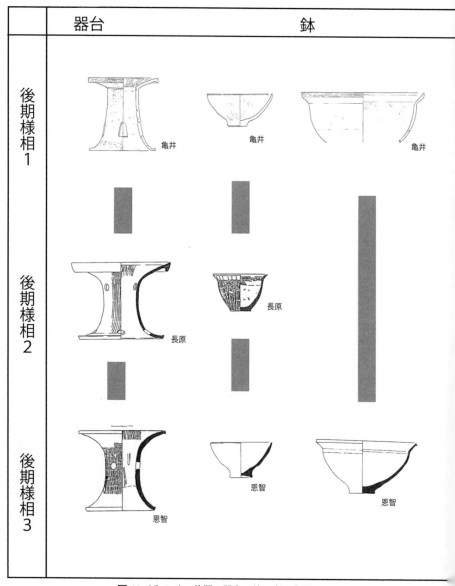

図 11（その 1）　後期の器台，鉢，甕の変遷

4 近畿

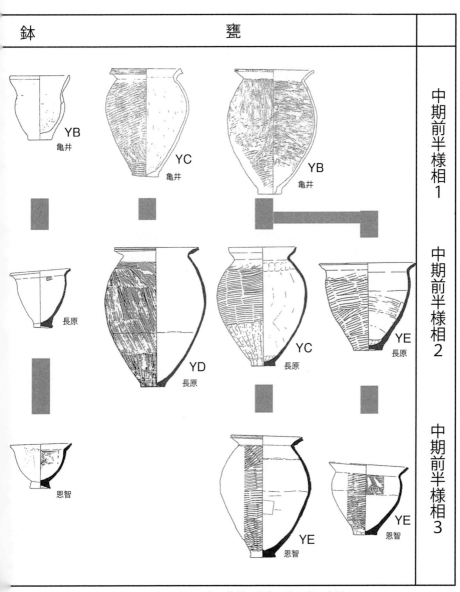

図11（その2）　後期の器台，鉢，甕の変遷

251

Ⅳ．各地の弥生土器及び並行期土器群の研究

の基準とすることが有効と考えられる。

　その中でも，筆者は亀井遺跡を中心とした遺跡群の弥生後期土器を資料整理する機会に恵まれた。約2km四方に収まる範囲の遺跡群内で弥生後期を通じての出土土器が連綿と検出されていることから，小地域差を含まない土器の変化を跡付けることが可能な分析対象と考えられる。ここでは，既往の研究から想定される主要器種の属性変化の特徴に基づく型式分類を行い，その出現頻度を確認する。複数の器種で，それらの型式変化や変化の画期が連動することが確認できるなら，それに応じた段階設定が可能となる。それを，近畿地方全体の細別編年基準の機軸としたい。

■分析の方法と基準資料

　先述のように，本書で扱った土器群の特徴は，弥生後期～古墳前期にかけて各時期に基準となる資料が量的に確保されていることである。そこで，本稿では，各々の出土資料の中で，各器種の細分型式がどのようなバラエティをもってみられるかを検討する。ただ，全器種を対象として分析したのでは，型式の交替が不分明となるおそれがある。そこで，主要器種ごとに細分型式の組成パターンの変遷を抽出した後，器種による変化の類似点と相違点を整理して各出土資料の先後関係と画期を明確化するという手順をとりたい。

　各器種の分析においては，想定される細分型式の型式学的先後関係に呼応するか否かが分析の焦点ともなろう。また，型式変化が，組成上どの程度の重なりをもちながら進行するかについて器種・時期によって変異がみられれば，それも様式の画期を設定する上で重要な指標となろう。

　分析する一括資料は，近畿自動車道建設に伴う発掘調査によって得られた久宝寺遺跡・亀井北遺跡・亀井遺跡・城山遺跡（現在は長原遺跡）の出土資料である。当該資料は，『河内平野遺跡群の動態Ⅵ』（大阪府文化財調査研究センター 1995）に掲載されている。その中でも特に出土状況の良好な，久宝寺南（その1）Y1号方形周溝墓・Y6号方形周溝墓，亀井SD3104・SD3067・SD3068・SD3056出土資料，城山（その2）SD1018・SB1001・SB1004出土資料を分析対象としたい。先述のようにこれらは約5kmの狭い範囲で出土した土器群であり，形式変化について小地域差を考慮するする余地がほとんどない土器群と考えられる。

■各器種における型式組成の変化
(1) 高杯
①型式分類
　当器種の型式分類は，主に脚部・高杯の各々の形態の変化とその組み合わせによって行う。下に示した高杯YA～YDは，既往の編年を参照しながら，弥生後期の前葉から庄内式高坏へと型式学的変遷を想定して設定している。脚部については，弥生後期の前葉から庄内式へと裾部の拡がりが大きく，顕著になっていく変化の方向性を変遷の基準においた。林部に関しては，上半部が発達し，より深い形態へと変化していく方向性を基準においた。
高杯YA：脚部が柱状で裾が屈曲して直線的に広がる形態で，杯部は明確に屈曲して口縁部が直口する形態。脚部外面の器面調整は，柱状部が縦方向で裾部が放射状のヘラミガキ調整である。杯部は，内外面下半部が放射状または横方向の，口縁部内外面は横もしくは縦方向のヘラミガキ調整である。
高杯YB：脚部が直線的に「ハ」字形に広がる形態で，杯部は明確に屈曲して上半～口縁部はやや外反する形態。脚部外面の器面調整は放射状のヘラミガキ調整である。杯部は，内外面下半部が放射状または横方向の，口縁部内外面は横もしくは縦方向のヘラミガキ調整である。
高杯YC：脚部は上部では直線的で大きくは広がらず裾近くのみが外反する形態で，杯部は屈曲して口縁部は外反する形態。脚部外面の器面調整は放射状のヘラミガキ調整である。杯部は，内外面下半部が放射状または横方向の，口縁部内外面は横もしくは縦方向のヘラミガキ調整である。
高杯YD：脚部が上半では直線的に広がり下半部から外反する形態で，杯部は屈曲して上半～口縁部は外反する形態。脚部外面の器面調整は放射状のヘラミガキ調整である。杯部は，内外面下半部が放射状または横方向の，口縁部内外面は横もしくは縦方向のヘラミガキ調整である。
高杯YE：脚部が中位から大きく外反する形態で，杯部は明確に屈曲して上半～口縁部は大きく外反する形態。脚部外面の器面調整は放射状のヘラミガキ調整である。杯部は，内外面下半部が放射状または横方向の，口縁部外面は縦方向，口縁部内面は横もしくは縦方向のヘラミガキ調整である。
②各資料での出土状況（表9上段）
　これらの型式が上記の分析対象土器群のなかでどのように出土しているの

表9 亀井遺跡とその周辺における後期土器の型式変化

		遺構/型式	高杯YA	高杯YB	高杯YC	高杯YD	高杯YE
様相1	古相	久宝寺南(その1)Y1号方形周溝墓	1	2			
		久宝寺南(その1)Y6号方形周溝墓		2			
	新相	亀井SD3104	2		1		
様相2		城山(その2)SB1001			4	3	
		城山(その2)SD1018	1		1	4	
		城山(その2)SB1004			1	1	4
様相3	古相	亀井SD3067				5	6
		亀井SD3068				2	6
	新相	亀井SD3056				3	1

		遺構/型式	甕YA	甕YB	甕YC	甕YD	甕YE
様相1	古相	久宝寺南(その1)Y1号方形周溝墓	2			2	
		久宝寺南(その1)Y6号方形周溝墓	2	2		2	
	新相	亀井SD3104	2	4			4
様相2		城山(その2)SB1001				3	3
		城山(その2)SD1018		1	1	2	6
		城山(その2)SB1004		2			12
様相3	古相	亀井SD3067		3		23	3
		亀井SD3068		2		2	20
	新相	亀井SD3056					2

		遺構/型式	広口壺YA	広口壺YB	広口壺YC	広口壺YD	複合口縁壺YA
様相1	古相	久宝寺南(その1)Y1号方形周溝墓					
		久宝寺南(その1)Y6号方形周溝墓					
	新相	亀井SD3104	2		1		
様相2		城山(その2)SB1001	2	1			
		城山(その2)SD1018	9	2			
		城山(その2)SB1004		4			
様相3	古相	亀井SD3067		6	1	3	
		亀井SD3068		11	9	1	1
	新相	亀井SD3056		2			

かを検証したのが,表2である。型式学的に想定した上記の諸型式の順序を上段の項目として並べ,それらの型式学的順序に従って,出現する各土器群をほぼ踏襲する形で並べると,表2の左側の資料名の順となる。

　隣り合う型式と若干の重なりをもちつつ,次の型式へと移行する図式が措けることから,型式学的先後関係が妥当である可能性が高い。各型式の出現比率のばらつきは資料によって様々で,特に高杯YA～YCまでの型式は,

複数型式が共存するが高杯KB・KCなどは，単一型式しか存在していない資料がみられる。各資料の順序が時間的先後関係を反映しているのであれば，時期によって高杯の型式に規格性の変化がみられることとなる。

　この変化の様相は，概ね8つに分類することができる。まず，様相1は，久宝寺南（その1）Y1号方形周溝墓・Y6号方形周溝墓，亀井SD3104出土資料である。この中では，高杯YA～YCが出土している。このなかでも，亀井SD3104出土資料にのみ高杯YCがみられることから，やや後出する要素をもった資料といえよう。様相2は，城山（その2）SD1018・SB1001・SB1004出土資料である。ここでは高杯YA～YDまでの型式が出土しており，中でも高杯YC・YDの比率が高い。様相3は，亀井SD3067・SD3068・SD3056出土資料が挙げられる。ここでは，高杯YA～KAの型式がみられるが，高杯YA～YBは僅少で主体は高年YC～YEにある。特に，亀井SD3056では高杯YEかみられず，新相を示している。

(2) 甕

　甕における型式学的変化の方向性は，弥生後期ではヘラミガキ調整・パケ調整で仕上げるものからタタキメ整形を行うものへ，古墳時代にかけては内面ヘラケズリ調整を行い外面はパケ調整で仕上げられるものへという大まかな方向性がこれまでにも示されている。ここでの想定する型式変化の諸段階は基本的にそれを踏襲したものである。

■型式分類

甕YA：底部は平底で，口縁部が短く外反する形態。体部外面は縦方向のヘラミガキ調整，体部内面はヘラケズリ調整もしくはパケ調整で仕上げられる。

甕YB：底部は平底で，口縁部が短く外反する形態。体部外面は縦方向のパケ調整，体部内面はヘラケズリ調整もしくはパケ調整で仕上げられる。

甕YC：底部は平底で，口縁部が短く外反する形態。体部外面にはタタキメがみられ，体部内面はヘラケズリ調整で仕上げられる。

甕YD：底部は平底で，口縁部が短く外反する形態。体部外面はタタキメの上にパケ調整がみられ，体部内面はパケ後ナデ調整で仕上げられる。

甕YE：底部は平底で，口縁部が短く外反する形態。体部外面はタタキメのみがみられ，体部内面はパケ後ナデ調整で仕上げられる。

IV. 各地の弥生土器及び並行期土器群の研究

②各資料での出土状況と型式変化（表9中段）
　高杯で先後関係を設定したのと同様の順序で，出土資料を並べると表6のような結果が得られた。甕においても，型式学的に想定した型式変化の方向性と矛盾しない順序で，各型式が盛衰している図式が描ける。つまり，高杯で想定した各出土資料の先後関係（様相1～3）に矛盾がないことが立証できた。そこで，高杯でみた様相1～8の変化に照らして想定できる甕の型式変化の図式は如何なるものだろうか。
　様相1の段階では，甕YA～YBがみられる。ここでも，亀井SD3104には新出要素の甕YCがみられ，新相を示している。様相2の段階では，甕YA～YEまで幅広く各種類の型式がみられる。ここでも，城山（その2）SB1では甕YEの比率が高いため，やや後出する可能性が確認できる。様相3の段階では甕YB・YD・YEのみで構成されるが，甕YD・YEがその大半を占める亀井SD3056では，甕YEのみでこれも高杯同様にやや新相の傾向を示している。

(3) 広口壺・複合口縁壺
　弥生後期から古墳前期にかけての広口壺と複合口縁壺は，別個の器種ではなく口縁部が外反する壺類としてとらえ，とりまとめて型式分類を行う。その際，広口壺では口縁部を垂下させるものから肥厚して端面を形成するものへと，複合口縁壺では口縁部が直線的に拡がるものから外反してひろがるものへという変化を型式変化の方向性として想定したい。

①型式分類
広口壺YA：口縁端部が垂下して面をもつ形感。体部は縦長で平底である。
広口壺YB：口縁端部に小さな面をもつ形態。体部は縦長で平底である。
広口壺YC：口縁端部を肥厚させて面をもつ形態。体部は胴部が大きく膨らみ，平底で，無文のもの。
広口壺YC'：口縁端部を肥厚させて面をもつ形態。体部は胴部が大きく膨らみ，平底で，口縁部および体部に文様をもつ。
広口壺YD：口縁部が屈曲して上方に拡張して面をもつ形態。体部は胴部が大きく膨らみ，平底である。

②各資料での出土状況と型式変化（表9下段）
　高杯・甕で検証した各資料の先後関係と，上記の型式学的に想定できる先

後関係をもとにした表を作成すると表4のようになる。広口壺・複合口縁壺の出土個体数は，甕などに比べると非常に少ないため，型式変化の図式は明確ではない。しかし，概ね上記の型式の順に推移することが確認できよう。型式変化の方向性としては，広口壺では口縁部を垂下させるものから肥厚して端面を形成するものへと，複合口縁壺では口縁部が直線的に拡がるものから外反してひろがるものへと変化する傾向が正しいことが立証された。

■既往の編年との関係

高杯と他器種の諸型式の共伴関係によって構成した上記の様相1～3の土器変遷は，当地域における既往の編年とどのように相関するのだろうか。各様相の既往の編年との対応関係を明らかにしたい。特に，弥生後期では寺沢薫・森井貞雄による河内Ⅴ－0～Ⅵ－1の時期設定を軸に対応関係を示す。

先述のように様相1～3の3つの段階の変化は漸移的ではあるが，様相1～2ではタタキメを有する甕の増大と柱状脚部をもつ高杯の終焉という要素が挙げられる。また，様相2～3への変化では外反口縁鉢・椀形鉢などの小型鉢類の増大や杯部の口縁部の発達の著しい高杯の増大なども大きな変化要素として挙げられる。これらの各様相の特徴は概ね寺沢薫・森井貞雄による弥生土器編年（寺沢・森岡編1989）の河内Ⅴ－1～Ⅵ－1の中の変化の画期にほぼ相当する。そこで，様相1を河内Ⅴ－0～2，様相2を河内Ⅴ－3～4，様相3を河内Ⅵ－5に相当すると推測できよう。

〔広域での一括資料の紹介と変遷概略〕〔後期様相1-3〕

以上，大阪平野中部において確認できる後期土器変化は，近畿中・南部で確認できるのだろうか。まず，亀井遺跡近辺で検証した3器種について，類似した様相をみせる資料を列挙したい。

■後期様相1と類似する土器群

　　大阪平野北部：古曽部遺跡環濠K1a,b,c出土土器（高槻市教育委員会1996）

　　大阪平野南部：観音寺山遺跡W地区東西方向溝・東溝出土土器（同志社大学歴史資料館1999）

　　紀伊半島：船岡山遺跡竪穴住居SB01・05，同弥生時代遺物包含層Ⅱ出

IV. 各地の弥生土器及び並行期土器群の研究

土土器（和歌山県教育委員会 1986）
奈良盆地：唐古・鍵遺跡第 13 次 SD05 下層出土土器（田原本町教育委員会 1983），同第 19 次 SD204 第 8 層出土土器（田原本町教育委員会 1984）
京都盆地：中臣遺跡 52 次 1 号住居出土土器（京都市埋蔵文化財研究所 1985）
播磨灘沿岸～六甲山麓：玉津田中遺跡 SH53001 出土土器（兵庫県教育委員会 1996）
琵琶湖沿岸部：南市東遺跡大形土坑出土土器（安曇川町教育委員会 1977）

　これらの土器群の様相には，各器種の型式組成に，亀井遺跡近辺遺跡群のものとほとんど差異が見られない。高杯における柱状脚部形態，広口壺における垂下口縁形態，甕における内面ヘラケズリや外面ヘラミガキで仕上げるタイプの存在などが共通項である。また，古曽部遺跡や観音寺山遺跡などで大型の器台が散見されることも特徴である。しかし，この器台の形態は一定していない。ただし，琵琶湖沿域では，粗いハケ調整で内外面を仕上げ，受口状口縁形態を呈する甕・鉢などがみられる。これらの型式群においては，ハケ調整工具による櫛描文が施されるものが多い。

■後期様相 2 と類似する土器群
大阪平野北部：芝生遺跡井戸 1 出土土器（高槻市教育委員会 1988）
大阪平野南部：府中遺跡 59-Ⅱ地区 SX03 下層出土土器（大阪府教育委員会 1985）
奈良盆地：唐古・鍵遺跡第 33 次 SK125 出土土器（田原本町教育委員会 1989）
京都盆地：長法寺遺跡 SD22808 出土土器（京都府埋蔵文化財調査研究センター 1990）
紀伊半島：船岡山弥生時代遺物包含層Ⅰ出土土器（和歌山県教育委員会 1986）
播磨灘沿岸～六甲山麓：玉津田中遺跡 SD54006 出土土器（兵庫県教育委員会 1996）
琵琶湖沿岸部：伊勢遺跡 SB1 出土土器（守山市教育委員会 1983）

これらの土器群の様相には，各器種の型式組成に，亀井遺跡近辺遺跡群のものとほとんど差異が見られない。高杯における緩やかに外反する脚部形態，広口壺における端面を肥厚する口縁形態，甕におけるタタキ成形後ハケ調整で仕上げるタイプの存在などが共通項である。また，タタキ成形痕のうかがえる小型鉢が定型化していることも共通している。ただし，琵琶湖沿域では，粗いハケ調整で内外面を仕上げ，受口状口縁形態を呈する甕・鉢などがみられる。これらの型式群においては，ハケ調整工具による櫛描文が施されるものが多い。

■後期様相3と類似する土器群
　　大阪平野北部：田能遺跡第1調査区大溝出土土器（尼崎市教育委員会1980）
　　大阪平野南部：池上曽根遺跡SK410出土土器（大阪文化財センター1979）
　　奈良盆地：四分遺跡SD666上層出土土器（奈良国立文化財研究所1980）
　　京都盆地：長刀鉾町遺跡弥生溝1出土土器（古代学協会1984）
　　播磨灘沿岸〜六甲山麓：玉津田中遺跡SD54001出土土器（兵庫県教育委員会1996）
　　紀伊半島：亀川遺跡第4次第Ⅳ・Ⅴ層出土土器（海南市教育委員会1985）
　　琵琶湖沿岸部：南市東遺跡SB0605出土土器（安曇川町教育委員会1977）

これらの土器群の様相には，各器種の型式組成に，亀井遺跡近辺遺跡群のものとほとんど差異が見られない。高杯における大きく外反する脚部形態，広口壺における端面を肥厚する口縁形態，甕におけるタタキ成形痕を全面に残すタイプの存在などが共通項である。また，タタキ成形痕のうかがえる小型鉢が定型化していることも共通している。さらに，一部には手焙形土器や二重口縁壺も散見される。様相1・2同様に，琵琶湖沿域では，粗いハケ調整で内外面を仕上げ，受口状口縁形態を呈する甕・鉢などがみられる。これらの型式群においては，ハケ調整工具による櫛描文が施されるものが多い。また，同地域では器台の上部が明確に屈曲して広がるタイプが多くみられる。

IV．各地の弥生土器及び並行期土器群の研究

　こういった近畿地方中・南部の各一括廃棄土器資料には，亀井遺跡周辺の資料群で確認されたものと同様の型式変化がうかがえる。上記に挙げた諸資料の大半は各主要平野部の中でも 10 km 範囲内に納まるもので，地域性を考慮する余地は小さい。つまり同一小地域圏のそれぞれで共通する土器変化ということができる。

　後期の中で共通する土器変化の基準属性を再度整理する。高杯においては，脚部が柱状あるいは「ハ」形→下位から外反して開く→中位から外反して開くものへの変化や，杯部の立ち上がり部が徐々に肥大化していく変化などが挙げられる。また，広口壺では口縁部が垂下形態→肥厚して端面をつくる形態→二重口縁の発生などといった変化が挙げられる。そして，甕においては外面タタキ成形のものが比率を高めていく変化が挙げられる。主要器種における3段階の変化は，全体の器種・型式組成の変化とも連動し，各地域の資料中にもみられるように，不定形な大型器台の存在→タタキ成形痕のうかがえる小型鉢が定型化→手焙形土器の発生という共通変化が確認できる。近畿中・南部は琵琶湖沿岸部にみられる一部の特殊型式の存在を除けば，地域性の小さい同一の技術的・組成上の変化の連動の中にあったといえよう。

■近畿北部での様式変化

　近畿地方北部の弥生後期土器の変遷は，以上述べてきた中・南部とは異なっている。近年，高野陽子（高野 2003）によってその変遷がまとめられている。この成果によると，高杯の杯部形態については，短く口縁部が立ち上がるものから，大きく外反する形態へと変化する方向性については，中・南部と変わらない。しかし，脚部形態の変化には違いがある。また，壺・甕・鉢ともに内面をヘラケズリ調整で仕上げる点は近畿中・南部とは大きな違いである。

　近畿北部の後期土器の細分編年については，良好な一括資料が少ないが，墳墓資料を中心に作業が可能である。後期前葉の基準資料としては東山墳墓群4号墓出土資料（豊岡市教育委員会 1993）が挙げられる。この土器群は，短く直立する口縁形態の高杯に中期後葉と同じ内面ヘラケズリ手法で仕上げられた脚部が取り付く型式が主流である。また，甕では，口縁部を肥厚させて端面に偽凹線文を施すものが多い。胴部内面はヘラケズリ調整で仕上げられている。

後期中葉の基準資料としては大山墳墓群出土資料が挙げられる。この土器群は，短く外反して端面を肥厚する口縁形態の高杯に長い脚柱部から急速に外反する脚裾部をとる型式が主流である。また，甕では，口縁部を肥厚させて直立端面に偽凹線文を施すものが多い。胴部内面はヘラケズリ調整で仕上げられている。

　後期後葉の基準資料としては古天王墳墓群5号墓出土資料や国領遺跡竪穴住居3出土土器群が挙げられる。これらの土器群は，大きく外反する口縁形態の高杯に緩やかに外反する脚裾部をとる型式が主流である。また，甕では，口縁部を肥厚させて直立端面に偽凹線文を施すものが多い。胴部内面はヘラケズリ調整で仕上げられている。

　このように，3段階に細分して後期土器の変遷を説明できることは，近畿中・南部と共通している。また，中・南部でも型式変化が最も明瞭であった高杯の変化に関しては，脚部は異なるものの，杯部形態は近畿中・南部と連動した編を示していると言ってよいだろう。おそらく，この高杯の属性を媒介に，後期を3段階にわける時期区分を近畿地方全体に適応することが可能と考えられる。ただし，近畿地方中・南部では，すでに後期土器を6段階以上に区分する細分編年が多数（寺沢・森岡編 1989・1990，豊岡 1985）示されており，そういった最小された小様式同士の比較を近畿北部との間で行うことは現状では容易ではない。

4．近畿地方土器様式変化の特質

　以上，網羅的に述べてきた近畿地方の弥生土器変化について概観し，その画期や諸時期の特徴を指摘しておきたい。特に，その技術的・地域的特質について論じたい。

　まず，最初に遠賀川系土器様式の広域拡散によって成立した前期様相1およびそれに後続する前期様相2・3段階では，成形時の粘土帯接合に外傾接合手法を採用している。また，外面がハケ後ナデ調整もしくはハケ後ヘラミガキ調整で仕上げられるようになる。壺・甕・鉢のいずれの器種においてもそれは共通しており，従前から深澤芳樹（深澤1985）や家根祥多（家根1984）ら論じていた通りである。しかし，近畿地方の全地域で外傾手法が採用される状況は，中期様相1の段階を持って解消される。特に，甕などに一

部地域で異系統の成形手法が見られはじめるが、この点については後章で詳述したい。また、この変化と同時に、櫛描文が発生すると考えられる。中期前半様相1段階から技術体系・文様に同時に地域性が見られはじめる。

こういった甕の技術上の多様化傾向は中期前半様相2・3の段階でさらに明確となる。同時に壺・鉢・甕にさらなる細分器種(形式)が多く生まれる。中期前半様相3にみられる高杯の量的増大や台付鉢の定型化は、土器における供膳形態器種の増加の反映であろう。この変化は、土器様式変化だけでなく、木製品容器類の組成変化とも連動していると考えられる。水平口縁高杯は、その祖形が木製品にある可能性を考慮する必要がある。木製品の形式が土器組成に影響を与えていく過程を読み取ることも可能であろう。

また、中期後半には凹線文の成立と広域拡散と連動して、桑原久男(桑原1989)が指摘した非櫛描文土器の増加現象がうかがえる。また、甕では「く」字形口縁甕が地域性の薄い形式として広がっていく。凹線文・「く」字形口縁は口縁部に強いヨコナデ調整を施す手法で作り上げられる属性である。土器製作技法が強いヨコナデ調整を施す方向に技術変化していく。佐原眞はこの技術を回転台利用の発展と直結させて説明した(佐原1959)が、回転台がなくても強いヨコナデ調整は可能である。ここでは、いたずらに背景となる土器製作道具を想像するよりも、単純に「ヨコナデ手法の多用」という確実な技術傾向を指摘するだけで十分と考える。一方でこういった属性で単純に土器地域性がなくなるわけではない。

こういった技術基盤は、後期に入ると大きく変化する。口縁部などへのヨコナデ手法はみられなくなる。何より大きいのは櫛描文が基本的にみられなくなることである。これにより、文様装飾による地域性の表現といった要素は殆どみられなくなる。また、小型鉢の増加、後期中葉を中心とする長頸壺の増加など、中期とはおよそ異なる器種組成が主流となり、製作技法・装飾といった要素にとどまらない大きな変化が訪れる。

また、後期に入ると近畿北部と中・南部の間で土器様式や技術体系に大きな差異がみられ、型式変化の方向性も連動しなくなる。中期においては、地域性は認められるものの、技術基盤は共通しており、型式変化の方向性も連動していた。弥生後期においては、中期に培われていた土器に現れる地域間関係がまったく変質しているとしか思えない。

以上，土器変化の方向性について概観してみた。本章での部分的に触れながら記述を進めてきたが，実際には土器変化は時間軸に沿った変化だけではなく，地域性の構造とともに論じる必要がある。

〔引用文献〕

安曇川町教育委員会『昭和51年度南市東遺跡発掘調査概報』，1977
尼崎市教育委員会『田能遺跡発掘調査報告書』，1980
石野博信「大和唐古・鍵遺跡とその周辺」『橿原考古学研究所論集4』奈良県立橿原考古学研究所，1979
泉拓良「凸帯文土器様式」『縄文土器大観4』小学館，1989
井藤暁子「近畿地方」『弥生土器Ⅰ』ニューサイエンス社，1982
井藤暁子編『池上遺跡第2分冊土器編』大阪文化財センター，1979
今里幾次「畿内遠賀川式土器の細別について」『古代文化』第13巻8号　日本古代文化学会，1942
今里幾次「播磨弥生器の動態 (2)」『考古学研究』第16巻1号　考古学研究会，1969
大阪府教育委員会『府中遺跡発掘調査概要』，1985
大阪府文化財調査研究センター『河内平野遺跡群の動態Ⅵ』，1995
大阪文化財センター『池上遺跡第2分冊土器編』，1979
海南市教育委員会『亀川遺跡Ⅴ』，1985
川上洋一「奈良県以西地域の搬入土器」『奈良県の弥生土器集成』大和弥生文化の会，2003a
川上洋一「生駒山地を越える交渉-生駒谷・平群谷の弥生時代中期の土器を通じて-」『初期古墳と大和の考古学』学生社，2003b
川上洋一「大和地域における搬入土器からみた併行関係」『第53回埋蔵文化財研究集会弥生中期土器の併行関係発表要旨集』埋蔵文化財研究会，2004
京都市埋蔵文化財研究所『中臣遺跡発掘調査概報昭和57年度』，1985
京都府埋蔵文化財調査研究センター『京都府弥生土器集成』，1989
桑原久男「畿内弥生土器の推移と画期」『史林』第72巻第1号，1989
黒沢浩「数字表記はもうやめて！」『YAY！弥生土器を語る会20回到達記念論文集』弥生土器を語る会，1996
古代学協会『平安京左京四条三坊十三町―長刀鉾町遺跡―』，1984
小林行雄「弥生式土器における櫛目式文様の研究」『考古学』第1巻5・6号，1930
小林行雄「弥生式土器における櫛目式文様の研究 (二)」『考古学』第2巻5・6号，1931

Ⅳ. 各地の弥生土器及び並行期土器群の研究

小林行雄「櫛目式文様の分布―弥生式土器における櫛目式文様の研究―」『考古学』第 3 巻 1 号，1932
小林行雄「先史考古学に於ける様式問題」『考古学』第 4 巻 8 号，1933
小林行雄・杉原荘介編『弥生式土器集成資料編 1』東京堂出版，1958
佐原眞「弥生式土器製作技術に関する二三の考察」『私たちの考古学』20，1959
佐原眞・田辺昭三「弥生文化の発展と地域性―近畿」『日本の考古学Ⅲ 弥生時代』河出書房，1966
佐原眞「山城における弥生式文化の成立」『史林』第 50 巻 5 号，1967
佐原眞「畿内地方」『弥生式土器集成本編 2』東京堂出版，1968
佐原眞「大和川と淀川」『古代の日本 5 近畿』角川書店，1970
篠宮正「弥生時代中期前半の土器」『玉津田中遺跡第 6 分冊』兵庫県教育委員会，1996a
篠宮正「弥生時代中期中頃から後半の土器（Ⅲ・Ⅳ期）」『玉津田中遺跡第 6 分冊』兵庫県教育委員会，1996b
末永雅雄・小林行雄・藤岡謙二郎『大和唐古弥生式遺跡の研究』，1943
杉原荘介「弥生文化」『日本考古学講座 4』河出書房，1955
杉本厚典「河内地域―様式と変遷」『古代土師器の年代学』大阪府文化財センター，2006
高槻市教育委員会「59. 芝生遺跡」『昭和 59・60 年度高槻市文化財年報』，1988
高槻市教育委員会『古曽部・芝谷遺跡―高地性集落の調査―』，1996
高野陽子「近畿北部の土器」『考古資料大観 2 弥生・古墳時代 土器Ⅱ』小学館，2003
高野陽子編『佐山遺跡』京都府埋蔵文化財調査研究センター，2003
竹村忠洋「播磨・摂津地域における弥生文化の成立」『弥生文化の成立』埋蔵文化財研究会，2000
田畑直彦「畿内第Ⅰ様式古・中段階の再検討」『立命館大学考古学論集Ⅰ』立命館大学考古学論集刊行会，1997
田原本町教育委員会『田原本町埋蔵文化財調査概要 1 唐古・鍵遺跡第 13・14・15 次発掘調査概報』，1983
田原本町教育委員会『田原本町埋蔵文化財調査概要 2 唐古・鍵遺跡第 16・18・19 次発掘調査概報』，1984
田原本町教育委員会『田原本町埋蔵文化財調査概要 11 唐古・鍵遺跡第 32・33 次発掘調査概報』，1989
寺沢薫「大和におけるいわゆる第五様式の細別と二・三の問題」『六条山遺跡』奈良県立橿原考古学研究所，1980

寺沢薫「大和弥生社会の評価をめぐって」『古代学研究』第95号,1981
寺沢薫・森岡秀人編『弥生土器の様式と編年近畿編Ⅰ』木耳社,1989
寺沢薫・森岡秀人編『弥生土器の様式と編年近畿編Ⅰ』木耳社,1990
同志社大学歴史資料館『観音寺山遺跡発掘調査報告書』,1999
土器持ち寄会論文集刊行会『突帯文と遠賀川』,2002
豊岡卓之「「畿内」第Ⅴ様式礫年代の試み(上)(下)」『古代学研究』108・109号,1985
豊岡市教育委員会『上鉢山・東山墳墓群　豊岡市文化財調査報告書大26集』,1993
長友朋子「弥生時代の土器地域色とその性格」『古代学研究』153号古代学研究会,2001
奈良国立文化財研究所『飛鳥藤原宮発掘調査報告Ⅲ』,1980
濱田延充「弥生時代中期におけるいわゆる生駒西麓産土器の製作他」『京都府埋蔵文化財情報』第35号　京都府文化財調査研究センター,1990
濱田延充「生駒西麓第Ⅲ・Ⅳ様式の編年」『大阪府立弥生文化博物館研究報告第2集』大阪府立弥生文化博物館,1993
濱田延充「畿内代Ⅳ様式の実像―西ノ辻Ｎ地点出土土器の再検討」『ヒストリア』174　大阪歴史学会,2001
兵庫県教育委員会『玉津田中遺跡第5分冊』,1996
深澤芳樹「土器のかたち―畿内第Ⅰ様式古・中段階について―」『紀要Ⅰ』東大阪市文化財協会,1985
藤田三郎・松本洋明「大和地域」『弥生土器の様式と編年近畿編Ⅰ』木耳社,1989
松本洋明「弥生土器の考察」『末永雅雄先生米寿記念論文集』,1985
豆谷和之「前期弥生土器出現」『古代』99号　早稲田大学考古学会,1995
三好孝一「生駒西麓型土器のついての一視点」『花園史学』第8号　花園大学文学部,1987
三好孝一「河内における弥生中期時様相」『第11回近畿地方埋蔵文化財研究会資料』大阪文化財センター,1993
森本六爾「弥生土器に於ける二者」『考古学』第5巻1号,1931
森本六爾・小林行雄編『彌生式土器集成図録』東京考古学会,1939
森井貞雄「河内地方の畿内第Ⅲ・Ⅳ様式編年の一視点」『大阪文化誌』15号　大阪文化財センター,1982
森岡秀人「畿内第Ⅴ様式の編年細分と大師山遺跡出土土器の占める位

Ⅳ. 各地の弥生土器及び並行期土器群の研究

置」『河内長野大師山』関西大学文学部考古学研究室, 1977
森岡秀人「西ノ辻Ｎ式併行土器群の動態」『森貞次郎博士古希記念論文集』, 1982
守山市教育委員会『伊勢遺跡発掘調査報告　守山市文化財調査報告第12集』, 1983
大和弥生文化の会『奈良県の弥生土器集成』, 2003
家根祥多「縄紋土器から弥生土器へ」『縄紋から弥生へ』帝塚山考古学研究所, 1984
若林邦彦「河内湖周辺における初期弥生集落の変遷モデル」『環瀬戸内海の考古学』古代吉備研究会, 2002
和歌山県教育委員会『船岡山遺跡発掘調査報告書』, 1986

〔基準資料・掲載土器引用文献〕
扇谷遺跡：『扇谷遺跡発掘調査報告書 京都府峰山町文化財調査報告第12集』峰山町教育委員会　1988年
橋爪遺跡：「橋爪遺跡発掘調査概要」『埋蔵文化財発掘調査概報2』京都府教育委員会　1981年
志高遺跡：「志高遺跡―昭和57年度カキ安地区の調査―」『京都府舞鶴市文化財調査報告4』舞鶴市教育委員会　1983年
千代川遺跡：「千代川遺跡―第6・7次調査―」『京都府遺跡調査概報第14冊』京都府埋蔵文化財調査研究センター　1985年
太田遺跡：「太田遺跡」『京都府遺跡調査概報第7冊』京都府埋蔵文化財調査研究センター　1983年
長法寺遺跡「長岡宮跡第228次発掘調査概要」『京都府遺跡調査概報第38冊』京都府埋蔵文化財調査研究センター　1990年
塚町遺跡：『地福寺遺跡・塚町遺跡発掘調査報告書』長浜市教育委員会　1995年
中沢遺跡：山本一博・伊庭功・國分政子「能登川町中沢遺跡（第4次）SX1出土の弥生土器について」『滋賀考古』第22号滋賀考古学研究会　2000年
烏丸崎遺跡：伊庭功「烏丸崎遺跡出土の弥生中期土器」『滋賀考古』創刊号　滋賀考古学研究会1989年
二ノ畦遺跡：『二ノ畦遺跡発掘調査報告書 守山市文化財調査報告書第20冊』守山市教育委員会　1987年
吉見西遺跡：『守山市文化財調査報告書第26冊』守山市教育委員会　1987年
服部遺跡：『服部遺跡発掘調査報告書Ⅲ』滋賀県教育委員会他　1987年

④ 近畿

下鳥羽遺跡：田畑直彦「畿内第Ⅰ様式古・中段階の検討」『立命館大学考古学論文集Ⅰ』立命館大学考古学論文集刊行会　1997年

下植野南遺跡：「下上野南遺跡」『京都府遺跡調査概報第90冊』京都府埋蔵文化財調査研究センター　1999年

市田斉当坊遺跡：「市田斉当坊遺跡」『京都府遺跡調査概報第90冊』京都府埋蔵文化財調査研究センター　1999年

安満遺跡：『嶋上郡衙他関連遺跡発掘調査概要8』高槻市教育委員会　1983年

東奈良遺跡：『東奈良　発掘調査概報Ⅰ』東奈良遺跡調査会　1979年

高宮八丁遺跡：『高宮八丁遺跡Ⅱ』寝屋川市教育委員会　1992年

田能遺跡：『田能遺跡発掘調査報告書』尼崎市教育委員会　1982年

楠・荒田町遺跡：『楠・荒田町遺跡Ⅲ』神戸市教育委員会　1990年

玉津田中遺跡：『兵庫県文化財調査報告第135-5冊玉津田中遺跡―第5分冊―』兵庫県教育委員会　1996年

鬼虎川遺跡・水走遺跡：『水走・鬼虎川遺跡発掘調査報告書』東大阪市文化財協会　1998年

瓜生堂遺跡：『瓜生堂遺跡Ⅲ』瓜生堂遺跡調査会　1979年，『河内平野遺跡群の動態Ⅲ』大阪府文化財調査研究センター　1997年

巨摩遺跡：『河内平野遺跡群の動態Ⅲ』大阪府文化財調査研究センター　1997年

若江北遺跡：『巨摩・若江北遺跡発掘調査報告書―第5次―』大阪府文化財調査研究センター　1996年

山賀遺跡：『河内平野遺跡群の動態Ⅱ』大阪文化財センター　1992年

美園遺跡：『河内平野遺跡群の動態Ⅱ』大阪文化財センター　1992年

亀井遺跡：『河内平野遺跡群の動態Ⅵ』大阪文化財センター　1995年

城山遺跡：『河内平野遺跡群の動態Ⅵ』大阪文化財センター　1995年

加美遺跡：田中清美編『加美遺跡発掘調査報告Ⅴ』大阪文化財研究所　2015年

四ッ池遺跡：「四ッ池遺跡-YOB90地区発掘調査報告」『堺市文化財調査報告』第31集堺市教育委員会　1986年，『四ッ池遺跡その6』四ッ池遺跡調査会　1988年

池上曽根遺跡：『池上遺跡第2分冊　土器編』大阪文化財センター　1979年

唐古・鍵遺跡：『唐古・鍵遺跡第20次発掘調査概要』田原本町教育委員会　1986年，『唐古・鍵遺跡第21・23次発掘調査概要』田原本町教育委員会　1988年，『唐古・鍵遺跡第22・24・25次発掘調査概要』田原本町教育委員会　1986年，『唐古・鍵遺跡第32・33次発掘調査

Ⅳ. 各地の弥生土器及び並行期土器群の研究

概要』田原本町教育委員会　1989年
四分遺跡:『飛鳥・藤原宮発掘調査報告Ⅲ』奈良国立文化財研究所
　1980年
太田黒田遺跡:森浩一・白石太一郎他「シンポジウム弥生式文化研究
　の諸問題―近畿とその周辺の中での太田黒田遺跡―」『古代学研究』
　61　1971年,『太田黒田遺跡』和歌山市教育委員会（未刊）
岡村遺跡:『岡村遺跡発掘調査概報―亀の川改修工事に伴う発掘調査』
　和歌山県文化財研究会　1983年

（若林邦彦）

5 中部

　三重，岐阜，愛知，静岡，福井，石川，富山，新潟，長野の9県におよぶ範囲を，濃尾の突帯文土器出現期である西之山式から廻間Ⅰ式に属するS字状口縁台付甕（以下S字甕）A類が組成する時期並行までを時間軸とし，該当範囲の地域区分を随時示しながら進めていく（表1）。なお，全体を通して概観することから図示しない地域や時期もある。

1. 伊勢湾沿岸

(1) 早期並行（図1～3）

　伊勢は西日本突帯文土器に隣接し，近畿に様相が近い。例えば，伊勢早期中葉並行の森添遺跡，後葉並行の志知南浦遺跡で確認できる二条突帯文深鉢は濃尾以東に稀である。一方伊勢の場合，無突帯の粗製深鉢は前期中葉以降，つまり条痕文系土器が出現するまで稀少な存在である。

　濃尾および三河は西之山式→五貫森式（古）（馬見塚F地点式）→五貫森式（新）と変遷し，前期前葉の馬見塚式までが突帯文系土器である。無突帯に属するケズリ深鉢や条痕深鉢の「増子2類」（増子1965）は縄文時代晩期以来尾張と三河を中心とした土器群であり，樫王式以降の中核をなす存在となる。

(2) 前期（図4～10）

　前期中葉以降，新たな土器型式が成立する。遠賀川系土器を主体とする貝殻山南地点式→西志賀式・金剛坂式（口絵Ⅴ-2）と，条痕文系土器を主体とする樫王式→水神平式（口絵Ⅴ-1）である。伊勢の前期中葉は津市中ノ庄遺跡，同納所遺跡など遠賀川系土器主体の遺跡が多いなか，突帯文系土器を系譜にもつ松阪市中谷遺跡，四日市市四ツ野B遺跡などが存続する。別型式とすべきかもしれない。

　濃尾の前期中葉は遠賀川系土器を主体とする遺跡が目立ち，名古屋市古沢町遺跡，東海市烏帽子遺跡など数えるほどしかない。また，一宮市域を中心に三ツ井型深鉢（永井1998）と遠賀川系壺が主体の土器組成が前期中葉に限定して展開する。「三ツ井型深鉢」（図8-12, 13）は氷式系の深鉢に類似

IV. 各地の弥生土器及び並行期土器群の研究

表1 弥生土器（中部）編年対照表

時期		伊勢湾周辺		太平洋沿岸			北陸		中-北陸	中部高地		飛騨
		伊勢	濃尾	駿河	遠江	三河	西部	東部		南信	佐信	
早期		（森添）	西之山				下野（古）	上野東（幾ノ城）		佐野Ⅱ（古）		カワシマレA/阿弥陀堂（たのもと）
前期	前葉	（大原堀）	五貫森（古）				下野（新）			佐野Ⅱ（新）		阿弥陀堂（阿弥陀堂・立石）
	中葉	（志知南浦）	五貫森（新）	駿河家	関谷家		長竹（古）	鳥屋1	女鳥羽川/離山			
	後葉	野々田	馬見塚（古）	駿河山王		樫王	長竹（新）	鳥屋2a	氷Ⅰ・中			内垣内
中期	前葉	中谷・中ノ庄・四ツ男B	馬見塚（末）貝殻山（古）	丸子・渋沢	磯田	水神平	柴山出村（古）	鳥屋2b	氷Ⅱ・中～新			
	中葉	金剛坂	西志賀（古）	岩滑	古井堤		柴山出村（新）	緒立2・蛭山	氷Ⅱ・新	水Ⅱ・河谷原		
	後葉	朝日	貝田町1	家田	瓜郷		矢木ジブリ	小松（古）八日市地方6	新潟的町		伯川	
後期	前葉	東正内B・駅所	貝田町2	角江	古井（新）		小松（新）八日市地方7～8	松郷・境窪	尾ノ島盤			
	中葉	鳥居木	貝田町3（古）	白谷	有東		吹上Ⅰ・（下谷地）	栗林1	阿島・丹保			
	後葉	川原Bc	高蔵（古）（新）	登呂	長床		磯辺運動公園・専行寺	栗林2				
終末期		（山黒）	山中1・2	鵜島Ⅰ ～Ⅲ	川原上層1		戸水B・漆町1群	栗林3	北原			
		（西ヶ広）	山中3	鵜島Ⅳ	川原上層2	伊場	法仏・漆町2群	砂山	虚光寺原			
		（阿形）	廻間Ⅰ-1・2		欠山（古）・菊川新		月影（古）・漆町3群	八幡山2～4・滝	中島			
			廻間Ⅰ-3・4	大畷Ⅰ	欠山（新）・菊川新		月影（新）・漆町4群	前2群				
			廻間Ⅱ	白江				八幡山5	朝日敷			

する口外帯を意識した口縁部が特徴であり，ケズリ調整深鉢から遠賀川系甕の器形を意識したケズリ調整甕まで偏差のある土器である。

三河の遠賀川系土器は前期の遺跡に数点で，条痕文系土器が主体の遺跡がほとんどである。条痕文系土器の土器型式は樫王式→水神平式と変遷する。このように伊勢湾沿岸域は，複数の型式，系統の土器によって組成する。したがって，土器研究は紅村弘によって進められてきた土器の系統区分を重視した分析が多い（紅村1956）。

(3) 中期 （図11～19）

中期前葉は近畿櫛描文系土器の成立に呼応するように，遠賀川系土器の沈線多条帯から派生した貝殻描文系土器が濃尾および北勢を中心に成立する。貝殻描文が櫛描文よりはやく成立することに注目できる。その後，貝殻を用いた施文は減少するが，地域色の一翼を担った系統である（中村1982）。貝殻描文から櫛描文への変遷は朝日式のなかで進み，中期中葉の貝田町式へ移行する。条痕文系土器の水神平式から派生した岩滑式は貝殻施文を主に，平行沈線文が加わる。馬見塚式の一類型「烏帽子型深鉢」から型式変化した内傾

5 中部

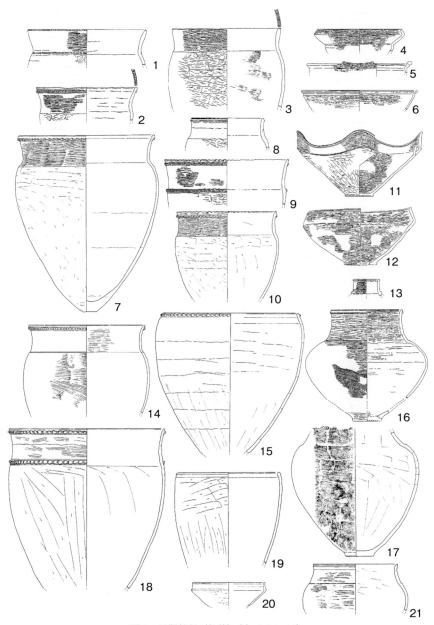

図1 早期併行（伊勢）（すべて1:10）
1～6：早期前葉，7～13：早期中葉，14～21：早期後葉

Ⅳ，各地の弥生土器及び並行期土器群の研究

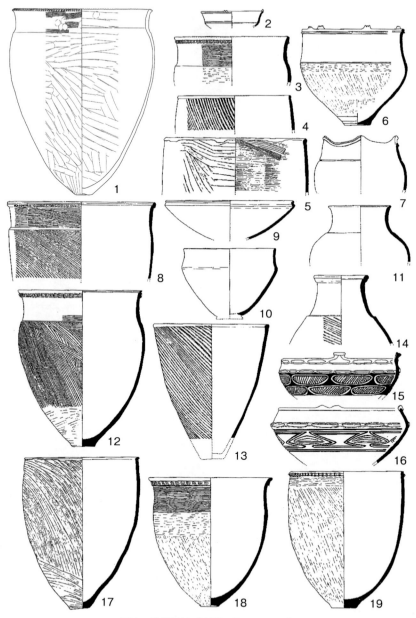

図2　早期並行（濃尾）（すべて1:10）
1・2：西之山式，3～19：五貫森式

5 中部

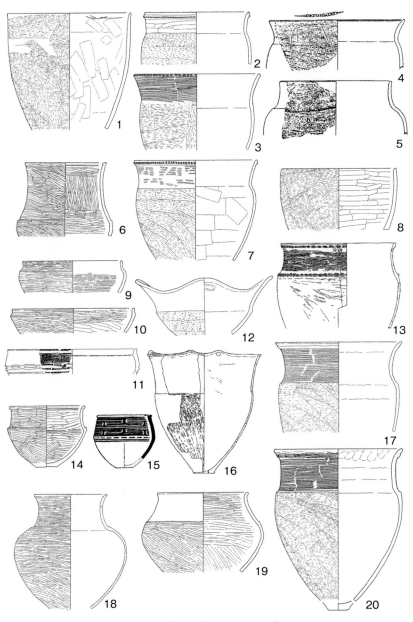

図3 早期(三河)(すべて1:10)
1〜5:早期前葉, 6〜8早期中葉, 9〜20:早期後葉

IV. 各地の弥生土器及び並行期土器群の研究

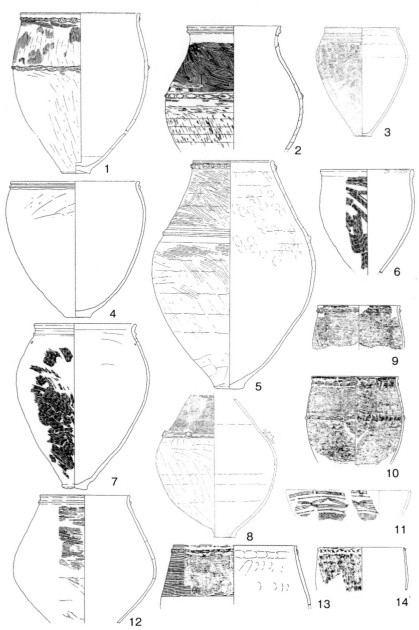

図4 前期前葉併行（伊勢）（11 は 1:8，ほかは 1:10）

5 中部

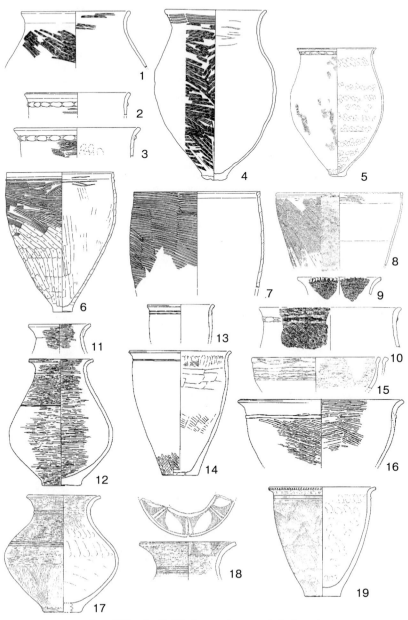

図5 前期中葉(伊勢)(1〜8は1:10,ほかは1:8)

Ⅳ. 各地の弥生土器及び並行期土器群の研究

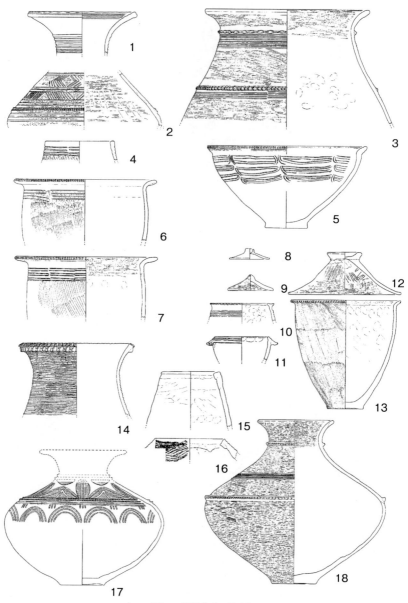

図6　前期後葉（伊勢）
1～7：金剛坂式

5 中部

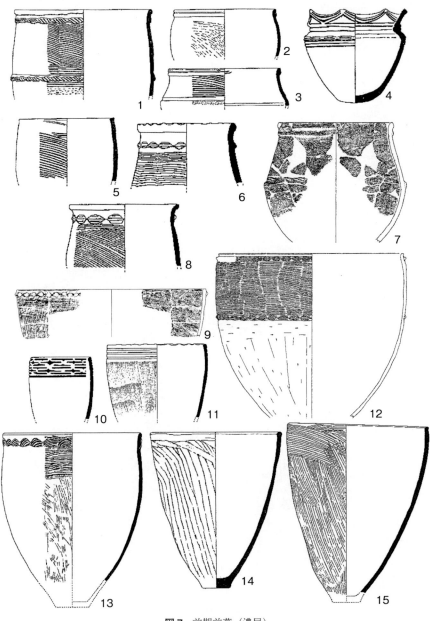

図7 前期前葉（濃尾）
1〜15：馬見塚式

Ⅳ，各地の弥生土器及び並行期土器群の研究

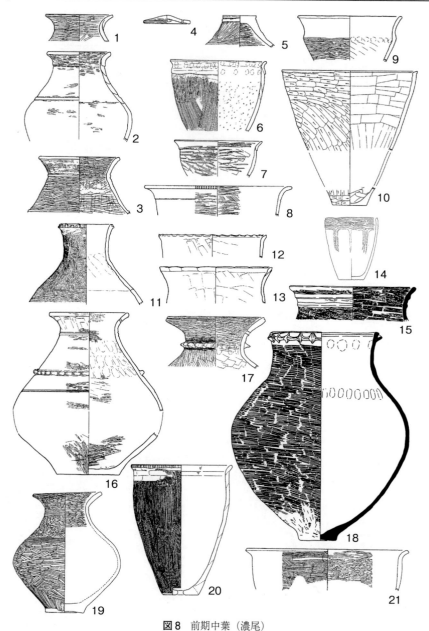

図8　前期中葉（濃尾）
1～8・16・17・19～21：貝殻山南地点式，11・18：樫王式，9・10：突帯文系土器，12・13：三ツ井型深鉢，14：氷式系土器，15：天保型変容壺

5 中部

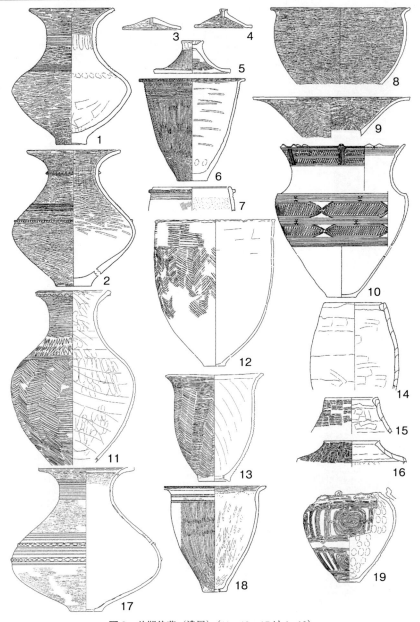

図9 前期後葉(濃尾)(11・12・17は1:10)
1〜9:西志賀式, 10:大地系土器, 11〜16:水神平式式, 17・18:金剛坂式, 19:浮線渦巻文系土器

Ⅳ．各地の弥生土器及び並行期土器群の研究

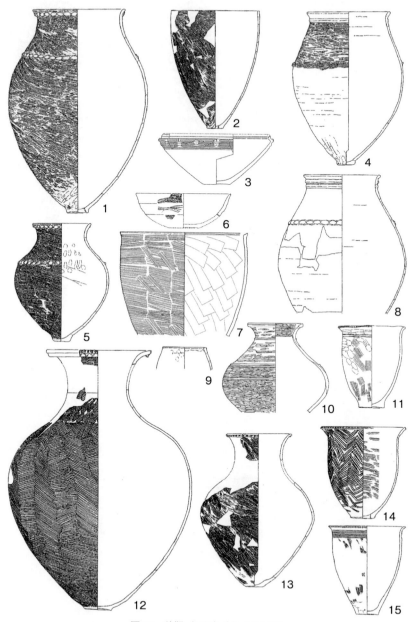

図10　前期（三河）（すべて 1:10）
1〜4：前期前葉並行，5〜11：前期中葉，12〜15：前期後葉

5 中部

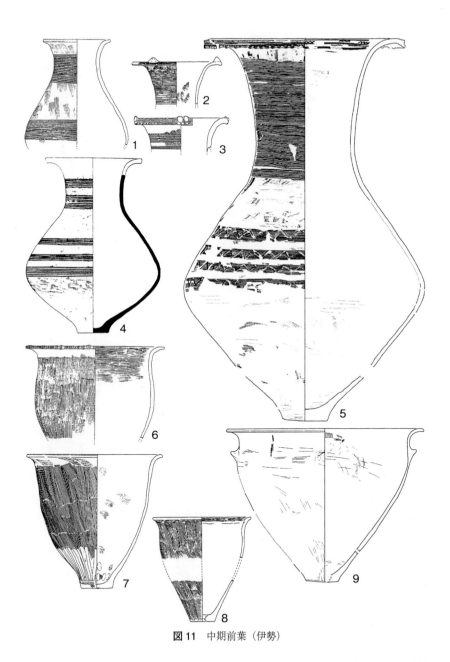

図11 中期前葉（伊勢）

Ⅳ，各地の弥生土器及び並行期土器群の研究

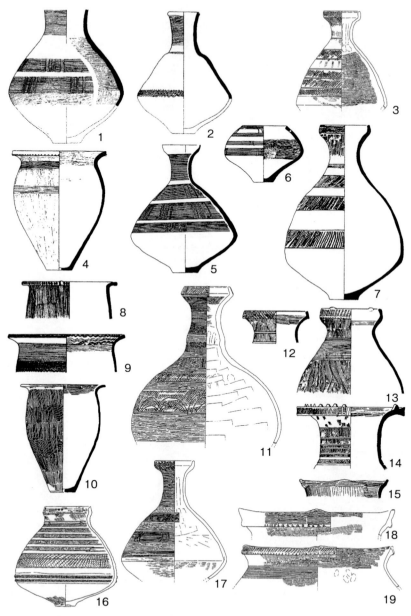

図12　中期中葉（伊勢）

5 中部

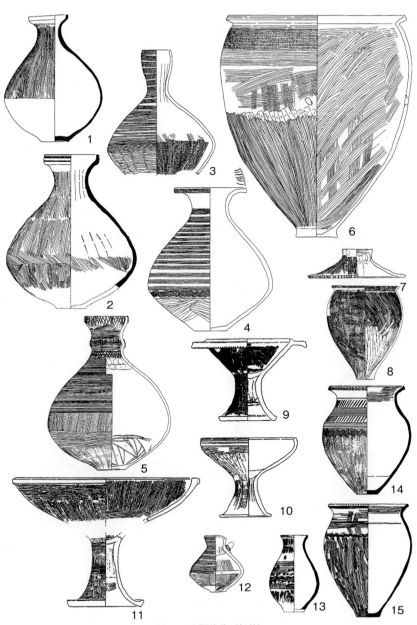

図13 中期後葉（伊勢）

Ⅳ. 各地の弥生土器及び並行期土器群の研究

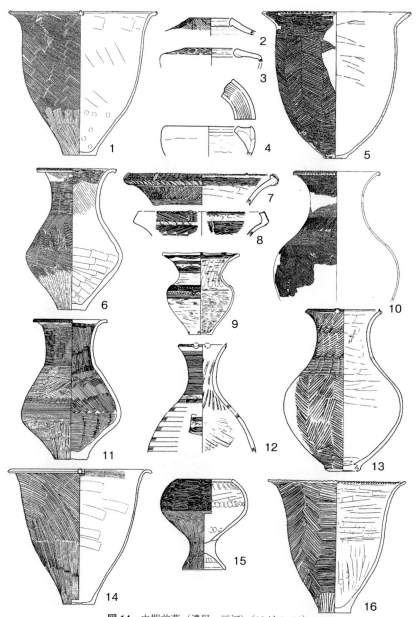

図14 中期前葉（濃尾・三河）（10 は 1:10）
1・6・11・12・14・15：朝日式, 2～5・7～8・10・13：岩滑式, 9：大地系土器, 16：続条痕文系土器

5 中部

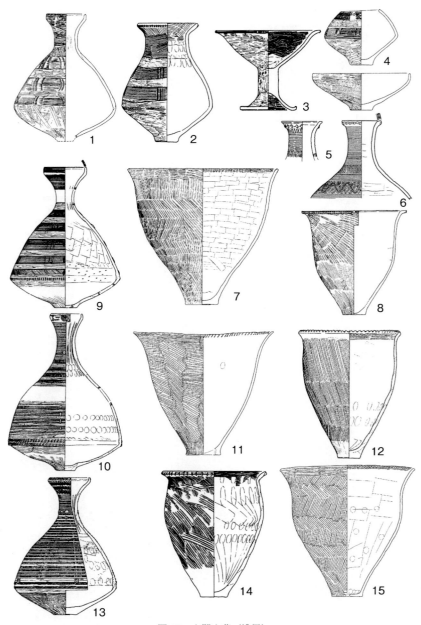

図15 中期中葉（濃尾）
1～8：貝田町式1，9～12：貝田町式2古，13～15：貝田町式2新

Ⅳ，各地の弥生土器及び並行期土器群の研究

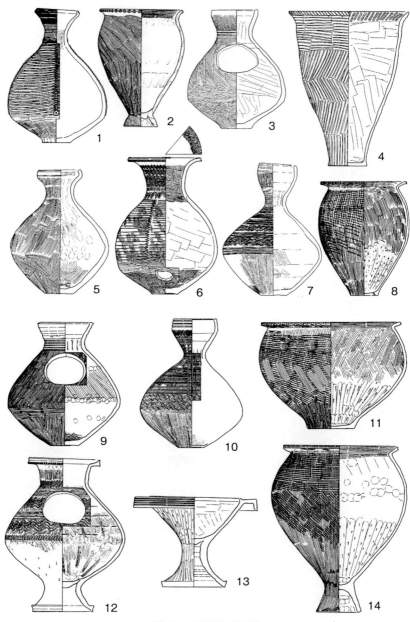

図16 中期後葉（濃尾）

5 中部

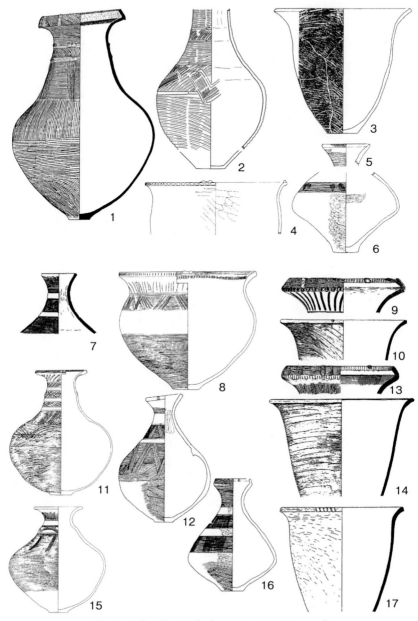

図17 中期中葉（三河）（1, 4, 8, 11, 15 は1：10）
1〜6：古井堤式，7〜17：瓜郷式

Ⅳ，各地の弥生土器及び並行期土器群の研究

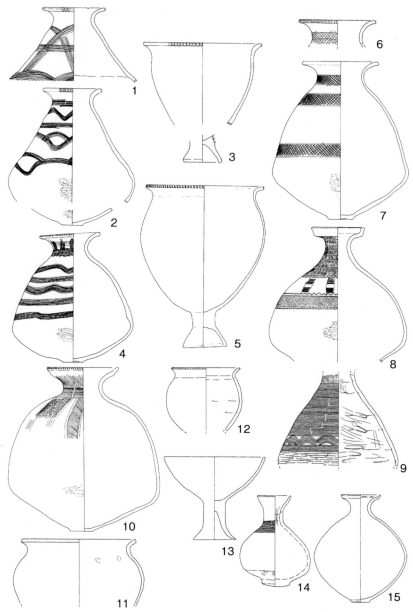

図18 中期後葉（三河）古井式（1, 2, 4, 7, 8, 10 は 1:10）

5 中部

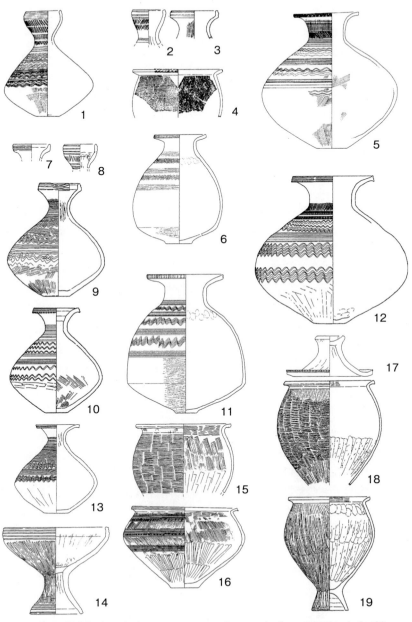

図19 中期後葉(三河)(5, 6, 11, 12, 16は1:10／6と11は川原タイプの壺)

口縁土器，厚口鉢は，岩滑式に特徴的な器種である（図14-2〜4）。朝日遺跡をはじめ前期後葉から中期前葉の尾張と三河の沿岸部を中心に分布する。一方で，岩滑式が組成しない伊勢，そして美濃，中部高地，滋賀県，奈良県，京都府など山間部を超えて広域に分布する点は注目できる（永井2004）。

中期中葉は貝田町式を基軸に多系統の土器が生成し，前後の型式も含めて複雑な土器組成が展開する（石黒1990）。貝田町式は三河の瓜郷式を生成，胴部文様に採用される「付加沈線研磨技法」が太平洋沿岸に地域色を保ちながら採用される（口絵Ⅴ-5）。あるいは日本海側に細頸壺が搬入品として，模倣品として組成する。

中期後葉は西日本からの新たな広域土器様式が流入する。凹線文系土器の導入は濃尾から三河の場合，近江を介して日本海側にある。伊勢の近畿経由とは一線を画する（深澤1994）。貝田町式の終末期に出現する凹線文系土器は，高蔵式になって定着する。三河から太平洋沿岸まで東方展開するのは高蔵式からである。濃尾以東の東日本へ展開する台付甕は貝田町式終末期に誕生する。台付甕の登場に前後して，平底甕の下に置く，台盤状土製品も限定的に存在する（森1996）。朝日遺跡を中心に展開する円窓付土器（口絵Ⅴ-7）は，中期後葉がもっとも多い。中期後葉から後期にかけて滋賀県，奈良県，京都府，兵庫県，さらに福岡県，佐賀県まで点在する円窓付土器は遠隔地交流の一端を示す（永井2013・2014）。

(4) 後期（図20〜23）

後期前葉は八王子古宮式が設定されている。一宮市八王子遺跡では湖南型甕（図21-13, 14）とともに，西日本通有の盤状高杯などが伴う。中期後葉の凹線文系土器に後続する経路で影響を受けて成立する。

後期中葉から後葉は伊勢湾沿岸の広域に展開する山中式である。主要器種に瀬戸内から近畿の影響がある。とはいうものの，パレススタイル土器（濱田1929）と呼ばれている赤彩土器（口絵Ⅴ-10），有稜高杯（口絵Ⅴ-8），ワイングラス形高杯など加飾性の強い土器やく字状口縁甕（口絵Ⅴ-9）といった地域色の強い土器群に，受口状口縁甕が安定・定型化して加わる。

(5) 終末期（図24〜27）

山中式に引き続き，伊勢湾沿岸域で独自に展開する廻間式である（赤塚

5 中部

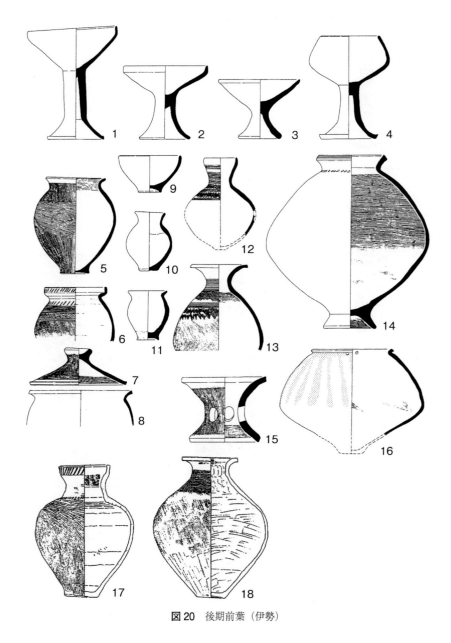

図20 後期前葉（伊勢）

Ⅳ，各地の弥生土器及び並行期土器群の研究

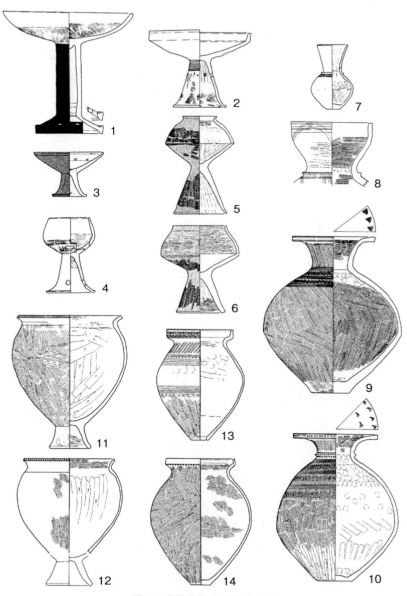

図21　後期前葉（八王子古宮式）

5 中部

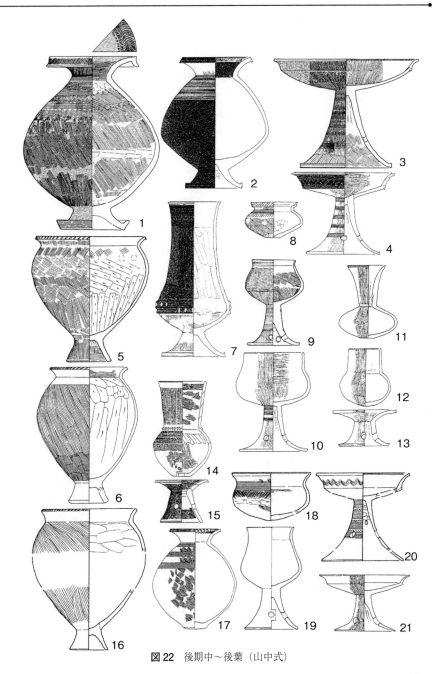

図22 後期中〜後葉（山中式）

Ⅳ，各地の弥生土器及び並行期土器群の研究

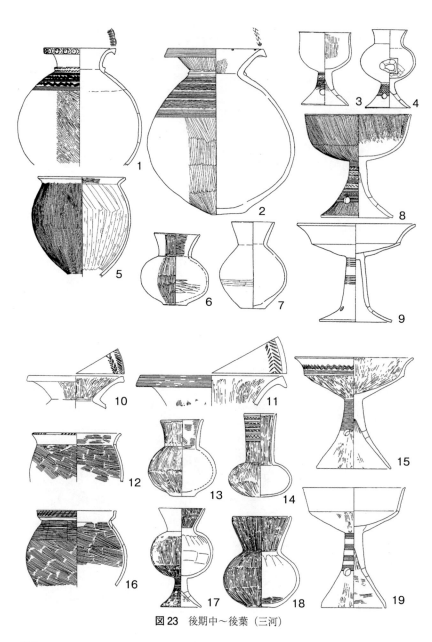

図23　後期中〜後葉（三河）

5 中部

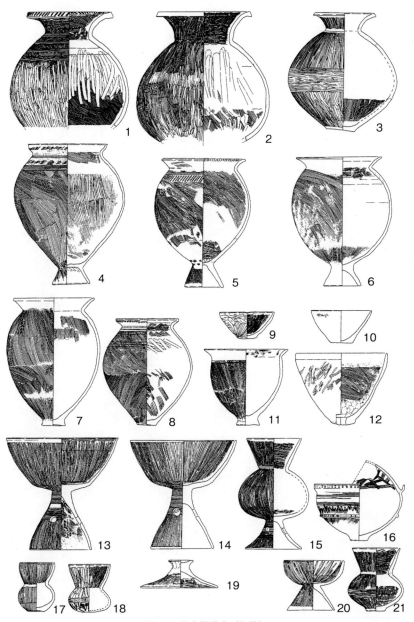

図24　終末期前半（伊勢）

Ⅳ. 各地の弥生土器及び並行期土器群の研究

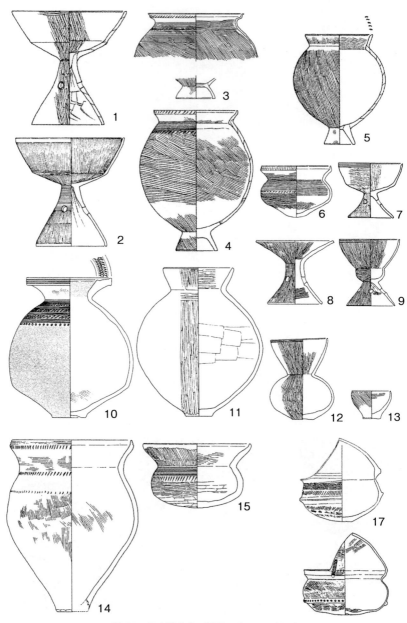

図25　終末期前半（廻間Ⅰ式-0〜2段階）

5 中部

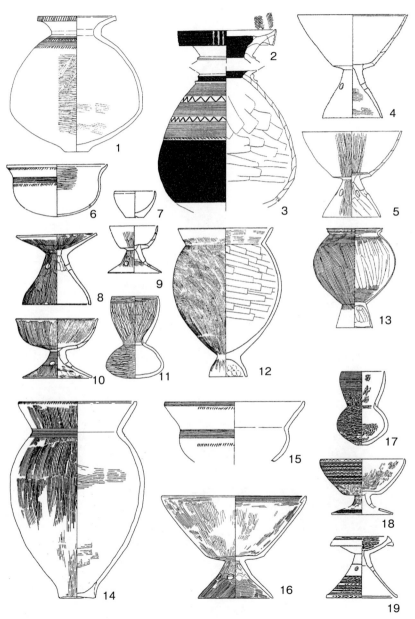

図26 終末期後半（廻間Ⅰ式-3～4段階）

Ⅳ，各地の弥生土器及び並行期土器群の研究

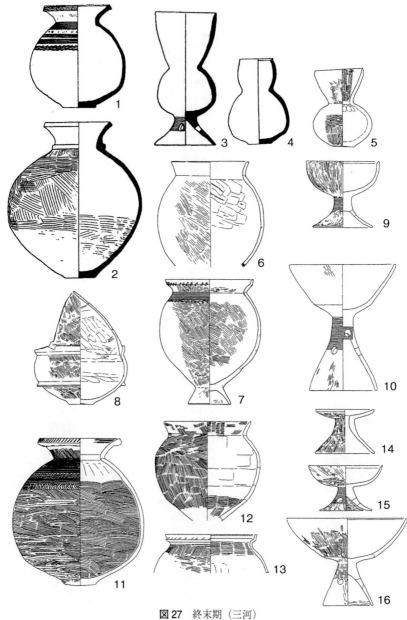

図27　終末期（三河）
1～10：欠山式（古），11～16：欠山式（新）

1997)。最大の特徴は高杯（口絵V-11）・器台・鉢などに認められる内彎傾向にある。甕は雲出川下流で誕生したS字甕（口絵V-12）が新たに加わる。S字甕に代表される東海系土器の東日本への本格的な波及は，廻間Ⅱ式以降である。

2. 太平洋沿岸（静岡県）

(1) 早期並行から前期並行

太平洋沿岸の早期から前期は資料が少ない（笹津1962）。早期後葉並行の資料としては，御殿場市関屋塚遺跡と隣接する宮ノ台遺跡がある。女鳥羽川式に類似する浮線紋系土器と三河の五貫森式が出土し，女鳥羽川式との差異から「関屋塚式」が設定された（中沢2010）。また，縄文時代後期末から晩期前半の標識遺跡である静岡市清水天王山遺跡（市原・新井2008など）は中期前葉まで連続する土器が出土している。前期の資料は，浜松市前原Ⅷ遺跡のように土器棺が数個体出土する程度である。土器は条痕文系土器の樫王式・水神平式に属するようで，伊勢湾沿岸と厳密な土器型式の差異はない。

(2) 中期（図28・29）

中期前葉は水神平式に後続する丸子式（杉原1962）である。丸子式は水神平式から派生した櫛・平行沈線の両端を交互に支点として回転させ，深く明瞭な波状文が特徴的である。壺は北陸以東の東日本に広く分布し，広域土器編年の鍵型式とされている。そのなかでも富士宮市渋沢遺跡は土器棺資料にまとまりがあり，駿河地域の標識資料である（渡井・山上1989）。

中期中葉は長頸壺の出現（佐藤1994など）を画期とするとともに，中部から関東まで広域に分布する平沢型壺（関1983など）が成立展開する時期である。長頸壺（細頸壺）の象徴的存在として嶺田式がある（久永1955）。嶺田式の細頸壺は南信の阿島式との類似性が指摘されている（向坂1978）。その分布範囲は隣接する三河の瓜郷式と共存する。

中期後葉は伊勢湾沿岸地域で凹線文系土器の出現にほぼ並行する時期である。角江式は尾張の凹線文系土器の影響を受け成立する（岩本・篠原1996）。なかでも，清須市朝日遺跡と緊密な関係のある浜松市将監名遺跡などに限定して台盤状土製品が出土する（大竹・富樫2012）。白岩式（久永

Ⅳ，各地の弥生土器及び並行期土器群の研究

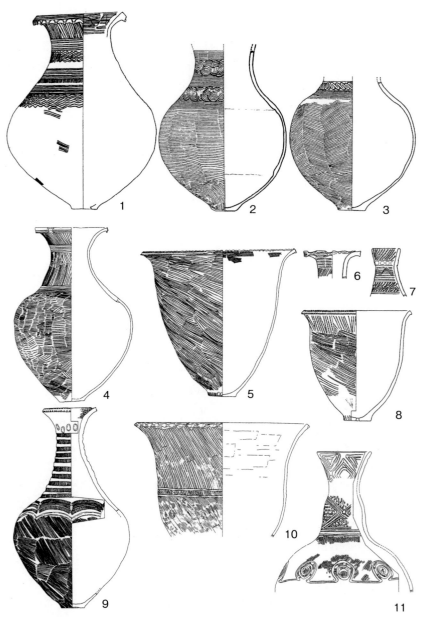

図28　中期前～中葉（太平洋沿岸）
1～3：丸子式，4～8：原川式，9～11：嶺田式

[5] 中部

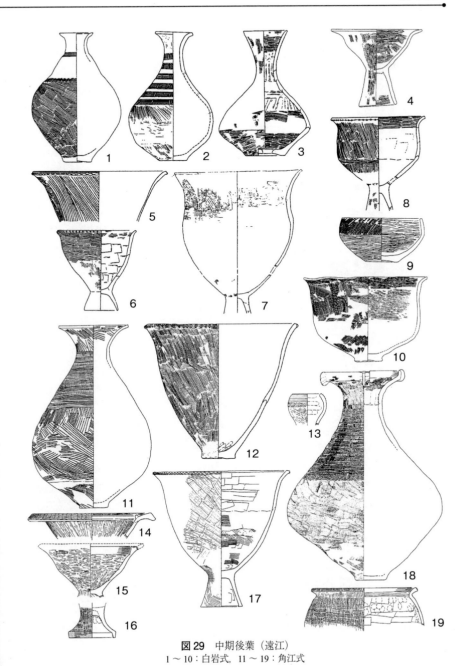

図29 中期後葉（遠江）
1〜10：白岩式，11〜19：角江式

1955) は有東式（杉原 1951）とともに，南関東の宮ノ台式と連関する土器型式である（萩野谷 2000 など）。

(3) 後期から終末期（図 30 〜 32）

西遠江に伊場式(久永 1955)，東遠江に菊川式(久永 1955)，駿河に登呂式(杉原 1949) が設定されている。伊場式は隣接する伊勢湾沿岸に設定された「山中大様式の地域的小様式」として「山中様式西遠江型（のちに伊場様式）」設定されている（鈴木 1996・2004 など）。菊川式は伊場式と並行する土器型式で，一部終末期前半に続く（中嶋 1988，岩本 1995 など）。西駿河の登呂式は，登呂遺跡の再調査を契機に後期編年を検討することが可能となった(岡村 2005)。一方，東駿河は後期から終末期にかけて「雌鹿塚式」が提唱され，駿河後期編年を再編された（渡井 1997）。

後期の山中様式西遠江型と同様に，「欠山大様式の地域的小様式」として「欠山式様式西遠江型（のちに三和町様式）」が設定されている（鈴木 1996 など）。

3，北陸西部

(1) 早期並行から前期（図 33）

下野式は大洞C2 式の有文土器との並行関係から，早期前葉〜中葉併行の土器型式である（吉岡 1971）。

長竹式は設定当初の下野式後半（大洞A式並行）に相当する部分を改めて大洞A式の有文土器との並行関係から，早期後葉から前期前葉並行期の土器型式として設定された（中島・湯尻 1977）。長竹式の特徴は壺と深鉢に共通する 2 条の沈線間に押引列点文を 2 段施す。これに大洞式から派生した有文浅鉢と条痕調整の粗製深鉢が伴う。長竹式から柴山出村式の変遷を考える上で重要な白山市乾遺跡がある。具体的な検討はまだ始まったばかりであるが，越中の下老子笹川遺跡から飛騨地域の阿弥陀堂式を結ぶ広範囲の型式を含んでいる可能性がある（久田 2012，湯尻 2011・2012・2013 など）。

柴山出村式は北陸地域の弥生土器成立期として早くから注目されてきた（三森 1939）。柴山出村式は前期から中期をつなぐ土器型式として検討されてきた（湯尻 1983，久田 1984）。その後，中期前葉の矢木ジワリ式が設定され（増山 1987），前期中〜後葉の土器型式とされている（久田 1998）。柴山

5 中部

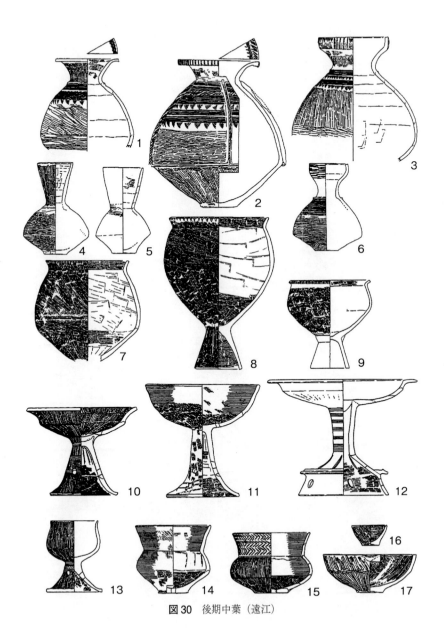

図30 後期中葉（遠江）

Ⅳ. 各地の弥生土器及び並行期土器群の研究

図31 後期後葉（遠江）

5 中部

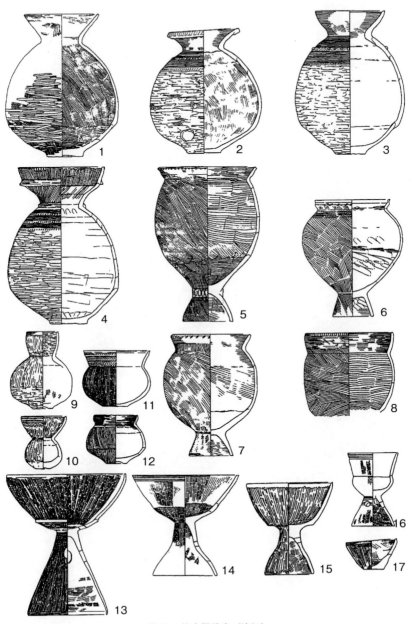

図32 終末期前半（遠江）

Ⅳ，各地の弥生土器及び並行期土器群の研究

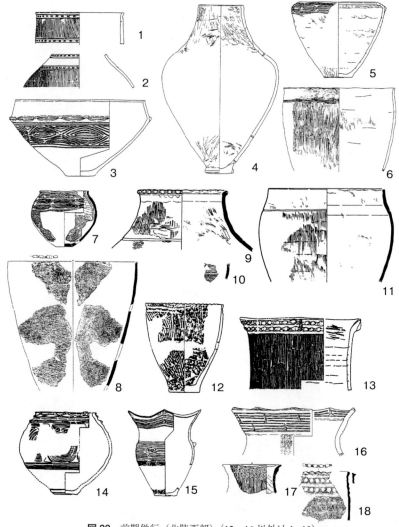

図33　前期併行（北陸西部）（13・16以外は1:10）
1～3：長竹式，4～6・9・11：糞置式，7・8～18：柴山出村式

　出村式のうち，大地系土器の初出型式である柴山出村類型（永井2003）は北陸西部，濃飛，尾張，北勢まで分布し，前期後葉の指標となっている（図33-15，16）。
　福井県に相当する地域は，下野式から柴山出村式に並行する型式が設定さ

れている（豆谷 1991・1994）。下野式に並行する「大島田1群」と「大島田2群」，長竹式後半に並行する「糞置式（古）」，柴山出村式前半に並行する「糞置式（新）」である。若狭の前期は遠賀川系土器が主体となる小浜市丸山河床遺跡など，断片的に知られている（伊藤 2011）。なお，遠賀川系土器は加賀以東で主体となる遺跡がない。

越中は下老子笹川遺跡にまとまった資料があるものの，周辺の遺跡との比較検討までいたっていない（町田・高柳編 2012）。

(2) 中期（図34・35）

中期前葉の矢木ジワリ式は金沢市矢木ジワリ遺跡の調査成果をもとに設定された（増山 1987）。近畿北部以西の櫛描文系土器と晩期以来の在来系土器と伊勢湾岸域から派生した条痕文系土器が新たに組成する。三河の岩滑式壺の頸部文様である「J」字が連続する跳ね上げ文に対して，福井市吉河遺跡例など，北陸条痕文系壺の頸部文様は「し」字が連続し，在来化をよく表している。在来系統の土器群の文様は指腹による沈線である。前期は1から2条程度，中期は複数条となり，直線文から波状文，重弧文など複雑化する。福井県域では坂井市下屋敷遺跡や福井市吉河遺跡が知られている。

中期中葉の小松式は小松市八日市地方遺跡を標識とする型式である（杉原 1952，橋本 1968）。小松式は近畿の中期全体を指す外来型式の代名詞として扱われてきたが，再検討が繰り返されるなか（増山 1989），小松市は駅前再開発による大規模調査を実施した。旧河道の層位から抽出した時期設定により，小松式は八日市地方6から8期としている（下濱・宮田 2003）。八日市地方遺跡の報告は，中期出土土器を大きく6系統区分して整理し，その上で折衷土器などを抽出して検討している（下濱・宮田 2003）。

中期後葉の戸水B式は近畿の凹線文系土器と比較検討して在来型式のなかに位置付けていた（湯尻 1975）。その後金沢市専光寺養魚場の報告のなかで，磯辺（運動公園）式→専光寺（養魚場）式→戸水B式が凹線文系土器の型式変化を基軸に設定した（増山 1992）。

(3) 後期から終末期（図36・37）

後期から終末期の編年は「漆町編年」の提唱により格段に進展整備された（田嶋 1986）。後期前葉は加賀市猫橋遺跡9号溝（本田 1997）を指標に設

Ⅳ．各地の弥生土器及び並行期土器群の研究

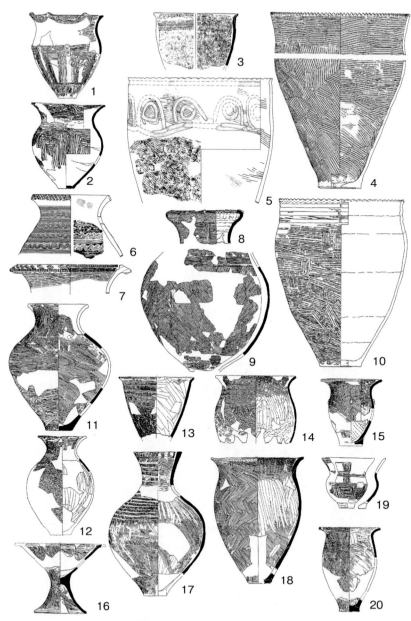

図34　中期前～中葉（北陸西部）
1～10：矢木ジワリ式，11～20：小松式

5 中部

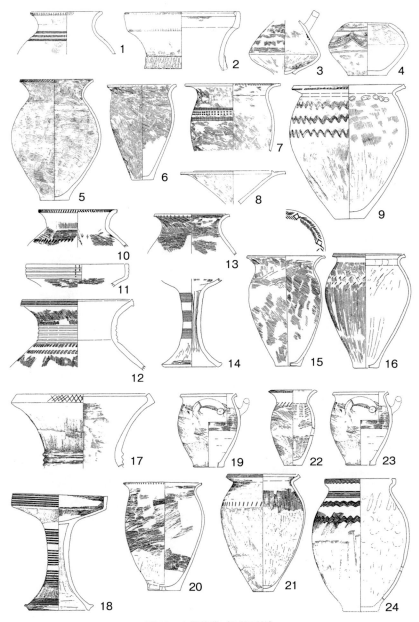

図35 中期後葉（北陸西部）
1～9：磯辺（運動場）式，10～16：専光寺（養魚場）式，17～24：戸水B式

Ⅳ．各地の弥生土器及び並行期土器群の研究

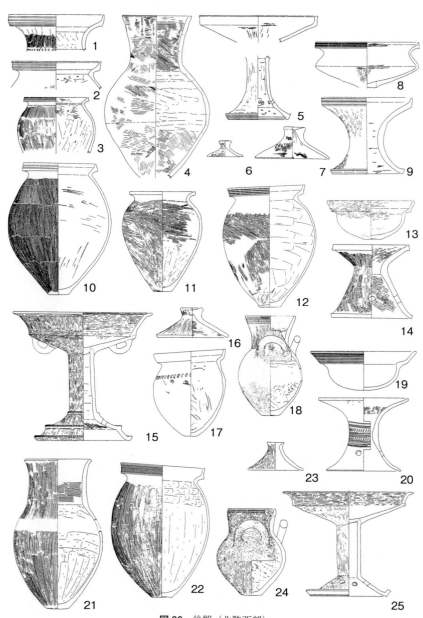

図36 後期（北陸西部）
1〜11：猫橋式，12〜18：法仏式（古），19〜25：法仏式（新）

5 中部

定された猫橋式(漆町1群)である。西日本後期前葉の指標である盤状高杯が出土している。後期中～後葉は法仏式(漆町2群)、終末期は月影式(古)(漆町3群)→月影式(新)(漆町4群)がそれぞれ設定されている(矢内尾1983, 田嶋1986など)。有段口縁甕と高杯の変化が型式設定の基準となって

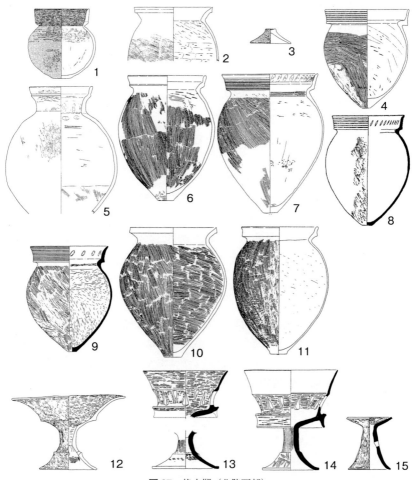

図37 終末期(北陸西部)
1～8：月影1式, 9～13：月影2式, 14・15：白江式

311

いる。月影式の月影型甕, 装飾器台は太平洋側へ到達し, 広範囲に分布する。月影型甕に代表される北陸西部の有段甕は終末期以降の白江式に継続して, 中部各地域の在来甕として変遷する。

4, 北陸東部

(1) 早期から前期 (図38・39)

鳥屋式は上野原式の後続型式で, 弥生時代早期から前期併行の土器型式として命名された (磯崎1957)。豊栄市鳥屋遺跡は1957年の1次調査 (小出・寺村1961), 1978・1979年の2・3次調査 (関・石川1988) があり, 土壙墓を中心とした遺跡である。これらの資料をもとに鳥屋式をI式とII式に設定し, 前者を工字文, 後者を浮線文と位置付けた (関・石川1988)。

緒立式は弥生時代前期併行の土器型式として命名された (磯崎・上原1969ほか)。その後新潟市緒立遺跡の発掘調査により, 北陸西部の櫛描紋系土器や条痕文系土器と共存したことから, 緒立式は新潟県最古の弥生土器型式として認識されるようになった (磯崎編1979)。高杯の文様は変形工字文が多用され, 東北南部の青木畑式, 御代田式と類似する。一方, 東北北部の砂沢式や東北中部の生石2式に伴う類遠賀川系土器 (高瀬2004) は緒立式にない。伊勢湾沿岸の金剛坂式や水神平式が中郷村和泉A遺跡から出土する類例などは, 中部高地を経由し搬入する。太平洋側の遠賀川系土器と条痕文系土器の分布圏の北限を示す。

(2) 中期 (図40〜42)

北陸東部の西端とも北陸西部の東端ともいえる上越市吹上遺跡は土器型式の接点として注目すべき現象がある。吹上遺跡は玉作り工房を有する交易の拠点集落である。中期は中葉から後葉にかけて大きく2時期に区分され, 吹上I期と吹上II期に断絶が指摘されている (笹澤編2006・笹澤2013)。注目すべきは土器型式の組成で, 吹上I期が小松式7割近く占めるのに対して栗林I式とその他の系統を含めても3割以下であり, 後続する吹上II期が小松式を含めた北陸系統土器3割, 栗林II式を含めた中部高地系土器7割であり, 主体となる土器型式の組成が逆転する (笹澤2013)。この吹上I期とII期の間には断絶期が, 玉作りと土器型式の相関関係を想定する鍵にもなっている。

5 中部

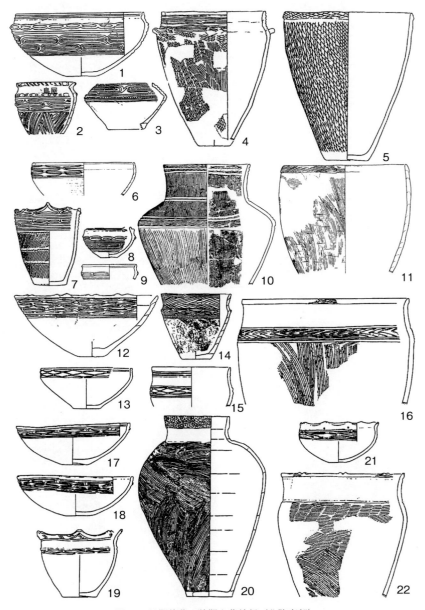

図38 早期後葉～前期中葉並行（北陸東部）
1～5：鳥屋1a式、6～11：鳥屋1b式、12～16：鳥屋2a式、17～22：鳥屋2b式

313

Ⅳ，各地の弥生土器及び並行期土器群の研究

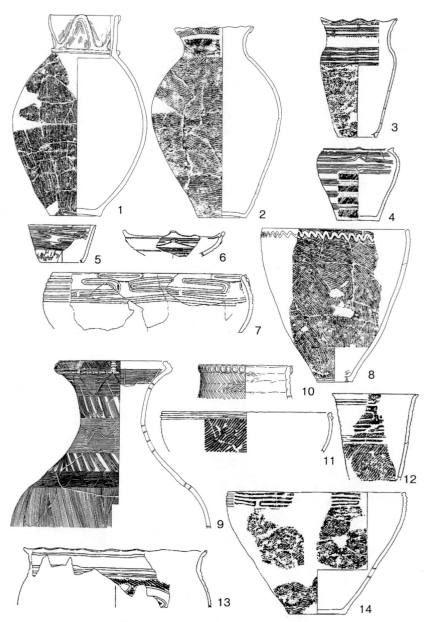

図39 前期後葉から中期前葉（北陸東部）
1～8：緒立式1期，9～14：緒立式2期

5 中部

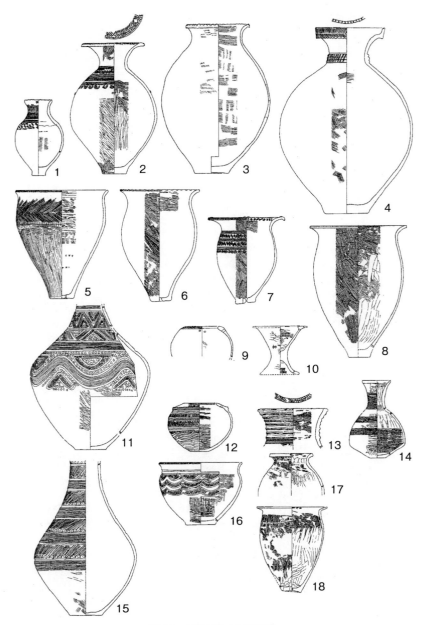

図40 中期中葉（北陸東部）
吹上Ⅰ期，1～10：小松式，11・12・15・16：栗林式

315

Ⅳ，各地の弥生土器及び並行期土器群の研究

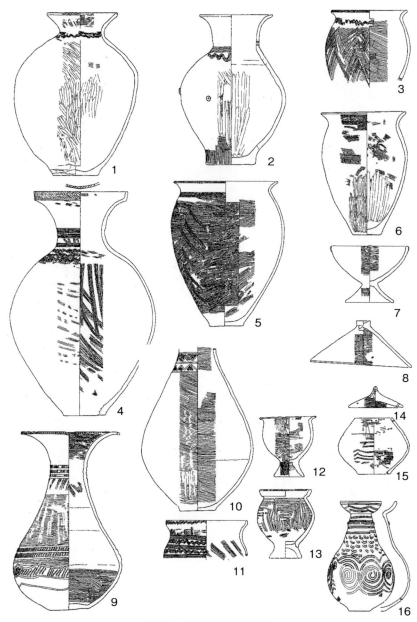

図41　中期後葉（北陸東部）
吹上Ⅱ期，1～8：小松式，9～15：栗林式

5 中部

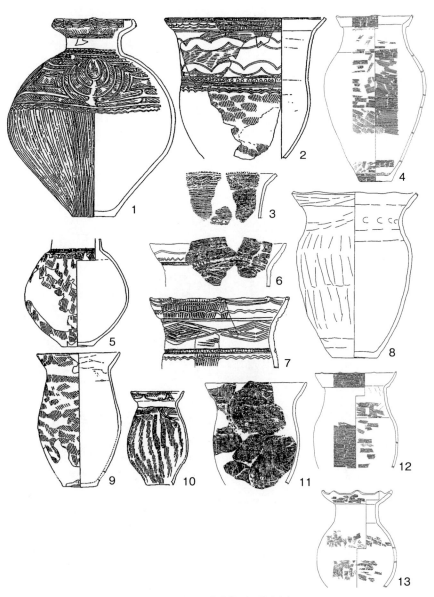

図42 後期・終末期(北陸東部)
1〜4：後期前葉, 5〜8：後期中葉, 9〜12：後期後葉, 13：終末期

Ⅳ, 各地の弥生土器及び並行期土器群の研究

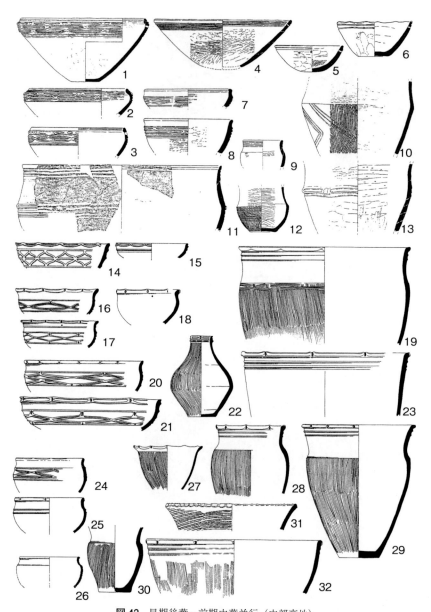

図43 早期後葉〜前期中葉並行（中部高地）
1〜13：離山式, 14・15：氷Ⅰ式（古）, 16〜23：氷Ⅰ式（中）, 24〜32：氷Ⅰ式（新）

5, 中部高地

(1) 早期並行から前期（図43・44）

早期前～中葉並行期は佐野Ⅱ式（古）～（新）が相当する（永峯・樋口 1967, 中村 1997 など）。佐野Ⅱ式の粗大な工字文は飛騨の阿弥陀堂式に継続する（中沢 2009）。

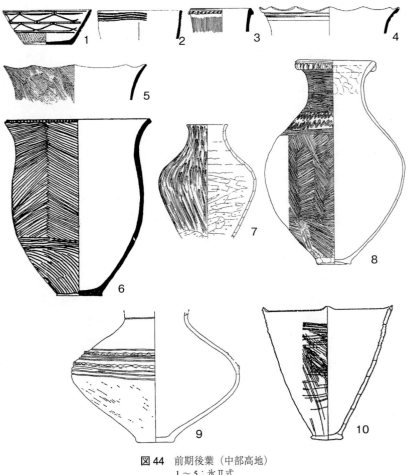

図44　前期後葉（中部高地）
1～5：氷Ⅱ式

早期後葉並行は女鳥羽川式→離山式の変遷を松本盆地のなかで設定された（設楽 1982）。大町市一津遺跡はこの変遷を検証する好資料であった（設楽 1989）。

前期前葉から後葉並行にかけて氷式が小諸市氷遺跡の調査成果から設定された（永峯 1969）。その後，再検討がいくつかあるが 1994 年の第 2 次調査成果は再検証の場となり氷式の解明に一助を与えた（永峯編 1998）。解明の課題はいくつかあるが，氷Ⅰ式（浮線文手法）とⅡ式（沈線文手法）の間を埋める資料が氷遺跡に極めて少ないことと，遺跡形成として地点別（1 次調査）あるいは層位的断絶（2 次調査）が指摘されている。検証過程のなかで中部高地の遺跡を比較検討する中で「氷Ⅰ式直後段階」を設定し変遷を読み解いている（永峯編 1998）。また，前期後葉に苅谷原式の提唱を通して，樫王式から水神平式にかけて中部高地の在来型条痕文系土器の実態も解明されつつある（中村 1988）。

(2) 中期（図 45・46）

中期前葉から中葉にかけて型式内容が安定していない。それは浮線文系土器と条痕文系土器の前期後葉以降の系譜が不明である点，中期後葉以降の後続型式への連続性が明文化できない点にある。現状は，中北信に新諏訪町式→松櫛（伊勢宮）式・境窪式が，南信に尾ノ島館式が設定されている（長野県 1988）。ただし，中期中葉後半の中北信・栗林式と南信・阿島式→丹保式への移行過程は前段階からの要素が強く残り理解されやすい。

栗林式は広域に分布する土器型式であり，隣接する小松式との共存関係から議論の俎上にあがる。栗林式の解明がはじまったのは 2 次調査資料の再検討からである（桐原 1963）。近年では長野市松原遺跡の調査成果によって飛躍的に編年が改善された（寺島 1993，石川 2002，馬場 2008 ほか）。

(3) 後期から終末期

中北信はいわゆる「赤い土器」である吉田式→箱清水式，南信の恒川式→座光原式→中島式の変遷が設定されている。中北信の箱清水式は，壺・鉢・高杯に研磨した表面に赤彩する「赤い土器」と甕に栗林式の系譜をもつ中部高地独自の櫛描文が基本セットである。時計回りに何度も継ぎ足し波状文を口縁部から胴部上位まで飾る甕は箱清水式のみではなく，群馬の樽式，埼玉

5 中部

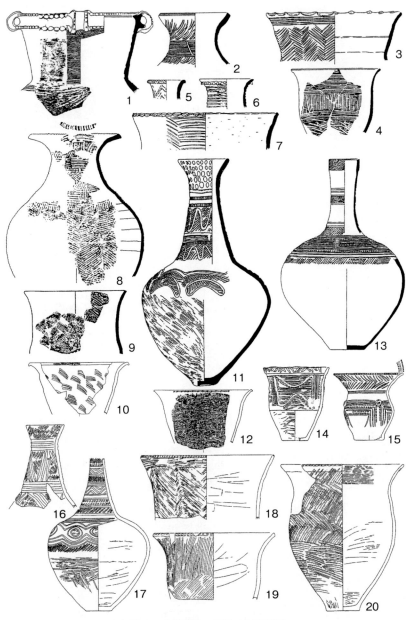

図45 中期前葉〜中葉（中部高地）
1〜7：中期前葉，8〜20：中期中葉

Ⅳ. 各地の弥生土器及び並行期土器群の研究

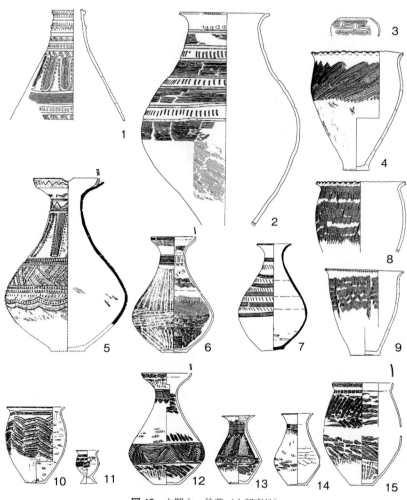

図46 中期中〜後葉（中部高地）
1〜4：栗林Ⅰ式，5〜9：栗林Ⅱ式，10〜15：栗林Ⅲ式

の岩鼻式，神奈川の朝光原式など広範囲に共通する手法である。これらの土器型式は，墓に鉄剣と鉄釧を副葬するなど文化総体として共通する可能性もある。御屋敷式の標識とされている上山田町御屋敷遺跡4号住居跡からS字甕B類が出土している。廻間Ⅱ式以降に並行するので御屋敷式から古墳時代

と考えるべきであろう。

6，飛騨

(1) 早期から前期（図47・48）

　早期中葉並行である佐野Ⅱ式新段階（中沢2009）の資料が阿弥陀堂式の前段階として注目される（上嶋編1998）。後続する早期後葉並行である阿弥陀堂式古相は高山市カクシクレ遺跡A地点D5地区資料群がある。かつて阿弥陀堂式の設定（松島1965）された下呂市阿弥陀堂遺跡（大江1965）の特徴を抽出してみると，カクシクレ遺跡A地点に佐野Ⅱ式新段階とつながる要素が少ない（中沢2009）。粗大な工字文と横方向の綾杉文は前段階である牛垣内例を継承する文様，茸状突起や山形突起は新出の装飾，胴部紋様や器形は隣接する女鳥羽川式と共通する（中沢2009）。とすると，阿弥陀堂式が一系譜から派生した土器型式とは想定できない。もうひとつ粗製深鉢に注目すると，不定方向に5mm前後の細い単位の条痕をつける条痕深鉢は新出要素である（図48-6）。

　阿弥陀堂式の新しい段階は前期中葉並行の高山市立石遺跡がある（藤田2010）。沈線化した文様に加え，渦巻文土器，粗製の条痕深鉢，そして口縁部あるいは頸胴部界に複数条の太描沈線を配する条痕深鉢などが組成する。白山市乾遺跡・高岡市下老子笹川遺跡など北陸と類似する要素を比較すると，山形突起あるいは粗大な工字文をもつ鉢，浮線渦巻文土器，そして複数条の太描沈線を配する条痕深鉢がある。

(2) 中期から後期（図49）

　中期後葉の内垣内式（石川1995）は高山市ウバガ平遺跡にまとまっている（小淵2010）。ウバガ平遺跡は栗林式の壺と鉢が出土しており，広域編年の鍵となる（図46-5，6）。

　後期後葉と終末期後半直後の資料が高山市野内C遺跡にある。内垣内式の後続型式に山中式鉢，廻間Ⅱ式並行の器台や高杯，御屋敷式の甕，白江式模倣甕などが竪穴建物1220SBで共存し，直後段階から広域交流をさぐることができる。

Ⅳ. 各地の弥生土器及び並行期土器群の研究

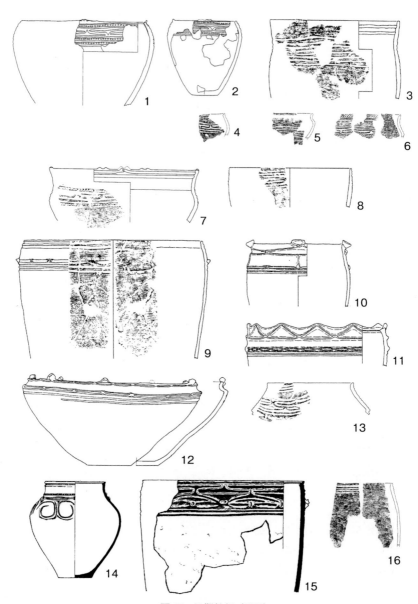

図47 早期併行（飛騨）
1〜6：佐野Ⅱ式（新），7〜16：早期後葉並行（古）

5 中部

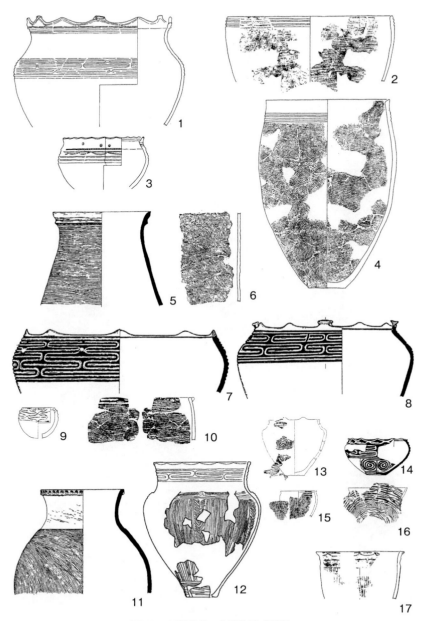

図48 早期後葉〜前期並行（飛騨）
1〜3：早期後葉（新），4〜10：前期前葉並行，11〜16：前期中葉〜後葉

IV，各地の弥生土器及び並行期土器群の研究

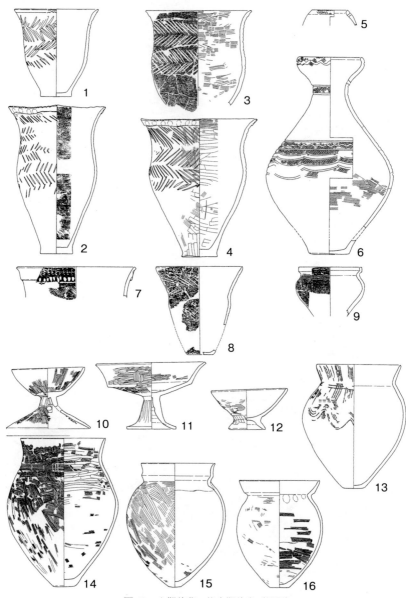

図49　中期後葉〜終末期後半（飛騨）
1〜9：中期後葉〜後期，10〜16：終末期後半

〔引用文献〕
赤塚次郎「廻間Ⅰ・Ⅱ式再論」『西上免遺跡』(愛知県埋蔵文化財センター調査報告書第34集),1997
石川日出志「飛騨の弥生中期横羽状文甕」『飛騨の考古学』(飛騨考古学会20周年記念誌),1995
石川日出志「栗林式土器の成立過程」『長野県考古学会誌』99・100号,2002
石黒立人1990「弥生中期土器にみる複数の〈系〉」『考古学フォーラム』1 愛知考古学談話会,1990
磯崎正彦「新潟県鳥屋の晩期縄文式土器(予報)」『石器時代』第4号 石器時代文化研究会,1957
磯崎正彦・上原甲子郎「亀ヶ岡文化の外殻圏における終末期の土器型式－新潟県・緒立遺跡出土の土器をめぐって」『石器時代』第9号 石器時代文化研究会,1969
磯崎正彦編『緒立遺跡』黒埼町教育委員会,1979
市原壽文・新井正樹『清水天王山遺跡』静岡市教育委員会,2008
伊藤淳史『若狭における弥生時代前期の遺跡』(平成19～22年度科学研究費補助金(基礎研究(C)にかかる研究成果),2011
岩本貢「菊川式土器の編年上の問題」『財団法人静岡県埋蔵文化財調査研究所設立10周年記念論文集』,1995
岩本貢・篠原充男『角江遺跡』Ⅱ(静岡県埋蔵文化財調査研究所調査報告書第69集),1996
上嶋善治編『牛垣内遺跡』(岐阜県文化財保護センター調査報告書第44集),1998
大江まさる『飛騨の考古学』Ⅰ 福応寺文庫,1965
大竹弘高・富樫孝志『将監名遺跡』(静岡県埋蔵文化財センター調査報告第11集),2012
岡村渉『特別史跡登呂遺跡』静岡市教育委員会,2005
萩野谷正宏「「白岩式土器の再検討」『転機』7号 転機刊行会,2000
小淵忠司『ウバガ平遺跡・ウバガ平古墳群』(岐阜県文化財保護センター調査報告書第112集),2010
桐原健「栗林式土器の再検討」『考古学雑誌』第49巻第3号 日本考古学会,1963
小出義治・寺村光晴「鳥屋遺跡発掘調査報告」『越佐研究』第17集 新潟県人文研究会,1961
紅村弘「愛知県における前期弥生式土器と終末期縄文式土器との関係」『古代學研究』第13号 古代學研究會,1956

IV，各地の弥生土器及び並行期土器群の研究

笹澤正史「新潟県吹上遺跡における土器様式の推移に関する一考察」『弥生土器研究の可能性を探る』弥生土器研究フォーラム，2013
笹津備洋「静岡県東部における縄文文化終末期の遺跡について」『史学』35巻1号，1962
笹澤正史編『吹上遺跡』上越市教育委員会，2006
佐藤由紀男「長頸壺の出現とその意義」『地域と考古学』向坂鋼二先生還暦記念論集刊行会，1994
設楽博己「中部高地における弥生土器の成立過程」『信濃』第34巻4号　信濃刊行会，1982
設楽博己「上層の土器について」『一津』大町市教育委員会，1989
下濱貴子・宮田明『八日市地方遺跡』Ⅰ　小松市教育委員会，2003
杉原荘介「文化遺物－土器－」『登呂』前編，1949
杉原荘介「静岡市有東第一遺跡」『日本考古学年報』1　日本考古学協会，1951
杉原荘介「加賀小松出土の弥生式土器について」『日本考古学協会第16回総会研究発表要旨』，1952
杉原荘介「駿河丸子および佐渡出土の弥生式土器に就いて」『考古学集刊』第4冊，1962
鈴木敏則「遠江・駿河（後期）」『YAY！弥生土器を語る会20回到達記念論集』弥生土器を語る会，1996
鈴木敏則『梶子遺跡』Ⅹ　浜松文化協会，2004
関雅之・石川日出志「鳥屋遺跡Ⅰ・Ⅱ」『豊栄市史』資料編1（考古編）豊栄市，1988
関義則「須和田式の再検討」『埼玉県立博物館紀要』10，1983
高瀬克範『本州島東北部の弥生社会誌』六一書房，2004
田嶋明人『漆町遺跡』Ⅰ　石川県教育委員会，1986
寺島孝典「弥生時代中期後半の土器様相」『松原遺跡』Ⅲ　長野市埋蔵文化財センター，1993
永井宏幸「弥生前期の諸問題　三ツ井遺跡からの検討」『三ツ井遺跡』（愛知県埋蔵文化財センター調査報告書第87集），1998
永井宏幸「中部山岳地帯をめぐる大地系土器」『中部弥生時代研究会第8回例会発表要旨集』，2003
永井宏幸「内傾口縁土器から厚口鉢へ」『考古学フォーラム』16　考古学フォーラム，2004
永井宏幸「円窓付土器からみた地域間交流」『弥生時代政治社会構造論』雄山閣，2013
永井宏幸「近畿出土の円窓付土器をかんがえる」『研究紀要』第15号

愛知県埋蔵文化財センター，2014
中沢道彦「飛騨の縄文時代晩期後半の編年について」『南山大学人類学博物館オープンリサーチセンター2008年度年次報告書』付編研究会・シンポジウム資料集，2009
中沢道彦「縄文時代晩期末浮線文土器の広域的変化と器種間交渉」『比較考古学の新地平』同成社，2010
中嶋郁夫「いわゆる「菊川式」と「飯田式」の再検討」『転機』2号　転機刊行会，1988
中島俊一・湯尻修平『松任市長竹遺跡発掘調査報告』石川県教育委員会，1977
長野県編『長野県史』考古資料編全1巻 (4)，1988
永峯光一「氷遺跡の調査とその研究」『石器時代』第9号　石器時代研究会，1969
永峯光一編著『氷遺跡発掘調査資料図譜』第1〜3冊，1998
永峯光一・樋口昇一『佐野』長野県考古学会，1967
中村友博「土器様式変化の研究」『考古学論考』（小林行雄博士古希記念論集）平凡社，1982
中村友博「苅谷原・柳坪式を設定して条痕文土器を体系化すること」『〈条痕文系土器〉文化をめぐる諸問題』資料編Ⅱ・研究編　愛知考古学談話会，1988
中村豊「浮線文土器の成立過程」『立命館大学考古学論集』Ⅰ　立命館大学考古学論集刊行会，1997
橋本澄夫「石川県小松市八日市地方遺跡の調査」『石川県考古学研究会会誌』第11号，1968
馬場伸一郎 2008「弥生中期・栗林式土器編年の再構築と分布論的研究」『国立歴史民俗博物館研究報告』第145集，2008
濱田耕作「日本の古代土器」『史前学雑誌』第1巻第4号，1929
久田正弘「柴山出村式の再検討」『史館』第16号，1984
久田正弘「北陸地方西部の土器の動き」『氷遺跡発掘調査資料図譜』第3冊　氷遺跡発掘調査資料図譜刊行会，1998
久田正弘「石川県を中心とした縄文時代晩期中葉から後葉の土器編年について」『石川県考古学研究会会誌』第55号，2012
久永春男「東海」『日本考古学講座』河出書房，1955
深澤芳樹「尾張における凹線紋出現の経緯」『朝日遺跡』Ⅴ（愛知県埋蔵文化財センター調査報告書第34集），1994
藤田英博「立石遺跡出土資料の紹介」『美濃の考古学』美濃の考古学刊行会，2010

Ⅳ．各地の弥生土器及び並行期土器群の研究

本田秀生『猫橋遺跡』石川県立埋蔵文化財センター，1997
増子康眞「尾張平野における縄文晩期後半期の土器編年的研究」『古代学研究』40　古代學研究會，1965
増山仁『金沢市矢木ジワリ遺跡』（金沢市文化財紀要66）金沢市教育委員会ほか，1987
増山仁「小松式の再検討」『北陸の考古学』Ⅱ（石川県考古学研究会会誌第32号），1989
増山仁『金沢市専光寺養魚場遺跡』（金沢市文化財紀要102）金沢市教育委員会，1992
町田賢一・高柳由紀子編『下老子笹川遺跡発掘調査報告』（富山県文化振興財団埋蔵文化財発掘調査報告31），2012
松島透「山の便り－飛騨阿弥陀堂出土土器をめぐって―」『ミクロス』第12号　明治大学考古学研究部，1965
豆谷和之「大島田遺跡の出土土器の編年的検討」『大島田遺跡』（勝山市埋蔵文化財調査報告第9集），1991
豆谷和之「糞置式土器について」『文化財学論集』文化財学論集刊行会，1994
三森定男「加賀柴山潟畔の石器時代遺跡に就いて」『考古学論叢11 考古學研究會，1939
向坂鋼二「榛原郡榛原町西川出土の嶺田式土器」『静岡県考古学研究』1　静岡県考古学会，1978
森泰通「台盤状土製品から台付甕へ」『鍋と甕そのデザイン』東海考古学フォーラム，1996
矢内尾晋司「北加賀における古墳出現期の土器」『北陸の考古学』（石川県考古学研究会会誌第26号），1983
湯尻修平『戸水B遺跡調査報告』石川県教育委員会，1975
湯尻修平「柴山出村式について」『北陸の考古学』（石川県考古学研究会会誌第26号），1983
湯尻修平「浮線渦巻文系土器について」『石川県考古学研究会会誌』第54号，2011
湯尻修平「北陸西部の浮線文系土器（その1）・（その2）」『石川県考古学研究会会誌』第55号・第56号，2012・2013
吉岡康暢「石川県下野遺跡の研究」『考古学雑誌』56巻4号，1971
渡井一信・山上英誉『渋沢遺跡』（富士宮市文化財調査報告書第13集），1989
渡井英誉『滝戸遺跡』（富士宮市文化財調査報告書第23集），1997

5 中部

〔図版出典〕

図1　1～6, 8, 9, 11～13, 16：三重・森添　奥義次ほか『森添遺跡』（度会町文化財調査報告6）度会町教育委員会 2011

図1　7, 10：三重・大原堀　小山憲一ほか『大原堀遺跡発掘調査報告第2・3次』（三重県埋蔵文化財発掘調査報告295）三重県埋蔵文化財センター 2008

図1　14, 15, 17～21：三重・志知南浦　酒井巳紀子ほか『志知南浦遺跡発掘調査報告』（三重県埋蔵文化財調査報告288）三重県埋蔵文化財センター 2008

図2　1：愛知・馬見塚2000　松本彩ほか『縄文から弥生へ～馬見塚遺跡の時代』（平成25年度特別展図録）一宮市博物館 2013

図2　6：愛知・馬見塚C地点　澄田正一ほか『新編一宮市史』資料編1　一宮市史編さん室 1970

図2　18, 19：愛知・馬見塚森徳一郎調査　澄田正一ほか『新編一宮市史』資料編1　一宮市史編さん室 1970

図2　2～5, 7～17：愛知・馬見塚F地点　澄田正一ほか『新編一宮市史』資料編1　一宮市史編さん室 1970

図3　1～10, 12, 14, 16～20：愛知・大西貝塚　岩瀬彰利ほか『大西貝塚』（豊橋市埋蔵文化財調査報告書第19集）豊橋市教育委員会ほか 1995

図3　11, 13, 16：愛知・麻生田大橋（市教委）　前田清彦ほか『麻生田大橋遺跡』豊川市教育委員会 1993

図3　15：愛知・五貫森B　杉原荘介ほか「豊川流域における縄文時代晩期の遺跡」『考古学集刊』第2巻第3号　東京考古学会 1964

図4　1, 5：三重・志知南浦　酒井巳紀子ほか『志知南浦遺跡発掘調査報告』（三重県埋蔵文化財調査報告288）三重県埋蔵文化財センター 2008

図4　2：三重・天保　新田洋ほか『近畿自動車道（久居～勢和）埋蔵文化財発掘調査報告』第3分冊6（三重県埋蔵文化財調査報告87-12）三重県埋蔵文化財センター 1991

図4　3, 11：三重・大原堀　小山憲一ほか『大原堀遺跡発掘調査報告第2・3次』（三重県埋蔵文化財発掘調査報告295）三重県埋蔵文化財センター 2008

図4　4, 8, 13：三重・中谷　森川常厚ほか『丸野・中谷遺跡発掘調査報告』（三重県埋蔵文化財調査報告246）三重県埋蔵文化財センター 2003

図4　6, 7：三重・長者屋敷　吉田真由美ほか「伊勢国府跡16次（長者屋敷遺跡）」『鈴鹿市考古博物館年報』第5号　鈴鹿市教育委員会 2004

IV. 各地の弥生土器及び並行期土器群の研究

図4　9, 10：三重・野々田　山田猛「伊勢の突帯文土器」『いちのみや考古』終刊号　一宮考古学会 2006

図4　12：三重・四ツ野B　村木一弥『四ツ野B遺跡（第1次）発掘調査報告』（津市埋蔵文化財調査報告 37）津市教育委員会 2005

図4　14：三重・辻堂　門田了三ほか『奥出遺跡・奥出古墳群』名張市遺跡調査会 1995

図5　1, 4：三重・長者屋敷　吉田真由美ほか「伊勢国府跡 16 次（長者屋敷遺跡）」『鈴鹿市考古博物館年報』第5号　鈴鹿市教育委員会 2004

図5　2, 3, 6, 7：三重・宮山　竹内英昭『宮山遺跡』（三重県埋蔵文化財調査報告 186-2　三重県埋蔵文化財センター 1999

図5　5, 8：三重・中谷　森川常厚ほか『丸野・中谷遺跡発掘調査報告』（三重県埋蔵文化財調査報告 246）三重県埋蔵文化財センター 2003

図5　9, 10：三重・四ツ野B　村木一弥『四ツ野B遺跡（第1次）発掘調査報告』（津市埋蔵文化財調査報告 37）津市教育委員会 2005

図5　11〜14, 16：三重・中ノ庄　伊藤裕偉「三雲町の考古資料」『三雲町史』第2巻 1999

図5　15, 17〜19：三重・納所　石井智大ほか『納所遺跡Ⅰ』（三重県埋蔵文化財調査報告 35-3）三重県埋蔵文化財センター 2012

図6　1〜18：三重・納所　石井智大ほか『納所遺跡Ⅰ』（三重県埋蔵文化財調査報告 35-3）三重県埋蔵文化財センター 2012

図7　1〜5：愛知・佐野　澄田正一ほか『新編一宮市史』資料編1　一宮市史編さん室 1970

図7　6, 8：愛知・馬見塚　澄田正一ほか『新編一宮市史』資料編1　一宮市史編さん室 1970

図7　7, 12：岐阜・荒尾南　三輪晃三ほか『荒尾南遺跡A地区Ⅱ』（岐阜県文化財保護センター調査報告書第 127 集）岐阜県文化財保護センター 2013

図7　9：岐阜・山王　篠原英政ほか『山王遺跡』関市教育委員会 1985

図7　10, 11, 13〜15：愛知・下り松　澄田正一ほか『新編一宮市史』資料編1　一宮市史編さん室 1970

図8　1〜10, 17：愛知・朝日6　宮腰健司ほか『朝日遺跡』Ⅵ（愛知県埋蔵文化財センター調査報告書第 83 集）愛知県教育サービスセンター 2000

図8　11〜13, 16：愛知・三ツ井　田中伸明ほか『三ツ井遺跡』（愛知県埋蔵文化財センター調査報告書第 87 集）愛知県教育サービスセンター 1999

図8　14：岐阜・野笹　堀田一浩『野笹遺跡Ⅱ・赤池4号古墳』（岐阜県文化財保護センター調査報告書第71集）岐阜県文化財保護センター 2002

図8　15, 18：愛知・西浦　丹羽博「西浦遺跡」『〈条痕文系土器〉をめぐる諸問題』資料編Ⅰ　愛知考古学談話会 1985

図8　19～21：愛知・月縄手2　樋上昇ほか『貴生町遺跡Ⅱ・Ⅲ　月縄手遺跡Ⅱ』（愛知県埋蔵文化財センター調査報告書第55集）愛知県埋蔵文化財センター 1994

図9　1～9, 14～16, 18：愛知・朝日6　宮腰健司ほか『朝日遺跡』Ⅵ（愛知県埋蔵文化財センター調査報告書第83集）愛知県教育サービスセンター 2000

図9　10：愛知・山中　服部信博ほか『山中遺跡』（愛知県埋蔵文化財センター調査報告書第40集）愛知県埋蔵文化財センター 1992

図9　11, 12, 17：愛知・八王子　樋上昇ほか『八王子遺跡』（愛知県埋蔵文化財センター調査報告書第92集）愛知県教育サービスセンター 2001

図9　13, 19：愛知・高蔵　重松和男ほか『高蔵貝塚』Ⅲ（人類学博物館紀要第10号）南山大学人類学博物館 1985

図10　1～9, 12～15：愛知・麻生田大橋（市教委）　前田清彦ほか『麻生田大橋遺跡』豊川市教育委員会 1993

図10　10, 11：愛知・白石　贄元洋『白石遺跡』豊橋市教育委員会 1993

図11　1～3, 7～9：蔵田　米山浩之ほか『蔵田遺跡発掘調査報告』（三重県埋蔵文化財調査報告 115-13）三重県埋蔵文化財センター 1999

図11　4：東庄内B　小玉道明ほか『日本道路公団東名阪道路埋蔵文化財調査報告（三重県埋蔵文化財調査報告5）三重県教育委員会ほか 1970

図11　5：須賀　吉田真由美『須賀遺跡（第5次）』鈴鹿市考古博物館 2012

図11　6：替田　上村安生ほか『一般国道23号中勢道路（10工区）建設事業に伴う替田遺跡（第1・2次）発掘調査報告』（三重県埋蔵文化財調査報告 115-15）三重県埋蔵文化財センター 2008

図12　1, 2, 4, 6, 8, 9：東庄内B　小玉道明ほか『日本道路公団東名阪道路埋蔵文化財調査報告（三重県埋蔵文化財調査報告5）三重県教育委員会ほか 1970

図12　3, 11, 16～19：納所　石井智大ほか『納所遺跡Ⅰ』（三重県埋蔵文化財調査報告 35-3）三重県埋蔵文化財センター 2012

IV. 各地の弥生土器及び並行期土器群の研究

図12 5:下ノ庄東方 吉永康男ほか『下ノ庄東方遺跡（高畑地区）』（一級河川中村川埋蔵文化財発掘調査概要I）三重県教育委員会，1987

図12 10:花の木 田村陽一ほか『近畿自動車道（久居～勢和）埋蔵文化財発掘調査報告』第1分冊1（三重県埋蔵文化財調査報告87-1）三重県教育委員会1989

図12 12～15:北切 新田洋ほか「北切遺跡」『昭和58年度農業基盤整備事業地域埋蔵文化財発掘調査報告』（三重県埋蔵文化財調査報告63）三重県教育委員会1984

図13 1,3～7,12:鳥居本 稲生進一ほか『鳥居本遺跡発掘調査報告』（一志町埋蔵文化財調査報告V）一志町教育委員会1975，河北秀実『近畿自動車道（久居～勢和）埋蔵文化財発掘調査報告』第3分冊10（三重県埋蔵文化財調査報告87-16）三重県教育委員会1991

図13 2,14:亀井 谷本鋭次「津市河辺町・亀井遺跡」『昭和47年度県営ほ場整備事業地域埋蔵文化財発掘調査報告』（三重県埋蔵文化財調査報告15）三重県教育委員会1973

図13 8～10:久留倍 清水正宏『久留倍遺跡5』（四日市市埋蔵文化財発掘調査報告書46）四日市市教育委員会2013

図13 11:菟上 穂積裕昌『菟上遺跡発掘調査報告』（三重県埋蔵文化財調査報告227-7）三重県埋蔵文化財センター2005

図13 13,15:北切 新田洋ほか「北切遺跡」『昭和58年度農業基盤整備事業地域埋蔵文化財発掘調査報告』（三重県埋蔵文化財調査報告63）三重県教育委員会1984

図14 1～4,6～8,11,14～16:朝日6 宮腰健司ほか『朝日遺跡』VI（愛知県埋蔵文化財センター調査報告書第83集）愛知県教育サービスセンター2000

図14 5,10:麻生田大橋（市教委） 前田清彦ほか『麻生田大橋遺跡』豊川市教育委員会1993

図14 9:大地 永井宏幸「沈線紋系土器について」『朝日遺跡』V（愛知県埋蔵文化財センター調査報告書第34集）1994

図14 12,13:朝日5 石黒立人ほか『朝日遺跡』V（愛知県埋蔵文化財センター調査報告書第34集）愛知県埋蔵文化財センター1994

図15 1,4,5,8,9:名古屋城三の丸 梅本博志ほか『名古屋城三の丸遺跡』（I）（愛知県埋蔵文化財センター調査報告書第15集）愛知県埋蔵文化財センター1990

図15 2,3,6:朝日5 石黒立人ほか『朝日遺跡』V（愛知県埋蔵文化財センター調査報告書第34集）愛知県埋蔵文化財センター1994

図15 7:平手町 永井宏幸ほか『平手町遺跡』（愛知県埋蔵文化財セ

ンター調査報告書第 101 集）愛知県教育サービスセンター 2002
図 15　10, 11, 13, 14：阿弥陀寺　石黒立人ほか『阿弥陀寺遺跡』（愛知県埋蔵文化財センター調査報告書第 11 集）愛知県埋蔵文化財センター 1990
図 15　12, 15：猫島　洲嵜和宏ほか『猫島遺跡』（愛知県埋蔵文化財センター調査報告書第 107 集）愛知県教育サービスセンター 2003
図 16　1, 4, 6, 9〜13：朝日 6　宮腰健司ほか『朝日遺跡』Ⅵ（愛知県埋蔵文化財センター調査報告書第 83 集）愛知県教育サービスセンター 2000
図 16　2, 14：阿弥陀寺　石黒立人ほか『阿弥陀寺遺跡』（愛知県埋蔵文化財センター調査報告書第 11 集）愛知県埋蔵文化財センター 1990
図 16　3：朝日 8　赤塚次郎ほか『朝日遺跡』Ⅷ（愛知県埋蔵文化財センター調査報告書第 154 集）愛知県教育・スポーツ振興財団 2009
図 16　5, 7：一色青海　蔭山誠一ほか『一色青海遺跡』（愛知県埋蔵文化財センター調査報告書第 79 集）愛知県埋蔵文化財センター 1998
図 16　8：大渕　宮腰健司ほか『大渕遺跡』（愛知県埋蔵文化財センター調査報告書第 18 集）愛知県埋蔵文化財センター 1991
図 17　1：古井堤　神谷友和「愛知県安城市古井堤遺跡出土の条痕文土器」『古代』第 86 号　早稲田大学考古学会 1989
図 17　2〜6, 12, 16：岡島 2　池本正明ほか『岡島遺跡Ⅱ・不馬入遺跡』（愛知県埋蔵文化財センター調査報告書第 43 集）愛知県埋蔵文化財センター 1993
図 17　7, 9, 10, 13, 14, 17：瓜郷　久永春男ほか『瓜郷』豊橋市教育委員会 1963
図 17　8, 11, 15：岡島 1　池本正明ほか『岡島遺跡』（愛知県埋蔵文化財センター調査報告書第 14 集）愛知県埋蔵文化財センター 1990
図 18　1, 2, 4, 7, 8, 10：岡島 2　池本正明ほか『岡島遺跡Ⅱ・不馬入遺跡』（愛知県埋蔵文化財センター調査報告書第 43 集）愛知県埋蔵文化財センター 1993
図 18　3, 5：岡島 1　池本正明ほか『岡島遺跡』（愛知県埋蔵文化財センター調査報告書第 14 集）愛知県埋蔵文化財センター 1990
図 18　6, 9, 11〜15：橋良　小林久彦ほか『橋良遺跡』（豊橋市埋蔵文化財調査報告書第 18 集）豊橋市教育委員会 1994
図 19　1, 5：岡島 2　池本正明ほか『岡島遺跡Ⅱ・不馬入遺跡』（愛知県埋蔵文化財センター調査報告書第 43 集）愛知県埋蔵文化財センター 1993
図 19　2, 3, 7, 8, 13〜15, 17：橋良　小林久彦ほか『橋良遺跡』（豊橋市

IV. 各地の弥生土器及び並行期土器群の研究

埋蔵文化財調査報告書第 18 集）豊橋市教育委員会 1994
図 19　4：岡島 1　池本正明ほか『岡島遺跡』（愛知県埋蔵文化財センター調査報告書第 14 集）愛知県埋蔵文化財センター 1990
図 19　6, 11：川原　服部信博ほか『川原遺跡』（愛知県埋蔵文化財センター調査報告書第 91 集）愛知県教育サービスセンター 2001
図 19　9, 10, 12：長床　加藤安信「長床遺跡」『愛知県史』資料編 2　愛知県 2003
図 19　16：岡島（市）　鈴木とよ江ほか『岡島遺跡』（西尾市埋蔵文化財発掘調査報告書第 1 集）西尾市教育委員会 1994
図 19　18, 19：牧野城　林弘之ほか『牧野城跡』豊川市教育委員会 1994
図 20　1～16：川原表 B　西田尚史ほか『中部平和台団地埋蔵文化財発掘調査報告』松阪市教育委員会 1990
図 20　17, 18：小谷赤坂　伊藤裕偉ほか『天花寺丘陵内遺跡群発掘調査報告Ⅶ』（三重県埋蔵文化財調査報告 260）三重県埋蔵文化財センター 2005
図 21　1, 2, 4：朝日 82　加藤安信ほか『朝日遺跡』愛知県教育委員会 1982
図 21　3, 11～14：八王子　樋上昇ほか『八王子遺跡』（愛知県埋蔵文化財センター調査報告書第 92 集）愛知県教育サービスセンター 2001
図 21　5～10：朝日 6　宮腰健司ほか『朝日遺跡』Ⅵ（愛知県埋蔵文化財センター調査報告書第 83 集）愛知県教育サービスセンター 2000
図 22　1, 3～5, 9：朝日 6　宮腰健司ほか『朝日遺跡』Ⅵ（愛知県埋蔵文化財センター調査報告書第 83 集）愛知県教育サービスセンター 2000
図 22　2, 6～8, 10～13：山中 1 次　服部信博ほか『山中遺跡』（愛知県埋蔵文化財センター調査報告書第 40 集）愛知県埋蔵文化財センター 1992
図 22　14, 15, 17　勝川　赤塚次郎ほか『勝川』（愛知県教育サービスセンター埋蔵文化財調査報告書第 1 集）愛知県教育サービスセンター 1984
図 22　16, 18, 20, 21：堀之内花ノ木　蟹江吉弘ほか『堀之内花ノ木』（愛知県埋蔵文化財センター調査報告書第 52 集）愛知県埋蔵文化財センター 1994
図 22　19：朝日 82　加藤安信ほか『朝日遺跡』愛知県教育委員会 1982
図 23　1, 9：郷中　前田清彦ほか『郷中・雨谷』豊川市教育委員会 1989

5 中部

図23　2〜5, 7, 8：東光寺　酒井俊彦ほか『東光寺遺跡』（愛知県埋蔵文化財センター調査報告書第42集）愛知県埋蔵文化財センター 1993
図23　6：欠山　鈴木徹ほか『欠山遺跡』小坂井町教育委員会 1994
図23　10〜19：高井　贄元洋『高井遺跡』（豊橋市埋蔵文化財調査報告書第26集）豊橋市教育委員会 1996
図24　1〜21：阿形　福田哲也ほか『ヒキタ廃寺・打田遺跡・阿形遺跡ほか』（三重県埋蔵文化財調査報告99-2）三重県埋蔵文化財センター 1992
図25　1, 3〜5：廻間　赤塚次郎ほか『廻間遺跡』（愛知県埋蔵文化財センター調査報告書第10集）愛知県埋蔵文化財センター 1990
図25　2：岩倉城　服部信博ほか『岩倉城遺跡』（愛知県埋蔵文化財センター調査報告書第38集）愛知県埋蔵文化財センター 1992
図25　6〜9, 12, 13：八王子　樋上昇ほか『八王子遺跡』（愛知県埋蔵文化財センター調査報告書第92集）愛知県教育サービスセンター 2001
図25　10, 11：土田　赤塚次郎ほか『土田遺跡』（愛知県埋蔵文化財センター調査報告書第2集）愛知県埋蔵文化財センター 1987
図25　14, 15：砂行　成瀬正勝『砂行遺跡』（岐阜県文化財保護センター調査報告書第65集）岐阜県文化財保護センター 2000
図25　16, 17：朝日82　加藤安信ほか『朝日遺跡』愛知県教育委員会 1982
図26　1：土田　赤塚次郎ほか『土田遺跡』（愛知県埋蔵文化財センター調査報告書第2集）愛知県埋蔵文化財センター 1987
図26　2, 3, 5, 13：山中　服部信博ほか『山中遺跡』（愛知県埋蔵文化財センター調査報告書第40集）愛知県埋蔵文化財センター 1992
図26　4, 6, 7, 9：廻間　赤塚次郎ほか『廻間遺跡』（愛知県埋蔵文化財センター調査報告書第10集）愛知県埋蔵文化財センター 1990
図26　8, 10, 12：朝日5　石黒立人ほか『朝日遺跡』V（愛知県埋蔵文化財センター調査報告書第34集）愛知県埋蔵文化財センター 1994
図26　11：勝川　赤塚次郎ほか『勝川』（愛知県教育サービスセンター埋蔵文化財調査報告書第1集）愛知県教育サービスセンター 1984
図26　14, 15：砂行　成瀬正勝『砂行遺跡』（岐阜県文化財保護センター調査報告書第65集）岐阜県文化財保護センター 2000
図26　16〜19：荒尾南　鈴木元『荒尾南遺跡Ⅲ』（大垣市埋蔵文化財調査報告書第18集）大垣市教育委員会 2008，三島誠ほか『荒尾南遺跡A地区Ⅰ』（岐阜県文化財保護センター調査報告書第119集）岐阜県文化財保護センター 2012

Ⅳ. 各地の弥生土器及び並行期土器群の研究

図27　1〜4：欠山第2貝塚　久永春男ほか『瓜郷』豊橋市教育委員会 1963
図27　5〜8：欠山　鈴木徹ほか『欠山遺跡』小坂井町教育委員会 1994
図27　9〜16：高井　贄元洋『高井遺跡』(豊橋市埋蔵文化財調査報告書第26集)豊橋市教育委員会 1996
図28　1：半田山　佐藤由紀男ほか『浜松市半田山遺跡(Ⅳ)発掘調査報告書』浜松市教育委員会 1986
図28　2,3：渋沢　渡井一信『渋沢遺跡』(富士宮市文化財調査報告書第13集)富士宮市教育委員会 1989
図28　4,5：原川　鈴木基之ほか『原川遺跡』Ⅰ(静岡県埋蔵文化財調査研究所調査報告第17集)静岡県埋蔵文化財調査事務所 1988
図28　6〜8：鶴松　永井義博『鶴松遺跡』Ⅱ袋井市教育委員会 1987
図28　9：馬坂　竹内直文『馬坂遺跡・馬坂上古墳群発掘調査報告書』磐田市教育委員会 1998
図28　10,11：有東　岡村渉『有東遺跡』(静岡市埋蔵文化財長報告39)静岡市教育委員会 1997
図29　1：鹿島　塚本和弘『鹿島遺跡発掘調査報告書』菊川町教育委員会 1992
図29　2：梵天　竹内直文「弥生時代」『磐田市史』史料編1 磐田市 1992
図29　3,8：広野北　鈴木忠司ほか『広野北遺跡』豊田町教育委員会
図29　4,9,10：白岩　萩野谷正宏「「白岩式土器」の再検討」『転機』7号 転機刊行会 2000
図29　5：権現山　竹内直文「弥生時代」『磐田市史』史料編1　磐田市 1992
図29　6：鶴松　永井義博『鶴松遺跡』Ⅱ 袋井市教育委員会 1987
図29　7：掛の上　松井一明『掛の上遺跡』Ⅱ 袋井市教育委員会 1983
図29　11〜19：角江　岩本貢ほか『角江遺跡』Ⅱ(静岡県埋蔵文化財調査研究所調査報告第69集)静岡県埋蔵文化財調査事務所 1996
図30　1〜6,9,12,13,16：伊場　向坂鋼二ほか『伊場遺跡』遺物編3(伊場遺跡発掘調査報告書第5冊)浜松市教育委員会 1982
図30　7,8,10,11,14,15,17：梶子8次　鈴木敏則『梶子遺跡Ⅷ』浜松市文化協会 1991
図31　1,7,9,11,14,18：梶子8次　鈴木敏則『梶子遺跡Ⅷ』浜松市文化協会 1991
図31　2：梶子7次　鈴木敏則『梶子遺跡Ⅷ』浜松市文化協会 1991
図31　3,4,8,12,13,16,19,20：伊場　向坂鋼二ほか『伊場遺跡』遺物

編3（伊場遺跡発掘調査報告書第5冊）浜松市教育委員会1982
図31　5：梶子4次　鈴木敏則『梶子遺跡Ⅷ』浜松市文化協会1991
図31　6：梶子6次　鈴木敏則『梶子遺跡Ⅷ』浜松市文化協会1991
図31　7, 9, 11, 14, 18：梶子8次　鈴木敏則『梶子遺跡Ⅷ』浜松市文化協会1991
図31　10, 15, 17：梶子5次　鈴木敏則『梶子遺跡Ⅷ』浜松市文化協会1991
図32　1, 4, 5, 8, 11～13, 17：椿野　浜松市遺跡調査会『椿野遺跡』1982
図32　2, 3, 7, 9, 10, 15：三和町　鈴木敏則「欠山式の地域性」『転機』創刊号1985
図32　6：中村　鈴木敏則『中村遺跡（南伊場地区）本文編図版　浜松市文化協会2005
図32　14, 16：梶子8次　鈴木敏則『梶子遺跡Ⅷ』浜松市文化協会1991
図33　1, 2：石川・長竹　中島俊一『松任市長竹遺跡発掘調査報告』石川県教育委員会1977
図33　3：石川・御経塚　吉田淳ほか『御経塚遺跡Ⅱ』野々市町教育委員会1989
図33　4～6：福井・大島田　宝珍伸一郎『大島田遺跡』（勝山市埋蔵文化財調査報告第9集）勝山市教育委員会1991
図33　7, 8, 17, 18：石川・八日市地方　福海貴子ほか『八日市地方遺跡Ⅰ』小松市教育委員会2003
図33　9～11：福井・糞置　豆谷和之「糞置式について」『文化財学論集』文化財学論集刊行会1994
図33　12：石川・小島六十刈　土肥富士夫ほか『小島六十刈遺跡』七尾市教育委員会1986
図33　13：石川・押野タチナカ　吉田淳ほか『野々市町押野タチナカ遺跡・押野大塚遺跡』野々市町教育委員会1986
図33　14：石川・八田中　久田正弘ほか『八田中遺跡』石川県立埋蔵文化財センター1988
図33　15：石川・柴山出村　永井宏幸「沈線紋系土器について」『朝日遺跡』Ⅴ（愛知県埋蔵文化財センター調査報告書第34集）1994
図33　16：石川・上林　湯尻修平ほか『安養寺遺跡群（上林地区）調査報告』石川県教育委員会1975
図34　1～3, 8, 9, 11～20：石川・八日市地方　福海貴子ほか『八日市地方遺跡Ⅰ』小松市教育委員会2003
図34　4, 10：石川・吉崎次場　福島正実『吉崎・次場遺跡』石川県立

IV. 各地の弥生土器及び並行期土器群の研究

埋蔵文化財センター 1987

図34 5〜7：石川・矢木ジワリ　増山仁『金沢市矢木ジワリ遺跡金沢市矢木ヒガシウラ遺跡』（金沢市文化財紀要66）金沢市教育委員会ほか 1987

図35 1〜9：石川・磯辺運動場　増山仁『金沢市磯部運動公園遺跡』（金沢市文化財紀要70）金沢市教育委員会 1988

図35 10〜15：石川・専光寺養魚場　増山仁『金沢市専光寺養魚場遺跡』（金沢市文化財紀要102）金沢市教育委員会ほか 1992

図35 16〜24：石川・戸水B　湯尻修平ほか『金沢市戸水B遺跡調査報告』石川県教育委員会 1975

図36 1〜3, 5：石川・猫橋　本田秀生『猫橋遺跡』石川県立埋蔵文化財センター 1997

図36 4, 6〜12, 15〜17, 24：石川・西念・南新保3　楠正勝ほか『金沢市西念・南新保遺跡Ⅲ』（金沢市文化財紀要99）金沢市教育委員会 1992

図36 13, 18：石川・西念・南新保4　楠正勝『金沢市西念・南新保遺跡Ⅳ』（金沢市文化財紀要119）金沢市教育委員会 1996

図36 14, 19〜23, 25：石川・西念・南新保1　宮本哲郎ほか『金沢市西念・南新保遺跡』（金沢市文化財紀要40）金沢市教育委員会ほか 1983

図37 1〜3, 5〜7, 12：石川・西念・南新保3　楠正勝ほか『金沢市西念・南新保遺跡Ⅲ』（金沢市文化財紀要99）金沢市教育委員会 1992

図37 4：石川・西念・南新保4　楠正勝『金沢市西念・南新保遺跡Ⅳ』（金沢市文化財紀要119）金沢市教育委員会 1996

図37 8：石川・月影　浜岡賢太郎ほか「加賀・能登の古式土師器」『古代學研究』32 古代學研究會 1962

図37 9, 13〜15：石川・南新保D　宮本哲郎ほか『金沢市南新保D遺跡』（金沢市文化財紀要26）金沢市教育委員会ほか 1981

図37 10, 11：石川・西念・南新保1　宮本哲郎ほか『金沢市西念・南新保遺跡』（金沢市文化財紀要40）金沢市教育委員会ほか 1983

図38 1〜5, 7, 8, 12〜16, 22：鳥屋　関雅之ほか『鳥屋遺跡Ⅰ・Ⅱ』（『豊栄市史』資料編1 考古編別刷）豊栄市史編纂委員会ほか 1988

図38 6, 9〜11, 17〜19, 21：村尻　田中耕作ほか『新発田市埋蔵文化財調査報告第4　村尻遺跡Ⅰ』新発田市 1982

図38 20：六野瀬　石川日出志ほか『六野瀬遺跡1990年発掘調査報告書』安田町教育委員会 1992

図39 1〜14：緒立　渡邊朋和ほか「緒立遺跡」『黒埼町史』資料編1 黒埼町 1998

5 中部

図40　1〜18：吹上　笹澤正史ほか『吹上遺跡』上越市教育委員会 2006
図41　1〜16：吹上　笹澤正史ほか『吹上遺跡』上越市教育委員会 2006
図42　1〜3, 9, 10：砂山　野田豊文「新潟県岩船郡域における弥生時代中期〜後期にかけての様相」『三面川流域の考古学』第2号　奥三面を考える会 2003
図42　4, 12, 13：八幡山　渡邊朋和ほか『史跡古津八幡山遺跡発掘調査報告書　第15・16・17・18・19次調査』新潟市教育委員会 2014
図42　5：滝ノ前2群　野田豊文「新潟県岩船郡域における弥生時代中期〜後期にかけての様相」『三面川流域の考古学』第2号　奥三面を考える会 2003
図42　6〜8, 11：山元　滝沢規朗『山元遺跡』（新潟県埋蔵文化財調査報告書第199集）新潟県埋蔵文化財調査事業団 2009
図43　1〜13：一津　島田哲男ほか『一津』（大町市埋蔵文化財調査報告書第16集）大町市教育委員会 1990
図43　14〜32：氷　永峯光一「氷遺跡の研究」『石器時代』第9号　石器時代文化研究会 1969
図44　1〜5：氷　永峯光一「氷遺跡の研究」『石器時代』第9号　石器時代文化研究会 1969
図44　6, 9：林里　「林里遺跡」『長野県史』考古資料編全1巻（3） 1983
図44　7：福沢　小林康男ほか『堂の前・福沢・青木沢』塩尻市教育委員会 1985
図44　8：ほうろく屋敷　大沢哲ほか『ほうろく屋敷遺跡』（明科町の埋蔵文化財第3集）明科町教育委員会 1991
図44　10：苅谷原　大田保ほか「苅谷原遺跡」『長野県史』考古資料編全1巻（3） 1983
図45　1〜4：新諏訪町　笹澤浩「新諏訪町遺跡」『長野県史』考古資料編全1巻（1） 1982
図45　5〜7：十二ノ后　長野県教育委員会『長野県中央道埋蔵文化財包蔵地発掘調査報告　諏訪市その4』1976
図45　8, 9：尾ノ島館　酒井幸則ほか『尾ノ島館遺跡』南信濃村教育委員会 1986
図45　10〜12：阿島　市澤英利「阿島遺跡」『〈条痕文系土器〉をめぐる諸問題』資料編Ⅰ　愛知考古学談話会 1985
図45　13, 14：松節　矢口忠良ほか『塩崎遺跡群Ⅳ』（長野市の埋蔵文

341

Ⅳ．各地の弥生土器及び並行期土器群の研究

化財第 18 集）長野市教育委員会ほか 1986
図 45　15〜20：境窪　竹原学ほか『境窪遺跡・川西開田遺跡Ⅰ・Ⅱ』（松本市文化財調査報告 No.130）松本市教育委員会 1998
図 46　1〜4：檀田　清水竜太ほか『浅川扇状地遺跡群檀田遺跡 (2)』（長野市の埋蔵文化財第 105 集）長野市教育委員会 2004
図 46　5〜15：松原　青木一夫ほか『松原遺跡』弥生・総論 4（長野県埋蔵文化財センター発掘調査報告書 36）長野県埋蔵文化財センターほか 1998
図 47　1〜3, 7, 8, 13：牛垣内　上嶋善治ほか『牛垣内遺跡』（岐阜県文化財保護センター調査報告書第 44 集）岐阜県文化財保護センター 1998
図 47　4〜6, 16：立石　藤田英博「立石遺跡　出土資料の紹介」『美濃の考古学』第 11 号　美濃の考古学刊行会 2010
図 47　9〜11：カクシクレ　上嶋善治ほか『カクシクレ遺跡』（岐阜県文化財保護センター調査報告書第 32 集）岐阜県文化財保護センター 1997
図 47　12：木谷　白川村教育委員会『木谷遺跡』1988
図 47　14, 15：阿弥陀堂　大江まさる「阿弥陀堂遺跡」『飛騨の考古学』Ⅰ　福応寺文庫 1965
図 48　1〜3：カクシクレ　上嶋善治ほか『カクシクレ遺跡』（岐阜県文化財保護センター調査報告書第 32 集）岐阜県文化財保護センター 1997
図 48　4：ウバガ平　小淵忠司『ウバガ平遺跡・ウバガ平古墳群』（岐阜県文化財保護センター調査報告書第 112 集）岐阜県文化財保護センター 2010
図 48　5〜8, 11, 14：阿弥陀堂　大江まさる「阿弥陀堂遺跡」『飛騨の考古学』Ⅰ　福応寺文庫 1965
図 48　9：牛垣内　上嶋善治ほか『牛垣内遺跡』（岐阜県文化財保護センター調査報告書第 44 集）岐阜県文化財保護センター 1998
図 48　10：野内 C　小淵忠司ほか『野内遺跡 C 地区』（岐阜県文化財保護センター調査報告書第 122 集）岐阜県文化財保護センター 2012
図 48　12：三枝城　小淵忠司ほか『三枝城跡』（岐阜県文化財保護センター調査報告書第 116 集）岐阜県文化財保護センター 2011
図 48　13, 15, 16：立石　藤田英博「立石遺跡　出土資料の紹介」『美濃の考古学』第 11 号　美濃の考古学刊行会 2010
図 48　17：たのもと　上原真昭ほか『たのもと遺跡』（岐阜県文化財保護センター調査報告書第 46 集）岐阜県文化財保護センター 1998

図49　1, 2, 4〜6：ウバガ平　小淵忠司『ウバガ平遺跡・ウバガ平古墳群』（岐阜県文化財保護センター調査報告書第112集）岐阜県文化財保護センター 2010

図49　3：赤保木　平田篤志ほか『赤保木遺跡』（岐阜県文化財保護センター調査報告書第105集）岐阜県教育文化財団文化財保護センター 2007

図49　7〜16：野内C　小淵忠司ほか『野内遺跡C地区』（岐阜県文化財保護センター調査報告書第122集）岐阜県文化財保護センター 2012

（永井宏幸）

6 関東

　関東地方における弥生時代(併行期を含む)の土器編年を解説するには,非常に多くの型式を取り上げる必要があるが,ここでそれらを網羅することは到底不可能である。一方で,概説的な編年の解説であれば,既に優れた文献が複数存在するため(比田井 2002,石川 2003a など),改めて筆者がまとめることにそれほど意味はない。そこでここでは,多少の無理を承知のうえで,関東地方の諸型式の縦(時間)横(空間)の連鎖の状況を理解するのに最低限必要となる型式や型式群,系統を整理しまとめ,それぞれに短い説明を加えるという方針を取ることにした。

1, 安行Ⅲd式(図 1–1〜6,鈴木加 1990・1991・1992・1993)

　縄文時代晩期中葉の関東中〜西部に分布する型式。関東北部には大洞C_2式が主体となる地域があり,上野地域では佐野Ⅱ式と接する。

　深鉢形,浅鉢形が主要な器種である。深鉢形は,頸部が明瞭で,大きな波状口縁が多く,列点充填の目立つ三角文主体の様相(1)から,弱い波状,平縁中心で,やや複雑な菱型文主体の様相(3〜6)へと段階的に変化する。無文で単純な器形の深鉢形が組成するほか,大洞C_2式及びその模倣土器を伴うことも多い。大洞C_2式の最終段階を待たず安行Ⅲd式は終焉を迎え,その後,千網式までの間に大洞C_2式が主体となる時期(7)が挟まることが指摘されている。

2, 前浦式(図 1–8〜15,松丸 2012)

　縄文時代晩期中葉の常陸・下総地域を中心に分布する。型式内容に意見の相違がみられるが,ここでは,前浦直前型式,前浦Ⅰ式などの大洞C_1式併行の一群は省略する。

　有文の深鉢形,鉢形,浅鉢形,壺形と,無文の深鉢形などからなる。「の」字文が特徴的で,舟形,三角,菱形の沈線区画縄文帯に,丸みのある「の」字文を配する文様が主体となる段階(8〜10)から,横帯文間に「の」字文を配したもの(11・13)や,舟形枠状文(12)の深鉢形が中心となる段階を経て,地文が撚糸文となり,横帯間に菱形文などを配する,器形・文様とも

6 関東

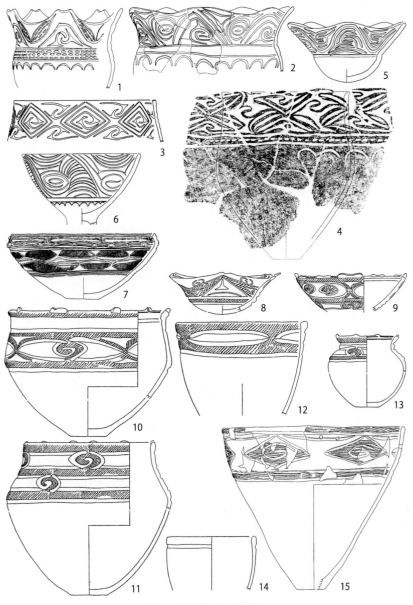

図1 安行Ⅲd式,前浦式

IV, 各地の弥生土器及び並行期土器群の研究

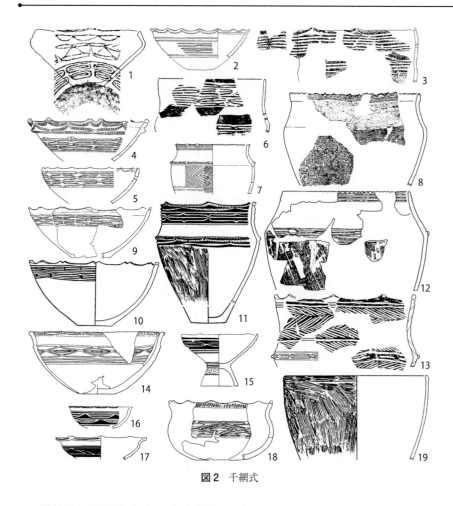

図 2　千網式

に単純化した段階 (15) へと変化するようである。無文の深鉢形は，口縁部に段や沈線をもつものが多く，器面に装飾を持たないもの (14) と撚糸文を施すものがある。大洞C_2式及びその模倣土器を伴う。

3, 千網式 (桂台式，杉田Ⅲ式，荒海1式などを含む；図2)

ここでは，縄文時代晩期後葉において関東全体に展開する，浅鉢形中心の精製土器に浮線網状文が施される型式をまとめる。これらの土器群は，東北南部，中部高地の浮線網状文諸型式と密接な関係をもち，特に精製土器は，

地域差をみせつつも連動した変遷をたどる。
　精製の浅鉢形では，内湾口縁，眼鏡状付帯，隆線手法の工字状文などがみられる段階（1，2）から，眼鏡状付帯の消失・痕跡化，直線・曲線の多段浮線網状文の段階（4，5，9），口外帯，狭い頸部無文帯，1～2段で多条化傾向をみせる菱形文やレンズ状文等の段階（14，15），頸部無文帯が発達し，多条化が顕著となる（一部のレンズ状文の2段化）段階（16～18）に区分でき（中沢2010など），それぞれ大洞A_1式古，新，A_2式，A'式に併行する。赤彩の施される個体も目立つ。なお，沈線手法の工字状文（10）も，A_2式併行期に遡ってみられる。
　壺形は良好な事例が少ないが東北南部的なものが目立つ。半精製深鉢形は，口縁部，肩部に浮線網状文をもつもの（6，11），肩部に眼鏡状付帯をもち，器面に綾杉文などを描くもの（7，13），東北南部等，周辺地域と連動したものが多いが，在地化の度合いも強い。関東西部では氷Ⅰ式と共通する口縁部横走沈線の深鉢形もみられる。粗製深鉢形も含め，大洞A式併行期には撚糸文が主体となり（8，12），A_2式併行期以降細密条痕主体（19）へと移行する（鈴木公1982）。

4．荒海式 （図3）

　ここでは，変形工字文，菱形連繋文，雑描文等に特徴づけられる常陸・下総の荒海2～4式（鈴木正1981）と，これらと関係する沈線手法の定着した諸型式をまとめる。荒海3式，4式から弥生式（前期後葉）とする意見が多い。
　荒海2式は，大洞A'式併行期とされるが，山武姥山貝塚と荒海貝塚を比較すると，大洞A'式の影響がみられつつも（2）変形工字文をほとんど含まず，深鉢形において，口縁部の段と肩部の眼鏡状付帯の間に菱形連繋文（4，6），菱形文（5），雑描文（7）が描かれ，貝殻条痕のない段階と，3単位の変形工字文が定着し（8，9；口絵Ⅵ-1），深鉢形において，段や付帯よりも沈線で上下を区画した菱形連繋文（11），雑描文（12）が多くなり，貝殻条痕が定着する段階に分けられそうである。前者には大洞A'式併行の浮線網状文（1）も伴う。
　3式，4式では，変形工字文の単位の増加（10）と多段化がみられ，深鉢形では，段や付帯が消失する。4式の深鉢形は，1本描の菱形連繋文（16）や菱形状の雑描文（18），条痕の地文化（16，18）が特徴。壺形は，東海条

IV，各地の弥生土器及び並行期土器群の研究

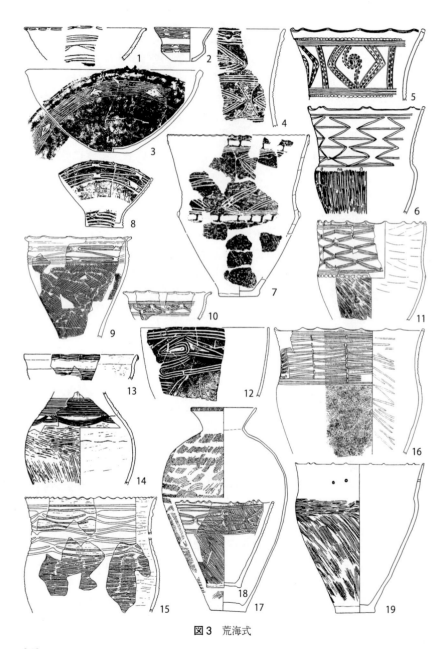

図3 荒海式

痕文系土器の影響により，胴部に条痕・縄文を施すもの（17）が増加する。2～4式いずれも，精製土器を中心に赤彩が認められる。

　荒海式における変形工字文の定着は，関東全体に，装飾の沈線文化をもたらし，南西部では，浮線網状文が沈線文化した弧状モチーフが特徴的に展開した（13，14：矢頭式，15，口絵Ⅵ-2：境木式，田原2式，谷口 2003，鈴木正 2004 など）。これらの型式に伴い，東海地方の遠賀川系壺形も散見される。

5, 沖Ⅱ式，堂山式（古），殿内式（図4）

　東海の水神平式の要素と東北南部御代田式等の要素が浸透し，在地の系統と交錯して多様な様相が展開する，前期末の諸型式である。

　肩の張った大型太頸壺形が目立つが，そこには再葬墓資料が多いことが関係している。水神平式の影響で口縁部突帯と粗い条痕が広範囲に定着するが（1，2，8），関東中～北西部の沖Ⅱ式（鈴木正 1987）に比べ，相模地域の堂山式（古）（谷口 1990）では，より水神平式に近い突帯や条の太い条痕が目立つ（8）。逆に常陸・下総地域の殿内式（鈴木正 1991）では東北南部や在地の細密条痕・縄文のものが主体となる（12）。条痕（櫛描）文や東北の沈線区画縄文の壺形文様，及び後述の深鉢形の文様が交錯し，各地で以後の壺形文様の基礎が形成される。なお，水神平式壺形の搬入事例が各地に散見され，東海地方の遠賀川系壺形も相模地域を中心に少なからず出土している。

　深鉢形では，頸部をもつ甕形が一般的となり（4, 10, 11, 14），変形工字文・菱形連繋文系の肩部文様の主文様化が進む（4）。堂山式では，粗い条痕のものが主体となる（11）。沈線区画縄文の文様をもつ，筒形土器につながる内湾鉢形（7, 13）も特徴的で，変形工字文系の文様をもつ壺形，浅鉢形等も依然目立つ（3, 5～7, 9）。これらは文様部分を中心に赤彩されるものが多い。

6, 岩櫃山式，堂山式（新）（図5）

　岩櫃山式は沖Ⅱ式に後続する中期前葉の型式。水神平式，丸子式等の東海条痕文系諸型式，及び東北南部の西麻生式等の沈線区画縄文系諸型式の要素の浸透とともに，器種ごとに特徴的な文様が発達する。

　やはり再葬墓資料が多い。壺形においては，条痕（櫛描）による波状文，直線文（1）が一層定着する。相模地域の堂山式では東海諸型式に類したものが目立つ。条痕や箆描による綾杉文，山形文，弧状文等も特徴的で（2,

IV，各地の弥生土器及び並行期土器群の研究

図4 沖II式，堂山式（古），殿内式

6 関東

図5 岩櫃山式，堂山式（新）

12),沈線区画縄文による東北系の壺形肩部・胴部の文様の影響や,深鉢形文様との交錯により,肩部・胴部文様の主文様化や,沈線区画縄文や地縄文との組み合わせ(4,12,口絵Ⅵ-3)がみられるようになる。依然肩の張った太頸壺形が目立つが,平沢式につながる細長頸(11)も組成する。

深鉢形は,主文様化した肩部文様をもつものと(3),口頸部文様をもつもの,条痕主体のものがある(8)。沈線区画縄文の文様(3)や,口縁部縄文帯の定着も特徴的(3,10)。筒形をはじめ,沈線区画縄文(+赤彩)の意匠文を全面に展開させる小・中型土器も組成する(5～7)。なお,壺形や筒形には東海,東北からの搬入品(丸子式等)も少なくない。

壺形で東海系櫛描文の崩れが少ない様相が古く(1:岩櫃山1式),櫛描文が崩れ,深鉢形文様との交錯により箆描文や縄文との組み合わせがみられる様相(2,4:同2式)を経て(鈴木正1991),平沢式につながる主文様(12,ただし沈線区画条痕手法の確立以前)が目立つ段階への変遷がみられるが,最後の段階を平沢式に組み込む意見もある。

7,女方式 (図6)

岩櫃山式併行の常陸・下総一帯の型式で,殿内式から続く要素が目立つ。やはり再葬墓資料が中心であるため,組成には注意が必要である。

胴部に条痕,縄文(結節もあり)をもつ肩の張った短頸壺形が多く(1～3,5),西部(女方式)では長胴(5),東部(小野天神前式)では短胴(1)が目立つ(鈴木正1979)。口頸部が膨らむ瓢形の器形もみられる。常陸北部には縦位の短条痕(3)が散見される。肩部を中心に条痕,箆描,縄文による簡素な装飾がみられることが多く(5),沈線区画や無区画の縄文による渦巻文等の意匠文をもつものもある(図10-1～3)。人面も特徴的(1)。

沈線区画縄文(+赤彩)の意匠文を器面に広く施した,小・中型の壺形,筒形,鉢形等の多様な器種が組成する(6～8)。深鉢形の例は少ないが,短い頸部で胴部に附加条第1種縄文を施したもの(4),頸部が未発達で,沈線区画縄文で飾るもの(9)や,条痕のみのもの(10)などが知られている。

8,平沢式ほか (図7)

平沢式は,平沢型壺を指標とする。平沢型壺は,岩櫃山式に組成する条痕文の細長頸の壺形(図5-11)が,東北の沈線区画縄文や東海の大地式の文

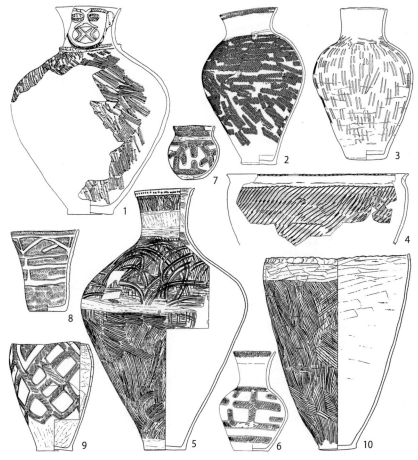

図6 女方式ほか

様などの影響により変容したもので（石川 2003a），中期前葉の終りころの関東〜中部にひろく分布する。胴部上半に地縄文＋太描沈線区画条痕手法による弧状，X状，同心円モチーフ等からなる主文様が形成され，頸部文様は，沈線区画条痕文帯，縄文帯等の単純な構成をとるものが多い（1, 3）。口縁部に刻みのある段をもち，条痕の施文率の高いもの（1）が古く，口縁部が弱い段の縄文帯で，条痕に退化傾向がみられるもの（3；口絵Ⅵ-4）が新しい。

壺形以外の出土例は少ないが，前後型式との関係からみて，深鉢形は条痕主体のものと肩部文様をもつものが中心となり，沈線区画縄文を施文した筒

IV. 各地の弥生土器及び並行期土器群の研究

図7　平沢式ほか

形土器等の小・中型土器（4, 6）も少なからず伴うと考えていい。
　なお，平沢型の時期には，複数条の太描沈線や沈線区画縄文による同心円文，菱形連繋文，重四角文等の，沈線区画条痕手法とは別の，岩櫃山式から続く文様の系統が存在していたことも間違いない（2, 8, 9）。これらの系統の文様をもつ土器では，条痕手法の退化が早いようである。また，岩櫃山式系統の太頸壺形などが組成する可能性も高く，常陸・下総地域を中心に，女

方式系統の短頸壺形の系統も残存している。

9, 遊ヶ崎式, 中里式, 神保富士塚式, 出流原式 (図8)

　中期中葉の前半の諸型式で，細長頸壺形において，条痕手法の退化とともに複数条の太描沈線による意匠描出と刺突充填が発達し，併せて平沢型ほか複数系統のモチーフの交錯により多様な文様が展開する。また，胴部上半の文様が，頸部文様に採用される点も大きな特徴である。

　東京湾一帯を中心とする遊ヶ崎式 (1, 2)，上野地域の神保富士塚式 (石川2003b)，相模地域の中里式には平沢型の壺形文様の要素が色濃くみられ，条痕も細線化しながら依然目立つ。中里式 (5, 6, 伊丹ほか2002) では，文様意匠内の条痕の残存率も高い。一方，関東中央，旧利根川中流域一帯では，菱形・三角の連繋文が盛行する (3, 4：出流原式／出流原2式，鈴木正1982)。

　深鉢形の文様が壺形に採用されることも多く，刺突充填を多用する個体がある一方で (4, 5)，刺突を用いないものも少なくない。なお，中里式には，瀬戸内東部第Ⅲ様式前半の短頸壺形などが伴うことがあり，その影響により，特徴的な広口短頸壺形が定着する。

　深鉢形は，条痕主体のもの (8, 9)，肩部文様をもつもの (12)，口頸部に文様をもつもの (7, 13) があり，中里式や遊ヶ崎式では，口唇部の押圧が多用される (7, 8)。神保富士塚式では，櫛描波状文や矢羽状文など中部高地の要素が色濃くみられる (13)。筒形土器等，沈線区画縄文をもつ器種も目立ち，神保富士塚式では多様な器種の存在が明らかとなった (10, 11)。

10, 池上式, 子ノ神式, 長根安坪式 (図9)

　中期中葉の後半の諸型式で，関東中央の池上式では，栗林式古段階の影響で，細長頸壺形の文様に太描沈線による波状文・直線文が多用されるようになる (2, 6, 10)。カナムグラ擬縄文 (7) もみられる。相模地域の子ノ神式では，沈線区画縄文による平沢式系統のX字状文などの意匠文が発達するが，条痕手法はみられなくなる (11～13, 伊丹ほか2002)。頸部の突帯も特徴のひとつ(12)。沈線区画縄文の細長頸壺形への採用は，池上式新段階(小敷田式)でも増加し (5)，これは子ノ神式や宮ノ台式初頭の意匠文の展開と連動している。池上式新段階では，櫛描文の定着も認められる。上野地域の長根安坪

Ⅳ，各地の弥生土器及び並行期土器群の研究

図8 遊ヶ崎式，中里式，神保富士塚式，出流原式

6 関東

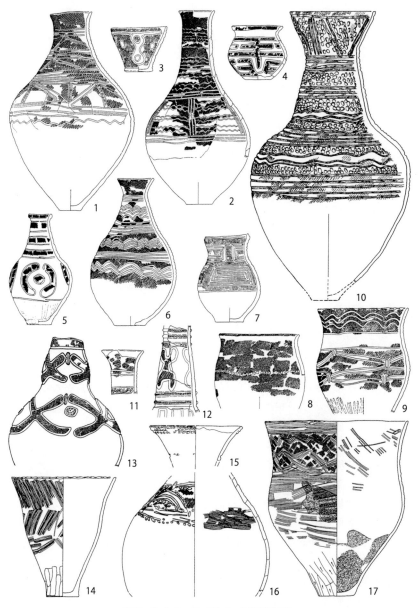

図9 池上式，子ノ神式，長根安坪式

式（石川 2003b）は，まだ不明な点が多いが，波状文・直線文，モチーフに沿った列点など（15，16），栗林式との関係が，より深いようである。

池上式の深鉢形は多様で，栗林式の影響で櫛描の横羽状文・波状文のものが定着するほか，肩部文様をもつものでは，口縁部文様の拡張と波状文等の付加が顕著となる（9）。縄文のみのものも目立ち，器体上半全面に施文するもののほか（8），頸部に無文帯を挟むものもある。いずれの深鉢形も口唇部に押圧（9）が加えられることが多い。子ノ神式では，櫛描横羽状＋口唇部押圧の深鉢形が主体となる（14）。長根安坪式（17）では，池上式よりも栗林式的様相が強いと予想される。なお，池上式や長根安坪式では，筒形土器や小型土器が依然目立っているが，一段構成の文様や，沈線区画縄文以外に地縄文＋沈線文や沈線のみで文様を描くものなど，多様化が進む（3，4，7）。

11．天神前式，狢式，野沢Ⅱ式ほか（図10，鈴木正 2003）

常陸・下総地域一帯において，女方式と足洗式の間に展開する型式群。いずれも具体的な内容が解明されておらず，型式学的整理が必要である。

壺形は細頸が主体となる。口縁部に沈線区画の縄文帯（7，10，12，14；内面の縄文帯も特徴）をもち，口唇が波状や突起付となるものも目立つ（7，10，12）。胴部上半に沈線区画縄文による工字状文（6，7：天神前式，11，14：狢式），渦巻文（9，10，13：狢式，12：口絵Ⅵ-5：野沢Ⅱ式）の主文様を形成する。頸部は無文か沈線区画縄文の意匠文（7，10）となる。附加条第1種やカナムグラ擬縄文などの使用と縄文部分の赤彩，底部布目痕も大きな特徴である。

胴部下半に縄文を施すものと（天神前式，狢式），施さないもの（野沢Ⅱ式）があり，地域差と考えられている。なお，天神前遺跡で沈線区画縄文の工字状文をもつ深鉢形が（8），出流原遺跡で意匠文の鉢形が，狢遺跡で口縁部と胴部全体に縄文を施す大型壺形や胴部縄文の深鉢形が出土しており，組成の一端を垣間見ることができる。また，東北南部的な色彩の強い常陸北部の明神越式（鈴木正 2000）では，沈線区画縄文の意匠文をもつ中・小型土器や蓋形が目立っており，そうした土器の存在にも注意をしておく必要がある。

これらの土器群の形成基盤は女方式にあるが（1〜5），カナムグラの使用や，文様部分と胴部下半の縄文原体を変える手法（10），渦巻文や工字状文の変

6 関東

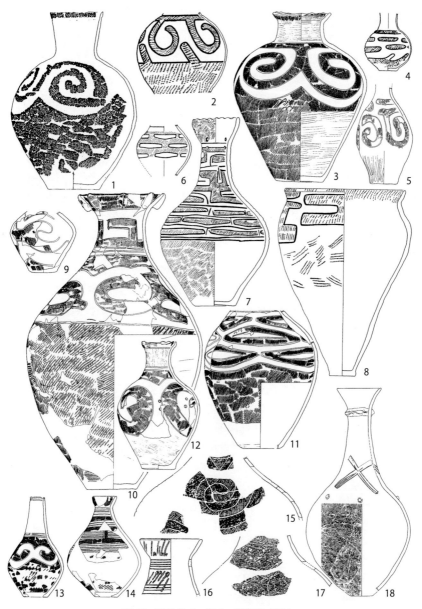

図10　天神前式，狢式，野沢Ⅱ式ほか

遷の過程など，東北南部の土器群との関係も非常に濃厚である。
　狢式や野沢Ⅱ式は，池上式併行とされることが多いが，千葉県武士遺跡で平沢型に野沢Ⅱ式が共伴したことに加え，突起のある古い渦巻文をもつ10の文様構成が，遊ヶ崎式と共伴した7と一致し，同じ渦巻文が野沢Ⅱ式（12）にも見られることなどからみて，遊ヶ崎式以前に型式的特徴の確立があった可能性もある。その後は，頸部無文帯の消失，口縁部，頸部，胴部境界の明確化（14～16），長頸化傾向（13，18）多条沈線の定着（14・16），渦巻文の多重化（15），地縄文＋渦巻文の手法の定着（17，赤浜式，鈴木正1978）などが段階的に進むようである。この系統の最新段階の口縁部が，宮ノ台式期の遺跡から出土し（16），また，宮ノ台式初頭の遺構出土の，口縁部下に突帯をもち，オオバコ擬縄文を施した18も一連の系統と考えられる。

12, 足洗式（図11）

　赤浜式に後続する中期後葉の型式。細長頸壺形は，口縁部，頸部，胴部の境界が明瞭で，口縁部は無文か連弧文，頸部は横線文，胴部上半に上下を連弧文で区画した横繋がりの渦巻文を施文する。胴部下半には，附加条第1種，第2種などの特殊な縄文を施す。口縁に小突起，頸部に突帯をもつものもみられ，底部布目痕も特徴のひとつ。1本描の渦巻文が古く（足洗1式：1～3），2本描で，渦巻文とその下の縄文との境界が明瞭なもの（2式：4），2～3本描で，渦巻文下部の区画連弧文の消失や，渦巻文と縄文の重複，上部連弧文の多重化などがみられるもの（3式：5）へと変化する（鈴木正1978）。
　頸部の屈曲がなだらかで胴部に縄文を施す甕形深鉢形が組成し（9，10），他に筒形土器の系統を引き，口縁部に連弧文，胴部に重四角文等を描く長胴の広口壺形（7，8），連弧文を描く浅鉢形（6）などが伴う。
　足洗3式の後，東北南部との関係が深くなり，下総一帯では，壺形文様における頸部，胴部文様の縦区画や三角文，菱形文，深鉢形の口縁部連弧文などが特徴の阿玉台北式（11，12）や佐野原式などが展開する（小玉1994）。

13, 宮ノ台式（図12）

　南関東の中期後葉に位置付けられる型式。その始まりをめぐっては意見の相違があるが，ここでは，武蔵南部，下総以南の子ノ神式や池上式に，東海

6 関東

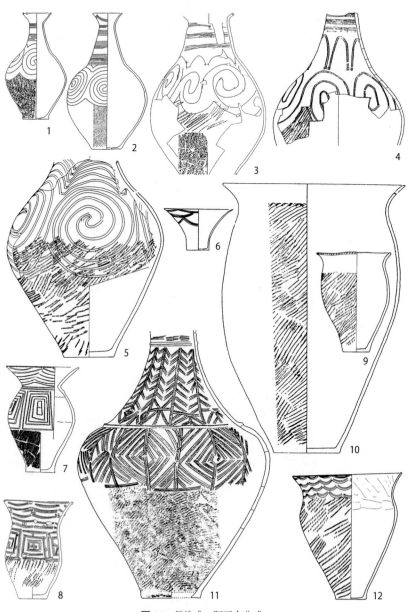

図11 足洗式,阿玉台北式

Ⅳ，各地の弥生土器及び並行期土器群の研究

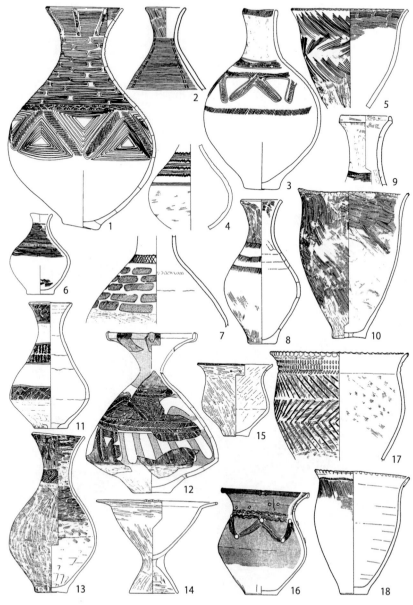

図12　宮ノ台式

地方の白岩式（角江式）の文様の諸要素や，ハケ成形等の製作技法が浸透することで成立したと考える（安藤 1990）。

　細頸壺形と，頸部の緩やかな甕形深鉢形が主要器種で，高坏形（14）や鉢形，広口壺形（15，16）などもみられるが，新しい段階まではそれほど目立った存在ではない。5 段階（細別 7 段階）の変遷が想定でき，初期の壺形では，頸部から胴部上半（最大径に達しない）に施文される白岩式の櫛描文帯の影響により，1 本描や櫛描の擬流水文（1），結紐文などの沈線区画意匠文（3）などがみられるようになり，口縁部文様の残存や（1），文様最下段に主文様のように結紐文などを配すること（1，3）も多い。

　櫛描文の本格的定着は次の段階である（2，4，口絵Ⅵ-6）。以後，周囲の諸型式と関係しつつ地域ごとに多様な展開をみせるが，基本的に櫛描文と縄文の融合や簡素化が進み（6〜9→11），頸部の幅広縄文帯や（13），久ヶ原式につながる，沈線区画羽状縄文帯や山形文（12），無文部の赤彩の増加へと変化する。オオバコ擬縄文が散見されるのも特徴のひとつ。

　深鉢形は，緩やかな頸部の甕形で器面にハケ目を残すものが最も多い(10)。古い段階では，胴部に箆描・櫛描の横羽状文を描くもの（5），口縁内面に櫛描短線を断続的に描くもの（5）などがみられる。以後はハケ目無文が主体となるが，前半期は口唇部にハケ具による刻み（5），後半期は指頭による押圧が多くなる（10，17，18）。羽状文は新しい段階まで残る地域がある（17）。

14，御新田式（図 13，石川 1998）

　関東中央の利根川中流域から思川流域一帯の池上式を基盤とし，宮ノ台式や栗林式，東北南部の影響を受けて成立した中期後葉の前葉の型式。

　細長頸壺形は，口縁部，頸部，胴部の境界が比較的明瞭で，口縁部に縄文施文の小さな段をもち，栗林式のように頸部から胴部最大径以下まで，幅広い文様をもつものが多い。地縄文または縄文帯と，多条沈線による直線文や波状文（山形状）を重畳させる文様が一般的で（1, 2, 4），沈線は細く，2 本描，櫛描手法が定着している。区画としての列点文の使用，文様部分の赤彩もみられる。胴部文様は，重四角文や菱形文等を配置して主文様化することも多い（3）。宮ノ台式前葉の遺跡からの出土例も目立つ（4）。

　深鉢形は，ごく緩い頸部をもち，全面（7）あるいは頸部に無文帯をはさ

IV．各地の弥生土器及び並行期土器群の研究

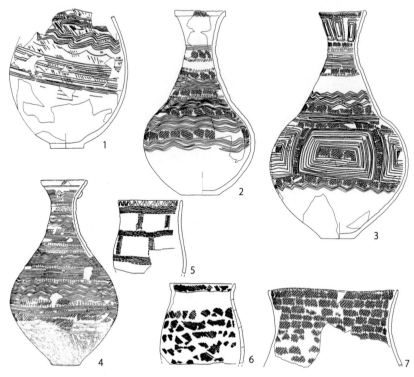

図13　御新田式

んで縄文を施す例（6）や，胴部上半に沈線文をもつ例（5）が知られている。口縁に段をもつもの，口唇に刻みや押圧を加えたものもある。池上式に発達した肩部文様をもつものや，栗林式系統の櫛描羽状文，波状文をもつものは今のところ出土していない。筒形土器も組成し，多条沈線による1段の四角文を施す例などが知られている。なお，上野地域にも細長頸壺形の出土例があり，そこでは古段階の竜見町式に伴っている。

15, 北島式，前中西式（図14, 吉田2003, 宅間2013）

利根川中流域において御新田式に後続する中期後葉の中～後葉の型式で，壺形，深鉢形ともに，竜見町式（栗林式）との関係がより強くなる。北島式の細頸壺形は，口縁部に狭い縄文帯（段）をもち，頸部に沈線区画縄文の逆三角文が多用される（1, 3）。胴部最大径以下に達する三角連繋文や四角文，

6 関東

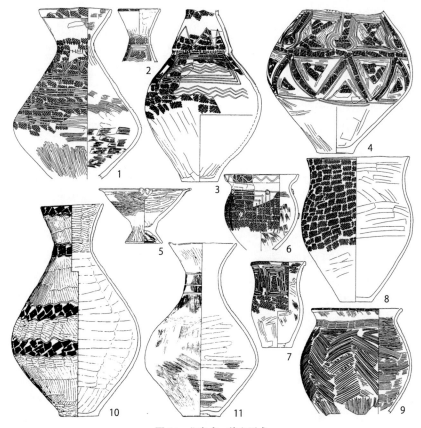

図14 北島式，前中西式

フラスコ状文（4）などからなる主文様の発達も特徴的で，主文様が異なるモチーフによる2段構成をとることも多い。波状文（鋸歯状文）や区画沈線の多条化は抑えられる傾向にある。逆三角文や主文様の発達，沈線本数の減少は，竜見町式との関係によって生じたものと考えられ，フラスコ状文などの下端の大柄な連弧文は，東北南部の渦巻文との関係が想定できる。壺形ではハケ成形がみられず，これは池上式から続く伝統である。なお，北島式の後は，簡素化した沈線区画縄文帯や，栗林式に近い壺形が目立つようになる（10，11）。前中西式あるいは北島式新段階と呼ばれている。

深鉢形では，前型式の緩やかな頸部をもつ縄文施文のもの（8）が継続す

Ⅳ，各地の弥生土器及び並行期土器群の研究

る一方で，張りのある胴と短く屈曲する口頸部，櫛描装飾をもつ竜見町式系の深鉢形が急速に定着する（9）。ただし，ともに口唇装飾は縄文が主体である。受口状口縁で胴部に重四角文等を描く台付甕形や（6），高坏形（5），簡素な鉢形も竜見町式の影響である。在地系統の筒形土器には，1段の重四角文をもつものが残存するが（7），前中西式では減少する。なお，前中西式は，中期末に用土・平式（竜見町式）に吸収されるかたちで終焉を迎える。

16，大塚式ほか（図15, 藤田2008）

思川流域一帯では，御新田式の後，北島式と関係しながらも，東北南部の二ツ釜式，川原町口式の影響が強い大塚式が展開する。細頸壺形は，北島式より口縁部段や縄文帯が幅広くなる傾向があり（1～3），縄文原体も多様。頸部の逆三角文（4, 5）や主文様のフラスコ状文等に強い共通点があるものの，主文様が2段構成になることは少ない。二ツ釜式の要素が目立ち，搬入品も少なくない。胴部に広く展開する多重渦巻文のほか，口縁部の小突起や連弧文も定着する（5）。これらは縄文と組み合わさることもある。深鉢形では，やはり緩やかな頸部をもつ縄文施文のもの（8）が継続する一方で，櫛描文や重四角文，受口状口縁などの栗林式系の甕形深鉢形の存在も目立つ（6, 7）。

大塚式の新しい段階では，モチーフや区画線に櫛描文が多用されるようになり（9，10：上山式），その後は，文様が失われる方向に進み，壺形と深鉢形の区分も不明瞭になって（11～13），二軒屋式へとつながるようである。

一方，大間々扇状地縁辺や渡良瀬川流域にも，渦巻文を多用する型式（前原式：14～17）が展開する（大木1988）。渦巻文は川原町口式，天ヶ式との関係が想定でき，竜見町式新段階の壺形頸部の櫛描簾状文などと組み合わさる。

17，竜見町式，用土・平式（図16, 柿沼1987, 平野1986）

竜見町式は前橋台地一帯，用土・平式は櫛引台地～妻沼低地一帯に分布する中期後葉の型式。栗林式を含め相互の区分については整理が必要である。

栗林式と同様，細頸壺形，広口壺形，甕形深鉢形，台付甕形，高坏形，浅鉢形等の器種分化がみられる。壺形と深鉢形には受口状口縁がみられる（3，4，6，12，13）。壺形には，頸部，頸部と胴部，あるいは頸部～胴部全体に，縄文，箆描・櫛描沈線，列点等を組み合わせた，直線文，波状文，鋸歯状文，連弧文，懸垂文等の多様なモチーフが描かれる（1～6）。口縁部にも縄文や

6 関東

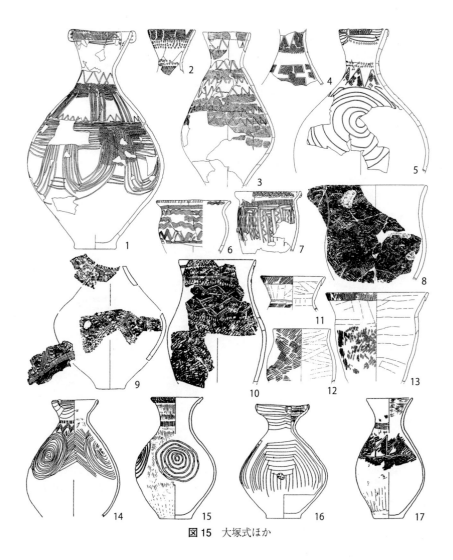

図15 大塚式ほか

波状文等からなる文様をもつものもある（3〜6）。新しい段階では，頸部に簾状文や波状文をもつ単純な構成の文様や，無文部の赤彩が多くなる（6, 7）。

深鉢形は，短い口頸部をもつ甕形で，頸部に櫛描の直線文や簾状文，胴部に縦羽状文や格子文，波状文を施す（11, 12, 14, 15）。小型の深鉢形と台付甕形にはコの字重ね文が描かれることが多い（10, 13）。

Ⅳ．各地の弥生土器及び並行期土器群の研究

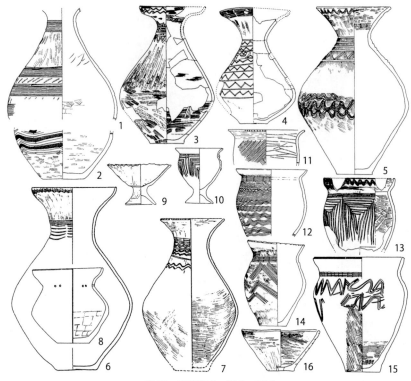

図 16　竜見町式，用土・平式

18，下ッ原式，馬場式，受地だいやま式ほか（図17，石川2007）

　いずれも中期後葉の型式で，下ッ原式は秩父盆地，馬場式は青梅扇状地に分布する。多摩丘陵にも類似した土器が分布しており，その終末の様相が受地だいやま式である。いずれも栗林式を基盤に北島式等の要素が交錯し，それらを比較的自由に組み替えたり変化させることで，独自の特徴を備えるようになる。いずれの分布域も，甲府盆地に抜ける古道の起点である点が注目され，今後は甲府盆地方面との関係も考慮する必要がある。

　下ッ原式の壺形は良好な例がないが，櫛描波状文を施文したものが知られている（1）。深鉢形は緩やかな頸部の甕形で，口縁部の段（3，6）や受口（4）も多い。櫛描区画意匠縄文（2）や，縄文のみ（3），地縄文＋箆描沈線文，箆描コ字重ね文，櫛描羽状文（6），櫛描直線文・波状文・簾状文等を重ねる

6 関東

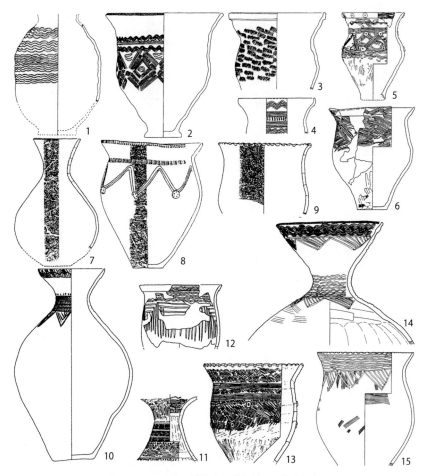

図17 下ッ原式,馬場式,受地だいやま式ほか

もの (4, 5) など, 装飾は多様である。釦状貼付も目立つ (5)。

　馬場式も深鉢形が多い。緩やかな頸部の甕形で, 単純口縁が主体となる。縄文地や無文地に, 櫛描波状文, 簾状文, 篦描波状文, 複合鋸歯文, コ字重ね文などを描くものが多く (8), 縄文のみや羽状文は少ない。やはり釦状貼付が目立つ。宮ノ台式の壺形 (7), 深鉢形 (9) を組成する点も特徴である。

　多摩丘陵の土器群は, 細頸壺形が多く, 栗林式類似の文様をもつ (10, 11)。口縁部に縄文帯や篦描波状文等を施す例 (10) も目立つ。深鉢形は馬場

IV，各地の弥生土器及び並行期土器群の研究

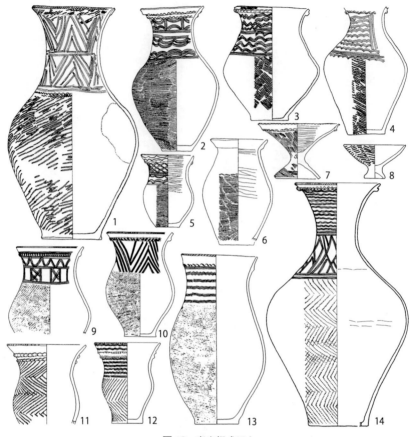

図18　東中根式ほか

式と共通するものが多い (12, 13)。受地だいやま式では，壺形，深鉢形ともに，篦描波状文帯と斜線充填鋸歯文が特徴となる（14, 15，橋本1986）。

19, 東中根式ほか（図18，海老沢2000）

　後期前半の那珂川流域を中心に展開する型式で，1～3式に細分される。壺形と深鉢形の区分は可能であるが，器形，装飾ともに共通点が多くなる。東中根1式の前には，2条の櫛描を特徴とする餓鬼塚式が設定されている。

　東中根1式は，刻みのある1, 2段の複合口縁を有し，胴上部までが文様帯，以下が附加条第1種の縄文施文になるものと (1～5)，文様を持たず，口頸

部より下が縄文になるもの（6）に区分される。文様は，2段に分かれるものも多く（1〜3,5），主に3条の櫛描により連弧文，重層V字文，波状文，格子文等を描く。縦方向の区画文もみられる（4）。東北南部の伊勢林前式，輪山式との関係が深いが，天王山式系統の組成も特徴である。

　2式になると，4条の櫛描沈線が多くなるとともに孤状文が消え，附加条第1種の羽状縄文が定着する。3式では，口縁部の加飾が突帯状となり，附加条第1種の羽状縄文が中心となる（14）。2式と3式に併行して髭釜式（9,10）と長峰式（11〜13）が設定されているが，東中根2式，3式の基準資料が大型土器に偏ることから，それぞれの異同については議論が必要である。

20, 十王台式（図19）

　常陸北半の後期後半〜終末期の型式。壺形と深鉢形の区分は不明瞭。大型細頸形（7,14），中型細頸形（10）・中頸形（1〜3,5,6,11〜13），小型細頸形（9）・中頸形（4）・太頸形（8）の6通りの壺形からなるとされ，細頸形が貯蔵，中頸・太頸形が煮沸用とされる。高坏形（15）も目立つ。口縁部や頸部の突帯＋縄文のもの（7,8）と，口縁部〜胴部上半に櫛描文による文様をもつもの（1〜6,9〜14）に分かれ，後者は，細頸形では主に口縁部と頸部の2ヶ所の突帯を挟み（10,14），中頸・太頸形では口縁〜頸部の1ヶ所の突帯を挟んで文様帯が展開し（ⅠとⅡ），Ⅱにおける4・5本の鋭い櫛歯状工具による縦スリットとその間の波状文充填が特徴的。縄文は附加条第2種による羽状縄文が中心で，附加条第1種も僅かにみられる。

　1a, 1, 2式が設定され（鈴木正1976），1a式（薬王院式）は，口縁部直下に突帯があり，突帯下のⅡが2段に分かれる（1）。1式以降は，ⅠとⅡの段階的な拡張と突帯の変化（最後は爪形文列）により細別される。那珂川流域と久慈川流域で明確な型式差があり，前者は3単位スリット，Ⅱ下端の波状文，布目底，雲母を含まない胎土が，後者は2単位スリット，Ⅱ下端の直線文と連弧文（2式），砂目底，雲母が特徴。前者の1式を大畑式（2），武田式西塙段階古（4,5），2式を西塙段階新（9），武田式石高段階（12,14），後者の1式を富士山式（3），小祝式糠塚段階（6,10，口絵Ⅵ-9），2式を小祝式梶巾段階古（11），新（13）に細分する意見もある（鈴木素2010）。2式には，下総の中台式，草刈式系統の土器が伴うことがある。

Ⅳ. 各地の弥生土器及び並行期土器群の研究

図19　十王台式

21．大崎台式，臼井南式ほか（図20，小玉2008，髙花2007）

　ここでは稲敷台地一帯〜印旛沼周辺における後期前半の諸型式をまとめる．刻みや押圧のある複合口縁，口頸部あるいは胴部上半までの櫛描の文様帯か無文帯，その下の附加条第1種の縄文という構成が基本となるが，小地域ごとに差がみられ，型式設定をめぐってはまだ意見の相違が大きい．総じて壺形と深鉢形の区別はしやすいが，装飾では一体化が進む．

　初期段階に位置付けられる屋代式（1〜3）や大崎台式（4〜7）では，1，2段の狭い複合口縁（縄文施文は1段，1，3〜7），2条〜多条櫛描のスリット（4，6）や縦区画（3），その間を埋める波状文，連弧文等が特徴となる．多条櫛の定着は樽式等との関係．印旛沼周辺では，結節区画の羽状縄文帯をもつ土器（5）が組成する．

　その後は，口縁部の段が拡張傾向をみせるとともに（11〜13），文様では，単帯，複帯の波状文や単帯直線文が多くなり（12），格子文や格子充填の鋸歯文（13）・縦区画（11）なども定着する．縄文施文の2段の複合口縁（11）は，二軒屋式の影響と考えられる．新しい段階では，口縁部段に低平化傾向がみられ，文様が単純化するようである（14〜16，18）．印旛沼北部のあじき台式では，二軒屋式の影響と考えられる簾状文の使用が目立っている（19）．

　印旛沼南岸一帯では，大崎台式の直後から，複合口縁をもたず，口頸部に久ヶ原式の影響による輪積痕装飾をもつ臼井南式が展開する（髙花2007）．輪積痕が明瞭で幅広いものから（10），不明瞭で口縁部に集約するもの（17）へと段階的に変化し，自縄結節縄文の多用とハケ成形痕も特徴的（20）．縄文のない，より久ヶ原式的な変容形（栗谷式）もみられる（20）．

22．上稲吉式（下大津式）とその前後（図21）

　ここでは，稲敷台地一帯〜印旛沼周辺の後期後半〜終末期において，櫛描文様が衰退して無文帯となり，口縁部の貼瘤が発達する段階の型式をまとめる．複数の型式が設定されているが，意見の相違も大きく，なお議論が必要である（鈴木正1999，小玉2008）．

　壺形，深鉢形は比較的区分しやすいが，装飾には共通性がある．1〜2個1単位の大きな貼瘤を多数配するものと（1〜3，5，7，8），2〜複数個1単位の小さな瘤を間隔を開けて配するものがあり（9〜14），前者の頸部に櫛描

Ⅳ，各地の弥生土器及び並行期土器群の研究

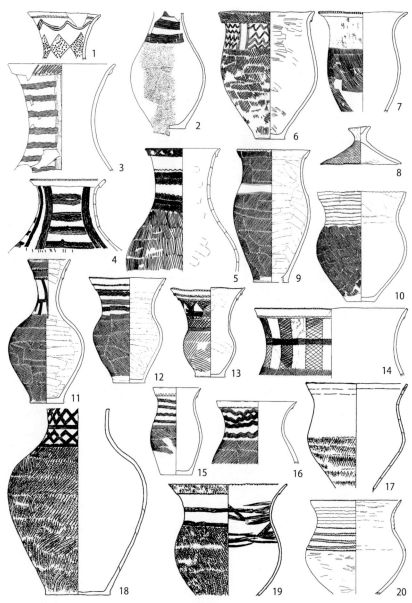

図20　大崎台式，臼井南式ほか

[6] 関東

文を施す事例があることから（3），前者を古く位置付ける意見がある（小玉2008）。このうち，口縁部の段がなく2列の刺突を施すものは根鹿北式と呼ばれている。2個1単位の貼瘤が主体となる段階では，低平な幅広の複合口縁と組み合わさり，貼瘤より上に縄文を施さない例も目立つ。また，二軒屋

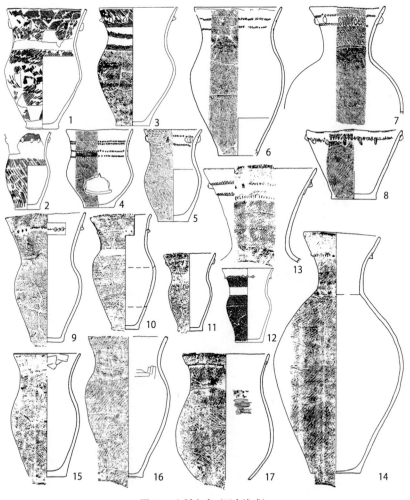

図21　上稲吉式（下大津式）

式あるいは十王台式の影響を受け，縄文を羽状に施すことも多くなる（13）。なお，この段階では，印旛沼周辺において良好な例が少なくなる。

その後は，複合口縁がさらに低平化するとともに，深鉢形を中心に複合口縁や貼瘤がなくなることが指摘されている（15～17）。この時期には，中台式を伴う事例がみられるようになる。

23. 二軒屋式（図22, 藤田2000）

後期～終末期の鬼怒川上流域，思川流域に展開する型式であるが，今なお不明な点が多い。壺形と深鉢形の区分が不明瞭で，下端に刻みや押圧のある縄文施文の複合口縁，無文あるいは多条櫛描による文様を施す頸部，附加条第1種による羽状縄文の胴部という構成が基本となる。

初期段階では，複合口縁の幅が狭く，後に発達する波状文，山形文等は定着しているものの，胴部の羽状縄文はまだ確立していない（1）。その後は，複合口縁が拡張，低平化し始め（2），二段構成のものが現れる（3）。文様は，単帯波状文や山形文が中心となるが（2），スリット文や縦区画文などの常陸方面の文様も描かれる。後半から終末段階では，複合口縁の低平化がより進んで2列の刺突列や突帯が中心となる（4～6）。文様では，連弧文が多用さ

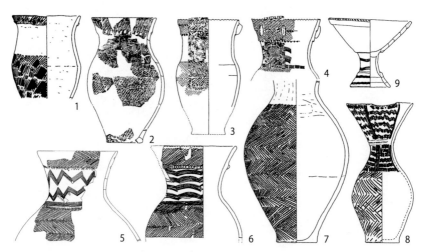

図22　二軒屋式

れ(4, 6),下端に直線文,簾状文が施文される。貼瘤状の突起をもつものも多く(3,4),十王台式に類似した土器の存在も目立つ(8)。終末段階では,中台式や,吉ヶ谷式,十王台2式などと共伴する。

24, 樽式 (図23, 飯島・若狭1988)

前橋台地を中心に,南の櫛引台地,北は沼田,中之条盆地に展開する。竜見町式終末の様相を引き継ぎ,一方で箱清水式土器と関係をもちながら,樽式独自の様相や樽式内の地域差を発現させつつ変化を遂げる。

後期の1期~3期と,終末期の樽式系期に区分されることが多い。壺形,甕形深鉢形,高坏形(14),有孔鉢形(13)等の器種分化が明確で,小型鉢形(11)も特徴的。壺形は,頸部の屈曲が明瞭でラッパ状の口縁をもつ,やや太頸のものが多い。1期では竜見町式の要素が残るほか(1),受口状口縁の存在,頸部の等間隔止簾状文(1, 2),斜線・刺突充填の鋸歯文(1)などが特徴。2期は小さな屈曲や段の口縁部(5),2連止め簾状文と波状文の増加,3期は1,2段の複合口縁(8),頸部の2,3連止め簾状文(8)が主体となる。いずれも無文部を赤彩するものが目立つ。

一方,深鉢形は,頸部屈曲の弱い細めの器形から,屈曲が強く胴の張った器形へと変遷し,簾状文は壺形と同じ変化をみせる(3, 4→6, 7→9, 10)。1期には受口や胴部の斜格子文が残り(3),2期は簾状文と胴部波状文の単純構成,3期は口縁部の段(複合口縁)が特徴的で(9),口頸部の波状文(9)も増加する。口縁の波状文はいずれの時期にもみられる。

終末期には壺形,深鉢形ともに胴部が丸くなるとともに装飾が退化し(15~17),伊勢湾系(22)や南関東系(21),北陸系の土器,吉ヶ谷式(20)などと混在する。なお,資料数の増加する2期以降,地域差が明瞭になり,甘楽一帯では,3期になっても口縁部の段は少なく(10),終末期にかけて,佐久の箱清水式の羽状文(19),吉ヶ谷式の縄文(20)や輪積痕などの要素が定着する。

25, 岩鼻式, 吉ヶ谷式 (図24, 柿沼2007)

岩鼻式は,後期前葉の比企丘陵から妻沼低地,武蔵野台地北部にかけて分布する。吉ヶ谷式は,後期中葉に比企丘陵の岩鼻式が変容したもので,終末

Ⅳ，各地の弥生土器及び並行期土器群の研究

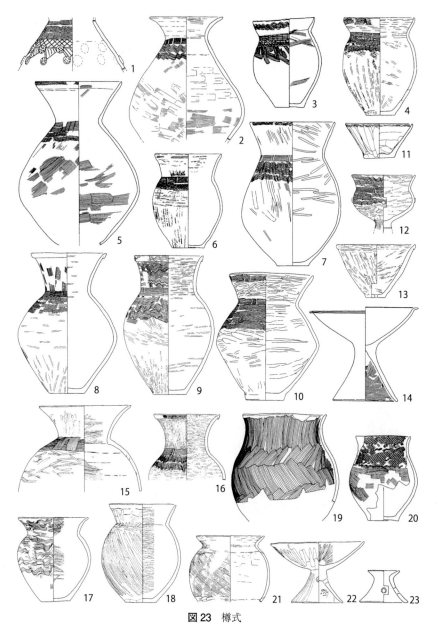

図 23　樽式

6 関東

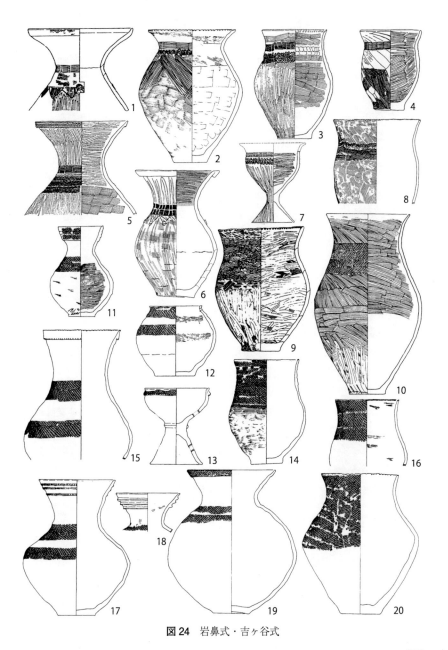

図24 岩鼻式・吉ヶ谷式

Ⅳ. 各地の弥生土器及び並行期土器群の研究

期にかけて分布を拡大する。

　岩鼻式の壺形は，初期には細頸のものが目立ち（1），頸部に等間隔止簾状文を施す単純なものが多い。樽式1期に近いものや，久ヶ原式の影響による狭い複合口縁をもつもの（5）もみられる。その後は，太頸のものが目立つようになり（6），複帯化した簾状文や，その上下に波状文を付加するものなどが一般的になる。深鉢形は，緩やかな頸部のやや細身の甕形が多く，初期には，受口状口縁や胴部に櫛描の斜格子文や斜線文を施す中期的な様相を残すものがあり（2），頸部には等間隔止簾状文のみや，その上下に波状文を付加する単純な装飾をもつ（3，4）。やはり樽式1期に類似するが，口縁部の波状文の欠落をはじめ違いもみられる。甲府盆地方面との関係が考えられる。その後は，簾状文の多段化や，簾状文下の波状文の幅広化，簾状文が省略された波状文帯（8，9）などがみられるようになる。

　吉ヶ谷式は，分布が比企丘陵中心となる。岩鼻式終末の深鉢形の櫛描文が縄文に置き換わることで成立し（10），以後，口縁〜胴部上半に及ぶ幅広縄文帯が中心となる。壺形は，輪積痕利用の複合口縁をもち，頸部〜胴部上半に1〜2帯の縄文帯を施文する（11，12，15）。

　3〜5段階の変遷が想定され，古段階では深鉢形の縄文帯に輪積痕の残るものが目立ち，胴部にハケ成形痕が残ることも多い（14）。新しくなるにつれ，壺形，深鉢形ともに胴部の張りが強くなり，無文部が磨きで仕上げられるようになる（15，16→17〜20）。深鉢形の輪積痕の痕跡化，壺形の無文部赤彩の増加，壺形と高坏形の口縁の複段化なども新しい段階の特徴で，最新段階では（刻目）突帯による段が多くなる（17，18）。この段階では前野町式との供伴例が多くなるとともに，関東北部に分布を広げる。ただし周辺地域では，輪積痕が目立つなど，比企一帯とはやや異なる様相を見せる。

26, 朝光寺原式（図25，橋本1986，渡辺1995）

　鶴見川流域の久ヶ原式の縁辺を取り巻くように分布する。初期の段階では，岩鼻式に類似した壺形（1），深鉢形が目立つが，太頸の壺形（2，3），頸部の屈曲の緩やかな深鉢形（4，5），簾状文の文様区画としての使用（5），受地だいやま式の要素の残存，無文の深鉢形が目立つことなど，異なる特徴もすでに現れている。岩鼻式に比して壺形の組成比が低く，その後，壺形自体

6 関東

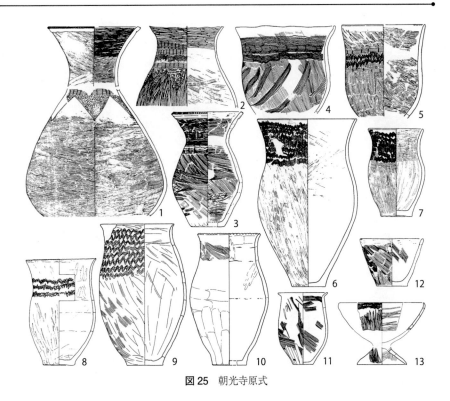

図 25 朝光寺原式

が急速に消えていく点，また，初期段階から簾状文を欠落した波状文だけの文様があり，深鉢形では，以後口頸部の波状文帯が主流になる点（6，7）なども重要な特徴である。これらの点は，甲府盆地方面との関係の強さを物語るものと思われる。鉢形（12），高坏形（13）も少ないながら組成する。最新の段階では，ほぼ口頸部の短い深鉢形のみとなり（9〜11），文様をもつものの数も減少する。終末期を待たず終焉を迎える。

27，久ヶ原式，山田橋式，中台式ほか（図26）

　久ヶ原式は，後期の主に東京湾沿岸に分布する型式。古くI〜III式に細分され，III式の後に弥生町式が配列されていた（菊池1974）。今日，久ヶ原式と弥生町式は系統差として理解されるようになったが，I〜III式の壺形の変遷は踏襲可能である。

　久ヶ原式は，時期・地域による変化が大きいものの，壺形の頸胴部におけ

381

Ⅳ，各地の弥生土器及び並行期土器群の研究

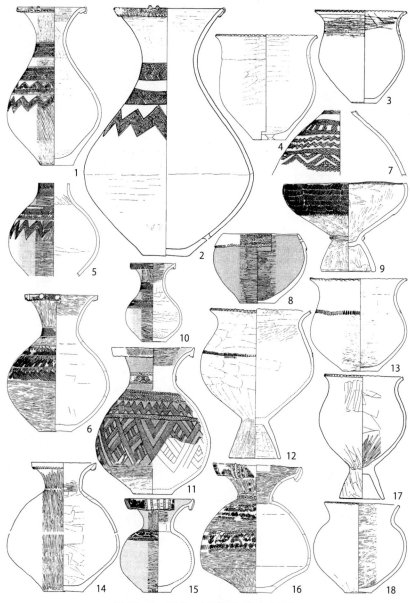

図26　久ヶ原式，山田橋式，中台式ほか

る2帯の縄文帯と，その下の付加文という文様の基本構造の確立，及びその系統的な変化という観点で整理が可能である。無文部の赤彩も重要な特徴である。

Ⅰ式は，基本構造の確立期で，文様を構成する要素が沈線区画の羽状縄文となる。口縁部は下端に押圧をもつ，縄文施文の幅の狭い複合口縁が一般的である。ハケ成形痕を嫌うのも特徴のひとつである（1，2）。Ⅱ式は，周辺諸型式との交錯などにより，文様及び文様の構造が多様化する段階で，初源的な幾何学文，自縄結節区画や沈線＋結節（網目状撚糸）区画の縄文帯などの出現も特徴的。複合口縁も拡張化傾向をみせる。上総地域の山田橋1式（5，6，大村2004）は久ヶ原Ⅱ式に併行し，安房地域では，結節の多用と基本構造からの逸脱を特徴とする型式（7，安房型）が形成される。

Ⅲ式では，再び基本構造への回帰が認められるとともに，付加文として幾何学文が発達する（11，口絵Ⅵ-7）。山田橋2式は，Ⅲ式に併行し，結節区画縄文帯による文様の画一化が進んでいるのが特徴（10）。武蔵野台地東端では，安房型との関係が想定できる特徴的な文様がみられる。

深鉢形は，短胴で明瞭な頸部，口唇波状押圧，器面ナデ調整が基本である。口頸部の輪積痕や頸胴境界の段などの装飾があり，Ⅰ式で輪積痕が発達するものの，地域や時期による差も大きい（3，4）。東京湾西岸では，Ⅰ式後半以降，台付のものが一般的となるほか（12），弥生町式等の影響によりハケ成形の深鉢形が主体となる地域・時期もみられるようになる。鉢形や高坏形（9）も，壺形の文様を踏襲したものを中心に組成する。

終末期になると，高坏形や器台形を中心に廻間Ⅱ式の器種が急速に定着し，瓢形壺やパレス壺，S字甕B類なども散見されるようになる。それとともに在地系の壺形の無文化と球胴化が進み（14，15），西岸では壺形文様の基本構造が壊れ（15），ナデ調整に加え（17），ハケ成形の台付深鉢形の定着が進む。一方，東岸でも同様の変化がみられるが，文様の基本構造（16）と台の無いナデ調整深鉢形（18）が維持される傾向が強い（中台式，大村2009）。

28，弥生町式，前野町式（図27，大村1982，松本1996・2007）

現在，これらの型式名を用いる研究者は多くないが，ここでは，後期前葉の武蔵野台地における菊川式の要素のまとまった定着以後，後期中葉から終末期にかけて，大宮台地，多摩丘陵西部〜多摩川上流にかけて展開した，頸

Ⅳ，各地の弥生土器及び並行期土器群の研究

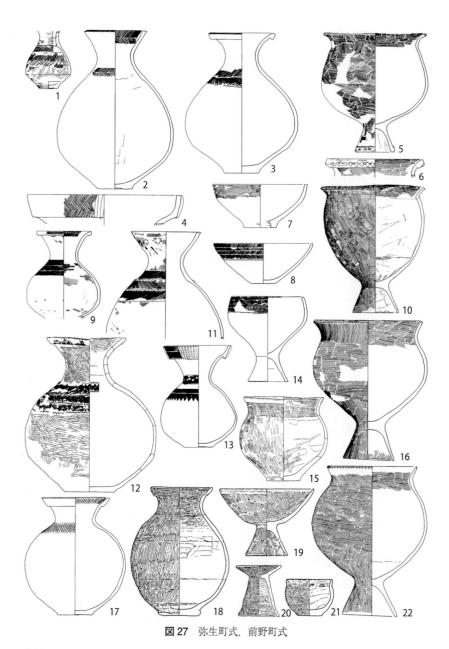

図27　弥生町式，前野町式

部直下の1帯縄文帯の壺形と，ハケ成形で口唇に刻みをもつ，台付の甕形深鉢形に特徴づけられる諸型式をまとめておく。

初期段階では，菊川式古段階～中段階の要素がまとまる一方で（1，2，4，7），久ヶ原式の要素との混交（5，8）もみられる。壺形においては，縄文やハケ具の刺突で装飾された幅の狭い複合口縁をもち（3），頸部にハケ具による沈線や羽状文（2），胴部上半にかけての羽状縄文帯（1）などが特徴となる。縄文帯の区画などに用いられる結節は端末結節が主体となる（3）。深鉢形では口縁の段（6）やハケ具による口唇の面取りが目立つ。

その後は，壺形において，内湾口縁（11），口縁内側の縄文帯（9）などの菊川式の要素の継続的な浸透がみられるとともに，複合口縁の拡張傾向（13）や端末結節区画の1帯羽状縄文帯（9，11，12）への収斂傾向をみせるようになる。ただし2帯の縄文帯や山形文など（13），久ヶ原式の要素もさまざまなかたちで関与し，系統的整理を難しくしている。無文部の赤彩及び，縄文帯内の赤色円文も目立つ。久ヶ原式や中部高地系の要素が混交した，縄文装飾をもつ浅鉢形や高坏形（14）も少ないながら組成する。

終末期では，壺形，深鉢形の球胴化，及び，壺形の装飾の単純化・無文化が進む（17, 18, 22）。また，廻間Ⅱ式系統の高坏形（19）や小型器台形（20），小型壺形等が組成するようになる（前野町式，円乗院式）。

29．相模湾岸の菊川式系統の型式（図28，伊丹ほか 2002）

三浦半島，東京湾東岸を除く相模地域に展開する。弥生町式と同様，菊川式系統の頸部直下の1帯縄文帯の壺形と，ハケ成形で口唇に刻みをもつ，台付の甕形深鉢形に特徴づけられる。後期前半では寄道式，伊場式と排他的な分布を示すが，後期後半以降，これら及び久ヶ原式，雌鹿塚式などの周辺諸型式と関係しつつ，小地域ごとに多様な土器が展開する。

初期段階では，菊川式古段階そのものがみられ（1），久ヶ原Ⅰ式初頭や金の尾式などと共伴する。その後は，菊川式中段階の要素や（2，9），一部雌鹿塚式の要素の浸透がみられつつも在地化が進み（5），後期後半にかけて，壺形では,胴部の球胴化，端末結節区画の縄文帯への収斂などが進む（6, 8, 9, 10，口絵Ⅵ-8）。弥生町式に比して複合口縁の拡張傾向は弱く，小さな棒状浮文をもち，下端に刻みを加えないものが主体となる（6，9）。受口状に拡

Ⅳ．各地の弥生土器及び並行期土器群の研究

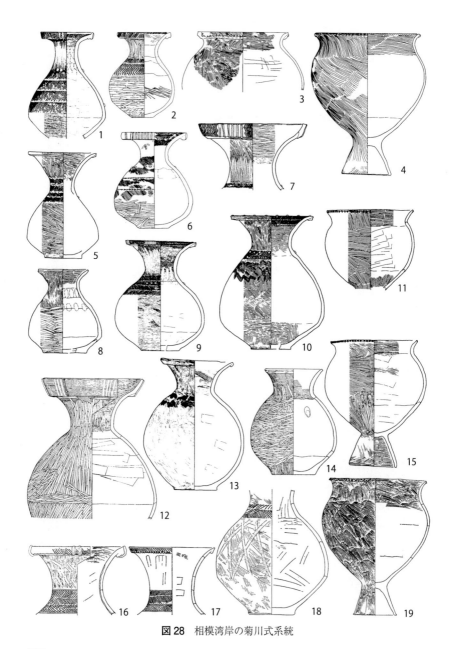

図28　相模湾岸の菊川式系統

[6] 関東

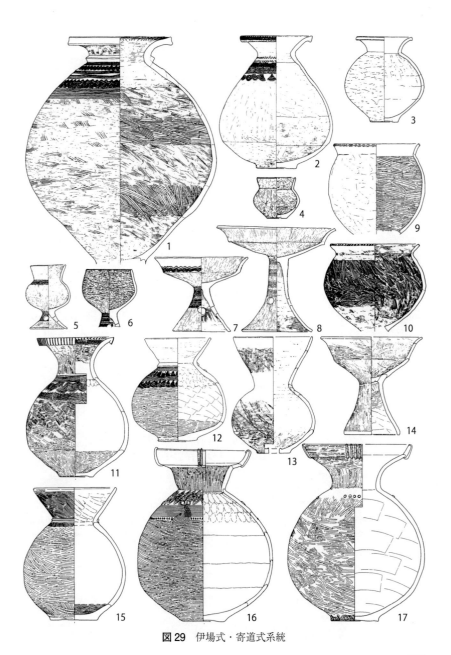

図29 伊場式・寄道式系統

張されるものもみられる (7)。深鉢形では,頸部の屈曲が強まり,胴部が球胴化する (11)。高坏形が少ない点も特徴である。なお,終末期には,壺形の無文化,壺形・深鉢形の球胴化と (12〜15),廻間Ⅱ式の高坏形等の定着が進む。

相模東部では,口縁部形態や文様に久ヶ原Ⅱ・Ⅲ式の影響がみられる殿屋敷式とも言うべき型式が形成される (16〜19)。相模西部では雌鹿塚式の要素をもつ土器がまとまって出土する例などが存在する。

30, 寄道式,伊場式系統の型式 (図29,伊丹ほか2002)

久ヶ原Ⅰ式の終わりころから久ヶ原Ⅱ式前半に併行する時期の相模川下流域一帯に,東三河の寄道式 (1〜10),西遠江の伊場式が分布する。土器は在地で作られたものであり,それぞれからの集団移住と考えられる。当初,菊川式系統とは排他的な関係にあったが,その後,急速に在地化が進み (12〜14),相模湾岸の菊川式系統との混交も進む (11)。終末期では,壺形等に廻間式の要素がやや強くみられるものの (15, 16),無文化,球胴化の進んだ壺形 (15〜17) と深鉢形,廻間式の高坏形や器台形が主体となり,菊川式系統の土器群との差はより少なくなる。

〔引用文献〕(紙数の関係で最低限に留め,参考文献も省略させていただいた)

安藤広道「神奈川県下末吉台地における宮ノ台式土器の細分」『古代文化』42-6・7,1990

飯島克巳・若狭徹「樽式土器編年の再構成」『信濃』40-9,1988

石川日出志「弥生時代関東の4地域の併存」『駿台史学』102,1998

石川日出志「関東・東北地方の土器」『考古資料大観 第1巻 弥生・古墳時代 土器Ⅰ』小学館,2003a

石川日出志「神保富士塚式土器の提唱と弥生中期土器研究上の意義」『土曜考古』27,2003b

石川日出志「弥生時代中期後半の関東地方西部域」『埼玉の弥生時代』六一書房,2007

伊丹徹・大島慎一・立花実「相模地域」『弥生土器の様式と編年 東海編』木耳社,2002

海老澤稔「茨城県における弥生後期の土器編年」『婆良岐考古』22,2000

大木紳一郎「群馬県東部における弥生時代中期後半の土器について―

南東北系土器群の分析―」『群馬の考古学』群馬県埋蔵文化財調査事業団，1988
大村直「前野町・五領式の再評価」『神谷原Ⅲ』八王子市椚田遺跡調査会，1982
大村直「山田橋遺跡群および市原台地周辺域の後期弥生土器」『市原市山田橋大山台遺跡』市原市文化財センター調査報告書88，2004
大村直「南中台遺跡と周辺遺跡の土器編年」『市原市南中台遺跡・荒久遺跡A地点』市原市埋蔵文化財調査センター調査報告書10，2009
柿沼幹夫「埼玉県北西部地方の櫛描文土器」『埼玉考古』23，1987
柿沼幹夫「後期土器編年―県北部・西部地域―」『埼玉の弥生時代』六一書房，2007
菊池義次『大田区史資料編考古Ⅰ』大田区，1974
小玉秀成「東関東地方における後期弥生土器の成立過程」『史館』25，1994
小玉秀成「霞ヶ浦沿岸における弥生時代後期土器の変遷」『地域と文化の考古学Ⅱ』2008
鈴木加津子「安行式文化の終焉（1）〜（4）」『古代』90・91・94・95，1990・1991・1992・1993
鈴木公雄「関東地方」『縄文土器大成 第4巻 晩期』講談社，1982
鈴木素行「弥生時代後期「十王台式」の集落構造」『武田遺跡群　総括・補遺編』ひたちなか市教育委員会ほか，2010
鈴木正博「『十王台式』理解のために」「同（3）」『常総台地』7・10，1976・1979
鈴木正博「赤浜覚書」『常総台地』9，1978
鈴木正博「『荒海』断想」『利根川』1，1981
鈴木正博「『出流原』抄」『利根川』3，1982
鈴木正博「『流れ』流れて北奥「遠賀川系土器」」『利根川』8，1987
鈴木正博「栃木『先史土器』研究の課題（一）」『古代』89，1991
鈴木正博「本邦先史考古学における『土器型式』と縦横の『推移的閉包』」『古代』106，1999
鈴木正博「『明神越式』の制定と『恵山式縁辺文化』への途」『茨城県考古学協会誌』12，2000
鈴木正博「『野沢2式』研究序説」『栃木県考古学会誌』24，2003
鈴木正博「『境木式』の行方」『婆良岐考古』26，2004
髙花宏行「『臼井南式』と周辺土器様相の検討」『財団法人印旛郡市文化財センター研究紀要』5，2007
宅間清公「前中西式土器とその周辺」『シンポジウム熊谷市前中西遺跡

を語る　発表要旨・資料集』関東弥生文化研究会ほか，2013
谷口肇「『堂山式土器』の再検討」『神奈川考古』26，1990
谷口肇「ポスト浮線紋―神奈川周辺の状況（その2）―」『神奈川考古』39，2003
中沢道彦「縄文時代晩期末浮線文土器の広域的変化と器種間交渉」『比較考古学の新地平』同成社，2010
橋本裕行「弥生時代の遺構と遺物について」『奈良地区遺跡群Ⅰ　上巻』奈良地区遺跡調査団，1986
比田井克仁「関東・東北地方南部の土器」『考古資料大観 第2巻　弥生・古墳時代 土器Ⅱ』小学館，2002
平野進一「竜見町式土器の分析について」『第7回三県シンポジウム　東日本における中期後半の弥生土器』北武蔵古代文化研究会ほか，1986
藤田典夫「栃木県における弥生後期の土器編年」『第9回東日本埋蔵文化財研究会　東日本弥生時代後期の土器編年』2000
藤田典夫「栃木県大塚古墳群内遺跡の弥生土器―「大塚式」土器の提唱―」『地域と文化の考古学Ⅱ』2008
松丸信治「前浦式土器の再検討」『古代』128，2012
松本完「出土土器の様相と集落の変遷」『下戸塚遺跡の調査 第2部』早稲田大学校地埋蔵文化財調査室，1996
松本完「武蔵野台地北部の後期弥生土器編年」『埼玉の弥生時代』六一書房，2007
吉田稔「北島式の提唱」『埼玉考古別冊7 北島式土器とその時代―弥生時代の新展開―』2003
渡辺務「朝光寺原様式の基礎的研究」『王朝の考古学』雄山閣，1995

〔図版出典〕
図1　1：埼玉・高井東（埼玉県遺跡調査会『高井東遺跡』1974）　2：埼玉・赤城（埼玉県埋蔵文化財調査事業団『赤城遺跡』1988）　3：埼玉・後谷（後谷遺跡発掘調査会『後谷遺跡』1982）　4：東京・下布田（調布市遺跡調査会『下布田遺跡55年度』1981）　5：埼玉・小深作（大宮市教育委員会『小深作遺跡』1971）　6：埼玉・奈良瀬戸（大宮市教育委員会『奈良瀬戸遺跡』1969）　7：東京・なすな原（なすな原遺跡調査会『なすな原遺跡 No.1地区』1984）　8～14：千葉・多古田（八日市場市史編さん委員会『八日市場市史上巻』1982）　15：千葉・志摩城跡（香取郡市文化財センター『志摩城跡・二ノ台遺跡』2006）
図2　1：東京・南広間地（日野市遺跡調査会『南広間地遺跡第36次調査』

1996)　2・3：埼玉・前窪（浦和市遺跡調査会『前窪遺跡（第 3 次）』1996)　4・5・7：千葉・池花南（千葉県文化財センター『四街道市内黒田遺跡群』）　6：埼玉・打越（富士見市教育委員会『打越遺跡』1978)　8・9・12・18：千葉・武士（千葉県文化財センター『市原市武士遺跡 1』1996)　10・11・19：千葉・山武姥山（鈴木公雄「関東地方」『縄文土器大成 第 4 巻 晩期』講談社，1982)　13：千葉・御山（千葉県文化財センター『四街道市内黒田遺跡群』1991)　14：神奈川・平沢同明（秦野市教育委員会『平沢同明遺跡発掘調査報告書 2004-04 地点・2004-05 地点』2010)　15・17：群馬・千網谷戸（薗田芳雄『桐生市およびその周辺の弥生式文化』1966)　16：東京・田原（杉原荘介・他「東京都（新島）田原遺跡における縄文・弥生時代の遺跡」『考古学集刊』3-3，1967)

図 3　1〜6：千葉・山武姥山（千葉県文化財センター『横芝町山武姥山貝塚確認調査報告書』1989，鈴木公雄「千葉県山武郡横芝町姥山山武姥山貝塚の晩期縄文土器に就いて」『史学』36-1,1963，鈴木公1982，横芝町『横芝町史』1975)　7・10：千葉・武士（千葉県文化財センター 1996)　8・12：千葉・荒海（西村正衛『石器時代における利根川下流域の研究』早稲田大学出版部，1984)　9：千葉・荒海川表（千葉県史料研究財団『成田市荒海川表遺跡』2001)　11：千葉・志摩城跡（香取郡市文化財センター 2006)　13・14：神奈川・矢頭（かながわ考古学財団『宮畑遺跡・矢頭遺跡・大久保遺跡』1997)　15：神奈川・池子（かながわ考古学財団『池子遺跡群Ⅹ』1999)　16：千葉・長倉宮ノ前（山武郡市文化財センター『長倉宮ノ前遺跡』2007)　17〜19：茨城・殿内（杉原荘介・他「茨城県殿内（浮島）における縄文・弥生両時代の遺跡」『考古学集刊』4-3，1969)

図 4　1・2・6：埼玉・四十坂（埼玉考古学会『埼玉県土器集成 4 縄文晩期末葉 - 弥生中期』1976，岡部町遺跡調査会『四十坂遺跡』2003)　3〜5：群馬・沖Ⅱ（藤岡市教育委員会『C11 沖Ⅱ遺跡』1986)　7：群馬・岩櫃山（杉原荘介『群馬県岩櫃山における弥生時代の墓址』『考古学集刊』3-4，1967)　8〜11：神奈川・堂山（山北町カラス山・堂山遺跡調査会『カラス山・堂山遺跡』1988)　12〜14：茨城・殿内（杉原・他 1969)

図 5　1〜3：群馬・岩櫃山（杉原 1967)　4〜7：群馬・神保植松（群馬県埋蔵文化財調査事業団『神保植松遺跡』1997)　9・10：神奈川・堂山（山北町カラス山・堂山遺跡調査会 1988)　11：千葉・志摩城跡（香取郡市文化財センター 2006)　12：埼玉・上敷免（関義則「須和田式土器の再検討」『埼玉県立博物館紀要』10，1983)

Ⅳ，各地の弥生土器及び並行期土器群の研究

図6　1:茨城・小野天神前（茨城県『茨城県史料 考古資料編 弥生時代』1991）　2～4:茨城・泉坂下（鈴木素行編『泉坂下遺跡の研究』2011）　6:茨城・女方（茨城県 1991）　5・7～10：栃木・北原（石川日出志編『関東・東北弥生土器と北海道続縄文土器の広域編年』平成14年度～平成16年度科学研究費補助金研究成果報告書，2005）

図7　1・2：埼玉・上敷免（関 1983）　3：神奈川・平沢北開戸（秦野市『秦野市史 別巻 考古編』1985）　4～7:神奈川・岡津古久（青木豊・野本孝明「神奈川県岡津古久遺跡の弥生中期前半の土器と土坑について」『考古学資料館紀要』3，國學院大學考古学資料館，1987）　8：栃木・出流原（杉原荘介・他『栃木県出流原における弥生時代の再葬墓群』明治大学文学部研究報告 8，1981）　9・10：千葉・天神前（杉原荘介・他『千葉県天神前における弥生時代中期の墓地群』明治大学文学部研究報告 4，1974）

図8　1・2:千葉・常代（君津郡市文化財センター『常代遺跡群』1996）　3・4：栃木・出流原（杉原・他 1981）　5：神奈川・子ノ神（厚木市教育委員会『子ノ神4』1998）　6～9：神奈川・王子ノ台（東海大学校地内遺跡調査団『王子ノ台遺跡 第Ⅲ巻』2000）　10～13：群馬・神保富士塚（群馬県埋蔵文化財調査事業団『神保富士塚遺跡』1993）

図9　1～4，6～9:埼玉・池上（埼玉県教育委員会『池守・池上』1984）　5：埼玉・小敷田（埼玉県埋蔵文化財調査事業団『小敷田遺跡』1991）　10：栃木・出流原（杉原・他 1981）　11，12：神奈川・王子ノ台（東海大学校地内遺跡調査団 2000）　13，14：神奈川・子ノ神（厚木市教育委員会『子ノ神3』1990）　15～17：群馬・長根安坪（群馬県埋蔵文化財調査事業団『長根安坪遺跡』1997）

図10　1：茨城・小野天神前（茨城県 1991）　2・4・5：茨城・女方（茨城県 1991）　3・9～12：千葉・志摩城跡（香取郡市文化財センター 2006，多古町教育委員会『志摩城跡』2006）　6～8:千葉・天神前（杉原・他 1974）　13～15：茨城・狢Ⅲ（茨城県 1991，鈴木素編 2011）　16：千葉・菊間（千葉県都市公社『菊間遺跡』1974）　17：茨城・徳宿（茨城県 1991）　18：千葉・中野台（千葉県教育振興財団『中野台遺跡・荒久遺跡（4）』2006）

図11　1・2・6・10:茨城・足洗　3・8:茨城・浜山　4:茨城・薬師台（以上，茨城県 1991）　5・9・12：千葉・関戸（千葉県文化財センター『関戸遺跡』1983）　7：茨城・諏訪間（茨城県 1991）　11：千葉・阿玉台北（千葉県土地開発公社『阿玉台北遺跡』1975）

図12　1：千葉・仮家塚（三芳町教育委員会『安房仮家塚』1994）　2・6・7・9・10:神奈川・大塚（横浜市ふるさと歴史財団埋蔵文化財センター

『大塚遺跡Ⅱ　遺物編』1994）　3：東京・伊皿子貝塚（港区教育委員会ほか『伊皿子貝塚遺跡』1981）　4・5：神奈川・手広八反目（手広遺跡発掘調査団『手広八反目遺跡』1984）　8・16～18：千葉・大厩（房総考古資料刊行会『大厩遺跡1974』）　11：神奈川・港北区内（伊藤郭「港北の弥生式土器（Ⅰ）」『調査研究集録』第5集, 港北ニュータウン埋蔵文化財調査団, 1976）　12：東京・飛鳥山（北区教育委員会『飛鳥山遺跡』1996）　13・15：神奈川・砂田台（神奈川県立埋蔵文化財センター『砂田台遺跡Ⅰ』1989）　14：神奈川・折本西原（横浜市埋蔵文化財調査委員会『折本西原』1980）

図13　1・7：栃木・御新田（栃木県文化振興事業団『御新田遺跡・富士前遺跡・ヤッチャラ遺跡・下り遺跡』2001）　2・3・5・6：埼玉・上敷免（埼玉県埋蔵文化財調査事業団『上敷免遺跡』1993）　4：千葉・中野台（千葉県教育振興財団2006）

図14　1～9：埼玉・北島（埼玉県埋蔵文化財調査事業団『北島遺跡Ⅳ』2003）　10・11：埼玉・前中西（熊谷市教育委員会『前中西遺跡Ⅴ』2010 熊谷市教育委員会『前中西遺跡Ⅷ』2013）

図15　1～8：栃木・大塚古墳群（栃木県文化振興事業団『大塚古墳群内遺跡・塚原遺跡』1987）　9：栃木・辻ノ内（栃木県教育委員会『栃木県埋蔵文化財保護行政年報』1988）　10：栃木・上山（栃木県教育委員会『上山遺跡』1974）　11～13：栃木・下古館（栃木県文化振興事業団『下古館遺跡』栃木県埋蔵文化財調査報告166, 1995）　14～17：群馬・荒口前原（小林行雄・ほか『弥生式土器集成本編2』東京堂出版, 1968）

図16　1：群馬・有馬条里（群馬県埋蔵文化財調査事業団『有馬条里遺跡Ⅰ』1989）　2・11：群馬・有馬（群馬県埋蔵文化財調査事業団『有馬遺跡Ⅱ』1990b）　3・4・9・13・16：群馬・清里・庚申塚（群馬県埋蔵文化財調査事業団『清里・庚申塚遺跡』1982）　6：群馬・競馬場（群馬県立博物館『群馬県地域における弥生時代資料の集成Ⅰ』群馬県立博物館研究報告14, 1978）　7：群馬・浜尻Ⅰ（高崎市教育委員会『浜尻遺跡』1981）　5・8・12・14・15：埼玉・用土・平（埼玉考古学会『埼玉県土器集成4 縄文晩期末葉-弥生中期』1976）　10：埼玉・藪（埼玉考古学会1976）

図17　1～3：埼玉・大沼（埼玉考古学会1976）　4～6：埼玉・下ッ原（小林茂・吉川國男「秩父市下ッ原遺跡の調査（二）」『古代』87, 1989）　7～9：東京・馬場（青梅市『青梅市史 上巻』1995）　10：東京・多摩ニュータウン No.345（東京都埋蔵文化財センター『東京都埋蔵文化財センター調査報告 第48集』1998）　11：同 No.938（東京都埋蔵文

Ⅳ．各地の弥生土器及び並行期土器群の研究

化財センター『東京都埋蔵文化財センター調査報告 第42集』1997） 12：同No.920（東京都埋蔵文化財センター『多摩ニュータウン遺跡－No.920遺跡－』2004） 13：同No.939（東京都埋蔵文化財センター『多摩ニュータウン遺跡－No.939遺跡－』2000） 14：東京・本町田（奈良地区遺跡調査団『奈良地区遺跡群Ⅰ 上巻』1986） 15：神奈川・受地だいやま（奈良地区遺跡調査団 1986）

図18　1～8：茨城・東中根　9，10：茨城・髭釜　11～13：茨城・長峯　14：茨城・東中根清水（以上，茨城県 1991）

図19　1：茨城・薬王院（水戸市薬王院東遺跡発掘調査会『薬王院東遺跡』1990）　2・8・9・15：茨城・大戸下郷（茨城県教育財団『大戸下郷遺跡』2004）　3：茨城・富士山（茨城県 1991）　4：茨城・大畑（茨城県教育財団『大作遺跡・大畑遺跡』1998）　5：茨城・武田西塙（ひたちなか市教育委員会ほか『武田西塙遺跡 旧石器・縄文・弥生時代編』2001）　6：茨城・上岩瀬富士山（茨城県教育財団『上岩瀬富士山遺跡』2006）　7：茨城・石原（茨城県教育財団『石原遺跡』2000）　10：茨城・十王台（茨城県 1991）　11・13：茨城・梶巾（大宮町教育委員会ほか『梶巾遺跡』1985）　12：茨城・綱山（茨城県教育財団『綱山遺跡』2005）　14：茨城・武田石高（ひたちなか市教育委員会ほか『武田石高遺跡 旧石器・縄文・弥生時代編』1998）

図20　1・2・7：茨城・屋代A　3：茨城・屋代B（以上，茨城県 1991）　4・5：千葉・大崎台（大崎台B地区遺跡調査会『大崎台遺跡2』1986）　6・20：千葉：栗谷（八千代市遺跡調査会『栗谷遺跡』2001a）　8・9・11～14：茨城・根本（美浦村・陸平調査会『根本遺跡』1996）　15・16：茨城・陣屋敷（美浦村・陸平調査会『陣屋敷遺跡』1992）　10：千葉・上谷（八千代市遺跡調査会『上谷遺跡』2001a）　17：千葉・江原台（佐倉市教育委員会『江原台』1979）　18・19：千葉・あじき台（あじき台遺跡調査団『あじき台遺跡』1983）

図21　1・2：茨城・長峰（茨城県 1991）　3：茨城・髭釜（茨城県 1991）　4～8：茨城・根鹿北（土浦市教育委員会・下郷古墳群遺跡調査会『根鹿北遺跡・栗山窯跡』1997）　9・11・14・17：茨城・原田北（茨城県教育財団『土浦北工業団地造成地内埋蔵文化財調査報告書Ⅰ』1993）　10：茨城・原出口（茨城県教育財団『土浦北工業団地造成地内埋蔵文化財調査報告書Ⅲ』1995）　12：茨城・宝積（茨城県 1991）　15・16：茨城・原田西（茨城県教育財団 1993）

図22　1：栃木・烏森（栃木県文化振興事業団『烏森遺跡』1986）　2：栃木・間々田六本木（栃木県文化振興事業団『間々田地区遺跡群Ⅰ』1997）　3・4：栃木・井頭（栃木県教育委員会『井頭』1974）　5：栃木・

八幡根東（栃木県文化振興事業団『八幡根東遺跡』1996）　6・9：栃木・山王（南河内町教育委員会『三王遺跡』1998）　7・8：栃木・車堂（益子町史編さん委員会『車堂』1985）

図23　1・2・4・6・8・9・12・13・16・21：群馬・有馬（群馬県埋蔵文化財調査事業団1990b）　3：群馬・有馬廃寺跡(渋川市教育委員会『有馬廃寺跡発掘調査概報』1987）　5・7・14：群馬・小八木志志貝戸（群馬県埋蔵文化財調査事業団『小八木志志貝戸遺跡群Ⅰ』1999）　10：群馬・南蛇井増光寺（群馬県埋蔵文化財調査事業団『南蛇井増光寺遺跡Ⅴ』1997c）　11：群馬・有馬条里（群馬県埋蔵文化財調査事業団1989）　15・17・18・21：群馬・戸神諏訪（群馬県埋蔵文化財調査事業団『戸神諏訪遺跡』1990a）　19・20・23：群馬・神保植松（群馬県埋蔵文化財調査事業団1997b）

図24　1：埼玉・塩谷平氏ノ宮（本庄市教育委員会『金屋下別所遺跡Ｂ地点・塩谷平氏ノ宮遺跡・塩谷下大塚遺跡Ｅ地点』2006）　2：埼玉・雉子山（埼玉考古学会1976）　3・5・7・14：埼玉・霞ヶ関（柿沼幹夫「埼玉県西北部地方の櫛描文土器」『埼玉考古』23，1987）　4：埼玉・反町（埼玉県埋蔵文化財調査事業団『反町遺跡1』2009）　6・8：埼玉・代正寺（埼玉県埋蔵文化財調査事業団『代正寺・大西』1991）　9：埼玉・柊（坂戸市教育委員会『柊遺跡』2001）　10：埼玉・八幡（柿沼幹夫・ほか「岩鼻式土器から吉ヶ谷式どきへ　その2」『埼玉考古』45，2010）　11～13：埼玉・花影（埼玉県教育委員会『南大塚・中組・上組・鶴ケ丘・花影』1974a）　15・16・18・20：埼玉・駒堀（埼玉県教育委員会『駒堀』1974b）　17：埼玉・大里村（柿沼幹夫「吉ヶ谷式土器について」『土曜考古』5，1982）　19：群馬・竹沼（藤岡市教育委員会ほか『竹沼遺跡－昭和52年度発掘調査概報』1978）

図25　1・2・5：神奈川・長尾台北（長尾台北遺跡発掘調査団『長尾台北遺跡発掘調査報告書』1997）　3・12：神奈川・赤田 No.1（日本窯業史研究所『赤田地区遺跡群集落編Ⅰ』1994）　4：神奈川・寺下（日本窯業史研究所『寺下遺跡』2003）　6・7・13：神奈川・受地だいやま（奈良地区遺跡調査団1986）　8：神奈川・関耕地（観福寺北遺跡発掘調査団『観福寺北遺跡群関耕地遺跡発掘調査報告書』1997）　9：神奈川・津田山9（津田山9遺跡発掘調査団『津田山9遺跡発掘調査報告書』2004）　10：神奈川・伊屋之免（高津図書館友の会郷土史研究部『久地伊屋之免遺跡』1987）　11：神奈川・東泉寺上（高津図書館友の会郷土史研究部『平風久保・東泉寺上』1988）

図26　1・4：千葉・根田代市原市文化財センター『根田代』2005）　2：神奈川・港北ニュータウンＢ1（伊藤郭「港北の弥生式土器（Ⅱ）」『調

IV．各地の弥生土器及び並行期土器群の研究

査研究集録』第5集,港北ニュータウン埋蔵文化財調査団,1984) 3・9：神奈川・高原（佐島の丘埋蔵文化財発掘調査団『佐島の丘遺跡群』2003) 5・10：千葉・山田橋大山台（市原市文化財センター『山田橋大山台遺跡』2004) 6・16：千葉・長平台（市原市文化財センター『長平台遺跡』2006) 7：千葉・根方上ノ芝（鴨川市教育委員会『東条地区遺跡群』2000) 8・13・18：千葉・草刈（千葉県教育振興財団『千原台ニュータウンXⅦ』2007) 11・12：神奈川・二ッ池（黒沢浩「神奈川県二ッ池遺跡出土弥生土器の再検討」『明治大学博物館研究報告』8, 2003) 14・15・17：神奈川・山王山（神奈川県立埋蔵文化財センター『山王山遺跡』1985）

図27 1・10：埼玉・花ノ木(埼玉県埋蔵文化財調査事業団『花ノ木・向原・柿ノ木坂・水久保・丸山台』1994) 2〜9, 11, 13, 14, 16：東京・下戸塚(早稲田大学校地埋蔵文化財調査室『下戸塚遺跡の調査 第2部』1996) 12：東京・土器塚（目黒区教育委員会『土器塚遺跡』2001) 15：東京・騎兵山（加藤建設株式会社『騎兵山遺跡』2006) 17・22：東京・神谷原（八王子市椚田遺跡調査会『神谷原Ⅲ』1982) 18〜21：東京・多摩ニュータウン No.200（東京都埋蔵文化財センター『多摩ニュータウン遺跡－ No.200 遺跡（第2・3次調査) Ⅱ－』2002）

図28 1：神奈川・馬場台（関東弥生時代研究会ほか『南関東の弥生土器2』考古学リーダー16, 六一書房, 2009) 2〜4・6：神奈川・真田北金目（平塚市真田・北金目遺跡調査会『平塚市真田・北金目遺跡群発掘調査報告書1』1999) 5・7〜11・15：神奈川・王子ノ台（東海大学校地内遺跡調査団 2000) 12・14：神奈川・向原（神奈川県教育委員会『向原遺跡』1982) 13：神奈川・原口（かながわ考古学財団『原口遺跡2』1997) 16〜19：神奈川・殿屋敷（殿屋敷遺跡群C地区発掘調査団編『殿屋敷遺跡群C地区』1985）

図29 1〜10：神奈川・神崎（綾瀬市教育委員会『神崎遺跡発掘調査報告書』1992) 11〜17：神奈川・海老名本郷（富士ゼロックス株式会社・本郷遺跡調査団『海老名本郷X』1995）

（安藤広道）

7 東北

　東北地方は，行政的に青森・秋田・岩手・宮城・山形・福島の6県が含まれるが，東西約170km，南北約410kmと広大な上，河川・山脈等により複雑に分断されており，河川水系や盆地などを単位として，一系統の土器変遷を示すわけではない。また，北は北海道，南は北陸・関東北部などと密接な関係を有しており，行政的な区分が地域の区分をあらわすものでもない。本稿では，平野・盆地および河川流域単位で基本的に記述することとし，新潟県下越地方は東北南部との関係性の強い地域であるため，適時触れることにする。

　対象時期については，弥生早・前期に並行する縄文土器も扱うが，この時期は主に東北中部の土器を中心として記述し，適宜地域的な相違点を述べるにとどめる。時期区分に関しては，前期（I期），中期前半（II期），中期中葉（III期），中期後半（IV期），後期（V期）と大別し，細分される場合はその都度記述する。

　さて，東北地方の弥生土器を扱った論考は，馬目順一（馬目1982）・橘善光（橘1982）による概説のほかに，須藤隆『東北日本先史時代文化変化・社会変動の研究』や高瀬克範『本州島東北部の弥生社会誌』，石川日出志『考古資料大観』がある。また，シンポジウムとしては縄文文化検討会による『東北地方の弥生式土器編年について』などのほか，石川日出志氏の科学研究費報告などがある（石川2005a）。これらの先行研究を参考としながら，土器編年研究について以下に述べることとする。

第1節　弥生早・前期並行の縄文土器

　後述するように，東北地方における弥生時代の開始期を，青森県弘前市砂沢遺跡の水田跡を基準として考えるならば，開始時期が大洞A'式に遡上する可能性はあるものの，砂沢式の成立をもって弥生前期のはじまりとみなす考えが一般的である。砂沢式は，畿内第I様式新段階に並行するとの説が主流であるが，一部中段階まで遡るとの説もある（須藤1998，櫻井2009）。本稿では，砂沢式以前の土器を縄文晩期土器として扱い，本書のテーマが弥生土器を対象としているため，晩期土器については簡略に述べるにとどめる。

IV，各地の弥生土器及び並行期土器群の研究

1，弥生早期並行の縄文土器

弥生早期並行の東北地方は，山内清男による晩期6期区分（B式・B－C式，C_1式，C_2式，A式，A'式）に従えば（山内1930），晩期中葉の大洞C_2式に該当する（藤沼・関根2008）。

大洞C_2式は，高橋龍三郎による5細分（高橋1993b），鈴木加津子による6細分案がある（鈴木加1991）。両氏による細分は，一部前型式（大洞C_1式）を含むなど，細分型式認定の上で判断に迷う資料も多いため，本稿では大きく新古2段階に細分する。

大洞C_2式古段階は，大洞C_1式の文様や器形を強く残す時期である（図1-1～8）。器種は大洞C_1式の丸底の椀形が平底になる傾向にあり，底径の大きい浅鉢が特徴的な時期である。文様は，大洞C_1式と同様に独立した単位文様を繰り返し描くが，主文様が扁平化し，文様描出においても浮彫的な手法は少なくなり，平面的な文様が描かれるようになる。宮城県大和町摺萩遺跡や同東松島市里浜貝塚，同大崎市北小松遺跡（1～8）などでまとまる。

新段階は，高橋龍三郎のネガ文様類型の合体型が成立した時期に該当する（高橋1993b，図1-10・16・21）。山王囲遺跡Ⅶ層に良好なまとまりを有する（伊東・須藤1985）。古段階に盛行した独立する単位文様は継続して描かれるが（図1-11～13・15），器形が大きく変化する。口縁部装飾が形骸化し，頸・胴部界に眼鏡状隆帯がめぐるものが増える。

該期の粗製土器は，水系・盆地単位で大きく異なっており，地域的差異が大きいのも特徴である（佐藤1985）。新潟県上越地方・会津地方などの外殻圏では，地方型式としての上野原式が分布する。

2，弥生前期並行の縄文土器

(1) 大洞A_1式

大洞A_1式は，山内の晩期6期区分の大洞A式の該当するものである。いわゆる「工字文」に代表される時期である。

大洞C_2式と大洞A_1式をつなぐ型式として，いわゆる磨消縄文で工字文（合体型4類）を描く，仮称山王Ⅵ層式を林謙作が提唱している（林1981，1985）。近年では，この段階の型式に対して大洞C_2/A式という型式名が使

7 東北

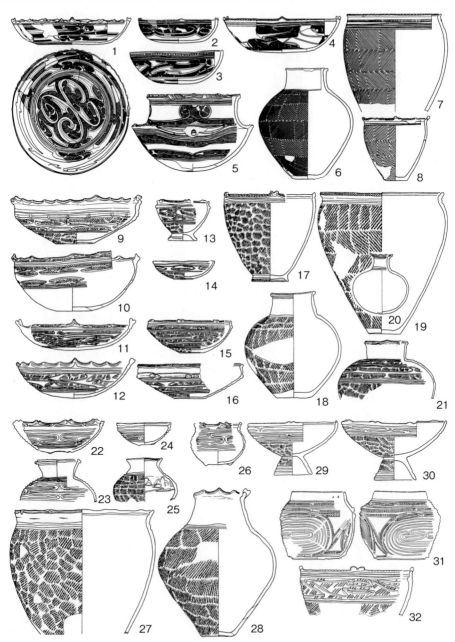

図1 弥生時代早・前期並行期の縄文土器

IV. 各地の弥生土器及び並行期土器群の研究

用されることもある（設楽・小林2007）。いずれも，型式内容について具体的な説明がないため，どの土器群を指しているのか不明確な部分もあるが，工字文と磨消縄文が共存する段階については，大洞C_2式・大洞A_1式いずれの型式に帰属するかは判断に悩む場合も多い。ここでは，工字文の成立をもって大洞A_1式と判断するため，上記過渡期とされる型式については大洞A_1式として記述する。

大洞A_1式古段階の基準資料の山王囲遺跡VI層では，林が指摘するような磨消縄文で工字文を描く土器は図示されておらず，広い文様帯に流水型の工字文を描くものが主体になる時期である（図1–22～28）。浅鉢の口縁部文様が発達し，口部装飾帯をなす。また，口部・胴部文様帯を区画する頸部には隆帯化した眼鏡状隆帯が施文されるのも特徴的である。磨消縄文の工字文は，一部後続型式を含むものの秋田県横手市平鹿遺跡SX009などで出土している。上越・会津地方では浮線文土器の鳥屋1式に概ね該当する。

大洞A_1式新段階は，山王囲遺跡Vc–7層出土土器に代表される（図1–29～32）。台付浅鉢が増え，上下交互にズラす工字文が増加する。また図1–32は，後続する大洞A_2式の特殊工字文の祖形とされるものである（品川2003，高橋1993b）。鳥屋2a式と並行する。

(2) 大洞A_2式

大洞A_2式は，山内清男が1964年に『日本原始美術I』の編年表においてA式とA'式の間を埋める新たな型式として提示したが（山内編1964），具体的な資料の提示がなかったため（平山ほか1971），長くその型式の存否について言及されることはなかった。そのようななか，鈴木正博は1980年代半ばから積極的に論考を発表し，宮城県角田市梁瀬浦遺跡や同七ヶ浜町二月田貝塚などに代表される「変形匹字文」を有する土器群を大洞A_2式に比定した（鈴木1985a・1987）。また，大洞A_2式という型式名は使用しないものの，工藤竹久も東北北部を対象とした同土器群を大洞A式と大洞A'式の間を繋ぐものとして同様の見解を示している（工藤1987）。鈴木・工藤の見解は，他の研究者により概ね追認されているが（佐藤2005，高瀬2000b），近年，大坂拓は鈴木の「変形匹字文」土器群を，一括資料と器形の違いなどを重視し，「変形匹字文」が基本的な文様構成を変えることなく，大洞A_2式期から

弥生前期まで継続して使用されたものと指摘している（大坂 2009b）。

大洞A_2式は，北上市九年橋遺跡 10・11 次調査（図 3-1〜8），山形県天童市砂子田遺跡（図 3-9〜15）などでまとまって出土している。代表的な文様である特殊工字文は，大洞A_1式の特殊工字文（図 1-32）からの連続的な変化を追うことができ（高橋 1993b），変形匹字文と補助単位文を交互に配置し，通常 3 単位で描かれることが多い。青森・秋田・岩手・山形（最上地方）では補助単位文が斜線でのみ描かれるのに対して，山形盆地・宮城・福島では匹字状に描かれる（佐藤 2005）。また，小形鉢の器形も，前者では直線的にひらくのに対して（図 3-1），後者では胴部で一度くびれる箱形のものが主体である（図 3-9）。この時期には，上下対称の匹字文が盛行し，精製・半精製土器の文様として積極的に採用される（図 3-15）。注口土器など，前段階までに盛行した器種が極めて少なくなる。外殻圏では鳥屋 2b 式と並行する。

(3) 大洞A'式

大洞A'式については，大洞A_2式の評価とともに様々な意見が出されている。諸説が乱立する要因としては，基準資料である大洞貝塚A'地点出土土

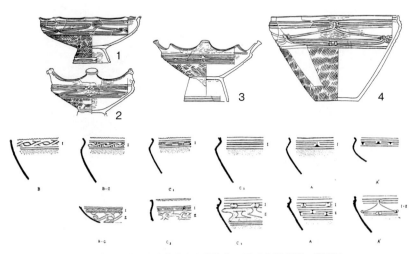

図2　大洞貝塚A'地点出土土器と亀ヶ岡式土器変遷の模型図

Ⅳ，各地の弥生土器及び並行期土器群の研究

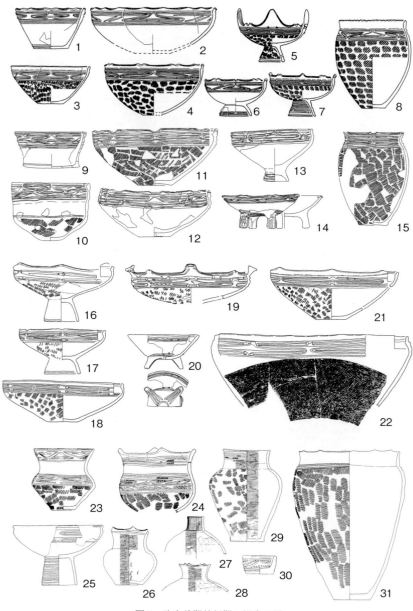

図3 弥生前期並行期の縄文土器

器(図2–1〜4)の評価が大きく影響している(高瀬2000b,中村1988)。
　筆者は,山内のA'式の模式図のモデルを図2–4と仮定し,この土器が弥生前期いわゆる砂沢式に並行する土器であることを指摘し,A'地点出土土器に時期幅が存在することを指摘している(佐藤2008a)。A'地点出土土器を大洞A'式の基準と考える立場に立つならば,大洞A'式を新古に区分し,4が新段階として扱われることになる。現状では,金子昭彦が指摘するように,A'式は古段階に限定して用い,砂沢式に並行する新段階は弥生前期として扱うのが現実的な対応であろう(金子2007)。
　台付浅鉢や浅鉢は,底部から直線的に大きく開き,口縁部直下で大きく屈曲する(図3–16〜19)。その狭い屈曲部に文様帯を配置し,変形工字文や上下交互にずらした匹字文・工字文を施文する。壺は,頸部が直線的に立ち上がるものが多く,口縁部付近には2〜3条の沈線で工字文を施すのみである。胴部は無文が多いが,肩部に変形工字文を描くものもある。また,この時期になると色調が赤褐色を呈することが多く,大洞A_2式との相違点でもある。
　大洞A'式を出土する遺跡は,前後型式を含んでいる場合が多く,栗原市山王囲遺跡Ⅳ1・ⅲ層は,須藤隆の晩期Ⅵ期であるが,一部弥生前期の土器を含む。図示した北上市金附遺跡では,晩期後半から弥生中期前半までの土器が層位的に出土し,金子のⅡ群土器が概ね該当する(金子2007)。浮線文土器分布圏と接触する地域である福島県域では,異なる様相を示している(図3–23〜31)。

第2節　弥生土器の編年

1,前期

　青森県域には砂沢式が分布する(図4–1〜13)。砂沢式は,弘前市砂沢遺跡出土土器を標式として芹沢長介によって提唱され(芹沢1958),大洞A'式の地方型式とされたこともあったが(芹沢1960),現在では大洞A'式に後続するとの認識が一般的である。大洞A'式と砂沢式の相違については,松本健速による分類が参考になる(松本1998)。
　浅鉢や高坏には,大洞A'式に盛行した変形工字文が,より幅の広い文様帯に描かれ,沈線幅も太くなる傾向にある。高坏は波状口縁の振幅が大きくなり,脚部も高さを有するようになる。砂沢式は,近年2ないし3細分され

Ⅳ．各地の弥生土器及び並行期土器群の研究

る傾向にあり，矢島敬之は浅鉢の器形と突起形態および文様構成の対応関係とその消長をとらえ，新古2段階に細分している（矢島2000）。品川欣也は，砂沢遺跡の出土状況から遺物集中区を確認し，地点別に3段階の変遷を提示した（品川2002・2005a）。古段階の土器は，器体の2/3程度を文様帯として変形工字文を描く（図4-1・2）。文様帯下には，二条の平行沈線の帯を描き，以下を縄文施文する。新段階になると，文様帯上端の沈線数4条のものが出現し，内面沈線も2条が多くなる（図4-5・6）。また変形工字文の主線も2ないし3条で描かれ，全体的に多条化の傾向にある。高坏脚部にも刺突充填が増えるなど（図4-8），古段階との違いが明瞭になる。類遠賀川系土器の壺や甕が組成する（図4-11・12）。

下北半島の佐井村八幡堂遺跡出土土器を分析した大坂拓は，文様構成だけではなく器形や突起形態などから八幡堂Ⅰ群～Ⅲ群まで分類し，後続する段階として梨ノ木平段階・戸沢川代段階を設定する（大坂2009a・2012b）。概ね八幡堂Ⅰ群が大洞A_2式に，Ⅱ群が大洞A'式に相当する。Ⅲ群は，大坂氏は晩期最終末の型式として位置づけるが，品川・矢島両氏の古段階に相当すると考えられる。

北上川流域には，宮城県栗原市山王囲遺跡Ⅳa・k層出土土器を標式とした山王Ⅳ上層式が広く分布する（図4-14～24，須藤1987）。大洞A'式と比較すると，文様帯・沈線幅が広くなり，貼瘤が大きくなるなど，砂沢式と連動した変化をする。ただし，砂沢式の鉢のように，器面全面に変形工字文を施文する例は少なく，文様帯の下に平行沈線の帯を施すものが多い。山王Ⅳ上層式の分布範囲は，北上川上・中流域を中心としている。馬淵川・新井田川流域や雄物川下流域では，砂沢式と山王Ⅳ上層式が共伴することが多く，八戸市是川中居遺跡や秋田市地蔵田遺跡などで出土しており，両型式の境界地域である。

後続する青木畑式は，佐藤信行氏によって，栗原市青木畑遺跡出土土器を標式として設定された（図4-25～36，佐藤1980・81）。青木畑式は，山王Ⅳ上層式と同様に変形工字文が描かれるが，構図や交点部の処理がやや崩れる（佐藤2009）。また，山王Ⅳ上層式では少なかった流水型変形工字文が増えるのが特徴的である。そして，図4-34のような磨消縄文で文様を描くものも出現するなど，後続する土器群の特徴の萌芽がみられる。器種は高坏が目

7 東北

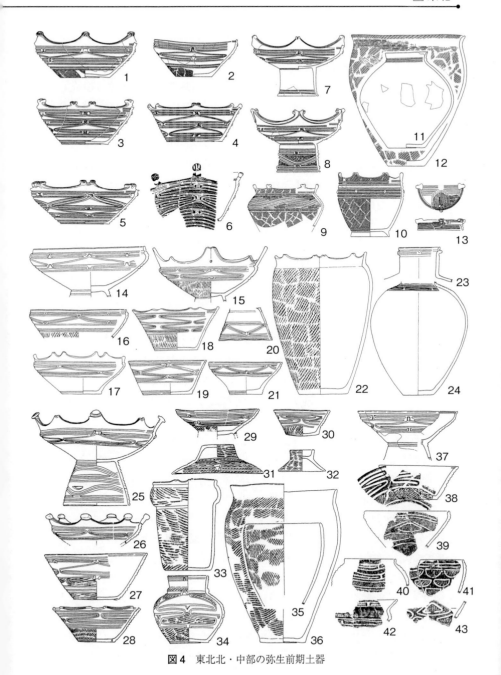

図4 東北北・中部の弥生前期土器

IV．各地の弥生土器及び並行期土器群の研究

立つようになり，脚部に波状文を1～2段描く。笠形の蓋（図4-31・32）が安定して組成するようになるが，壺・甕などの類遠賀川系土器は組成しない。山王Ⅳ上層式から青木畑式への変遷については，北上市金附遺跡の調査によって具体的に示されている（金子2006）。

仙台平野には名取市十三塚遺跡を標式とする十三塚東D式が分布する（石川2005c，図4-37～43）。弥生前期の資料は仙台平野で少ないため詳細は不明確だが，名取市飯野坂遺跡などの資料からも，類遠賀川系土器とともに一部磨消縄文が伴う可能性が高い。仙台市南小泉遺跡3次調査出土は後続する土器群と考えられる。

山形県庄内平野には，酒田市生石2遺跡を標式とした生石2C式が分布する（図5-11～20，佐藤2006）。生石2C式は，青森県域に分布する砂沢式系，在地系，そして類遠賀川系土器群の三者が組成する。大坂拓は砂沢（新）式に並行させているのに対して，頸部区画線や変形工字文主線の多条化が進んでいないことから，それよりも古く位置付ける考えもある（佐藤2006）。山形盆地では，村山市作野遺跡が近年調査され，竪穴住居から良好なまとまりをもった土器群が出土した（図5-1～10）。東北中部に特徴的な器種である頸部の膨らむ筒形土器（図4-33，図5-15）が出土しないなど，生石2C式よりも古い要素を有しており，庄内平野において生石2C式に先行する土器群の存在を予見させる。

生石2C式に後続する生石2B式は，生石2C式から系統的に繋がらない要素が多く，東北南部の影響が強くなる時期である（図5-37～40）。上記した青木畑式や東北南部の御代田式との関係を有するなど，中期まで下る可能性はあるものの，前期段階としたい。

東北南部では，郡山市御代田遺跡を標式とした御代田式が位置付けられる（図5-21～32，口絵Ⅶ-1，目黒1962）。御代田遺跡出土土器は，一括性が保てないことから，時期幅を有するとの指摘もある（鈴木源2002）。変形工字文が主体を占める時期と，変形工字文と磨消縄文が共存する時期とに大きく細分することもできよう。古段階には，郡山市一人子遺跡や墓料遺跡などが位置付けられる（図5-36）。変形工字文を描くが，A'式のものと比較すると沈線幅が太くなり，磨消縄文が付加される場合もある。新段階では，変形工字文の伝統を残しながら，構図や交点処理が崩れる傾向にある（図5-35）。

[7] 東北

図5　東北中・南部の弥生前期土器

IV. 各地の弥生土器及び並行期土器群の研究

前期には，図5-34のような磨消浮帯文を描く壺が稀に出土しており，中期に盛行する磨消縄文土器群の萌芽がみられる（石川2005d）。

御代田式は，山形県白鷹町岡ノ台遺跡や米沢市杢代遺跡などで出土しており，山形県置賜地方にも広がりをもつ。また，上越地方には緒立式が分布しており，御代田式との関連が強い。

2. 中期

(1) 中期前半

青森県域では，砂沢式に後続する型式として，津軽平野を中心に五所式，下北地方に二枚橋式が成立する。下北地方において二枚橋式以降の時期は，北海道南部との結びつきが強い地域のため，北海道の項で扱うこととし，ここでは津軽平野を中心として述べる。

五所式は，弘前市五所遺跡出土土器をもとにして村越潔により設定された（村越1965）。伊東信雄による田舎舘式の提唱後（伊東1960），砂沢式と田舎舘式の間を埋める型式として位置づけられた。砂沢式の細分を行った矢島敬之・大坂拓は，砂沢式古段階から新段階への変遷過程の中で，後続する五所式の型式的特徴を抽出し，改めて五所式の位置づけを行っている（矢島2000，大坂2010）。五所式および二枚橋式には，坏部が屈曲する高坏が特徴的に組成し（図6-6），砂沢式高坏との違いは明瞭である。文様は，砂沢式同様に変形工字文を描くが，変形工字文の主・副線や内面沈線・波状口縁に沿う沈線などの条数が，砂沢式新段階と比較して増える傾向にある。

五所式設定時には，依然として田舎舘式との型式的な距離が指摘されていた（村越1965）。須藤隆は，東北大学調査の垂柳遺跡出土土器を分類し，青森県東西二系統論を提示し，西部は「砂沢式→五所式→井沢式→田舎舘3群」の変遷をたどるとした（須藤1983）。須藤の二系統論は，複雑な構造を持つ田舎舘式を系統別に年代・地域差に整理したものであるが，その対応関係・変遷過程については少なからず問題のある見解ではあった（齋藤2004）。田舎舘式は，「Ⅲ群が主体を占めⅡ群が補完的に共伴する組み合わせ」（工藤2005）との理解で整理されているが，その分布範囲についてはいまだ明らかになっていない。さて，五所式と田舎舘式の間を埋めるとされる井沢式の評価については，複数の型式にまたがっており，一型式としてとらえ得るかは

7 東北

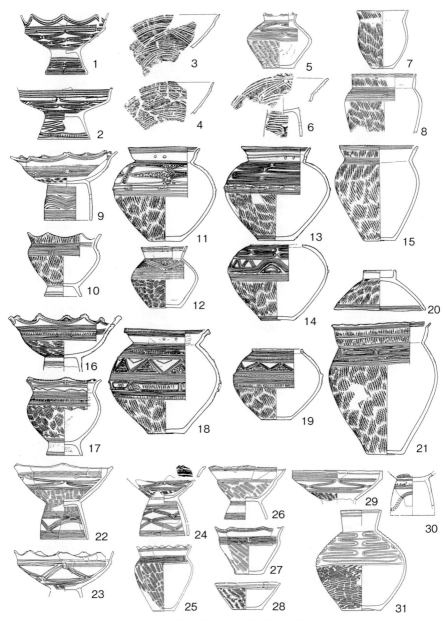

図6 東北北部の弥生中期前半の土器

Ⅳ．各地の弥生土器及び並行期土器群の研究

判断に悩む部分が多い。大坂は，近年調査された垂柳遺跡出土資料を分析し，垂柳1式〜3式までの変遷案を提示している（大坂2010）。1式（図6–9〜15）・2式（図6–16〜21）が中期前半にあたる。

三八上北地方では，工藤竹久氏によって馬場野Ⅱ式が設定されている（工藤2005）。当該地方は，前期同様に青森県と北上川流域両地域の影響を強く受ける地域であり，馬場野Ⅱ式は，五所式・二枚橋式・谷起島式の特徴を併せ持った特徴を有する。岩手県軽米町馬場野Ⅱ遺跡を標式としており（図6–29〜31），青森県三沢市小山田（2）遺跡でよくまとまる（図6–22〜28）。前期段階では砂沢式と山王Ⅳ上層式の両系統が混在する状況であったが，中期になり山王Ⅳ上層式の要素を強く引き継ぐようになる。東北中部の谷起島式に特徴的な波状文が高坏脚部に描かれる。また，高坏などの器形も口縁部が立ち上がるなど違いも鮮明になる（図6–29）。馬淵川流域では，馬場野Ⅱ式と谷起島式が共伴する場合もあり（図7–17・18），周辺地域の動向とあわせて将来的に細分される可能性が高い。

秋田県では，男鹿市横長根A遺跡を標式とする横長根A式が位置づけられる（図7–19〜30），五所式並行の寒川Ⅰ遺跡に後続する。鉢や高坏の口縁部には縄文の帯がめぐることが多い。五所式の変形工字文がさらに崩れ，交点部分は縦線や反転するようになる。整形時の刷毛目が残るのが特徴的である。横長根A式は北上川流域の谷起島式中・新段階と共伴することが多く，両者の並行関係を示すものの，横長根A式自体が時期幅を有するため，将来的に一括資料をもとにした細分の必要性を有する（根岸2005・2006）。

北上川流域には谷起島式が分布する。谷起島式は，岩手県一関市谷起島遺跡を標式とし，鳥畑寿夫によって提唱され（鳥畑1958），現在では3細分されている（石川2005a・b，品川2005b）。細分にあたっては，岩手県滝沢市湯舟沢遺跡の住居跡出土資料等を基準に変遷が捉えられている。古段階は，反転部の鋭い流水型変形工字文を中心として文様が描かれ（図7–1〜4），中段階になると変形工字文の反転部が丸みを帯び，区画線に接続したπ字形になる場合があり，文様に縄文が付加されるようになる（図7–5〜8）。新段階には，変形工字文の構図が崩れ，太めの沈線でより曲線的な構図を磨消縄文で描くようになる（図7–11〜16）。同様の土器群に対して，山王Ⅲ層式の名称が用いられる場合もある（須藤1983）。

7 東北

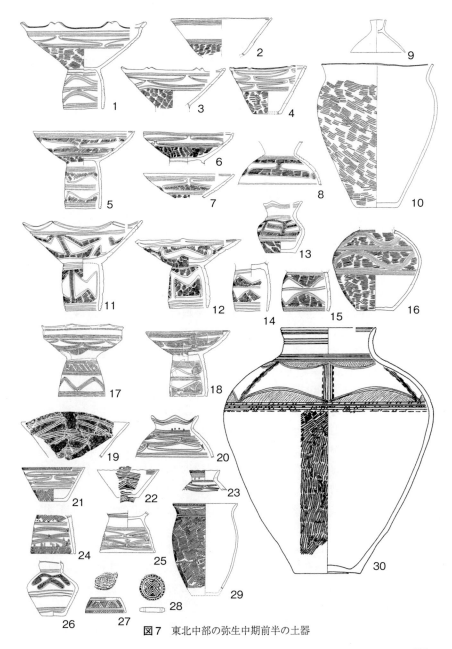

図7 東北中部の弥生中期前半の土器

Ⅳ．各地の弥生土器及び並行期土器群の研究

　仙台平野においては，宮城県名取市原遺跡を標式とする原式が分布する(図8–1〜26，須藤 1999)。原式は，変形工字文と磨消縄文が共存する特徴を有し，後続する高田B式や中在家南式に系統的に続いていく。須藤隆は，山王Ⅲ層式に後続するとしているが，山王Ⅲ層式を積極的に前期に位置づける根拠は乏しいため，原式と山王Ⅲ層式は並行関係にあると考えられる。原式は，地点別土器群の相違をもとに新古2段階に細分される（斎野 2008・2011）。古段階は3号河川4層出土土器（図8–1〜13）に，新段階は13次調査出土土器（図8–14〜26）に該当する。古段階は，十三塚東D式に出現した磨消縄文の構図を踏襲し，楕円・菱形文が卓越し，変形工字文も前期段階の伝統が色濃く残っている。それに対して，新段階には磨消縄文のネガ・ポジが逆転し（図7–23・24），構図も菱形から方形になる傾向にある（図7–21・22），変形工字文は条数の増加とともに交点部分がスリット状に描かれるようになるなど，後続する高田B式と共通する要素が出現する。

　山形盆地では，前期型式との連続的な変遷が追いづらいものの，東根市小田島城跡（図8–27〜38）および天童市成生地蔵池遺跡などの地蔵池式が分布する。曲線的な磨消縄文の文様構図は，隣接する仙台平野の原式とは類似せず，阿武隈川流域の鱸沼式（図8–39〜49）と共通する要素が多い。小田島城跡では，原式の鉢などが出土しており，原式との接点を有する。

　東北南部では，会津若松市今和泉遺跡を標式とした今和泉式が成立する(図9–1〜19)。晩期終末からの伝統である変形工字文系土器が減少し（8・11），磨消縄文で独立した三角形や菱形を描くようになる（1〜7）。口縁部が内湾する筒形の器種が煮沸具として主体となり，条痕施文の深鉢も組成する。

　今和泉式との前後関係については，未だ不明確な部分もあるが，後続型式として棚倉式・南御山1式が成立する。棚倉式は福島県棚倉町棚倉崖ノ上遺跡，南御山1式は会津若松市南御山遺跡を標式とする。今和泉式は構図内に縄文を充填施文しているが，ネガ・ポジが逆転し，細い帯状の文様構図で描かれるものが主体となる。中通り地方では，福島市孫六橋遺跡に代表される（図9–20〜31）。浜通り地方には，いわき市龍門寺遺跡を標式とした龍門寺式が成立する（図9–33〜39）。甕・壺・蓋などのほかに，把手付土器や片口などが組成する。いずれの器種にも磨消縄文で連弧文や王子文を描く。壺には渦文が描かれるなど，仙台平野の桝形式との類似性から，時期幅を持たせ

7 東北

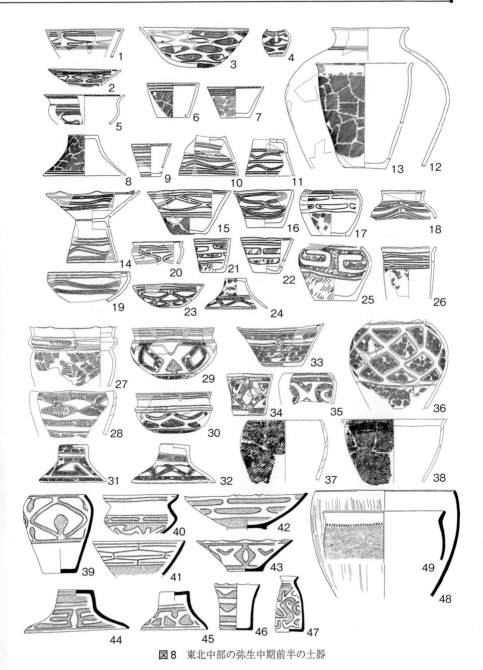

図8 東北中部の弥生中期前半の土器

Ⅳ．各地の弥生土器及び並行期土器群の研究

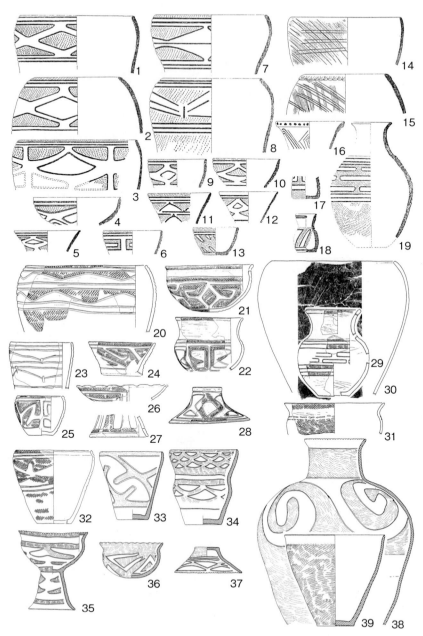

図9　東北南部の弥生中期前半の土器

中期中葉にまで並行させる見解もあるが,全体的な文様構図などの特徴から,原式新段階・棚倉式に並行させる。今和泉式に並行する土器群は,楢葉町美シ森B遺跡で出土しているが,資料的には少ない（図9–32）。

(2) 中期中葉

　青森県域に分布する田舎舘式は設定当初,仙台平野の桝形（囲）式に並行するとされていたが,垂柳遺跡出土土器には時期幅があることが指摘され（須藤1983），上記のように中期前半から継続した土器群である。中期中葉には垂柳3式が位置付けられる（図10–1〜8,大坂2010）。連続山形文が盛行し,平行沈線の多条化・多段化が進む。無頸壺の口縁部立ち上がりはなくなる。三八上北地方では,青森県三沢市大石平遺跡Ⅵ群2類土器が馬場野Ⅱ式に後続し（図10–9〜18），工藤竹久により大石平Ⅵ式が提唱されている（工藤2005）。磨消縄文で連弧文を描く小型の鉢に代表され（10〜15），二枚橋式から継続する長頸甕が組成する（9）。

　北上川流域では,谷起島式に後続する川岸場式が成立し,谷起島（新）式の磨消縄文の構図を引き継ぐ（図10–19〜32）。川岸場式は,岩手県奥州市川岸場Ⅱ遺跡出土土器を標式として石川日出志によって設定された（石川2005b）。谷起島（新）式と比較すると沈線幅がやや細くなり,構図も直線的になる。沈線に沿うように刺突充填されるのが特徴であり,高坏付部の口縁部直下には磨消縄文の帯がめぐる。川岸場式の中でも細別段階が設定されている（石川2005b）。

　仙台平野では,桝形（囲）式が位置づけられる。桝形式は,多賀城市桝形囲貝塚出土土器をもとに山内清男が設定し,伊東信雄が仙台市南小泉遺跡出土土器を用い型式内容を補足している。東北南部の南御山2式と共通性が高く,両者の近似性については型式設定段階から指摘されている。桝形囲貝塚と南小泉遺跡出土土器を比較した馬目順一は,両者の型式学的相違点を抽出し,年代差であることを指摘し（馬目1987），須藤隆は特定の器種を抜き出して新古相を指摘している（須藤1990）。このように桝形式が細別可能なことは古くから指摘されていたが,その後は両者の相違点は認識されながらも,積極的に細分されなかった（須藤1987など）。しかし,仙台市高田B遺跡と同市中在家南遺跡が相次いで発掘調査され,桝形式の資料が飛躍的に増大す

Ⅳ，各地の弥生土器及び並行期土器群の研究

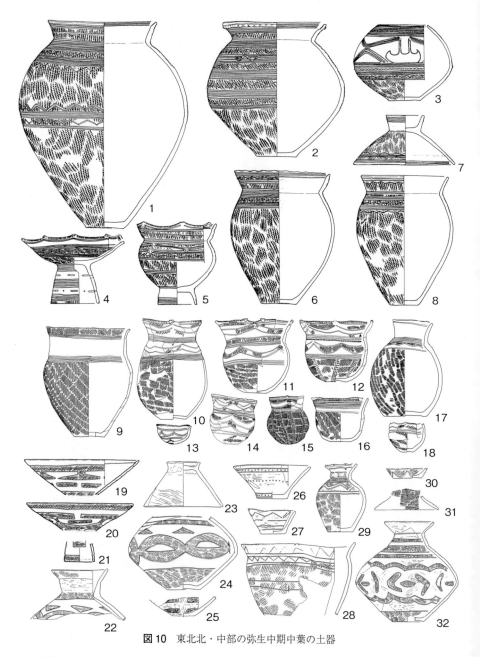

図10　東北北・中部の弥生中期中葉の土器

[7] 東北

図11　東北中部の弥生中期中葉の土器

Ⅳ, 各地の弥生土器及び並行期土器群の研究

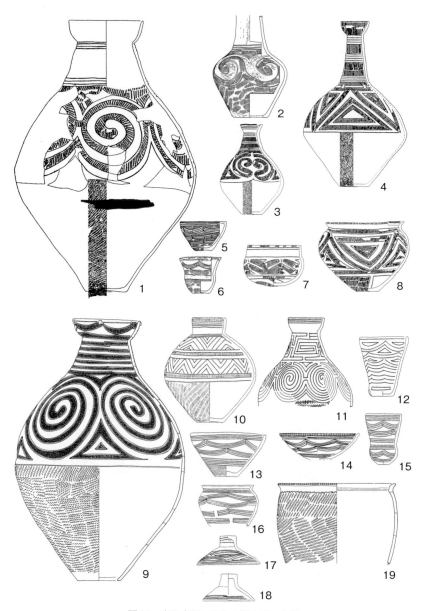

図 12　東北南部の弥生中期中葉の土器

ることで，時期幅を有する可能性が高くなった。両遺跡出土土器は，基本的構造において桝形式の範疇におさまるものの，文様構成や描出手法などに相違点が見られることから，高田B遺跡を桝形式古段階に（図 11-1〜15），中在家南遺跡を新段階として（図 11-16〜32），桝形式の細分が進められている（石川 2005c，高瀬 2004 など）。主な相違点としては，文様構図の交点が連結されなくなるなど，土器整形の点で粗雑化が進む。

東北南部では，前段階の磨消縄文の構図がより軟化・曲線化する段階で，壺に施文される渦文が特徴的な時期である。会津盆地には南御山2式（図 12-1〜8）・二ッ釜式（図 12-9〜19）が，浜通り地方には大畑A式・大畑E式が分布する。該期の遺跡は，墓制にかかわる遺跡が多いこともあり，壺が組成の大半を占める。壺は細頸のものが多く，次いで太頸・直口壺もある。いずれも受口口縁を呈することが多く，この特徴は後続型式に残る。南御山2式には，狭い構図の帯が1帯置きに縄文（赤彩）とミガキが交互に施され，二ッ釜式になると縄文は施文されず，ミガキと赤彩のみが残る。両型式とも胴下半の地文は附加条縄文を施し，底部付近にミガキを加える。南御山2式は会津坂下町経塚古墳で，二ッ釜式は会津若松市一ノ堰B遺跡の土坑墓で良好な資料が出土している。一ノ堰B遺跡では，図 12-10 のような植物茎回転（主にカナムグラ）による擬状縄文も含まれ，直線的な構図の資料に多く認められる。阿武隈川下流域には，蔵王町円田遺跡を標式とした円田式が分布するが，二ッ釜式との相違点が不明瞭なため，型式としての自立性には不明確な部分が多い（図 11-44）。上述した桝形式の細分は，南御山2式・二ッ釜式の変遷に対応する考え方と（石川 2005c），南御山2式内での時期幅としてとらえ，円田式に類似する資料を後続させる考えがある（大坂 2012a）。

大畑A式は，文様施文の規則が徹底されておらず，南御山2式と比較すると粗雑な印象を受ける。縄文部と無文部の境界が非常にラフで，地文縄文に文様を施文する例もみられる。須賀川市土取場B遺跡で南御山2式と共伴している。

(3) 中期後半

中期後半になると，津軽平野では遺跡数が激減し，垂柳式に後続する土器群の実態が不明確である。前段階まで東西地域差が顕著だった青森県域において，いわゆる念仏間式とよばれる比較的斉一化した型式が成立する。また，

Ⅳ，各地の弥生土器及び並行期土器群の研究

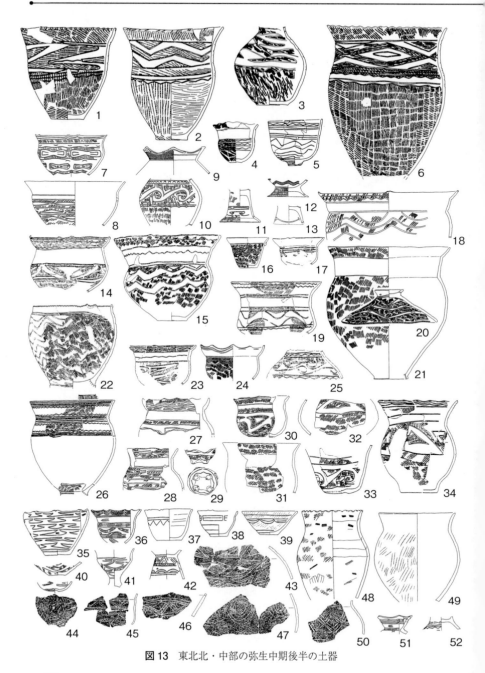

図13　東北北・中部の弥生中期後半の土器

[7] 東北

　三八上北地方では，三沢市大石平遺跡Ⅰ群出土土器（大石平1式）が位置付けられる（図13–1～6，工藤2005）。いずれも，中期中葉土器群との型式的な連続性が薄く，他地域からの影響関係があったと考えられるものの，その出自については不明確な部分が多い。主要器種の甕は，幅広の頸部文様帯に磨消縄文で曲線的な構図が描かれる。文様帯下端に連続山形文が描かれることが多い。

　馬淵川流域では，宮古市和井内東遺跡（図13–7～13）や一戸町上野B遺跡（図13–14～26）に代表される「和井内東式」が位置付けられる。大石平1式とは異なり，甕の頸部文様帯は発達せず，無文帯になる場合が多い。胴部文様帯に磨消縄文で曲線的な文様が描かれるが，個体ごとの変異幅が大きい。同様の土器群は，三陸沿岸部でも確認される（図13–27～34）。

　北上川流域には岩手県奥州市橋本遺跡を標式とする橋本式が成立する（図13–35～52，佐藤・伊藤1992）。橋本式は，桝形式や宇津ノ台式の地方色をもつ型式とされ，伊東信雄により提唱された（伊東1974）。磨消縄文により弧線文や重菱形文を描く。川岸場式に特徴的だった磨消縄文の刺突充填は，縄文が抜けて刺突充填のみとなる例が目立つ（45・46）。また，磨消縄文を採用しない沈線文のみの文様（山形文や重菱形文など）も多くなる。高坏は小型化し，脚部も柱状化するものが増える。

　秋田県域には宇津ノ台式が分布する（図14–18～34）。宇津ノ台式は，秋田県大曲市宇津ノ台遺跡出土土器をもとに設定された（須藤1969，半田1959）。重菱形文を施文した甕が特徴的な器種で，口縁部内面の斜格子目文など，北陸地方の小松式の要素が取り込まれる。宇津ノ台式は，日本海側を中心として分布しており，新潟県域の山草荷式（図14–35～43）と極めて強い関係性を有する。山草荷式は，宇津ノ台式系に北陸の小松式や東北南部の川原町口式が共伴する場合が多く，広域編年上重要な型式である。また，中間地点である山形県庄内地方も，おそらく宇津ノ台式と同様の土器群が分布すると考えられる。

　宮城県大崎市境ノ目A遺跡では，橋本式・中在家南式後続型式および宇津ノ台式の影響を強く受けた土器群が出土している（図14–1～17，佐藤ほか1982）。一部，東北南部の平行沈線文系の構図が採用されている（6・7）。出土土器に前型式を含んでおり型式として昇華させるか判断に悩むが，宇津ノ

421

Ⅳ，各地の弥生土器及び並行期土器群の研究

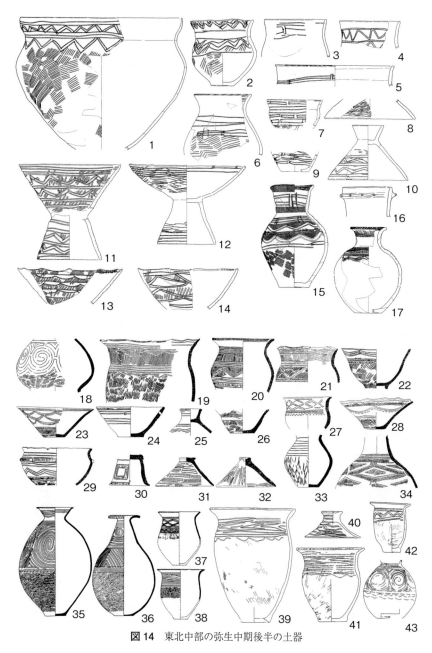

図14　東北中部の弥生中期後半の土器

台式同様に小松式の影響を少なからず受けており（17），日本海側と太平洋側をつなぐ土器群として注目される。

仙台平野では，中在家南式以降，遺跡数が激減するため資料数が限られる。石川日出志は，中在家南遺跡の中から文様構図の崩れた一群を抜き出し，中在家南式後続型式として中期後半に位置付ける（図11-33〜37，石川2005c）。それに対して，斎野裕彦・大坂拓は，高田B・中在家南両型式を南御山2式に並行する土器群とし，文様構図から縄文の抜けた一群を抽出し，東北南部・二ッ釜式に並行する阿武隈川流域の円田式類似の土器を後続型式として位置付ける（大坂2012a，斎野2008，図11-38〜40）。いずれの編年案をとるかによって中期後半の位置付けが異なることになろう。

それらに後続する型式は，東北南部に分布する平行沈線文系土器群のなかに組み込まれ，十三塚式が成立する。十三塚式は，名取市十三塚遺跡出土土器を標式として伊東信雄によって設定され（伊東1957），福島県浜通り地方に分布する桜井式との共通性が指摘されている。また，塩釜市崎山囲洞窟から出土した土器に対して崎山囲式も提唱され（須藤1990），相澤清利による細分案も提示されている（相澤2013）。同様の土器群は山形盆地にも分布しており，七浦式が設定されている（加藤・中山1982）。筆者は，山形県南陽市百刈田遺跡出土土器（口絵Ⅶ-2）をもとに，後述する川原町口式の細分に対応させ，七浦式百刈田段階（図15-5〜7）→河原田式（図15-12〜14）の変遷案を提示している（佐藤2012）。後続する中期末葉には，3本同時施文具の出現する江俣式が位置付けられ（図15-24〜26），仙台市下ノ内浦遺跡や色麻町色麻古墳群出土土器（図15-27〜29）に並行する。

東北南部には，いわゆる平行沈線文系土器群が広い範囲に展開する。浜通り地方北部の桜井式，浜通り地方南部の天神原式，会津地方の川原町口式である。南相馬市桜井遺跡出土土器を標式として設定された桜井式は（伊東1955），浜通り地方北部を中心に分布する。2本同時施文具で渦文や連弧文が施文される。設定当初は，沈線間幅と組成器種の違いで桜井1・2式に細分されたが（竹島1968），施文具の沈線間幅の広狭によって細分する案もある（森ほか1992）。沈線間幅による単純な細分は難しいものの，広いものから狭いものへと変化する傾向は概ね認められよう。

楢葉町天神原遺跡を標式とする天神原式は，浜通り地方南部に分布する土

Ⅳ，各地の弥生土器及び並行期土器群の研究

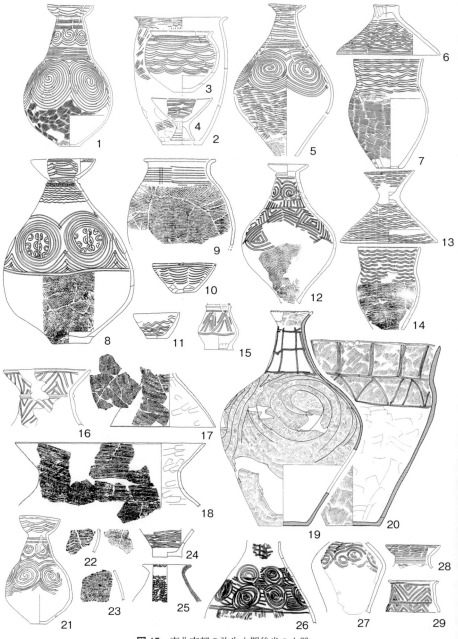

図15　東北南部の弥生中期後半の土器

器型式である（馬目ほか1982）。文様施文に3本同時施文具や束線具が用いられることから，桜井式に後続するとされたが，桜井式に並行する地方型式とする見解もある（鈴木1996，吉田1996）。また，天神原式を細分する見解もあるが（小玉2001），遺跡・遺構単位での検証が必要であろう。

　川原町口式は，会津若松市川原町口遺跡出土土器を標式として，中村五郎によって二ッ釜式に後続する型式として提唱された（中村1955，中村・穴沢1958）。二ッ釜式との相違点は，2本同時施文具の出現や頸部文様帯の発達，胴部最大径が胴下半に下がるなどが挙げられる。また，入念な1帯置きのミガキが，非常にラフなミガキになる。ただし，川原町口式は2段階に細別され，1本描きのみの段階と，2本同時施文具が出現する段階に分けられる。川原町口遺跡では，土坑墓単位で1本描きと2本同時施文が分かれて出土しており（堀金1994），会津若松市社田A遺跡でも2本同時施文を主体とした土器がまとまって出土している。施文具の相違のみでは単純に判断できないが，新古2段階に細分するのが妥当であろう。

　後続する型式は，会津盆地の御山村下式（図15-22・23，中村1993a）や中通り地方の天ヶ式（図15-21，中村・高橋1960）が設定されている。ただし，両型式は出土数が極めて少なく，その存否については，資料の増加を待ちたいと思う。

3．後期

(1) 後期初頭

　東北北部の後期土器編年については不明確な部分が多い。そもそも中期後半との区分が曖昧であり，個別の資料での識別が非常に困難である。これまで後期土器の指標とされてきた交互刺突文の有無によって時期区分を行うのは不適切であり，器形・文様帯や縄文原体の変化など，複合的な視点での分類が必要となろう（弥生時代研究会1990）。

　東北北部の後期初頭には，南部町西山遺跡や六ヶ所村家ノ前遺跡Ⅷ群土器などが位置づけられよう（図16-1～4）。念仏間式や大石平1式の特徴を基本的に引き継ぎ，有文の甕が主体を占める。交互刺突文は基本的に壺の口縁部下端や文様帯境界部に施文され，甕には施されない。文様帯下端には，連続山形文に加え，連弧文を描くようになる。

Ⅳ．各地の弥生土器及び並行期土器群の研究

　秋田県域では，小坂町はりま館遺跡出土土器が位置付けられる（図 16-5～8）。はりま館遺跡出土土器は，中期末葉に位置づけられる場合もあり（根岸 2006），青森県域の土器とともに中期土器との識別が非常に難しい。主要器種は有文甕で，口縁部が受口状をなす特徴がある。頸部文様帯には，中期後半の宇津ノ台式に盛行した重菱形文が描かれるが，宇津ノ台式のものと比較すると，文様の単位が広がり，交点部分が工字文風に反転するものが増える。

　北上川流域には，奥州市兎Ⅱ遺跡出土土器が後期初頭とされる。佐藤信行により「兎Ⅱタイプ」とされた土器群で，学史的に著名な奥州市常盤遺跡出土土器も該期に位置付けられよう（佐藤 1990）。仙台平野では，下ノ内浦遺跡出土土器が兎Ⅱ遺跡と同様の特徴を有しており，肥厚した口縁部下端に初現的な交互刺突文を有する（図 16-12～14）。頸部文様帯は発達しない。後期初頭とされるこの段階は，平行沈線文系土器群の最終末期の土器と遺跡内で出土することが多く，図 16-9～11 のような折衷土器もみられることから，一部重複する可能性も考えられている（相澤 2002）。

　東北南部の弥生後期は，福島県白河市天王山遺跡を標式とした（坪井 1958），いわゆる「天王山式」の時期である。「天王山式」は，後期全般に呼称される「広義・天王山式」と，より時期的に限定して呼称する「狭義・天王山式」がある。近年，後期編年については細分化が進んでいるため，ここでは後者を採用することにする。また，いわき地方で豊富な出土資料をもとに細分が行われているが（猪狩 2000），中通り地方や会津地方では，対応させられるほど資料が充実していないため，他地域とあわせ，ここでは終末期を加えた 4 段階に大きく区分する。

　会津地方では，「和泉・能登段階」→「天王山式」→「屋敷式」の変遷案が提示されている（石川 2004）。後期初頭は，いわゆる交互刺突文成立期の会津坂下町和泉遺跡に代表される一群である。和泉遺跡と会津坂下町能登遺跡の資料については，前後関係を認めつつも天王山式成立期に位置づけられてきた（石川 2004）。しかし，両者の違いは明白であることからも，同じ段階として扱うよりも，他地域との関係を考えた場合に，和泉段階を後期初頭に位置づけ，能登段階を狭義の天王山式に並行させることで理解しやすくなろう（木本 2009，千田 2009）。

7 東北

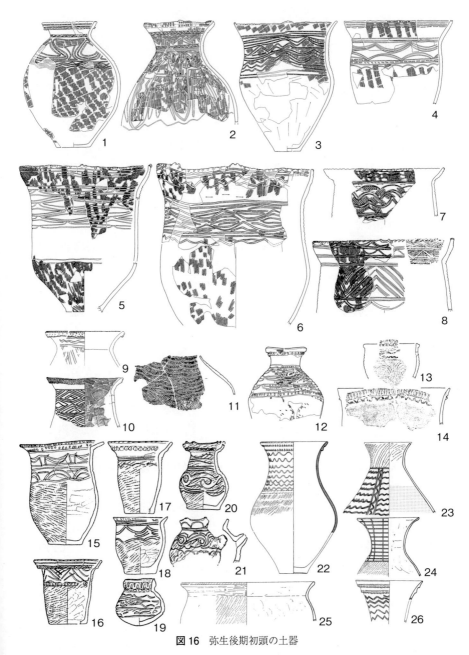

図16 弥生後期初頭の土器

和泉段階は，頸部が筒形となる広口壺が特徴的な器種で，能登段階のものと比較すると口縁・胴部界の屈曲は著しくない（図16-15～21）。壺・蓋は中期後半からの伝統を強く残している。口縁部を肥厚させ，成立期の交互刺突文を施す。頸部文様帯には，対向連弧文を基本として磨消縄文でモチーフを描くものもみられる（20・21）。

　浜通り地方南部には，いわき市伊勢林前遺跡を標式とした，伊勢林前式が位置付けられる（図16-22～26，馬目ほか1972）。基本的には，中期後半の天神原式の器形や文様構成を引き継ぎつつも，口縁部を肥厚させた広口壺が組成する特徴を有する（22）。広口壺は，茨城県の東中根式の影響を強く受けたもので，他地域の肥厚口縁とは系譜が異なるものである。施文具は2本同時施文具を基本とする。天神原式と一部並行させ，中期末葉とする説もある（小玉2007）。

(2) 後期前半

　いわゆる狭義の天王山式に並行する土器群である。白河市天王山遺跡出土土器は概ねこの段階に位置づけられる（図17-1～8，口絵Ⅶ-3）。交互刺突文が盛行する段階で，後期初頭に文様区画として採用されていた交互刺突文が，文様構図の一部として進出してくる（5・8）。曲線的な構図を磨消縄文で描き，胴部文様帯下端に下開き連弧文がめぐる。

　会津地方では能登遺跡出土土器が位置付けられる（図17-9～20）。天王山式のメルクマールとされる縦走縄文はみられず，単節もしくは附加条縄文が地文として描かれる点は，中期後半から継続する要素である。頸部の屈曲が強く，天王山式土器とは大きく異なっている。対向連弧文を基本文様構成として両地方には，蓋・注口土器が安定して組成する。

　いわき地方では，伊勢林前式に後続する輪山式が位置づけられよう。輪山式は馬目順一によっていわき市輪山遺跡出土土器をもとに設定され，基本的には伊勢林前式の特徴を継承しつつも，3本同時施文具の出現や同心円文の出現など新たな要素が加わる。両型式を同時期とする見解もある（鈴木1998）。

　岩手県域には，滝沢市湯舟沢遺跡を標式とした湯舟沢式が分布する（図18-1～6，小田野1987，石川2001）。後続する赤穴式に含める考えもあるが，

[7] 東北

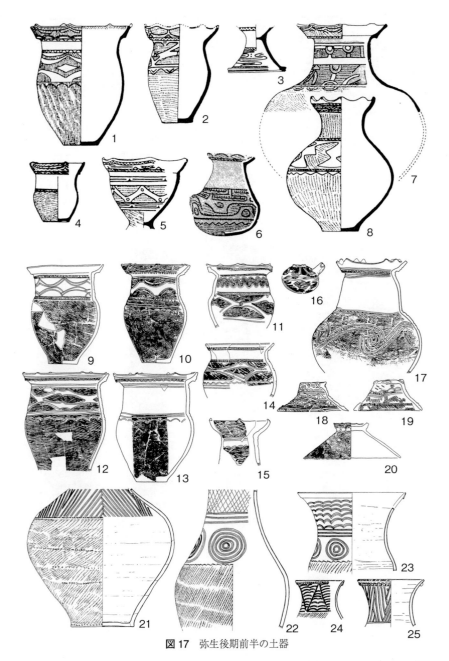

図17 弥生後期前半の土器

Ⅳ，各地の弥生土器及び並行期土器群の研究

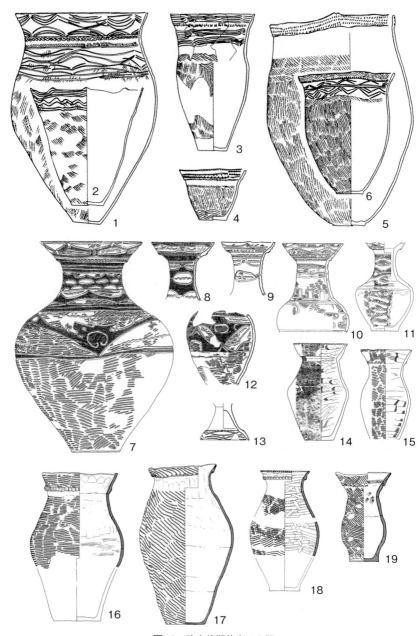

図18　弥生後期後半の土器

ここでは狭義の天王山式に並行もしくは後期後半まで継続するものとして位置づける。湯舟沢式は，屈曲の弱い甕が主体を占める。交互刺突文が文様帯区画および充填文様として採用する点は，東北南部の天王山式と共通する。地文は附加条縄文が多く，天王山式とは異なる点である。

(3) 後期後半

東北南部では，中村五郎による踏瀬大山式が用いられていたが（中村1976），資料的な制約もあったため，近年は会津若松市屋敷遺跡や白河市明戸遺跡を標式とした屋敷式・明戸式が位置付けられる（石川2000c，鈴木2002b）。さらに，湯川村桜町遺跡で豊富な資料が出土し，桜町Ⅰ～Ⅲ式が設定されている（図18-7～15，福田2011）。前段階では発達しなかった口縁部文様帯が，幅広になり積極的に文様が描かれるようになる。会津盆地の屋敷式には，文様の交点部分などに凹点文を施すが，中通地方の明戸式では少ないなどの地域的差異もみられる（鈴木2002b）。交互刺突文も形骸化するものが多くなり，対刺突文が増える。会津地方では，これらの土器群とともに北陸系土器群が出土しており，概ね法仏式・月影式に並行し，一部白江式にも並行すると考えられる（笹沢2013）。

浜通り地方では，いわき市八幡台遺跡を標式とした八幡台式が分布する（図16～19，馬目ほか1980）。中期後半から施文され続けた平行沈線文は影を潜めるようになる。広口壺の器形は前段階を踏襲し，幅広の肥厚口縁下端に指頭状押捺を施文する。胴部は基本的に撚糸文を地文とする。白河市明戸遺跡や桜町遺跡などで，屋敷式と共伴することが確認されており，両者の並行関係を示している。

4．終末期

東北地方全域に特殊撚糸文系土器が分布する時期で，東北北部では赤穴式が位置付けられる。交互刺突文は依然として施文されるものの，形骸化が進む。文様も崩れた対向連弧文が施文され，地文には附加条もしくは撚糸文で羽状縄文を施文する。赤穴式は2段階に細分され，それぞれ後北C_2-D式の細分に対応されている（斎藤1993，斎野2011）。岩手県岩泉町豊岡Ⅴ遺跡の住居跡や秋田県能代市寒川Ⅰ遺跡の土坑墓などで共伴しており，続縄文土器との並行関係を知る上で重要な資料である。

IV, 各地の弥生土器及び並行期土器群の研究

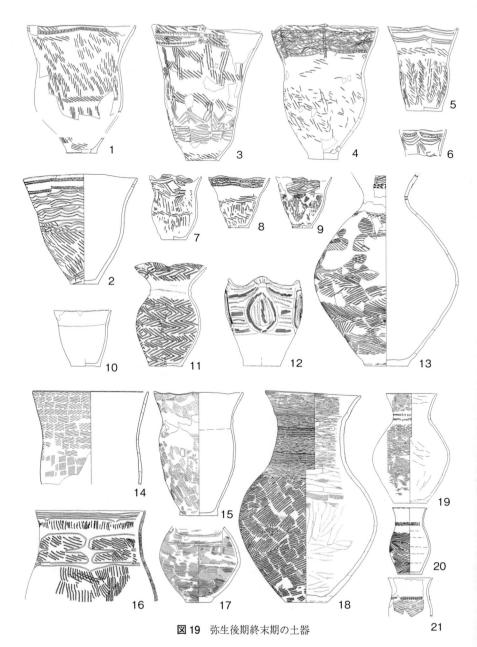

図19 弥生後期終末期の土器

東北中部では資料数が少ないものの，地文縄文のみのものが多く，北部とは異なる様相がみられる（図 19-13〜15）。
 東北南部では，会津坂下町稲荷塚遺跡（図 19-17・18），浪江町本屋敷古墳（20）や塩川村館ノ内遺跡（19）などで羽状縄文の施文された土器が北陸系土器と共伴している。19〜20 は，頸部に 2 列の列点文がめぐるが，交互刺突文の退化した最終形態であろう。これらの土器は，辻秀人による土師器編年のⅠ-1期に該当し（辻 1994・1995），共伴する土器は概ね白江式に並行する。

第3節　広域編年と地域間関係

　列島全域が未だ縄文時代であった晩期前半には，大洞系土器が近畿地方など各地に運ばれ，積極的な人の移動とともに，土器製作に大きな影響を及ぼしていたことが指摘されている。しかし，北部九州で弥生時代が幕を開けた早期並行の大洞C_2式期には，関東地方（前浦式）などとの関係は継続するものの，西日本への活発な土器の移動が息を潜めるようになる。後続する大洞A_1式期になると，東日本系の土器は，浮線文土器が主体となり（設楽 2004），東北地方の大洞系土器が西日本で出土することは稀になる。ただし，近年，福岡県雀居遺跡や高知県居徳遺跡などで大洞系土器の発見が相次ぎ，弥生時代開始期に東北地方の人々の関与が指摘されている（設楽・小林 2007）。これらの土器は，漆塗りの特殊な土器であり，東北地方でも出土数の多くない特別な土器である。人の移動に伴い，大洞式土器の粋を極めたような土器が選択され，運ばれ，北部九州の土器製作に影響を与えていたことになる。特に連子文を有する土器は，北部九州において板付Ⅱ式以降の胴部文様として採用されており，広域的な土器の移動・影響をみてとることができる。
　弥生前期段階には，東北地方各地で遠賀川系土器を模倣したいわゆる「類遠賀川系土器」が出土する。壺・甕・蓋が主要器種として挙げられるが，その系譜については単純な文化伝播としてとらえるべきではなく，大洞系土器の製作技術の中に組み入れられ，土器組成上の補完関係を有しているとの指摘は注意すべきであろう（斎野 2011）。
　類遠賀川系土器の生産体制については，神田和彦が地蔵田遺跡の分析をと

おして，覆い型野焼で一部焼成している可能性を指摘しているものの（神田 2009），基本的には在地土器と同様の開放型で焼成されている。また，土器焼成失敗品の分析を行った田崎博之は，新井田川流域において是川中居遺跡で類遠賀川系土器の壺が集中的に生産され，流域周辺に供給されていたと指摘している（田崎 2004）。また，八戸市剣吉荒町遺跡出土土器を分析した櫻井はるえは，砂沢式に伴う類遠賀川系土器に削出突帯・段を有する資料の存在から，畿内第Ⅰ様式中段階までその出現が遡るとし，新井田川・馬淵川流域の特異性を改めて指摘している（櫻井 2009）。類遠賀川系土器は，北上川流域や雄物川・最上川流域内陸部での出土はみられず，その伝播ルートについて様々な見解が出されているが（高瀬 2000a），日本海側を中心とした砂沢式土器の広域な分布や在地土器に与える影響の強さを考えると，類遠賀川系土器だけでなく水田稲作の情報は，東北地方各地に広がりながらも，各地域で取捨選択しながら地域色を生んでいったと考えられ，そのあり方についての安藤広道の指摘は示唆に富む（安藤 2009）。そのような限定的な受け入れ方から，佐藤由紀男は，関門地域や山陰地方を有力地の一つとした上で，東北地方からの派遣者の存在を想定する（佐藤 2003）。いずれにせよ，西日本地域からの影響は，前期段階に限定的である。

中期前半は，前期の地域差がさらに顕在化する時期である。大洞系土器は，粗製土器に地域差があらわれていたのに対して，この時期になると精製土器における相違が顕著になる。前期に各地で定着した類遠賀川系土器は，各地で独自に変化を遂げていき，定着しなかった周辺地域へも影響を及ぼしている。

中期中葉は，水田稲作を積極的に展開してきた仙台平野および弘前平野において生産体制が最も安定する時期である。この時期に，現段階で水田遺構の確認されていない会津地方（南御山2式）と北上川流域（川岸場式）の土器が，仙台・弘前平野に搬入されている点は興味深い。田舎館村垂柳遺跡や仙台市長町駅東遺跡では南御山2式の壺（図20−4・5）が，垂柳遺跡と仙台市中在家南遺跡では川岸場式の高坏（図20−1〜3）が出土している。南御山2式と川岸場式は，下越・関東地方でも散見されており，依然として本格的な水田稲作に踏み切れない周辺地域の人々が，情報の収集および交換を目的とした人的な移動があったことを示していよう。石川日出志は，会津盆地の

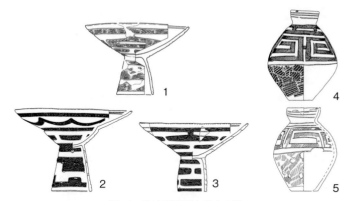

図20 地域間関係を示す土器

今和泉式から南御山2式への移行過程において,仙台平野の強力な影響を受けていたことを指摘しており,表面的な移動だけではなく,構造的な変化があったとする(石川 2000a)。

中期後半になると,より広域な地域間関係が展開する時期である。特に日本海側において,宇津ノ台式を核とした分布圏が広がり,下越地方では宇津ノ台式に加え,会津地方の川原町口式と北陸地方の小松式が共存しており,個体内での折衷も認められる(石川 2012)。このような地域間関係は,隣接した型式間だけでなく,より広域な情報の広がりを生んでいったと考えられる。事実,北上川流域に分布する橋本式や境ノ目A遺跡では,隣接する宇津ノ台式だけでなく,川原町口や小松式の影響が垣間みられる。

このような中期後半の広域な型式間関係を素地として,斉一的ともとられる後期「天王山式」が成立するが,地域的差異をまた維持しており,各地域における遺跡動態を把握する上で重要になろう。

〔引用文献〕

相澤清利「東北地方における弥生後期の土器様相」『古代文化』54-10 古代學協會,2002

相澤清利「東北地方南部の平行沈線文系土器と十三塚式土器」『籾』9,2013

相原淳一『君ヶ袋館跡・道下遺跡』宮崎町教育委員会,2001

Ⅳ．各地の弥生土器及び並行期土器群の研究

阿部健太郎ほか『油田遺跡』会津美里町教育委員会，2007
安部実・伊藤邦弘『生石2遺跡発掘調査報告書 (3)』山形県教育委員会，1986
荒井格ほか『高田B遺跡』仙台市教育委員会，2000
安藤広道「4．剣吉荒町遺跡出土土器における遠賀川系要素のあり方」『東日本先史時代土器編年における標式資料・基準資料の基礎的研究』，2009
井憲治ほか「南入A・長瀞遺跡」『原町火力発電所関連遺跡調査報告Ⅳ』福島県教育委員会，1994
猪狩忠雄「福島県における弥生後期の土器編年」『第9回東日本埋蔵文化財研究会資料集　東日本弥生時代後期の土器編年』，2000
猪狩忠雄ほか『龍門寺遺跡―重要幹線街路事業に伴う調査―』いわき市教育委員会，1985
石川日出志「南御山2式土器の成立と小松式土器との接触」『北越考古学』，2000a
石川日出志「突帯文期・遠賀川期の東日本系土器」『突帯文と遠賀川』，2000b
石川日出志「天王山式土器弥生中期説への反論」『新潟考古』11，2000c
石川日出志「弥生後期湯舟沢式土器の系譜と広がり」『北越考古学』12　北越考古学研究会，2001
石川日出志「関東・東北地方の弥生土器」『考古資料大観　第1巻　弥生・古墳時代　土器Ⅰ』　小学館，2003a
石川日出志「福島市孫六橋遺跡出土弥生土器の再検討」『福島考古』44，2003b
石川日出志「弥生後期天王山式土器成立期における地域間関係」『駿台史学』120　駿台史学会，2004
石川日出志『関東・東北弥生土器と北海道続縄文土器の広域編年』，2005a
石川日出志「北上川流域の谷起島式とその後続型式」『関東・東北弥生土器と北海道続縄文土器の広域編年』，2005b
石川日出志「仙台平野における弥生中期土器編年の再検討」『関東・東北弥生土器と北海道続縄文土器の広域編年』，2005c
石川日出志「縄文晩期の彫刻手法から弥生土器の磨消縄文へ」『地域と文化の考古学Ⅰ』六一書房，2005d
石川日出志「弥生中期谷起島式に後続する磨消縄文土器群」『岩手考古学』17，2005e

[7] 東北

石川日出志「弥生時代中期の男鹿半島と新潟平野の遺跡群」『古代学研究所紀要』17，明治大学日本古代学研究所，2012
一条秀雄『大石平遺跡Ⅲ』青森県教育委員会，1987
伊藤玄三ほか『本屋敷古墳群の研究』法政大学，1985
伊東信雄「東北」『日本考古学講座 4　弥生文化』河出書房，1955
伊東信雄「弥生式文化時代」『宮城県史 1』，1957
伊東信雄「東北北部の弥生式土器」『文化』24-1，1960
伊東信雄「第四章　弥生文化」『水沢市史 1　原始―古代』水沢市，1974
伊東信雄・須藤隆『山王囲遺跡調査図録』一迫町教育委員会，1985
植松曉彦・後藤枝里子『作野遺跡第 2 次発掘調査報告書』山形県埋蔵文化財センター，2011
恵美昌之『清水遺跡神明囲地区』名取市教育委員会，1982
大木直枝・中村五郎「山草荷 2 式土器について」『信濃』22-9，1970
大越道正ほか『東北縦貫自動車道遺跡発掘調査報告書 10　能登遺跡・南原 B 遺跡・村西遺跡・大村古墳群』福島県教育委員会，1990
大坂拓「Ⅲ研究成果 (2) － 3　下北地域における初期弥生土器編年」『東日本先史時代土器編年における標識資料・基準資料の基礎的研究』，2009a
大坂拓「大洞 A_2 式土器の再検討―山形県天童市砂子田遺跡・山形市北柳 1 遺跡群出土土器群の編年的位置―」『考古学集刊』5，2009b
大坂拓「田舎館式土器の再検討―津軽平野南部における弥生時代中期土器型式の変遷と型式交渉―」『考古学集刊』6，2010
大坂拓「仙台平野の弥生土器」『特別企画展　発掘富沢!!―30 年のあゆみ―』地底の森ミュージアム，2012a
大坂拓「第 3 節　本州島東北部における初期弥生土器の成立過程―大洞 A' 式土器の再検討と「特殊工字文土器群の提唱―」『江豚沢Ⅰ』江豚沢遺跡調査グループ，2012b
大友透・鴇崎哲也『原遺跡』名取市教育委員会，2000
大友透・福山宗志『原遺跡』名取市教育委員会，1997
小田野哲憲「岩手県新里村和井内東遺跡出土の土器」『日高見国―菊池啓治郎学兄還暦記念論集―』，1985
小田野哲憲「岩手の弥生式土器編年試論」『岩手県立博物館研究報告』5，1987
小野章太郎ほか『北小松遺跡』宮城県教育委員会，2014
小保内裕之ほか『田向冷水遺跡Ⅱ』八戸市教育委員会，2006
小村田達也ほか『北原遺跡』宮城県教育委員会，1993

IV. 各地の弥生土器及び並行期土器群の研究

利部修ほか『一般国道 7 号八竜能代道路建築事業に係る埋蔵文化財発掘調査報告書 I ―寒川 I 遺跡・寒川 II 遺跡―』秋田県教育委員会, 1988

加藤稔・佐藤嘉広「最上川流域の弥生土器集成・資料篇―（III）最上・庄内編―」『庄内考古学』20, 1986

加藤稔・中山千鶴「第七章　弥生時代」『村山市史　別巻 1　原始・古代編』村山市, 1982

加藤稔ほか「最上川流域の弥生土器集成・資料篇―（II）村山編―」『山形考古』4-1, 1986

金子昭彦『長興寺 I 遺跡発掘調査報告書』岩手県文化振興事業団埋蔵文化財センター, 2002

金子昭彦『金附遺跡発掘調査報告書』岩手県文化振興事業団埋蔵文化財センター, 2006

金子昭彦「大洞 A' 式から青木畑式へ」『縄文時代』18, 2007

神康夫・大湯卓二『家ノ前遺跡 II・鷹架遺跡 II』青森県教育委員会, 1994

神田和彦「東北地方における遠賀川系土器の製作技術構造」『宮城考古学』12, 2009

北林八州晴『千歳（13）遺跡発掘調査報告書』青森県教育委員会, 1976

木村鐵次郎ほか『畑内遺跡VI』青森県教育委員会, 2000

木本元治「南東北の弥生時代後期の土器編年」『福島考古』50, 2009

桐生正一ほか『湯舟沢遺跡』滝沢村教育委員会, 1986

工藤信一郎ほか『長町駅東遺跡第 4 次調査』仙台市教育委員会, 2007

工藤信一郎ほか『長町駅東遺跡第 3 次調査』仙台市教育委員会, 2009

工藤竹久「東北北部における亀ヶ岡式土器の終末」『考古学雑誌』72-4, 1987

工藤竹久「第 2 章第 2 節　青森県の弥生土器」『青森県史　資料編　考古 3』青森県, 2005

工藤哲司ほか『中在家南遺跡他』仙台市教育委員会, 1996

工藤哲司ほか『富沢遺跡　第 104 次発掘調査報告書』仙台市教育委員会, 1999

工藤利幸ほか『馬場野 II 遺跡発掘調査報告書』岩手県文化振興事業団埋蔵文化財センター, 1986

小滝利意『今和泉』会津史談会考古学研究部会, 1960

児玉準『横長根 A 遺跡』若美町教育委員会, 1984

小玉秀成「十王町縦横台遺跡群藤ヶ作台遺跡出土の弥生土器―足洗式

土器の地域性と天神原式土器の細分編年への試論―」『十王町民俗資料館紀要』10, 2001
小玉秀成「東関東地方における弥生時代中期後半の土器編年」『茨城県史研究』91, 2007
小林克『はりま館遺跡発掘調査報告書』秋田県教育委員会, 1990
小桧山六郎ほか『五本松遺跡』会津武家屋敷・会津歴史資料館, 1984
近藤真佐夫『会津総合運動公園発掘調査概報V』会津若松市教育委員会, 1996
齋藤邦雄「岩手県にみられる後北式土器と在地弥生土器について」『岩手考古学』5, 1993
齋藤瑞穂「東北北部における弥生時代中期土器編年の再検討」『古代文化』56-8, 2004
斉藤吉弘『宇南遺跡』宮城県教育委員会, 1979
斎野裕彦「①仙台平野」『弥生時代の考古学8　集落からよむ弥生社会』同成社, 2008
斎野裕彦「十　東北」『講座日本の考古学　弥生時代　上』青木書店, 2011
櫻井はるえ「Ⅲ研究成果 (2) 3　剣吉荒町遺跡出土の類遠賀川系土器について」『東日本先史時代土器編年における標識資料・基準資料の基礎的研究』, 2009
笹沢浩史「桜町遺跡の北陸系土器の編年的位置」『東北南部における弥生後期から古墳出現前夜の社会変動―福島県湯川村桜町遺跡資料見学・検討会―　予稿集』弥生時代研究会, 2013
佐藤広史「型式の空間分布から観た土器型式―東北地方大洞C_2期を中心として―」『赤い本』2, 1985
佐藤信行「東北南部における縄文晩期終末とその直後の土器文化―弥生式土器への移行過程の認識―（上）」『考古風土記』5, 1980
佐藤信行「東北南部における縄文晩期終末とその直後の土器文化―弥生式土器への移行過程の認識―（下）」『考古風土記』6, 1981
佐藤信行「天王山式土器の成立と展開」『「天王山式期をめぐって」の検討会　記録集』弥生時代研究会, 1990
佐藤信行・太田昭夫・岡村道雄・藤原二郎「宮城県岩出山町境ノ目A遺跡の出土遺物」『籾』4, 1982
佐藤祐輔「砂子田遺跡が投げかける問題」『山形考古』8-1, 2005
佐藤祐輔「酒田市調査による生石2遺跡出土土器の紹介―「生石2B式」設定の序説―」『庄内考古学』22, 2006
佐藤祐輔「変形工字文覚書―変形する工字文と変形する変形工字文―」

『地域と文化の考古学Ⅱ』六一書房,2008a
佐藤祐輔「縄文時代晩期後半の蓋形土器」『研究紀要』5 山形県埋蔵文化財センター,2008b
佐藤祐輔「生石 2B 式と青木畑式」『地底の森ミュージアム・縄文の森広場研究報告 2008』,2009
佐藤祐輔「東北地方南部における弥生時代中期後半の土器編年と遺跡立地」『考古学集刊』8 明治大学文学部考古学研究室,2012
佐藤由紀男「本州北部出土の『遠賀川系的要素を持つ土器群』について」『みずほ』38,2003
佐藤嘉広「岩手県江刺市力石Ⅱ遺跡出土の弥生土器・石器について」『岩手考古学』8,1996
佐藤嘉広・伊藤博幸「岩手県水沢市橋本遺跡出土土器について」『岩手県立博物館研究報告』10,1992
設楽博己「遠賀川系土器における浮線文土器の影響」『島根考古学会誌』20・21,2004
設楽博己・小林青樹「板付Ⅰ式土器成立における亀ヶ岡系土器の関与」『新弥生時代のはじまり 第 2 巻 縄文時代から弥生時代へ』雄山閣,2007
品川欣也「砂沢式土器の型式学—北日本先史時代史の再構築に向けて—」『2002 年度駿台史学会大会研究発表要旨』,2002
品川欣也「器種と文様,そして機能の相関関係にみる大洞 A 式土器の変遷過程」『駿台史学』119,2003
品川欣也「4.砂沢式土器の細分と五所式の位置づけ」『関東・東北弥生土器と北海道続縄文土器の広域編年』,2005a
品川欣也「岩手県金ヶ崎町長坂下遺跡出土土器の再検討」『法政考古学』31,2005b
志間泰治『鱸沼遺跡』東北電力株式会社宮城支店,1971
鈴木加津子「安行式文化の終焉 (2)」『古代』91 早稲田大学考古学会,1991
鈴木源「桜井式土器論序説—いわゆる天神原式土器との関連をめぐって—」『みちのく発掘—菅原文也先生還暦記念論集—』,1995
鈴木源「天神原式土器の再検討」『標葉文化論究—小野田禮常先生頌寿記念論集—』,1996
鈴木源「伊勢林前式・輪山式土器の再検討」『法政考古学』24 法政考古学会,1998
鈴木源「御代田式土器研究序説」『法政考古学』28,2002
鈴木正博「「荒海式」生成論序説」『古代探叢Ⅱ』 早稲田大学出版会,

1985a
鈴木正博「弥生式への長い途」『古代』80，1985b
鈴木正博「続大洞 A_2 式考」『古代』84，1987
鈴木正博「「明神越式」の制定と「恵山式縁辺文化」への途」『茨城県考古学協会誌』12，2000
鈴木正博「『伊勢林前式』研究の漂流と救済の型式学」『茨城県考古学協会誌』14，2002a
鈴木正博「「十王台式」と「明戸式」―茨城県遺跡から観た「十王台1式」に並行する所謂「天王山式系」土器群の実態―」『婆良岐考古』24，2002b
鈴木雅文『阿武隈川右岸地区遺跡調査報告Ⅱ　高木遺跡』本宮町教育委員会，1991
須藤隆「秋田県大曲市宇津ノ台遺跡の弥生式土器について」『文化』33-3，1969
須藤隆「弥生文化の伝播と恵山文化の成立」『考古学論叢』寧楽社，1983
須藤隆「東日本における弥生文化の受容」『考古学雑誌』73-1，1987
須藤隆「東北地方における弥生文化」『伊東信雄先生追悼考古学古代史論攷』，1990
須藤隆『中神遺跡の調査』東北大学文学部考古学研究室・花泉町教育委員会，1997a
須藤隆「東北地方における弥生文化成立過程の研究」『歴史』89，1997b
須藤隆『東北日本先史時代文化変化・社会変動の研究』纂修堂，1998
須藤隆「第四節　弥生時代の生活と技術」『仙台市史　通史編1　原始』仙台市，1999
芹沢長介「縄文土器」『世界陶磁全集1　日本古代篇』河出書房，1958
芹沢長介『石器時代の日本』築地書店，1960
高桑登・菅原哲史『小田島城跡発掘調査報告書』山形県埋蔵文化財センター，2004
高桑弘美・佐藤祐輔『百刈田遺跡第1～4次発掘調査報告書』山形県埋蔵文化財センター，2010
高瀬克範「東北地方初期弥生土器における遠賀川系要素の系譜」『考古学研究』46-4，2000a
高瀬克範「東北地方における弥生土器の形成過程」『国立歴史民俗博物館研究報告』83，2000b
高瀬克範『本州島東北部の弥生社会誌』六一書房，2004

Ⅳ．各地の弥生土器及び並行期土器群の研究

高田和徳『上野遺跡―昭和59年度発掘調査報告書―』一戸町教育委員会，1985
高橋信一ほか『NTC遺跡発掘調査報告』福島県教育委員会，1997
高橋龍三郎「大洞C_2式土器の細分とネガ文様」『二十一世紀への考古学　桜井清彦先生古稀記念論文集』　雄山閣，1993a
高橋龍三郎「大洞C_2式土器細分のための諸課題」『先史考古学研究』4，1993b
田鎖康之『豊岡Ⅴ遺跡―平成16年度発掘調査報告書―』岩泉町教育委員会，2006
竹島國基「原町市の先史，古墳時代」『原町市史』原町市，1968
武田和宏『河原田遺跡・梅野木前2遺跡発掘調査報告書』山形市教育委員会，2004
武田嘉彦『史跡垂柳遺跡発掘調査報告書（13）』田舎舘村教育委員会，2009
田崎博之『土器焼成・石器製作残滓からみた弥生時代の分業と集団間交流システムの実証的研究』，2004
橘善光「東北北部」『弥生土器Ⅱ』ニューサイエンス社，1982
千田一志「福島県会津盆地における弥生時代後期から古墳時代前期までの土器様相」『福島考古』50，2009
辻秀人「東北南部における古墳出現期の土器編年―その1　会津盆地―」『東北学院大学論集―歴史学・地理学―』26，1994
辻秀人「東北南部における古墳出現期の土器編年―その2―」『東北学院大学論集―歴史学・地理学―』27，1995
辻秀人『桜井高見町A遺跡発掘調査報告書』東北学院大学文学部史科辻ゼミナール・原町市教育員会，1996
坪井清足「福島県天王山遺蹟の弥生式土器」『史林』36-1，1953
坪井清足「福島県白河市天王山遺跡」『弥生式土器集成　資料編1』東京堂出版，1958
手塚新太『室浜遺跡発掘調査報告書』釜石市教育委員会，2005
鳥畑寿夫「岩手県西磐井郡山谷起島遺跡出土土器について」『上代文化』25，1958
長尾正義『小山田（2）遺跡・天狗森（3）遺跡』三沢市教育委員会，1998
仲田茂司・山口晋『西方前遺跡Ⅱ　土製品・石製品篇』三春町教育委員会，1987
中村五郎「若松氏第四中学校遺跡の遺物」『考古学雑誌』40-4，1955
中村五郎「東北地方南部の弥生式土器編年」『東北考古学の諸問題』寧

楽社，1976
中村五郎『弥生文化の曙光』未来社，1988
中村五郎「(3) 屋敷遺跡発見の川原町口式土器とその前後」『屋敷遺跡―平安時代集落跡の調査―』会津若松市教育委員会，1993a
中村五郎「東日本・東海・西日本の大洞A・A'式段階の土器」『福島考古』34，1993b
中村五郎・穴沢咊光「福島県川原町口遺跡について」『古代学研究』19，1958
中村五郎・高橋丑太郎「福島県天ヶ遺跡について」『考古学雑誌』46-2，1960
成田滋彦ほか『大石平遺跡』青森県教育委員会，1985
根岸洋「志藤沢式土器の研究 (1) ―秋田大学所蔵資料の再報告を中心に―」『秋田考古学』49，2005
根岸洋「志藤沢式土器の研究 (2) ―秋田県内の弥生前期・中期の土器編年について―」『秋田考古学』50，2006
芳賀英一『国営会津農業水利事業関連遺跡調査報告Ⅵ 一ノ堰A・B遺跡』福島県教育委員会，1988
林謙作「縄文晩期という時代」『縄文土器大成 第4巻 晩期』 講談社，1981
林謙作『縄紋晩期前葉―中葉の広域編年』，1985
半田市太郎「志藤沢遺跡発掘調査」『秋大史学』9，1959
平野幸伸『門田条里制跡発掘調査報告書』会津若松市教育委員会，1990
平山久夫・安藤幸吉・中村五郎「山内清男先生と語る」『北奥古代文化』3，1971
福田秀生ほか『会津縦貫北道路遺跡発掘調査報告書5 荒屋敷遺跡 (4次)・桜町遺跡 (1次)』福島県強雨幾委員会，2005
福田秀生ほか『会津縦貫北道路遺跡発掘調査報告書10 桜町遺跡 (2次)』福島県教育委員会，2011
藤田弘道ほか『砂沢遺跡発掘調査報告書―図版編―』弘前市教育委員会，1988
藤沼邦彦・関根達人「亀ヶ岡式土器(亀ヶ岡式系土器群)」『総覧縄文土器』アム・プロモーション，2008
藤村東男・稲野彰子『九年橋遺跡第10次調査報告書 (補遺)』北上市教育委員会，1991
古川一明ほか『色麻町香ノ木遺跡 色麻古墳群―昭和59年宮城県営圃場整備等関連遺跡詳細分布調査報告書―』宮城県教育委員会，1985

Ⅳ．各地の弥生土器及び並行期土器群の研究

堀金靖『川原町口遺跡』会津若松市教育委員会，1994
松本健速「大洞Aʹ式土器を作った人々と砂沢式土器を作った人々」『野村崇先生還暦記念論集　北方の考古学』，1998
馬目順一「東北南部」『弥生土器Ⅱ』，1982
馬目順一「桝形式と南御山式土器」『弥生文化の研究4　弥生土器Ⅱ』雄山閣，1987
馬目順一ほか『伊勢林前遺跡―古代集落址の調査―』いわき市教育委員会，1972
馬目順一ほか『八幡台遺跡―弥生～室町時代集落跡の調査―』いわき市教育委員会，1980
馬目順一ほか『楢葉天神原弥生遺跡の研究』楢葉町教育委員会，1982
村越潔「東北北部の縄文式に後続する土器」『弘前大学教育学部紀要』14，1965
目黒吉明「福島県田村郡御代田遺跡について」『東北考古学』3，1962
森幸彦ほか『竹島コレクション考古図録第3集　桜井』竹島國基，1992
森谷昌央・黒坂雅人『砂子田遺跡第2次・第3次発掘調査報告書』山形県埋蔵文化財センター，2003
矢島敬之『弘前の文化財―砂沢遺跡―』弘前市教育委員会，1992
矢島敬之「津軽・砂沢式直後土器雑考」『村越潔先生古稀記念論文集』，2000
弥生時代研究会『「天王山式期をめぐって」の検討会　記録集』，1990
山内幹夫・松本友之『輪山遺跡―先土器・弥生時代遺構の調査―』いわき市教育委員会，1977
山内清男「所謂亀ヶ岡式土器の分布と縄紋式土器の終末」『考古学』1-3，1930
山内清男編『日本原始美術Ⅰ』講談社，1964
吉岡恭平『八木山緑町遺跡ほか発掘調査報告書』仙台市教育委員会，2001
吉岡恭平ほか『下ノ内浦・山口遺跡』仙台市教育委員会，1996
吉田秀享「弥生時代の主体的土器と客体的土器について－桜井式・天神原式・川原町口式平行沈線文土器をめぐって－」『目黒吉明先生頌寿記念　論集しのぶ考古』，1996
吉田博行『杵ヶ森古墳―杵ヶ森古墳・稲荷塚遺跡発掘調査報告書―』会津坂下町教育委員会，1995
陸前高田市『陸前高田市史　第二巻　地質・考古編』，1994
和田聡ほか『塩川西部地区遺跡発掘調査報告書3　舘ノ内遺跡』塩川

町教育委員会，1998

〔図版出典〕
図1　1～8：北小松遺跡（小野ほか2014），9～32：山王囲遺跡（伊東・須藤1985）
図2　1～4：大洞貝塚（大坂2012b），下段：山内1930
図3　1～8：九年橋遺跡（藤田ほか1988），9～15：砂子田遺跡（森谷・黒坂2003），16～22：金附遺跡（金子2006），23～31：西方前遺跡（仲田・山口1987）
図4　1～13：砂沢遺跡（藤田・稲野1991），14～24：山王囲遺跡（須藤1987），25～36：青木畑遺跡（須藤1987），37～43：十三塚遺跡（石川2005a）
図5　1～10：作野遺跡（植松・後藤2011），11～18：生石2遺跡（筆者作図），19・20：生石2遺跡（安部・伊藤1986），21～32：御代田遺跡（目黒1962），33・34：大平・後関遺跡（大坂2012b），35：油田遺跡（阿部ほか2007を再トレース），36：墓料遺跡（須藤1990），37～40：生石2遺跡（佐藤2006）
図6　1・2：砂沢遺跡（矢島1992），3～5：津山遺跡（大坂2010），6～8：東岩木山遺跡（3）遺跡（大坂2010），9～21：垂柳遺跡（大坂2010），22～28：小山田（2）遺跡（長尾1998），29～31：馬場野Ⅱ遺跡（工藤ほか1986）
図7　1～16：桐生ほか1986，17・18：田向冷水遺跡（小保内ほか2006），19～30：横長根A遺跡（児玉1984）
図8　1～13：大友・福山1997，14～26：大友・鴇崎2000，27～38：高桑・菅原2004，39～49：志間1971
図9　1～19：小滝1960，20～31：石川2003，32：高橋ほか1997，33～39：猪狩ほか1985
図10　1～8：大坂2010，9～18：大石平遺跡（一条1987），19～21：力石Ⅱ遺跡（佐藤1996を再トレース），22～28：川岸場Ⅱ遺跡（石川2005a），29～32：兵庫館遺跡（石川2005a）
図11　1～15：高田B遺跡（荒井ほか2000），16～37：中在家南遺跡（工藤ほか1996），38～40：長町駅東遺跡（工藤ほか2009），41～43：柏山遺跡（須藤1990），44：円田遺跡（須藤1990）
図12　1・3・4・7・8：五本松遺跡（小桧山ほか1984），2・5・6：南御山遺跡（石川2005a），9～19：一ノ堰B遺跡（芳賀1988）
図13　1～6：大石平遺跡（成田ほか1985），7～13：和井内東遺跡（小田野1985），14～26：上野B遺跡（高田1985），27～32：室浜遺跡（手

塚2005)，33・34：山崎遺跡（陸前高田市1994)，35〜52：橋本遺跡（佐藤・伊藤1992）

図14　1〜17：境ノ目A遺跡（佐藤ほか1982)，18〜34：宇津ノ台遺跡（須藤1969)，35〜38：山草荷遺跡（大木・中村1970)，40〜44：狐塚遺跡（佐藤ほか2009）

図15　1〜7：百刈田遺跡（高桑・佐藤2010)，8・10：川原町口遺跡（堀金1994)，9・11：門田条里制跡（近藤1996)，12〜14：河原田遺跡（武田2004)，15〜18：南入A遺跡（井ほか1994)，19・20：天神原遺跡（馬目ほか1982)，21：天ヶ遺跡（鈴木雅1991)，22・23：門田条里制跡（平野1990)，24〜26：江俣遺跡（加藤ほか1986)，27〜29：色麻古墳群（古川ほか1985）

図16　1〜4：家の前B遺跡（神・大湯1994)，5〜8：はりま館遺跡（小林1990)，9：北原遺跡（小村田ほか1993)，10：清水遺跡（恵美1982)，11：道下遺跡（相原2001)，12〜14：下ノ内浦遺跡（吉岡ほか1996)，15〜21：和泉遺跡（石川2004)，22〜26：伊勢林前遺跡（馬目ほか1972）

図17　1〜8：天王山遺跡（坪井1953)，9〜20：能登遺跡（大越ほか1990)，21〜25：輪山遺跡（山内・松本1977）

図18　1〜6：湯舟沢遺跡（石川2001)，7〜9・12・13：桜町遺跡（福田ほか2011)，10・11・14・15：桜町遺跡（福田ほか2005)，16〜19：八幡台遺跡（馬目ほか1980）

図19　1：畑内遺跡（木村ほか2000)，2：千歳（13）遺跡（北林1976)，3〜5：長興寺I遺跡（金子2002)，6〜9：豊岡V遺跡（田鎖2006)，10〜12：寒川I遺跡（利部ほか1988)，13：宇南遺跡（斉藤1979)，14：八木山緑町遺跡（吉岡2001)，15：富沢遺跡（工藤ほか1999)，16：高寺遺跡（加藤・佐藤1986)，17・18：稲荷塚遺跡（吉田1995)，19：舘ノ内遺跡（和田ほか1998)，20：本屋敷古墳群（伊藤ほか1985)，21：桜井高見町A遺跡（辻1996）

図20　1：垂柳遺跡（武田2009を再トレース)，2：垂柳遺跡（工藤2005)，3・4：中在家南遺跡（工藤ほか1996)，5：長町駅東遺跡（工藤ほか2007）

（佐藤祐輔）

8 北海道(南部・中央部)

　北海道では,東北地方まで灌漑稲作が到達した後も狩猟採集社会が展開し,縄文文化に続いて続縄文文化・擦文文化を経てアイヌ文化期(ニブタニ文化)へと至るという,本州以南とは大きく異なる変遷をたどった。弥生文化にほぼ並行する続縄文文化は,早期・前期・中期・後期・晩期に5区分され(宇田川 1982,熊木 2004),早期~中期を前半期,後期・晩期を後半期と呼称することもある(表1)。

　続縄文文化の開始は,隣接する東北地方で灌漑稲作が導入された砂沢式土器並行期とする見解が近年では一般的であり,本書の広域編年に依拠すれば北部九州の板付Ⅱ式後半に並行する。北部九州における灌漑稲作の定着から定型的前方後円墳の成立までという本書の対象時期は,北海道での文化編年

表1　続縄文土器編年表(縄文土器を含む)

時期区分※1		津軽下北半島	道南	道央	道東(釧路)	道東(網走)
縄文晩期	中葉	大洞C2式古 聖山式 (宇鉄遺跡Ⅱc層) 八幡堂1群段階 八幡堂2群段階 八幡堂3群段階	大洞C2式古 聖山式 (札苅の一部) (+)	浜中大曲式 幣舞式/タンネトウL式/緑ケ岡式	美々3式	
	後葉					
	末葉					
続縄文	前半	早期	梨ノ木平段階 戸沢川代段階 二枚橋式	国立療養所裏ⅩⅧ群 二枚橋式	H37(丘珠空港) K39-14a層段階	(フシココタン下層) 興津式	(メクマ) 元町2式
		前期	恵山Ⅰa式 恵山Ⅰb1式	恵山Ⅰa式 恵山Ⅰb1式 恵山Ⅰb2式	K39-13b層段階 江別太Ⅲ6層段階 江別太Ⅲ5層段階	下田ノ沢Ⅰ式	宇津内ⅡaⅠ式 宇津内ⅡaⅡ式
		中期	念仏間式	恵山Ⅱa式 恵山Ⅱb式 恵山Ⅱc式	後北A式 後北B式古 後北B式新	下田ノ沢Ⅱ式	宇津内ⅡbⅠ式
	後半	後期	鷲ノ木式※2		後北C1式	後北C1式	宇津内ⅡbⅡ式
					後北C2-D式古 後北C2-D式中 後北C2-D式新		
		晩期			北大Ⅰ式 北大Ⅱ式		

(2015年1月5日作成)

※1 続縄文の時期区分は宇田川(1982),熊木(2003)を参考にした。このうち列島西南部の弥生文化に並行するのは,縄文晩期中葉~続縄文後期前半である。縄文晩期の道央・道東の様相は関根(2012)を参考にし,道東の続縄文土器の型式変遷及び動王との編年対比は熊木(2003)に依拠した。
※2 鷲ノ木式土器の古い部分は後北B式新に部分的に並行する。

447

に当てはめると,縄文晩期中葉〜続縄文後期までに相当することになる(475頁「広域編年表」参照)。

　北海道は総面積8万3千km^{2}に及び,土器にも著しい地域色が認められることから,その全てをここで論ずることは筆者の力量を超えている。本章では,弥生土器との編年対比を目的として,北海道南部(道南),及び全道の広域編年対比の鍵となる石狩低地帯(道央)における土器型式変遷を概観することとしたい。なお,続縄文土器全体を豊富な写真とともに紹介したものとして大沼編(2004),全道の土器型式変遷を解説したものとして工藤(2004)による解説があるほか,本章で取り扱わない道東・道北の土器型式に関しては熊木(1997・2000・2003・2004),北海道全域の縄文晩期の土器型式変遷を論じたものとして関根(2012)がある。

第1節　北海道南部の土器

1,弥生早期並行の縄文土器

　大洞C$_1$式期には,対岸の青森県むつ市不備無遺跡Ⅲ群土器(関根・上條2012)等で典型的な大洞式土器が出土しており,北海道南部にも,北斗市久根別遺跡で東北地方と共通性の高い土器群が出土している(国立歴史民俗博物館編2001)。ただし,こうした土器群の分布範囲は渡島半島の南端部に限られ,日本海沿岸部には,道央部と類似する「上ノ国式」新段階の土器群が広く分布する。大洞C$_2$式古段階には,大洞式土器の主体的分布範囲が拡大し,噴火湾沿岸を越え白老町社台1遺跡(北海道埋蔵文化財センター1981)などで出土している。ただし,こうした大洞式の分布拡大は太平洋沿岸に偏っており,日本海沿岸部には「浜中大曲式」が分布している(関根2012)。

2,弥生前期並行の縄文土器

聖山式土器

　大洞C$_2$式新段階並行期に入ると,それまで東北地方中部と高い共通性を示してきた東北地方北部から道南地方にかけて,「沈線多重手法」等を特徴とする聖山式土器(芹沢編1979)が成立する。標式遺跡は渡島半島南端部の七飯町聖山遺跡で,近隣の北斗市添山遺跡,噴火湾沿岸の森町鷲ノ木遺跡,八雲町山越5遺跡などで資料が蓄積されている。かつて「日ノ浜式」と呼ば

⑧北海道（南部・中央部）

れてきた土器群を包摂するもので，当初は「連繋入組文」を指標とする「聖山Ⅰ式」と，「横位連続工字文」を指標とする「聖山Ⅱ式」に細分する案が提示され，それぞれ大洞C_2式と大洞A式に並行するものと考えられた（芹沢編1979）。

しかしその後，髙橋龍三郎らによって東北中部で大洞式の文様変遷が具体的に明らかになるにつれ（高橋1993），「雲形文」・「工字文」が単純な時期差ではないことが判明すると，聖山式の変遷にも再検討の必要があることが指摘され，詳細な検討が行われた（福田2000・2005）。現在では，聖山式は大洞C_2式新段階から大洞A_1式に並行するものと考えられている（関根2012）。

「聖山式後続型式」

七飯町聖山遺跡の調査によって，それまで「日ノ浜式」等と呼ばれてきた土器群の具体的な姿が明らかになったことで，聖山遺跡の「聖山式土器」に類似するものの，大型の突起，「沈線多重手法」が簡略化し沈線で文様が描かれるといった異なる特徴を示す木古内町札苅遺跡出土土器群（野村編1974），函館市日ノ浜8号遺跡出土土器群（野村1985）などがあらためて注意されるようになり，その後も森町尾白内遺跡Ⅰ群（千代・石本1981），知内町湯の里5・6遺跡のⅤc群などで類例が蓄積された。

これをうけて，石本省三は「聖山Ⅰ式」→「聖山Ⅱ式」→「湯の里Ⅴc群」→「尾白内Ⅰ群」の型式変遷を提唱し（石本1998），基本的な変遷観は今日まで引き継がれている。その後，東北地方で土器型式細分が進展し，現在では，「湯の里Ⅴc群」を大洞A_2式，「尾白内Ⅰ群」を大洞A'式に並行させる意見が一般的になっている（福田2000）。

ただし，「湯の里Ⅴc群」等の土器群には眼鏡状突起の発達が顕著な点など，津軽・下北半島地域の大洞A_2式以降の土器群では失われていく型式学的特徴が顕著であり，また，日ノ浜8号遺跡出土土器に類似した型式学的特徴示す土器が（図1-8），津軽半島の宇鉄遺跡で大洞A_1式の新しい部分（図1-1～7）に伴い，かつ大洞A_2式の下層から出土している点には注意しておきたい。2000年代に入り，津軽・下北半島で大洞A_2式（八幡堂1群），大洞A'式（八幡堂2群・3群）の資料が大量に蓄積されたが（図2-1～24），現在ま

Ⅳ. 各地の弥生土器及び並行期土器群の研究

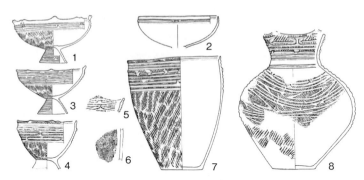

図1 大洞A₁式土器と聖山式土器後続型式の共出事例

でそれらに「聖山式後続型式」が共伴する確実な事例は得られていない状況である。

3. 続縄文文化前半期（弥生前期・中期・後期並行）

(1) 早期の土器群

砂沢式古段階（梨ノ木平段階）に並行する資料は道南では出土しておらず，新段階（戸沢川代段階）に相当する資料も国立療養所裏遺跡（石本編 2000）で僅かに出土しているのみである。国立療養所裏遺跡ⅩⅧ群に最も類似しているのは津軽・下北半島の土器群（図2-30～35）だが，この地域では晩期末葉の土器型式から連続的な推移を辿り，類遠賀川系土器（高瀬 2000）は稀（図2-28）である。噴火湾沿岸では，森町鷲ノ木4遺跡（森町 2006）などで砂沢式に類似した資料が出土しているが，主体を占めるのは道央部と共通性の高い「尾白内Ⅱ群」（千代・石本 1981）であろう。日本海沿岸部の様相はよく分かっていない。

(2) 前期の土器群

砂沢式新段階（戸沢川代段階）に後続する二枚橋式土器（図3；須藤 1970・1983）は，津軽・下北半島の砂沢式から連続的な変遷を跡づけることが可能で，先行する砂沢式に比べて変形工字文を構成する沈線が多条化すること，台付浅鉢の台部が曲線的な鐘形に変化することなどがあげられる。また，砂沢式期に萌芽的に出現した，頸部に無文帯を有する深鉢（図2-35）

8 北海道（南部・中央部）

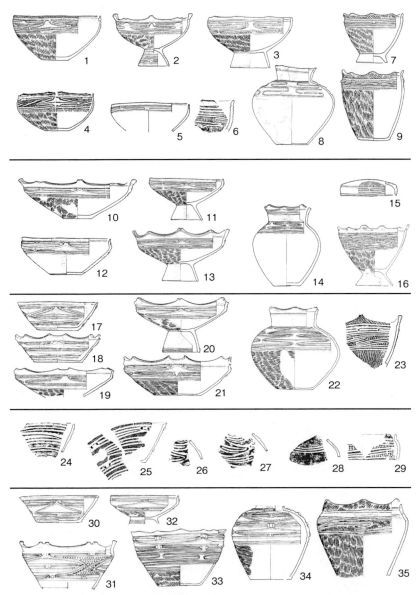

図2 津軽・下北半島における晩期後葉～弥生前期並行期の土器型式変遷

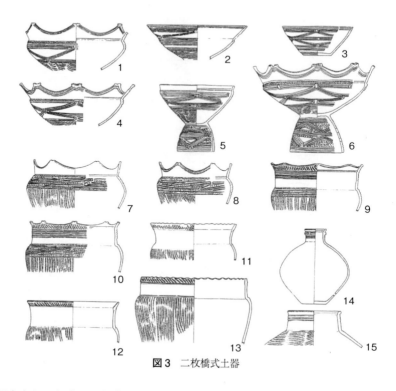

図3　二枚橋式土器

が安定して組成し，以後の型式に引き継がれる（図3-9～13）。

　北海道では噴火湾沿岸の豊浦町礼文華遺跡（松田・青野2003）や伊達市南有珠7遺跡などで多量に出土しており，かつて「恵山式第1期」（石本1984）とされたもののうち古い部分にあたる。噴火湾北岸の豊浦町礼文華遺跡等では道央部と類似する粗製深鉢を伴うことから，異系統共存の状況を根拠として，現在でも北海道の二枚橋式を「恵山1式」とする見解もある。ただし，道央部と類似した土器群の分布は渡島半島全体には及んでおらず，礼文華遺跡の状況は土器型式分布圏の境界に位置することに由来するものと考えることができるだろう。日本海沿岸部では，稀に二枚橋式の搬入品が出土するものの，道央部と類似した土器群が主体を占める。

　恵山Ⅰa式土器は，かつて「恵山式第1期」（石本1984）とされたもののうち新相，「アヨロ1類」（高橋1984）にほぼ相当する。砂沢式から二枚橋式にかけて認められる波状口縁に沿った沈線文の多条化がより顕著になり，

[8] 北海道（南部・中央部）

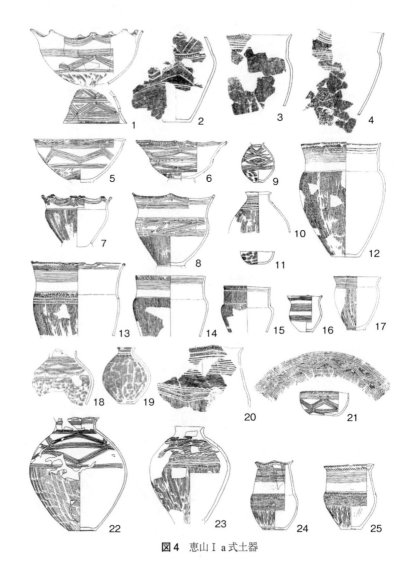

図4　恵山Ⅰa式土器

3～4条に達するものが多く認められる（図4-1・4）。台付浅鉢の台部は鐘形から下端部が八字形に広がるものへと変化したものが現れる。変形工字文は著しく多条化するととともに交点部分の処理が刺突に変化し，横位に展開する波状の文様と（図4-1・5・6・18・22），縦位に展開する菱形文（図

453

Ⅳ. 各地の弥生土器及び並行期土器群の研究

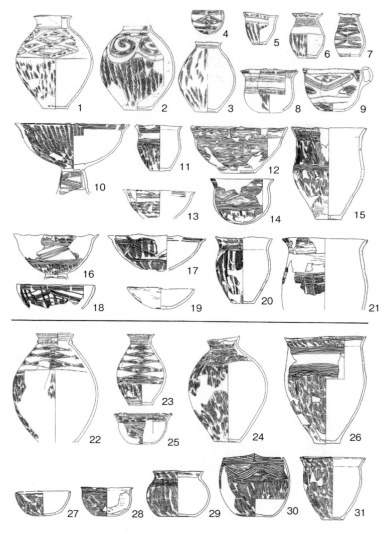

図5 恵山Ⅰb1式土器・恵山Ⅰb2式土器

4–9・23) に分岐する。また, この段階には磨消縄文の手法も定着している (図4–2・9)。北斗市下添山遺跡でまとまって出土しているほか, 函館市恵山貝塚第18号墓, 北斗市三ッ石2遺跡, 森町尾白内遺跡Ⅱd層などで単純なま

⑧北海道（南部・中央部）

とまりが知られている。

　日本海沿岸部では，奥尻町青苗B遺跡，余市町大川遺跡などで出土しており，道央部との共通性が弱まる。津軽半島を挟む下北半島の佐井村八幡堂遺跡，むつ市瀬野遺跡，津軽半島の中泊町坊主沢遺跡，外ヶ浜町宇鉄Ⅱ遺跡でほぼ同様の土器群が出土しており，「宇鉄Ⅱ式」と呼称されている。これは津軽平野南部の垂柳2式が伴う事例がある。また，津軽平野南部でも多量の垂柳2式に共伴する。

　恵山Ⅰb1式土器は，「恵山式第2期」（石本1984）とされたものに相当する。前段階に定着した磨消縄文の手法が多様化し，沈線で描かれていた文様と結びついた重菱形（図5–1），錨形（図5–2）などのモチーフが用いられるようになる。壺はやや下膨れの器形が出現する（図5–7）。函館市西桔梗B_2遺跡墓坑出土土器群，北斗市茂別遺跡H2床面出土土器群，同H4床面・床面直上出土土器群，七飯町大中山5遺跡出土土器群が代表的な例である。日本海沿岸部では余市町大川遺跡などで出土している。津軽・下北半島では「宇鉄Ⅱ式」の新しい部分がこれに相当する。津軽平野南部では垂柳3式に共伴するものの，器形や頸部の列点文等に地域差が生じている。

　恵山Ⅰb2式土器（口絵Ⅷ–1）は，「恵山式第3期」（石本1984）とされたものに相当する。先行型式まで痕跡的になりながらも存在していた壺の頸部無文帯（図5–1）が消失し，「く」字に屈曲した口縁部が一般化する（図5–22・23・24）。沈線文はより多段化し菱形を重ねた特徴的なモチーフが確立し（図5–22・23），後の土器型式に引き継がれる。壺の器形は胴部最大径が下がる傾向がより顕著になる。茂別遺跡X 20出土土器群，七飯町長万川遺跡出土土器群が代表的な事例で，日本海沿岸部では「南川Ⅲ群」と呼ばれ，頸部無文帯に縄文が施されるものが多い地域色がある。津軽・下北半島では，この段階には恵山式と類似した土器は分布しなくなっている。

(3) 中期の土器群

　恵山Ⅱ式は，かつて「恵山B式」（峰山1968），「南川Ⅳ群」，「恵山式第4期」（石本1984）と呼ばれてきた土器群に相当し，深鉢の頸部に波状の文様が施文されるものが多数占めるようになる点が特徴的である。細分には複数の見解があったが，2000年代に入り著しく資料が蓄積されたことで見解の齟齬

455

IV, 各地の弥生土器及び並行期土器群の研究

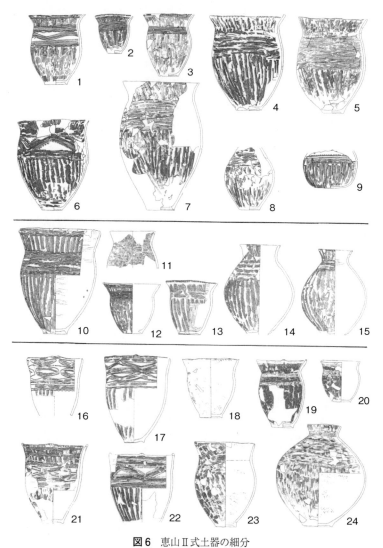

図6　恵山Ⅱ式土器の細分

は解消されつつある。

　最も古い段階の資料は，七飯町国立療養所裏遺跡61区（石本編2000）などで出土しているもので，恵山Ⅱa式と呼称する。器形は深鉢・壺ともに先

456

行する恵山Ⅰb2式から連続的な変遷が跡付けられる。

続く恵山Ⅱb式土器は，口縁部上端が鋭く内湾する深鉢を含み（図6–10・図13–1・2），鋸歯状沈線文が加えられるなど装飾性が強まる。長大化した口縁部に波状文や菱形沈線文（図13–1）を施文する例もある。森町森川3遺跡平成14年度調査区出土土器群，室蘭市絵鞆遺跡墳墓2号・5号出土土器群が代表的な例である。

恵山Ⅱc式土器は，噴火湾沿岸部では多量の後北B式土器と共伴しており，器形は後北式の所謂「倒鐘形」に類似し，口縁部の突起や文様のモチーフにも後北式からの一方的な強い影響が伺われる（大坂2011）。噴火湾沿岸部では森町鷲ノ木4遺跡出土土器群（口絵Ⅷ–2）の一部が含まれる他，同鷲ノ木遺跡焼土列E群出土土器から後北B式を除いたものが代表的な例であり，函館市豊浦漁協裏遺跡（石川2005）でもまとまって出土している。

恵山Ⅱ式の細分は，日本海沿岸部ではせたな町南川Ⅳ群から奥尻町青苗B遺跡出土土器群・同米岡第二遺跡出土土器群への変化にほぼ対応している。

4．続縄文文化後半期（弥生後期・終末期並行）

続縄文文化後半期のうち，後北C1式が弥生文化後期，後北C_2–D式土器の古い部分が弥生文化終末期に概ね並行する。

道南から青森県にかけて，恵山Ⅱ式から連続する鷲ノ木式土器（大坂2011）が分布しており（図14），噴火湾沿岸部では道央から分布を拡大してきた後北B式～C_1式土器が共伴する。日本海沿岸部では奥尻町東風泊遺跡でまとまって出土している。

こうした在地色の強い土器群の存在は，続縄文文化後半期に顕著になる「続縄文土器」の分布拡大が，道央の集団が一足飛びに本州島東北部に進出するような形ではなく，後北式土器の南下に押し出されるような形で，恵山式土器の系譜を引く土器製作者がやや南に分布域を広げるというプロセスをたどったことを示している点で重要である（図13）。

鷲ノ木式土器に後続する後北C_2–D式になると，口唇部上面に平坦面をもち連続刺突文が施文される個体がみられるなど，部分的に地域色が残存している可能性はあるが，ほぼ道央部との差異は解消されている（図15）。

IV，各地の弥生土器及び並行期土器群の研究

第2節　北海道中央部の土器

1, 弥生早・前期並行の縄文土器

　道央～道東にかけて幣舞式，タンネトウL式，緑ヶ丘式非常に多くの土器型式が設定されているが，これらは道南との並行関係を含めて，よく分かっていない部分がある。江別市対雁遺跡出土土器群の検討などを通じて，今後整理が進んでいくものとみられる。

2, 続縄文文化前半期（弥生前期・中期・後期並行）

(1) 早期の土器群

　この段階は，「大狩部式」（藤本1961）や「琴似式」（千代1965）などといった型式が提唱されており，徐々に道南部の恵山式土器との類似性が強まっていくことが明らかになっている。K39遺跡14a層出土段階は，現在のところ二枚橋式そのものの搬入品は確認されていないが（図7），小形土器の一部に二枚橋式土器の影響を受けたと考えられるものがある（図7-1・2）。ただし，多くの土器群にはそうした影響がうかがえず，縄線文や沈線で平行ないし三角形のモチーフを描く例（図7-6～8）や，胴部上半に幅広い横走縄文帯をもつ例（図7-3～5）が多い。芦別市滝里4遺跡P-5から出土した土器群（北海道埋蔵文化財センター編1999）が良好なまとまりを示している。

(2) 前期の土器群

　K39-13b層段階（図7）になると，道央部でも恵山式そのものの出土例が目立つようになるが，日本海沿岸の大川遺跡など，道南の日本海沿岸部が広く恵山式土器の分布範囲となることと関係している可能性もある。大形の深鉢に明瞭な屈曲を作り出したもの（図7-10・13）があらわれる点で，恵山式土器の影響が先行段階よりも強まっているとみることができるが，一方で先行段階とほとんど区別できない土器群（図7-12・14・15）も出土している。沈線や縄線文による多様なモチーフが減少しているようだ。
　江別市元江別1遺跡墓51（高橋編1981），白老町アヨロ遺跡墓19（高橋編1980），苫小牧市静川22遺跡5号土坑墓・15号土坑墓（苫小牧市埋蔵文化財センター編2002）でこの段階の土器群と恵山Ⅰa式土器との並行関係が確かめられている。

8 北海道(南部・中央部)

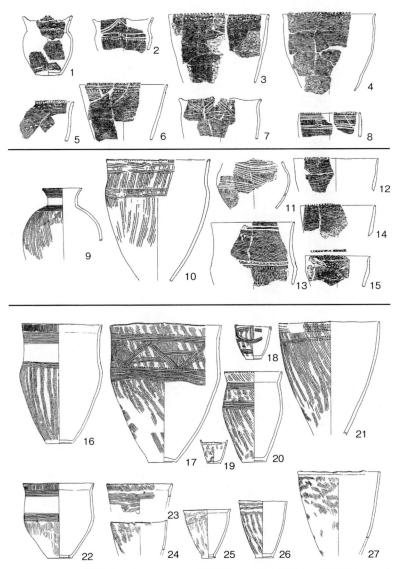

図7 K39-14a層段階(1〜8)とK39-13b層段階(9〜15)と江別太Ⅲ6層段階(16〜27)

IV. 各地の弥生土器及び並行期土器群の研究

　江別太Ⅲ6層段階（図7-17～21・23～27）は，江別市江別太遺跡Ⅲ6文化層出土土器群（高橋編1979）のほか，元江別1遺跡墓19（高橋編1981）でもまとまった資料が出土している。結節沈線から変化した沈線中の列点文が認められる恵山Ⅰb1式に並行する土器群であり，この段階には恵山式土器そのものと考えられる土器（図7-16・22）の出土量が増加する。ただし，江別太遺跡Ⅲ6層出土土器群では在地系のものが多い。元江別1遺跡墓19では，2単位の吊耳状突起と貼付文がある個体が共伴しており，宇津内式土器の系統との関係が考えられる。

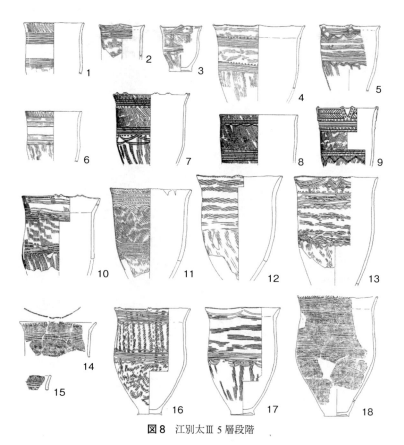

図8　江別太Ⅲ5層段階

8 北海道（南部・中央部）

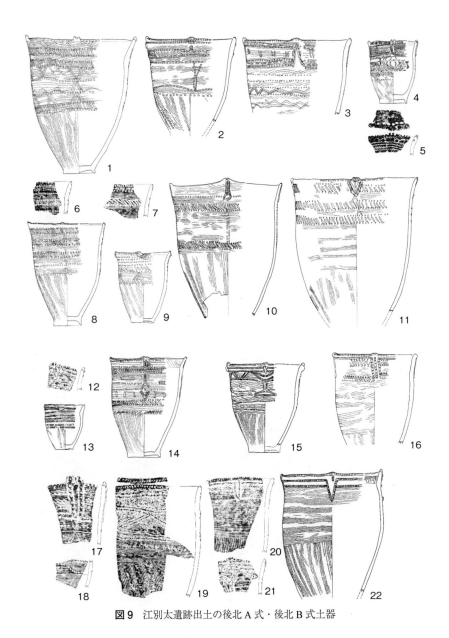

図9 江別太遺跡出土の後北A式・後北B式土器

IV. 各地の弥生土器及び並行期土器群の研究

江別太Ⅲ5層段階（図8）は，N 295段階（熊木2004），軽川式（工藤2004）と呼称する意見もある。この段階は日本海沿岸部で出土する恵山式土器は非常に類似性が高まるが，4単位の口縁部突起をもつ個体（図8-17ほか）が含まれ，突起に対応する沈線文，貼付文がみられる点などに地域差が認められることから，恵山式土器そのものとして扱うことはできない。江別太遺跡Ⅲ5文化層出土土器群のほか，K39遺跡HP7でもまとまった資料が出土している。

(3) 中期の土器群

後北A式土器は，江別太遺跡Ⅲ4文化層，Ⅲ3文化層出土土器群，およびⅢ2文化層出土土器群の一部を標式とする。4単位の突起が定着し，胴部上半の文様には連続する短斜線文が多用される。この型式は，高橋氏によって，江別市周辺出土遺物の詳細な観察に基づいた細分案が示されているものの（高橋1984），その分類は現在のところ遺構一括資料などで十分な裏付けがなされているわけではなく，今後の検討が必要である。江別太遺跡Ⅲ3文化層，江別市旧豊平河畔遺跡1号竪穴住居跡埋土で恵山Ⅱa式土器との共伴例がある。

後北B式土器は，連続する短斜線文がほぼ消滅し，擬縄貼付文による文様が多段に展開するものを含む土器群である。新しい段階では相対的に擬縄貼

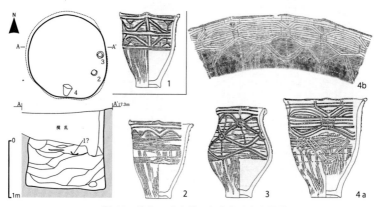

図10　後北B式土器の組成を示す土器群

付文が細くなるとともに，貼付文から一部のキザミが欠落する個体が含まれている。「帯縄文系」後北B式が少数存在する。

(4) 後期の土器群

後北C_1式土器（図11-10・11）は擬縄貼付文から変化した細い微隆起線文で文様が描かれる時期で，列点文は後北B式よりもさらに細かなものが多い。この段階には北海道島の全域が後北式の分布圏となっているが，各地で痕跡的に先行型式の影響が残存していることもあり（石本1979，熊木1997），明確な並行関係が確かめられている。

第3節 地域間の関係をめぐって

1, 恵山式土器は弥生系か

恵山式土器は，当初から東北北部の「田舎館式」との類似が指摘されてきており，弥生土器の影響下に成立したとの見解があるほか（須藤1970），壺や高坏の存在を根拠として弥生土器との類似性が強調され，時には弥生土器の範疇に含める見解も示されてきた。

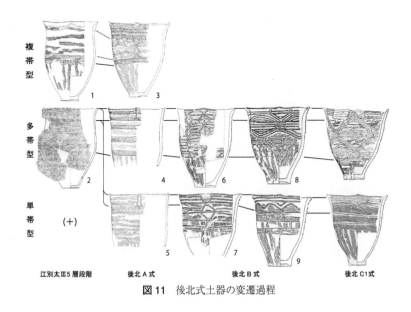

図11 後北式土器の変遷過程

ただし，その後明らかになった土器型式の変遷を基準とすれば，津軽平野南部で系統的に変化していた五所式の系統に認められる型式変遷は恵山式とは大きく異なっており，「田舎館式」の中で恵山式との類似性が指摘されてきた資料は，周辺地域から農耕社会に合流した，恵山式土器制作者を含む集団の製作したもの－いわば「恵山式そのもの」－だったことが明らかになってきた。

また，北海道側で多くの研究者が恵山式土器と「弥生土器」の類似点とする属性のうち，壺や台付浅鉢の存在は，縄文晩期の大洞A_1式以前から連続的に変化しているものとして理解可能である。つまり，津軽・下北半島の大洞式土器からのスムーズな型式変遷が辿られるのであり，そこには稲作と同時に導入された類遠賀川系土器の影響は認められない。これは，大洞式と類遠賀川系がつくり分けられ，それぞれが型式変化を遂げる津軽平野の垂柳式土器など，農耕社会の土器とは大きく異なった特徴を示している。恵山式土器は，農耕社会の土器の特徴が希薄であり，大洞式土器の特徴を色濃く残すものとして解釈することが妥当だろう。

2，後北式土器の「南下」はなんであったか

後北式土器（図11）は，東北地方にも広く分布することが広くから知られており，その大部分は後北C_1式土器，後北C_2－D式が占めることから，極めて短期間に分布を拡大したと考えられてきた。ただし，恵山Ⅱb式期は東新潟県域に分布する砂山式土器に類似した属性が認められるなど（図13），注意すべき状況が認められる。

恵山Ⅱc式土器には噴火湾沿岸まで道央部から後北B式土器を用いる集団が南下し，その影響が顕著になっていく（図6）。聖山KⅡ群（石本1979），鷲ノ木式土器（大坂2012）と呼ばれる土器群は，恵山式の属性を部分的にとどめながら後北式の影響を大きく受けており，渡島半島では後北式に共伴し，青森市小牧野遺跡などではほぼ単純な型式組成を示す（図14）。実は，新潟県域でこれまで出土している「後北C_1式土器」は管見の限りこの鷲ノ木式であり，道央部の集団が直接的に南下したものとみなすことはできない。そして，その分布は恵山Ⅱb式期に類似した属性が広がった範囲と重なりを持っていることも，軽視すべきではないだろう（図12）。

8 北海道（南部・中央部）

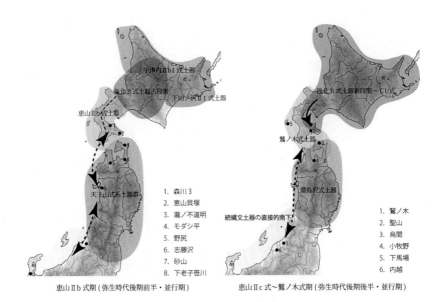

図12 後北式土器拡散開始期の様相（模式図）

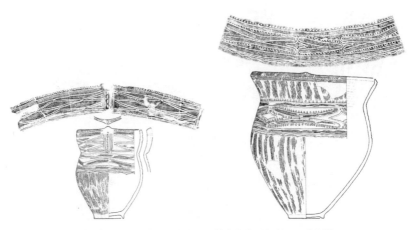

図13 天王山式と類似する属性を有する恵山Ⅱb式土器

IV. 各地の弥生土器及び並行期土器群の研究

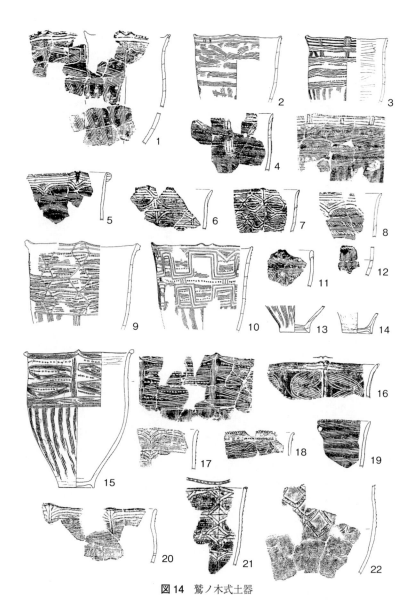

図14 鷲ノ木式土器

466

8 北海道（南部・中央部）

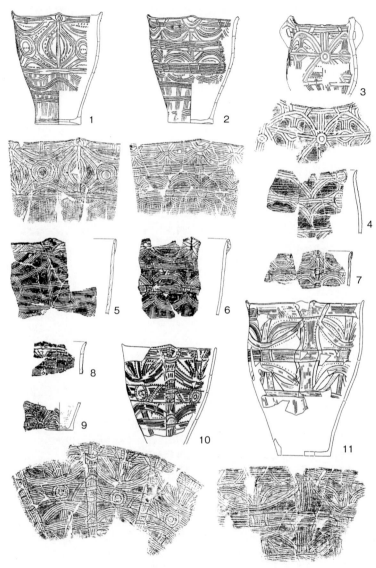

図 15　後北 C_2-D 式土器（最古段階，3・4 は後北 C_1 式）

IV. 各地の弥生土器及び並行期土器群の研究

　その後，北海道全域と東北地方北部に及ぶ後北C_2-D式が成立すると，その分布は太平洋沿岸部に広がり，北上川沿いに宮城県北部に達する。この頃，宮城県北部〜岩手県南端には，関東等からの移民があり，豊富な金属器を有する集団が成立していた。弥生時代後期には，北陸に比べると相対的に集団の規模が小さかった宮城県域の状況とは様相が一変したことを受けて，交易ルートに変化が生じた可能性が考えられる。

　とはいえ，このような広大な土器型式分布圏が成立した要因を交易だけによって説明するのは難しい。これまで寒冷化などの説が提示されてきたが，近年では鉄器の獲得という側面が強調されるようになり，環境要因を否定する意見もある。しかし，環境要因論は「寒くなったから南下した」といった単純なものではない。寒冷化によって生業の変化が起こった結果，広域遊動を伴う生業への転換が促され，在地石材との結びつきが弱くなった可能性など，複合的な要因が絡み合っていた可能性が高いのであり，同時期に金属器が普及し始めたことで一部の集団は交易へとシフトし始めた可能性もある。単一の理由を求めるのではなく，複合的な要因を具体的に明らかにしていくことが，今後求められるだろう。

〔引用文献〕
　石川日出志『関東・東北弥生土器と北海道続縄文土器の広域編年』，2005
　石本省三「聖山遺跡出土の続縄文土器について」吉崎昌一編『聖山』，1979
　石本省三「北海道南部の続縄文文化」『北海道の研究』，1984
　石本省三「聖山以後の渡島半島」『聖山以後の渡島半島』，1998
　石本省三編『国立療養所裏遺跡』七飯町教育委員会，2000
　宇田川洋「道東の続縄文土器」『縄文土器大成5　続縄文』講談社，1982
　大坂拓「恵山式土器の編年」『駿台史学』130，2007
　大坂拓「Ⅲ研究成果（2）-3　下北地域における初期弥生土器編年」『東日本先史時代土器編年における標識資料・基準資料の基礎的研究』，2009
　大坂拓「後北式土器拡散開始期における集団移動の一様相—日本列島北部弥生・古墳移行期の土器型式分布圏変動過程とその背景（1）」『考古学集刊』7，2011

8 北海道（南部・中央部）

大坂拓「第3節 本州島東北部における初期弥生土器の成立過程―大洞A'式土器の再検討と「特殊工字文土器群の提唱―」『江豚沢Ⅰ』江豚沢遺跡調査グループ，2012
大坂拓「後北式土器再論」『北海道考古学』第49輯，2013
大沼忠春編『考古資料大観11　続縄文・オホーツク・擦文文化』小学館，2004
工藤研治「続縄文文化の土器」『考古資料大観11　続縄文・オホーツク・擦文文化』小学館，2004
熊木俊朗「宇津内式土器の編年―続縄文土器における文様割りつけ原理と文様単位(1)―」『東京大学考古学研究室研究紀要』15，1997
熊木俊朗「下田ノ沢式土器の再検討」『物質文化』69　物質文化研究会，2000
熊木俊朗「道東北部の続縄文文化」『新北海道の古代2　続縄文・オホーツク文化』北海道新聞社，2003
熊木俊朗『環オホーツク海沿岸地域古代土器の研究』東京大学博士学位請求論文，2004
国立歴史民俗博物館編『落合計策縄文時代遺物コレクション』，2001
須藤隆「青森県大畑町二枚橋遺跡出土の土器石器について」『考古学雑誌』第56巻-2，1970
須藤隆「弥生文化の伝播と恵山文化の成立」『考古学論叢』　東出版寧楽社，1983
関根達人「北海道晩期縄文土器編年の再構築」『北海道考古学』48，2012
関根達人・上條信彦『下北半島における亀ケ岡文化の研究　青森県むつ不備無遺跡発掘調査報告書』，2012
芹沢長介編『聖山　北海道亀田郡七飯町峠下縄文時代遺跡出土資料』，1979
高瀬克範「東北地方初期弥生土器における遠賀川系要素の系譜」『考古学研究』46-4，2000
高橋正勝「北海道中央部の続縄文文化」『北海道の研究』第1巻　清文堂，1984
高橋正勝編『江別太遺跡』江別市教育委員会，1979
高橋正勝編『アヨロ　恵山文化の墓』白老町教育委員会，1980
高橋正勝編『元江別遺跡群』江別市教育委員会，1981
高橋龍三郎「大洞C_2式土器細分のための諸課題」『先史考古学論集』4，1993
千代肇「北海道の続縄文文化と編年について」『北海道考古学』第1輯

IV，各地の弥生土器及び並行期土器群の研究

　　北海道考古学会，1965
　　千代肇・石本省三『尾白内—続縄文遺跡の調査報告』，1981
　　苫小牧市埋蔵文化財調査センター編『苫小牧市静川22遺跡発掘調査報告書』，2002
　　野村崇『北海道縄文時代終末期の研究』，1985
　　野村崇編『札苅遺跡　北海道上磯郡木古内町札苅の国道拡幅に伴う緊急発掘調査報告』，1974
　　福田正宏「北部亀ケ岡式土器としての聖山式土器」『古代』，2000
　　福田正宏『極東ロシアの先史文化と北海道』北海道出版企画センター，2005
　　藤本英夫「北海道日高国新冠村大狩部の墳墓遺跡　第一次調査」『古代学』9-3，1961
　　北海道埋蔵文化財センター『社台1遺跡・虎杖浜4遺跡・千歳4遺跡・富岸遺跡：北海道縦貫自動車道登別地区埋蔵文化財発掘調査報告書昭和55年度』，1981
　　北海道埋蔵文化財センター編『滝里遺跡群 IX』（北埋調報137集）北海道埋蔵文化財センター，1999
　　松田宏介・青野友哉「豊浦町礼文華遺跡出土土器群の再検討　二枚橋式波及期における噴火湾岸の土器様相」『日本考古学』，2003
　　峰山巌「恵山式土器」『北海道考古学』4，1968
　　森町教育委員会編『鷲ノ木4遺跡』森町教育委員会，2006

〔参考文献〕
　　青野友哉「小牧野遺跡出土の続縄文土器について」『北奥の考古学』，2005
　　青野友哉「二．続縄文文化と弥生文化」『講座日本の考古学5　弥生時代（上）』青木書店，2011
　　青森市教育委員会『小牧野遺跡発掘調査報告書』（青森市埋蔵文化財調査報告書第30集），1996
　　石井淳「北日本における後北C2・D式期の集団様相」『物質文化』第63号，1997
　　石井淳「後北式期における生業の転換」『考古学ジャーナル』，1998
　　石川日出志「天王山式土器編年研究の問題点」『北越考古学』3　北越考古学研究会，1990
　　石川日出志「関東・東北地方の弥生土器」『考古資料大観　第1巻　弥生・古墳時代　土器I』　小学館，2003a
　　石川日出志「弥生後期天王山式土器成立期における地域間関係」『駿台

[8] 北海道（南部・中央部）

史学』120　駿台史学会，2004
石本省三「七飯町鳴川出土の弥生式系土器」『南北海道考古学情報』，1991
伊東信雄「田舎館式土器の憶い出」『岩波講座日本考古学　別刊1付録月報8』，1986
伊東信雄・須藤隆　『瀬野遺跡』東北考古学会，1982
大坂拓「大洞A2式土器の再検討―山形県天童市砂子田遺跡・山形市北柳1遺跡出土土器群の編年的位置―」『考古学集刊』5，2009
大坂拓「田舎館式土器の再検討―津軽平野南部における弥生時代中期土器型式の変遷と型式交渉―」『考古学集刊』6，2010
大坂拓「続縄文時代前半期土器群と本州島東北部弥生土器の並行関係」『北海道考古学』第46輯，2010
大沼忠春「道央地方の土器」『縄文文化の研究6　続縄文・南島文化』雄山閣，1982
木村高「天王山式期から赤穴式期にかけての土器様相―交互刺突文系土器にみる一般的傾向―」『村越潔先生喜寿記念論集』弘前大学教育学部考古学研究室OB会，2007
工藤竹久「東北地方における弥生時代の諸問題」『北奥古代文化』第10巻，1978
工藤竹久「第2章第2節　青森県の弥生土器」『青森県史　資料編　考古3』青森県，2005
熊木俊朗「第3節　後北C2・D式土器の展開と地域差―トコロチャシ跡遺跡出土土器の分析から・続縄文土器における文様割りつけ原理と文様単位(2)―」『トコロチャシ跡遺跡』東京大学大学院人文社会系研究科，2001
熊木俊朗「続縄文期における北方文化の構図―日本列島の北方地域における土器文化の配置と地域区分―」『地域と文化の考古学Ⅱ』明治大学考古学研究室，2009
河野広道「北海道式薄手縄紋土器群」『北海道原始文化聚英』民族工藝研究會，1933
河野広道「北海道の土器」『郷土の科学』23　別冊，1959
小杉康・高倉純・守屋豊人・小野哲也『K39遺跡人文・社会科学総合教育研究棟地点発掘調査報告書』Ⅰ（遺物・遺構編）北海道大学，2004
小杉康・高倉純・守屋豊人ほか『K39遺跡人文・社会科学総合教育研究棟地点発掘調査報告書』Ⅱ（自然科学分析および出土遺物・遺構考察編）北海道大学，2005

Ⅳ．各地の弥生土器及び並行期土器群の研究

札幌市教育委員会編『N295遺跡』札幌市教育委員会，1987
札幌市教育委員会編『H317遺跡』札幌市教育委員会，1995
札幌市教育委員会編『H37遺跡（栄町地点）』札幌市教育委員会，1998
鈴木信「Ⅹ　成果と問題点　3．Ⅰ黒層の土器について」北海道埋蔵文化財センター編『ユカンボシC15遺跡（1）』（北埋調報128）北海道埋蔵文化財センター，1998
鈴木信「Ⅶ-3　道央部における続縄文土器の編年」北海道埋蔵文化財センター編『千歳市ユカンボシC15遺跡（6）』（北埋調報192集）北海道埋蔵文化財センター，2003
鈴木信「続縄文文化における物質文化転移の構造」『国立歴史民俗博物館研究報告』第152集　国立歴史民俗博物館，2009
須藤隆『東北日本先史時代文化変化・社会変動の研究』纂集堂，1998
高瀬克範「恵山式土器の成立・拡散とその背景」『北海道考古学』，1998
高瀬克範『本州島東北部の弥生社会誌』六一書房，2004
高橋正勝「北海道中央部の続縄文文化」『北海道の研究』，1984
高橋正勝編『萩ヶ岡遺跡』江別・江別市教育委員会，1982
高橋正勝編『江別市文化財調査報告書ⅩⅨ　旧豊平河畔』江別・江別市教育委員会，1985
橘善光「青森県佐井八幡堂の弥生土器について」『北海道考古学』第6輯　北海道考古学会，1970
中田裕香「Ⅴ調査の成果と課題1 続縄文土器について」（財）北海道埋蔵文化財センター編『八雲町野田5遺跡』（北埋調報164），2001
中田裕香「Ⅵまとめ（3）後北C1式について」（財）北海道埋蔵文化財センター編『八雲町野田追2遺跡』（北埋調報167），2002
中村五郎『弥生文化の曙光』未来社，1988
北海道埋蔵文化財センター編『美沢川流域の遺跡群Ⅸ』（北埋調報24）北海道埋蔵文化財センター，1986
北海道埋蔵文化財センター編『大中山13遺跡（2）』（北埋調報93）北海道埋蔵文化財センター，1995a
北海道埋蔵文化財センター編『オサツ2遺跡（1）・オサツ14遺跡』（北埋調報96）北海道埋蔵文化財センター，1995b
北海道埋蔵文化財センター編『茂別遺跡』（北埋調報111）北海道埋蔵文化財センター，1998
松田宏介「旧豊平川右岸丘陵地出土土器の検討：植物園所蔵名取武光・後藤寿一調査資料再報」『北大植物園資料目録』第5号（所蔵考古資料目録1）北海道大学北方生物圏フィールド科学センター植物園，

2004
松田宏介「日高地方東部における続縄文期の土器様相」『北海道考古学』第41輯　北海道考古学会，2005
松田宏介「続縄文期における日高地方在地土器群の系譜」『北海道考古学』第42輯　北海道考古学会，2006
松田宏介「古墳時代成立期における日本列島北部の集団様相解明に向けて」『史葉』第2号，2008
三橋公平編『南有珠7遺跡』伊達市教育委員会，1984
森町教育委員会編『鷲ノ木遺跡』森町教育委員会，2008
守屋豊人「Ⅶ章　K39遺跡人文・社会科学総合教育研究棟地点出土第2群，第3群，第4群土器の類型組成分析」小杉康ほか『K39遺跡人文・社会科学総合教育研究棟地点発掘調査報告書』Ⅱ　北海道大学，2005
八重柏誠「Ⅵ考察とまとめ (2) 土器」森町教育委員会編『鷲ノ木遺跡』，2008
山内清男「所謂亀ヶ岡式土器の分布と縄紋式土器の終末」『考古学』第1巻3号，1930
山内清男「日本遠古之文化　Ⅳ　縄紋式以後」『ドルメン』第2巻2号，1933
山内清男「日本遠古之文化　補注付新版」『山内清男先史考古学論集』1，1939
山内清男編『日本原始美術』講談社，1964
余市町教育委員会編『大川遺跡における考古学的調査Ⅱ（墓壙篇1）』余市町教育委員会，2000a
余市町教育委員会編『大川遺跡における考古学的調査Ⅲ（墓壙篇2）』余市町教育委員会，2000b

〔図版出典〕
図1・2　大坂2012より作成
図3　須藤1970
図4～6　大坂2007
図7～10　大坂2011
図11　大坂2013
図12　筆者作成
図13　筆者実測（市立函館博物館所蔵）
図14・15　大坂2011

（大坂　拓）

V．広域編年

　各執筆者の論考を基に広域編年表を作成して次頁に示したが，交差年代決定法（クロスデーティング）によって地域間の土器の同時性が確定している事例は少なく，幾つかの前提と予想による部分が大きい。

　表の北部九州から濃尾平野の前期は，遠賀川系（式）土器の時期であり，その出現によって弥生時代早期・縄文時代晩期と区分され，その消滅によって中期と区分される。北部九州で成立した遠賀川系（式）土器が東方へと波及するため，成立時期には時期差が確認される。消滅時期は十分な検証がなされていないが，ほぼ同時期であるという前提で表は作成した。

　備前・備中から濃尾平野の中期の前半と後半は，凹線紋の出現によって区分されることが多い。凹線紋は備前・備中の中期Ⅱ-3に中部瀬戸内地域から山陰地域で出現し，それが東方・西方へと波及する。大阪平野中部や濃尾平野での凹線紋の出現（中期後半-1，貝田町3式）は，備前・備中の中期Ⅱ-4並行のことと予想される。なお北部九州には凹線紋は波及しないが，須玖Ⅰ式とⅡ式の境界は，備前・備中の中期Ⅱ-3と4の境界とほぼ平行するであろう。東相模・南武蔵での宮ノ台式の成立時期は，濃尾平野への凹線紋の波及時期とほぼ同時期であるから，備前・備中の中期Ⅱ-3と4の境界とほぼ平行することになろう。ただし，凹線紋をめぐる備前・備中と大阪平野中部，北部九州との関係については証拠が乏しいので，表ではそのような表現にした。

　備前・備中から濃尾平野では，凹線紋が主紋様として用いられなくなる段階から後期と呼称する。これも十分な検証がなされている訳ではないが，ほぼ同時期であることを前提に表は作成した。中期後半に凹線紋が波及しない北部九州や東相模・南武蔵では，土器の画期と，この中期と後期の区分が一致する訳ではない。北部九州で後期として呼称されることの多い高三潴式は，備前・備中から濃尾平野の中期終末とも接点のある蓋然性が高い。また東相模・南武蔵で中期として呼称されることの多い宮ノ台式は，備前・備中から濃尾平野の後期初頭とも接点のある蓋然性が高い。

　仙台平野と東相模・南武蔵以西との関係は，会津盆地や新潟平野の資料を介在させ，仙台平野と渡島半島との関係は北上川流域や津軽平野，津軽半島，下北半島の資料を介在させて表を作成した。

（佐藤由紀男）

広域編年表

沖縄諸島	北部九州	備前・備中	大阪平野中部	濃尾平野	東相模・南武蔵	仙台平野	渡島半島
仲原式	夜臼式	早期1 早期2 早期3 早期4	縄文晩期後半-1	西之山式	安行Ⅲd式 大洞C₁式(新)	大洞C₁式	大洞C₁式(古) 聖山式
	板付Ⅰ式		縄文晩期後半-2	五貫森式		大洞A式	(+)
阿波連浦下層式	板付Ⅱ式	前期Ⅰ	前期-1	馬見塚式	千網式	大洞A'式	(+)
		前期Ⅱ	前期-2	貝殻山南式		大洞A'式	
		前期Ⅲ	前期-3	西志賀式	境木式 堂山式(古)	十三塚東D式	(国立療養所裏)
	城ノ越式	中期Ⅰ	中期前半-1	朝日式	堂山式(新)	原式	二枚橋式
	須玖Ⅰ式(古)		中期前半-2		平沢式		恵山Ⅰa式
	須玖Ⅰ式(新)		中期前半-3	貝田町1・2式	遊ヶ崎式 子の神式	桝形式	恵山Ⅰb1式
	須玖Ⅱ式(古)	中期Ⅱ	中期後半-1	貝田町3式		(+)	恵山Ⅰb2式
	須玖Ⅱ式(新)	中期Ⅲ	中期後半-2	高蔵式	宮ノ台式	十三塚式 (下ノ内浦)	恵山Ⅱa式
浜屋原式	高三潴式	後期Ⅰ	後期-1	八王子古宮式			恵山Ⅱb式
	下大隈式	後期Ⅱ	後期-2	山中式	久ヶ原式/弥生町式	(上ノ原A) (+)	恵山Ⅱc式
大当原式		後期Ⅲ	後期-3				鷲ノ木式
	西新式	終末期		廻間Ⅰ式		赤穴式	後北C₂-D式

475

おわりに

　まず本書への写真掲載に関して，大変お世話になりました関係諸機関の皆様に厚くお礼を申し上げます。
　そして無事に本書を刊行できたことを執筆者の皆様，ニューサイエンス社編集部の角谷裕通さんとともに喜びたいと思います。当初予定の3月よりは遅れたものの，それに近い時期に刊行できましたのは，皆様のご協力とご尽力のお蔭と感謝いたします。執筆者の中には，4月に転職や異動をされた方も複数いらっしゃいます。そのような方々には，極めて多忙な時期に校正などの作業を行っていただきましたので，さぞや大変であったと拝察いたします。
　私にとっては初めて編集を担った書籍であり，少しは気苦労もありましたが，とても楽しい時間を過ごさせていただきました。こうした機会を与えていただいたことにも感謝いたします。
　主に30歳代の頃，石川日出志さん（明治大学）を中心に活動をしていた「弥生土器を語る会」や田崎博之さん（愛媛大学）を中心に活動をしていた「土器持寄会」などに年数回は参加させていただき，全国各地の弥生土器を実際に手で触れながら細部に至るまで観察した上で，多くの研究者と深夜に及ぶ議論をする機会を得ました。このほぼ10年間の活動が，その後の私の弥生土器研究の基礎となっています。会の主催者・事務局，そして私の拙い議論にお付き合いいただいた全国各地の研究者の方々に今でも厚く感謝しています。現在，「弥生時代研究ネットワーク」（代表，深澤芳樹さん）では年に1回，全国各地の弥生時代の遺物を観察して議論をする交流会を開催しています。私も委員の一人として毎年参加させていただいています。今後も継続したい活動の一つです。
　私が初めて発掘調査に参加させていただいたのは，高校2年生の夏休みでした。高校の史学クラブの活動の一つとして，郷里である静岡県浜松市の伊場遺跡の調査に参加させていただきました。史学クラブのOBである考古学専攻の大学生達とともに，弥生時代後期の環濠の一部を発掘し，大量に出土する弥生土器を精査し，出土状態を図化する作業のお手伝いをしました。また，初めて弥生土器の実測図（のようなもの）を作成したのもこの頃です。

史学クラブの雑誌に私が実測・トレースした壺・甕・高坏の図が掲載されています。そこにはそれぞれの土器の説明とともに，壺45％，甕21％，高坏34％と，調査に参加した環濠部分での組成比率が記載されています。さらに壺は完形品も多いが，甕・高坏はすべて破片での出土であることにも触れています。組成の根拠が未記載であることは残念ですし，今では記憶にも残っていません。これが「弥生土器」にかかわる私の最初の文章です。これらの土器は何のために作られ，使われたのか。どのような作られ方をしたのか。どのような社会であったのか。年代はいつなのか。などなど。40年前の疑問の延長に本書があるような気がします。当然，答が得られた訳ではなく，今後も微力ながら努力を続けていきたいと思っています。解答は無く，それを求め続けることが研究であると考えますので。

　また，こうした研究活動を続けられるのは，色々な面で常に私を支えてくださっているかけがえのない方々のお蔭です。厚くお礼を述べて擱筆します。ありがとうございます。これからもよろしくお願いいたします。

2015年5月

佐藤由紀男

考古調査ハンドブック⓬

弥 生 土 器

平成 27 年 5 月 25 日　初版発行
〈図版の転載を禁ず〉

当社は,その理由の如何に係わらず,本書掲載の記事(図版・写真等を含む)について,当社の許諾なしにコピー機による複写,他の印刷物への転載等,複写・転載に係わる一切の行為,並びに翻訳,デジタルデータ化等を行うことを禁じます。無断でこれらの行為を行いますと損害賠償の対象となります。
また,本書のコピー,スキャン,デジタル化等の無断複製は著作権法上での例外を除き禁じられています。本書を代行業者等の第三者に依頼してスキャンやデジタル化することは,たとえ個人や家庭内での利用であっても一切認められておりません。
連絡先：ニューサイエンス社 著作・出版権管理室
Tel. 03(5449)7064

JCOPY 〈(社)出版者著作権管理機構 委託出版物〉
本書の無断複写は著作権法上での例外を除き禁じられています。複写される場合は,そのつど事前に,(社)出版者著作権管理機構(電話：03-3513-6969,FAX:03-3513-6979,e-mail：info@jcopy.or.jp)の許諾を得てください。

編　者　佐　藤　由　紀　男
発行者　福　田　久　子
発行所　株式会社 ニューサイエンス社
〒108-0074 東京都港区高輪3-8-14
電話03(5449)4698　振替00160-9-21977
http://www.hokuryukan-ns.co.jp/
e-mail : hk-ns2@hokuryukan-ns.co.jp

印刷・製本　大盛印刷株式会社

© 2015 New Science Co.
ISBN978-4-8216-0524-8 C3021